무수히 많은 법칙과 효과와 원리 이야기

내일을 여는
생활 속의 지혜

이 경 일

생활의 지혜
법칙·효과·원리

어떻게 오늘을 더 잘 살아 낼 수 있을까?
더 빛나고 더 아름다운 삶을 위하여
세계 석학들이 연구 발표한 법칙과 효과와 원리들

아이네오

내일을 여는
생활 속의 지혜

지은이 **이 경 일**
펴낸이 **나 상 만**
만든이 **권 은 주**

발행처 **도서출판 아이네오**
주 소 **서울시 관악구 국회단지 15길 3(1층 1호)**
전 화 **02) 3471-4526**
등 록 **2008. 11. 24. 제2020-000031호**

1판 1쇄 만든 날 **2023. 1. 10.**
1판 1쇄 펴낸 날 **2023. 1. 20.**

값 **18,000원**

03230
ISBN 979-11-85637-41-9
9 791185 637419

내일을 여는
생활 속의 지혜

이 세상에 태어나 존재하는 모든 것들은 자기 속에 잠재된 자기 삶의 능력을 가지고 태어납니다.

이 능력이 자기 보존, 자기 성장, 자기 발전을 위한 도구입니다.

예를 들면, 거북이는 아주 느리기 때문에 딱딱한 등껍질을 가지고 자기를 보존하고, 방어하며 살아갑니다.

사슴과 노루는 뿔로, 사자나 호랑이는 날카로운 이빨로, 민물에 곤충이나 해저의 물고기 한 마리도 다 자기 보존과 방어와 성장발전에 필요한 것들을 가지고 있습니다.

그래서일까요?

아인슈타인 박사는 "나는 신이 나에게 주신 능력의 18%를 겨우 사용하고, 세상을 떠난다."는 유명한 말을 남겼습니다.

무슨 말입니까?

모든 인간들에게도 본질적으로 자기 보존과 방어와 성장 발전의 능력이 있다는 것입니다.

지금까지 인간의 문화와 문명의 금자탑은 이 같은 인간의 자기 보존과 방어와 성장 발전의 능력이 만들어낸 작품입니다.

자동차를 만들고, 배를 만들고, 비행기를 만들고, 고층빌딩을 짓고, 인공위성을 만들고, 심장이식 수술을 하고, 컴퓨터를 만들고, 유전자 공학을 발전시키는 이 모든 것은 인간의 '본질적 능력이 가져온 결과들인 것입니다.

그렇습니다.

인간은 누구나 본질적으로 능력을 가지고 세상에 태어납니다.

이 같은 본질적 능력을 잘 개발하고 발전시킨 것이 우리의 생활을 윤택하게 하고, 우리의 삶을 이끄는 법칙과 효과와 방법의 기초가 되고, 지혜가 되는 것입니다.

교훈이나 진리가 추상적이라면 법칙과 효과는 구체적인 내용을 담고 있습니다.

교훈과 진리 안에는 쓴 말이 담겨 있어 그대로 받아들이기가 어렵습니다.

그러나 인간의 삶을 이끄는 법칙과 효과와 원리는 살아가면서 혼란스럽고 이해되지 않는 것들에 대하여 어떻게 대처하며, 새로운 시대감각에 맞게 예전에는 맛보지 못했던 행복한 삶과 삶의 공동체를 함께 만들어갈 삶의 지혜이기에 이를 함께 나누고자 하는 것입니다.

이 책은 저자가 다양한 위치와 장소에서 읽었던 책들 안에서 발견한 지혜로운 삶의 법칙과 효과와 원리를 칼럼 형식으로 신문에 기고하고, 블로그에 올렸던 글들을 모아서 독자들이 이해하기 쉽게 편집해 놓은 것입니다.

또한 저자만의 지혜로운 삶을 향한 개인적인 노력이며, 하나님의 말씀을 묵상하며 주님이 주신 생각의 변화를 삶의 행동 변화로 옮기기 위한 아름다운 흔적(痕迹)입니다.

어쩌면 전문가가 쓴 글이 아니어서 다소 투박해 보일 수는 있겠지만, 기교 없이 담담하게 써 내려간 글이기에 독자들이 마음 졸여 가며 읽거나, 독자들의 마음을 불편하게 하는 내용도 없을 것입니다.

그럼에도 이 책은 멘토, 고문, 컨설팅의 성격을 띠고 있어서, 삶의 맥(脈 MAC;mentor+advisor+consultant+coach)을 파악하고 이어 나가면 개인 및 조직의 운영, 특히 가정·기업·단체를 위한 양서(良書)로서 삶의 지혜를 얻는 데 많은 도움이 될 것입니다.

이 책은 총 3부로 구성되어 있습니다.

1부는 세상의 법칙을 설명하고 있어 제목을 '인간의 삶을 이끄는 법칙들'이라 붙여 보았습니다.

2부는 저자가 살아오면서 얻은 경험들을 이야기하고 있어 제목을 '인간의 행복을 가져다 준 효과들'라고 하였습니다.

3부는 저자가 살아오면서 얻은 지혜를 이야기하고 있어 '인간의 삶을 이끄는 원리들'이라는 제목을 붙여 보았습니다.

아무쪼록 이 책이 많은 사람들의 침대 머리맡 또는 책상 모서리에 던져두었다가 눈에 들어오면 무심히 집어 들고 아무 페이지나 읽다가, 다시금 던져두고 보는 책이 되었으면 좋겠습니다.

그렇게 무심코 이 책을 보다가 얻게 된 삶의 지혜로 개인은 더 슬기롭게 살아가고, 성숙한 사회가 되고, 갈등이 줄어드는 기회가 되었으면 합니다.

아무쪼록 독자들이 이 책을 읽으면서 성령님께서 일깨워 주시는 생각의 변화가 삶의 변화로 이어져서 내일을 여는 생활 속의 참 지혜를 발견할 수 있기를 기대하고 소망합니다.

이 경 일 드림

삶의 지식을 담아 놓은
탁월한 지혜서

'내일을 여는 생활 속의 지혜'라는 책을 저술하신 이경일 집사님의 첫 출판을 축하드리며, 지금까지 도와주신 에벤에셀의 하나님께 영광을 돌립니다.

저자는 직장생활을 성실하게 하면서도 평소에 독서를 즐겨 하고, 지방 일간지에 칼럼을 기고하는 등 지성적이고 진실한 분이십니다.

뿐만 아니라 교회에서도 하나님의 자녀로서 신앙심이 돈독하고, 훌륭한 믿음의 본이 되는 일꾼이기도 합니다.

우리가 살아가는 삶 속에서 지혜와 지식이 얼마나 소중하고, 필요한 것인지 말로 다 표현할 수 없습니다.

그래서 성경 잠언에 보면 '지혜와 지식은 하나님을 경외하는 자의 모습'이라고 하였습니다.

반대로 어리석은 자의 모습은 하나님을 떠나서 결국은 실패하는 인생이 되고 말 것이라는 사실입니다.

그런 의미에서 이 책은 다양한 지식인들의 연구와 경험의 노하우를 저자만의 독특한 감성과 감각으로 삶의 현장에서 이용하고 적용하도록 그 지식들을 담아놓은 탁월한 지혜서입니다.

이 책을 읽다보면 짧고 간단한 논문을 읽는 것 같을 것입니다.

또한 시대를 관통하는 시사적 관점에서 21세기 삼국지를 읽는 것과 같을 것입니다.

그리고 옛 시대의 정담과 가슴깊이 새겨지는 가르침을 담은 현대판 사서삼경을 떠올리게도 할 것입니다.

때론 한 편의 서사시를 읽은 것처럼 마음에 정돈과 시원함을 얻기도 할 것입니다.

단편이지만 각각의 내용을 읽다보면 그 깊이와 의미로 인하여 놀라움을 금치 못하게 될 것입니다.

아무쪼록 이 책을 통하여 불투명한 이 시대 속에 미래를 걱정하는 자의 삶에 희망의 빛이 비추어지기를 소망합니다.

이 귀한 책을 통하여 우리 모두에게 아름다운 선물을 안겨 주신 이경일 집사님의 수고에 다시 한 번 격려와 칭찬의 말씀을 드립니다.

집사님의 앞날에 하나님의 축복과 은혜가 함께 하시기를 기도드립니다.

세계로 교회 담임목사
박형련 드림

차례
Contents

때를 아는 지혜

인생을 살면서 때를 아는 지혜가 필요하다.
때를 놓치면 쉽게 할 일도 어렵게 된다.
쉽게 화해할 수 있었는데, 때를 놓치면 관계가 악화된다.
집수리도 때를 놓치면 더 큰 비용을 치르게 된다.
몸의 병도 때를 놓치면 더 큰 병이 된다.
때를 아는 지혜,
때에 맞는 행동이 중요하다.

그런데 때를 아는 지혜보다 더 중요한 것이 있다.
주어지는 때를 '어떻게 살 것인가?'이다.
"사람이 애쓴다고 해서,
이런 일에 무엇을 더 보탤 수 있겠는가?
이제 보니, 이 모든 것은
하나님이 사람에게 수고하라고 지우신 짐이다"(전 3:9-10)

인생의 모든 때는
우리가 애쓴다고 쉽게 바뀌지 않는다.
중요한 것은
인간이 경험하는 인생의 수고와 짐을 통해
하나님을 인정하고 의지하는 것이다.

제1부
인간의 삶을 이끄는 법칙들

- 1:99의 법칙
- 그레샴의 법칙(Gresham's Law)
- 근접성의 효과와 유사성의 법칙
- 깨진 유리창의 법칙
- 끌어당김의 법칙
- 넘버원의 법칙
- 던바의 법칙(Dunbar's Number)
- 도도새(Dodo Bird)의 법칙
- 라테(Latte)의 법칙
- 레몬 시장의 법칙
- 로크의 법칙(Lacke's Law)
- 롱 테일 법칙(Long Tail Theory)
- 리틀우드의 법칙(Littlewood's Law)
- 마라톤의 법칙
- 마태 효과와 메칼프의 법칙
- 몰락(沒落)의 법칙
- 밀러의 법칙(Miller's Law)
- 베버의 법칙(Weber's Law)
- 벤치의 법칙
- 상호성의 법칙(Law of Reciprocality)
- 샐리의 법칙(Sally's Law)

- 서로 좋아하는 법칙
- 세렌디피티의 법칙(Serendipity's Law)
- 수확체감의 법칙
- 스마일 커브(Smile Curve)의 법칙
- 악어의 법칙
- 엥겔의 법칙(Engel's Law)
- 역발상(逆發想)의 법칙(法則)
- 오컴의 면도날의 법칙
- 우물의 법칙
- 원근(遠近)의 법칙
- 제로 베이스(Zero Base)의 법칙
- 죄수의 딜레마와 선택의 법칙
- 질투의 법칙
- 최소량의 법칙(Law of Minimum)
- 킬리의 법칙(Keeley's Law)
- 타협의 법칙
- 탈리오 법칙(Lex Talionis)
- 토사구팽(兎死狗烹)의 법칙
- 피터의 법칙(Peter Principle)
- 하인리히의 법칙(Heinrich's Law)
- 호프스태터의 법칙(Hofstadter's Law)

1:99의 법칙

"1%의 천재 한 사람의 의견과 99%에 해당하는 사람들의 의견으로 어떤 일을 결정하게 된다면 어느 쪽이 맞을까?"

역사적으로 이 정도로 치열(熾烈)한 논쟁(論爭)도 많지 않을 것이다.
1%쪽을 지지하는 사람은 과학의 선구자(先驅者)로 일컬어지는 갈릴레이 · 에디슨 · 뉴턴 · 아인슈타인 등 우리가 익히 아는 인물들을 생각할 것이다.

15세기에 갈릴레오 갈릴레이(Galileo Galilei, 1562~1642)가 지동설(Heliocentric Theory)을 주장했을 때 '지구가 태양을 도느냐, 태양이 지구를 도느냐?'를 놓고 100명에게 물어서 의사를 결정하게 했다면 어떻게 되었겠는가?
다수의 의견에 따른다면 '태양이 지구를 돈다'는 의견이 압도적이었을 것이다.
공기보다 무거운 물체가 공중을 날아다니는 것도 물론 마찬가지일 것이다.
일부 과학자들은 실험으로 증명해 보이며, '공기보다 무거운 물체는 공중을 날 수 없다'고 열변(熱辯)을 토했다.
물을 끓여서 나오는 수증기(水蒸氣)로 거대한 기관차를 움직인다는 것도 당시로서는 상상도 할 수 없는 일이었다.

그러나 지금에 와서 돌이켜 보면 '1% 천재들의 주장이 옳았다'는 것이 오랜 세월이 흐른 뒤에 모두 빛이 났다.

그들의 주장이 없었다면 지금도 밝고 스마트한 세상을 누리지 못할 것이다.

과학뿐 아니라 다른 분야에서 위대한 업적을 이룩한 사람들도 대다수가 불가능하다고 하는 일에 뛰어들어 새로운 이정표를 모색했다.

그래서 '소수 천재들은 다수의 대중보다 훨씬 위대하며, 1%의 천재들에 의해 발전한다'고 믿는 영웅주의 사고방식이 만들어졌다.

우생학(Eugenics)의 창시자로 알려진 영국의 프랜시스 골턴(Francis Galton, 1822~1911)은 위대한 업적을 이루어 놓은 소수의 천재들을 생각하면서 '우량 인자들 간의 교배로 동식물의 품종을 개량할 수 있듯이 인간도 같은 방법으로 얼마든지 우수한 인종을 만들어 낼 수 있다'고 주장하게 되었다.

『종의 기원』의 저자인 찰스 다윈(Charles R. Darwin, 1809~1882)의 사촌이기도 했던 골턴은 자신의 가문에서 훌륭한 인재들이 많이 배출되는 이유를 '우생학' (優生學;좋은 집안 출신 즉, 뼈대 있는 혈통)이라는 개념에서 찾았다.

그런 골턴의 나이 85세에 지적 호기심을 자극하는 흥미로운 행사가 열렸다.

800명의 사람을 모아놓고 황소 한 마리의 무게를 가장 근접하게 맞춘 사람에게 상금을 내린다는 매우 이색적인 행사였다.

대회에 참석한 사람들은 비전문가인 일반인들이었다.

골턴은 사람들의 어리석음을 증명할 수 있는 절호의 기회라 생각하고 참석하여 800명이 적어낸 평균값을 계산해 보았더니, 참가자들이 써낸 평균값은 1,197 파운드, 실제 소의 무게는 1,198파운드로 1파운드 즉, 450g 차이였다.

이 결과를 본 골턴은 깜짝 놀랐다.

전문가라 하더라도 이보다 근접하게 맞추기가 어렵기 때문이다.

그 해 골턴은 이 결과를 과학 잡지 '네이처'에 '여론'이라는 제목으로 소개하면서 "개인 하나 하나는 어리석을지 몰라도 여러 사람이 모여 대중이 되면 훨씬 더 현명한 판단을 내릴 수 있다."고 말했는데, 골턴이 우생학을 맹신(盲信)하던 데서 한 발 물러서는 계기가 되었다.

1990년대 접어들어 동구 공산권이 몰락하면서 집단 우위론(集團優位論)도 몰락의 길로 들어서게 되었다.

인간의 탐욕(貪慾)에 기초한 자본주의가 부(富)의 불평등을 낳았다면, 민중이 주체가 되는 민중 평등사상에 기초한 사회주의 이론은 역설적이게도 생산성 부족으로 주저앉고 만 것이다.

그런데 초스피드 인터넷 시대를 맞아 집단 우위론이 다시 서서히 고개를 들고 있다.

미국의 경제학자 겸 칼럼니스트인 제임스 서로위키(James Surowiecki, 1967~)는 이런 집단의 지적 능력을 '대중의 지혜'로 명명하고, '다중이 모이면 소수의 엘리트를 능가한다'고 주장하면서, 소수 엘리트주의자들에 대해 쓴 소리를 쏟아냈다.

요컨대 누구나 자유롭게 집필(執筆)에 동참할 수 있는 인터넷 백과사전 '위키피디아'(Wikipedia)는 출현한지 불과 2년여 만에 240여 년의 역사를 자랑하는 브리태니커 백과사전(Encyclopædia Britannica)을 추월했다.

1%의 우위(優位)를 상징하는 비즈니스 모델이 빌 게이츠(Bill Gates, 1955~)의 '마이크로소프트사'(Microsoft Corporation)라면, 집단 우위를 상징하는 비즈니스 모델은 '구글'(Google)이나 '위키피디아'이다.

그러나 이 문제는 항상 논쟁의 씨앗이 남아 있다.

아무리 많은 사람이 지혜와 솜씨를 짜낸다고 해도 한 명의 레오나르도 다빈치나 한 명의 아인슈타인이 나오지 않는다는 주장이 끊이지 않을 것이다.

이제는 '백지장도 맞들면 낫다'는 말도 상황에 따라서 다를 수 있다.

그레샴의 법칙(Gresham's Law)

'악화(惡貨)는 양화(良貨)를 구축(驅逐)한다'는 경제 법칙이다.

이렇게만 말하고 설명이 없으면 뜻을 알아들을 사람이 많지 않을 것이다. 쉽게 말하면 '나쁜 돈이 좋은 돈을 몰아내거나 쫓아낸다'는 말이다.

16세기 영국의 경제학자 토머스 그레샴(Thomas Gresham, 1518/19~1579)은 '소재가 서로 다른 화폐가 동일한 명목을 가진 화폐로 통용되면 소재가치가 높은 화폐는 유통시장에서 사라지고, 소재가치가 낮은 화폐만 남아서 유통된다'고 했다.

예를 들어서 현금 10만 원과 금 한 돈의 실질적 가치가 같다고 하자.

그랬을 때 시간이 어느 정도 지나면 가치는 같은 데도 금은 사라지고, 종이로 된 돈만 통용된다는 상식적이고 쉬운 논리다.

이와 같이 종이돈만 통용되는 이유는 '서로 경쟁을 벌이는 것에 대해 가치를 식별할 수 있는 정보가 충분히 주어지지 않으면 나쁜 것이 좋은 것을 서서히 밀어내어 실제로 시장에서는 나쁜 것만 남게 되기 때문'이다.

단지 화폐만 그런 것이 아니라 경제적으로 유통되는 상품이나 삶 속의 어느 곳에서나 이 법칙이 적용됨을 알 수 있다.

자동차 회사들이 휘발유 엔진 시장을 지키기 위해 전기 자동차를 시장에 출시하는 시기를 늦추는 것이나 불법 다운로드가 일상화 되면서 정품 소프트웨어 시장이 어려움을 겪는 것도 그레샴 법칙의 일환이라고 볼 수 있다.

회사에서도 인력관리를 소홀히 하면 능력이 우수한 인재는 대우가 더 좋은 곳을 찾아 떠나고, 상대적으로 열등한 인력만 남는 것도 마찬가지라는 이론이다.

우리나라에서도 조선 후기의 세도정치를 청산하고 흥선대원군(興宣大院君, 1820~1898)이 집권하던 시기에 화폐 유통에 교란상황이 발생했다.

전형적인 그레샴의 법칙이 나타나는 현상이었다.

경복궁(景福宮) 중건을 위한 자금이 부족한 현상이 나타나자, 기존 통화인 상평통보(常平通寶)의 100배 가치가 되는 당백전(當百錢)을 발행했다.

명목상 가치는 100배였으나 실질적 가치는 5~6배에 불과했다.

당연히 기존의 상평통보는 숨고, 당백전만 통용이 된다.

상평통보는 양화가 되고 새로 발행한 당백전은 악화가 되어 상평통보를 몰아낸 결과를 초래하고, 결국 당백전의 가치는 하루하루 하락하면서 극심한 인플레이션(inflation) 현상이 일어나서 정부는 큰 타격을 입게 된다.

본래 그레샴의 법칙은 경제 용어로, '가치를 매겨 악화와 양화를 구분지어 말했다면 지식사회에서도 그레샴의 법칙이 만연하고 있다'고 주장하는 학자가 있는데, 1978년 노벨 경제학상을 수상한 허버트 사이먼(Herbert A. Simon, 1916~2001)은 '지식시장 그레샴의 법칙'이라고 하면서, "악화가 양화를 몰아내듯 거짓 지식이 옳은 지식을 몰아내는 기현상이 발생하고 있다."고 비판했다.

이처럼 거짓 정보가 판을 치는 사회에서는 훌륭한 자질을 가진 인물들이 정치판을 회피하고, 도덕적·인격적으로 문제점이 많은 인물들이 정치권을 장악한다는 것인데, 물론 모두가 그렇지는 않지만 현대 정치에서 명망가를 찾아보기 힘들어진 이유가 바로 이런 현상 때문이라고 강조했다.

100여 년 전 영국 옥스퍼드의 민법학자인 제임스 브라이스(James Bryce, 1838~1922)는 자신의 저서인 『왜 훌륭한 인물은 대통령으로 선출되지 못하는가?』에서 경쟁과 진흙탕 싸움으로 요약되는 정당 정치의 본질상 훌륭한 인물들이 지도자로 선출되기 힘들다고 했다.

그가 100여 년 전에 이런 진단을 내리기는 했지만, 그가 살았던 시대보다 더 증오하고 내 강점을 부각시키기보다는 상대의 약점을 부각시켜서 깎아내리는 것이 당연시되는 21세기 정치판이 훨씬 강하게 나타남을 볼 수 있다.

최고 지도자만이 아니다.
이제는 아주 높은 도덕성을 요구하는 시대가 되었다.
높은 도덕성을 요구하는 것은 양날의 칼이다.
물론 유능하면서 도덕적으로도 깨끗하면 얼마나 좋겠는가?

유능한 인재들이 고위 공직자 하마평에 오르지만 손사래를 치는 사람이 많다고 하는데, 공직자 후보들이 거쳐야 하는 관문인 인사청문회를 공직자 괴롭힘의 기회로 악용(惡用)하기보다는 나라의 발전에 더 큰 비중을 둔다면 조금은 다른 결과를 가져올 것이다.

그레샴의 법칙을 보면서 아직도 일제강점기의 잔재가 남아있음을 느꼈다.
'악화(惡貨)는 양화(良貨)를 구축(驅逐)한다'라고 하기보다는 순우리말로 '나쁜 돈이 좋은 돈을 쫓아낸다'고 하면 초등학생도 이해할 것이다.
악화와 양화는 그렇다 치더라도 구축은 한자로 세 가지가 있다.

첫 번째 구축(拘縮)은 '외부 자극에 근육이 오그라지는 상태'를 말한다.
두 번째 구축(構築)은 '시설물을 쌓아올려 만드는 것'을 말한다.
세 번째 구축(驅逐)은 '세력 따위를 몰아내는 것'을 말한다.

이해하기 쉬운 우리말이 있음에도 불구하고 현재에도 여전히 '구축'이라는 어려운 한자어를 사용하는 이유는 일제강점기 때 서양 학문을 일본식으로 번역해 놓은 것을 그대로 사용하기 때문이다.
가장 유능한 스승은 어려운 말을 쉽게 가르치는 선생님이라고 했다.
'지금이라도 누구나 쉽게 이해할 수 있는 말로 바꿔 쓰는 것이 현시대에 도움이 되지 않을까' 하는 생각이 든다.

근접성의 효과와 유사성의 법칙

미국의 미시간 대학교 기숙사 내에서 재미있는 실험을 했다.

세계 각국 사람들이 모여 서로 알지 못하는 상황에서 생활하는 학생들이 '어떻게 교우 관계를 형성해 가고, 어떤 부류의 사람들과 친밀하게 지내는지'를 찾아 추적해서 관찰하는 실험이었다.

많은 학생들이 같은 방이나 가까운 방에 기거하는 사람들과 가장 먼저 친해졌는데, 이처럼 '근접 효과'(Proximity Effect)를 보이며, 자주 보는 사람들부터 시작해서 호의적인 범위가 점점 더 넓어져 감을 알 수 있었다.

그 다음으로, 시간이 흐르고 기숙사 내에서 함께 생활하는 동안 서로의 태도나 성격, 지향(志向)하는 사고방식을 알게 되면서 자신과 같은 취미를 가졌거나, 관심사가 비슷한 사람에게 친근감과 호감을 갖게 되면서 '시간이 지나면 결국 끼리끼리 모인다'는 '유사성의 법칙'(Law of Similarity)이 작용함을 알 수 있다.

이러한 근접성이 호감을 일으키는 이유로 네 가지의 조건을 제시한다.

첫째로, 친밀감이 증가한다.

가까이 있으면 서로가 의지하므로 친밀감이 증가한다.

가까이 살고 있는 사람은 먼 곳의 친구나 친척보다도 훨씬 더 친밀해져서 그 자체로 호감이 증가한다.

둘째로, 유사성이 강하다.

사람들은 대체적으로 사회적 · 경제적으로 비슷한 사람들과 모여살기를 좋아한다.
그러므로 이러한 지리적 근접성이 더해져 사람들의 유사성을 더욱 고조시킨다.

셋째로, 가까이 있는 사람일수록 활용 가능성이 크고 도움받기도 쉽다.

가까이 있으면 시간이나 거리 때문에 비용을 들이지 않고도 훌륭한 친구가
될 수 있다.

또한 어떤 일을 서로 부탁할 수도 있고, 나도 부탁을 들어줄 수 있어 의지
하므로 친숙도가 높아짐을 볼 수 있다.

서로 의지하는 마음이 생기므로 집 안에 대소사가 생길 때 도움을 청하고
받기도 한다.

넷째로, 인지적 일관성을 갖는다.

싫어하는 사람 옆에서 산다는 것은 심리적으로 견디기 힘든 일이다.

사람이라면 누구에게나 될 수 있는 한 자신과 잘 어울리면서 가까이에 있는
사람들을 좋아하는 심리적 경향이 있기 때문이다.

가까이에 있는 사람과 멀리 있는 사람의 차이가 얼마나 큰지를 단적으로
보여주는 예가 있다.

대만의 한 청년이 펜팔을 통해 한 여인을 알게 되었다.

실제로 대면은 한 번도 없었지만 편지를 주고받으면서 서로 사랑하는 사이로
발전하였다.

편지가 오간지 2년이 지났는데 무려 700여 통의 편지가 여인에게 배달되었다.

우편배달부는 날마다 편지를 배달하기 위해 싫든 좋든 이 여인을 찾아서 대면
해야 하는 것이 임무였다.

공교롭게도 배달부는 아직 장가를 가지 않은 총각이었다.

여인은 매일 자신에게 편지를 보낸 펜팔 친구보다도 매일 편지를 배달해 준
우편배달부 총각을 더 사랑하게 되었다.

시간이 흐를수록 편지보다도 이 배달부를 보는 것이 반가워 기다리게 되었다.

여기에서도 근접성 효과가 나타났던 것이다.

대만에 사는 펜팔 친구는 열심히 편지만 보냈지 이 여인과 직접 만나서 데이트를 하거나 대면하지 않은 것이 큰 실수라고 할 수 있다.

반면에 우편배달부는 매일 편지를 배달해야 하므로 이 여인과 자주 대면하면서 자신들도 모르는 사이에 친근감이 쌓이게 되고, 남녀 간에 사랑의 싹이 트고 점점 자라게 되어서 결국 결혼에 골인하게 되었다.

시간이 흐르면서 이 여인이 펜팔 친구의 편지를 기다리는 것이 아니라 우편배달부를 기다리게 된 것은 인지상정(人之常情)이며, 자의이든 타의이든, 젊은 남녀가 2년 동안에 700번의 만남이 있었다면 두 사람에게 이성적인 감정이 생기지 않는 것이 오히려 이상한 일이지 않은가!

재미있으면서도 펜팔 친구를 생각하면 짠한 마음도 든다.

우리 속담에도 '눈에서 멀어지면 마음도 멀어진다'는 말도 있다.

이처럼 근접성의 효과와 유사성의 법칙은 항상 함께 다닌다.

서로 이상이 비슷하고 취미가 같으면 친해지기 마련이다.

중화요리 집에서 친구들과 요리를 주문할 때 제일 먼저 누군가가 우동을 주문하면 많은 사람들이 우동을 주문하게 된다.

특히 직장 동료들과 함께 갔을 때는 상사의 눈치를 보며 상사가 주문한 음식을 주문하는 경우가 많다.

음식이 빨리 나오게 하기 위한 수단이기도 하지만, 여기에도 유사성의 법칙이 작용하여 자기는 짜장면이 먹고 싶다는 생각이 들었어도 직장 상사가 우동을 주문하면 대부분 따라 하게 된다는 것이다.

그러나 심리학자들은 '요즘은 자기의 특성을 당당하게 밝혀서 자신만의 정체성을 나타내는 것도 자기 발전을 위하여 좋다'고 말한다.

깨진 유리창의 법칙(Broken Window Theory)

우리가 평소에 자주 다니는 거리를 지나가다가 무슨 일이 벌어진 것인지 어느 상점 진열대의 유리창 하나가 파손된 것을 보았다.

그런데 그 다음날에도 그대로 방치되어 있었다.

그때 당신은 어떤 생각을 하겠는가?

옛날 우리 속담에도 이런 이야기가 있다.

'우리 집 개, 내가 발로 한 번 차면 다른 사람은 두 번 찬다.'

그 상점 주인이 도통 이 유리창에 신경을 쓰지 않는다는 생각이 들어서 '내가 돌을 하나 더 던져도 아무 문제없을 것'이라는 도덕적으로 해이(解弛)한 마음이 생길지는 모르지만, 비단 나만이 아니라 지나치면서 자주 본 많은 사람들이 그렇게 생각할 것이다.

형편없이 찌그러진 자동차가 오랜 시간 동안 그 자리에 방치되어 있다면 누구나 같은 생각을 할 것이 뻔하다.

이것을 이른바 '깨진 유리창의 법칙'(Broken Window Theory)이라고 한다.

이 법칙은 미국의 행정학자 제임스 윌슨(James Q. Wilson, 1931~2012)과 범죄학자 조지 켈링(George L. Kelling, 1935~2019)이 1982년 사회 무질서에 관해서 공동으로 발표한 것으로, '깨진 유리창 하나를 고치지 않고 방치해 두면, 그 지점을 중심으로 범죄가 확산되기 시작한다'는 이론이다.

사소한 무질서를 그대로 둔다면 큰 문제로 이어진다는 것이다.

예를 하나 보기로 하자.

1980년대 중반 무렵 미국 뉴욕시에는 급속하게 슬럼화(특정 지역의 주거 환경이 나쁜 상태)되었는데, 그 이유는 시 정부와 경찰이 이를 신경 쓰지 않고 그대로 방치했기 때문이다.

거리나 지하철역 주변 담벼락 어느 곳이나 지저분한 낙서로 가득했고, 특히 지하철역에서는 범죄가 빈번하게 발생했다.

범죄 발생 건수가 다른 도시에 비해서 현저하게 높게 나타나자 기업주들과 중산층들이 이 도시를 빠져 나가기 시작했다.

어느 정도 시간이 흐르자 밤에는 물론 낮에도 북적이던 거리가 한산해져서 지하철역 가기가 꺼려지는 두려움의 대상이 되어버렸다.

그런데 1993년에 뉴욕시장으로 당선된 루돌프 줄리아니(Rudolph Giuliani)가 뉴욕을 새롭게 살려야 한다는 강력한 의지를 가지고 지저분한 곳을 깨끗이 정화하기 위해 온 정성을 쏟자 마침내 쾌적한 시가지로 변신했다.

그리고 주요거점과 우범지역에는 CCTV를 설치하여 범죄자는 물론 낙서한 자까지도 끝까지 추적해서 찾아냈다.

지하철역 주위를 깨끗이 닦고 범죄가 집중 단속되자 믿기지 않는 일들이 일어나기 시작했다.

시 정부의 강력한 의지를 감지한 뉴욕 시민들은 물론 지나가는 모든 사람들이 자신들이 저질렀던 과거의 행태를 180도 바꾸기 시작했다.

주위 환경이 더러웠을 때 사람들은 오물을 아무 데나 버려도 아무 거리낌이 없었으나, 주위가 깨끗해지자 자신의 행동이 다른 사람에게 들통날까봐 함부로 하지 못하고 부끄러움을 갖게 되었다.

이처럼 설득력(說得力) 있는 이 논리는 일반 사회 현상일 뿐 아니라, 우리 사회 여러 곳에서 흔히 볼 수 있는 현상들이다.

우리가 어떤 식당에 들어가서 화장실에 갔는데 화장실이 더러우면 그 식당 주방도 더러울 것으로 짐작하게 되고 다시는 오기 꺼려지는 것이 당연하다.

어떤 회사에 전화를 했을 때 응대 결과에 따라 회사의 전체적인 분위기를 파악할 수 있다.

외국인이라면 처음 만나는 택시기사의 언행 등을 보고 그 나라의 전체적인 이미지를 예상할 수 있다.

깨진 유리창의 법칙의 계산 방식은 일반적인 산술 방식과 조금 다르다.

일반적으로 100+1=101인데 깨진 유리창 법칙에서는 100+1=200이고, 100-1=99인데 여기서는 '0'이 될 수도 있다는 이야기다.

사소한 실수로 인해 큰 것을 잃을 수 있는 반면, 초기 대응 즉, 골든타임을 놓치지 않고 친절하게 잘 응대해 이해를 시켜 내편으로 만들 수만 있다면 백배의 효과를 얻을 수 있다.

이 세상에는 다양한 계산법이 있다.

우리가 표준으로 삼는 계산법은 유클리드 계산법인데 1+1=2이다.

하지만 발명왕 에디슨(Thomas Alva Edison, 1847~1931)은 1+1=1이라고 했다.

물방울 하나에 물방울 하나를 더하면 큰 하나가 되기 때문이다.

반면 시너지 효과로 본다면 1+1=3이 될 수 있다.

사소하지만 사려 깊은 배려는 어떠한 전략보다도 큰 효과를 발휘할 수 있다는 이야기다.

깨진 유리창의 법칙이 우리에게 주는 교훈은 100+1=200이라는 것을 명심한다면 생활에 많은 도움이 될 것이다.

'도둑이 어느 집에 물건을 훔치러 들어갔다가 신발이 가지런히 놓이고 정리가 잘되어 있으면 나쁜 마음을 먹었던 도둑도 감탄하여 그 집에서는 도둑질을 하지 않고 그냥 나온다'는 속담처럼 전해 내려오는 이야기가 있다.

요즘 정리(整理)에 관한 책이 시중에 많이 나와 있다.

누구나 정리하고 싶은 생각은 있을 것이다.

정리 정돈도 한꺼번에 하면 힘들기 때문에 매일 조금씩 정리 정돈하면 나도 모르는 사이에 주변이 깨끗해지는 것은 당연한 현상이다.

미루는 것도 습관이다.

깨진 유리창을 방치하는 것처럼 주위가 깨끗하지 못하면 정신도 혼란스럽다.

끌어당김의 법칙(Law of Attraction)

이 세상에는 복잡다단(複雜多端)한 문제들이 많다.

그 많은 문제들을 하나씩 설명하기란 쉽지는 않겠지만, 우리들이 하나씩 곱씹어본다면 그렇게 생각만큼 어렵지도 않다.

세상에 수많은 법칙(法則)과 이론(理論), 경험(經驗), 효과(效果) 등등이 있는데 그 중에서 '끌어당김의 법칙'(Law of Attraction)을 빼놓을 수 없다.

이는 '끌림의 법칙'이라고도 하는데 '서로 비슷한 것끼리 자력(磁力)이 생겨 잡아당긴다'는 뜻이다.

우리가 먼저 이해해야 할 것은 '법칙은 여러 경험과 실험단계를 거쳐 종합한 결과를 나타낸 것이고, 이론은 많은 관측 결과의 설명체계'라는 것이다.

대표적인 법칙으로는 만유인력의 법칙(Law of Universal Gravitation)이 있고, 이론으로는 알버트 아인슈타인(Albert Einstein, 1879~1955)의 상대성 이론(Theory of Relativity)이 있다.

끌어당김의 법칙은 '긍정적 사고를 가지고 있는 사람은 긍정적인 결과를 가져오고, 반대로 부정적인 사고를 하는 사람은 부정적 결과를 초래한다'는 평범한 이치(理致)인데, 말하자면 '현재의 생각이 미래에 어디로 갈 것인가를 가늠한다'는 사고방식이다.

생존(生存)에 돈이 가장 필요하다면 '돈을 반드시 많이 벌겠다'는 생각을 먼저 하고, 건강하게 오래 살고 싶다면 '건강해지고 싶다'는 생각을 하면서 살면 자체적으로 에너지가 발산되어 실제로 돈도 많이 벌고, 생각이 관념적 세계뿐만 아니라 물리적인 현실에서도 영향을 미치면서 실제로 건강해져서 장수(長壽)할 수 있다는 것이다.

사람이라면 누구나 바라는 일이지만 하루도 거르지 않고 생각하고 그에 걸맞게 행동한다면 어느 누구라도 이룰 수 있다고 하는 일반적인 생각이다.

반대로 부정적인 사고를 하면 그 일이 현실에서 나타난다.

겨울철에 독감이 유행할 때 '혹시 내가 걸리지 않을까' 하고 우려한다면 우려하지 않는 사람보다 독감에 걸릴 확률이 훨씬 높다는 통계가 있다.

이와 같이 좋은 일이나 나쁜 일이나 끌어당김의 법칙은 작용한다.

예로부터 '무슨 생각을 하느냐'에 따라서 생각한 방향과 비슷한 결과가 나온다는 사례'는 셀 수 없이 많지만, 그 중 몇 가지 예를 살펴보자.

미국의 언론 기자로서 철강 왕 앤드류 카네기(Andrew Carnegie, 1835~1919)의 성공 철학을 완성한 나폴레온 힐(Napoleon Hill)은 '인간은 무언가를 생각하여 확신을 가지면 반드시 실현된다'고 주장하면서 끌어당김을 역설(力說)했다.

힐은 "생각만이 아니라 사고(思考)와 함께 가지고 있는 에너지를 적절하게 사용할 수 있어야 하며, 사고는 내 머릿속뿐만 아니라 타인의 사고를 끌어당기는 에너지도 갖고 있다."고 말한다.

힐이 이런 사고방식에 대한 자신의 주장을 역설한 후에 청각장애를 가진 자기 아들을 통해서 직접 경험했다.

그의 갈망과 염원은 아무것도 알아듣지 못하는 아들이 바람소리만이라도 들을 수 있게 되는 것이었는데, 결국 그가 그토록 원했던 바가 이루어져서 어느 날 갑자기 청각장애 아들이 기적처럼 바람소리를 들을 수 있게 되었다.

이 기적적인 사건이 힐이 말하는 끌어당김의 확실한 사상적 기반이 되었다.

2006년 호주의 프로듀서 겸 작가인 론다 번(Rhonda Byrne, 1951~)의 저서 『시크릿』에서 다시금 열렬한 각광(脚光)을 받게 된다.

그녀는 '사고나 감정이 스스로 미래를 만든다'고 역설하며, '자신의 주관적인 사고가 서로 다른 결과를 초래한다'고 주장했다.

'적극적이며 긍정적으로 사고하면 부를 축적할 수 있을 뿐만 아니라 건강하고 행복해질 수 있다'는 것인데, 이처럼 자신이 원하는 것을 머릿속에 그리면서 긍정적으로 사고(思考)하고 행동하면 자신의 삶은 물론이고 앞으로 일어날 일들을 바꿀 수 있다는 확신(確信)을 준다.

세상에 좋은 영향력을 끼치고자 하는 커다란 꿈을 갖고 사는 사람들은 세상을 긍정적으로 바꾸기 위해서 끊임없이 노력한다.

보통 사람들은 자기 자신조차도 바꾸기 힘든 것이 사실이다.

그럼에도 불구하고 론다 번은 『시크릿』에서 '나의 유전적인 패턴이나 문화적 규범, 사회적 믿음으로부터 자유로울 수 있고 나의 내부에 있는 힘이 세상에 있는 힘보다 더 크다'고 말한다.

인간의 창조는 무한하기 때문에 1단계로 내가 이루고 싶은 것을 종이에 적고, 2단계로 내가 종이에 적어 이루고 싶은 것을 철저하게 믿어야 하며, 3단계로는 이미 이루어진 것처럼 감정을 느끼는 것이다.

이 과정은 미래를 현재로 끌어 올리는 것인데, 행복을 느끼고 기분이 좋으면 원하는 것과 같은 주파수대가 있어서 지성(知性)으로만 믿고 감정(感情)을 느끼지 않으면 끌어오는 힘이 부족하다고 한다.

사고하는 것이 가져오는 결과의 좋고 나쁨과는 별개로, 긍정적이고 적극적인 사고의 이점을 제시하는 것이 끌어당김 법칙의 가장 큰 의의다.

앞으로 삶 속의 법칙들을 하나씩 알아가면서 긍정적 사고로 살아간다면 우주 속에 보이지 않는 수많은 분자들도 적극적으로 도와줄 것이다.

넘버원의 법칙

우리가 사는 이 세상은 1등만을 기억한다.

심리학자들의 연구 결과에 의하면 '넘버원의 법칙'은 '모든 동물들의 뇌 구조가 새로운 개념이나 새로운 영역을 받아들일 때 하나의 이름 즉, 첫 번째 이름이나 처음으로 본 것을 영역으로 정의하여 기억한다'는 이론이다.

그래서 첫 번째로 만들거나 처음으로 해낸 사람 또는 개척한 사람만이 기억 속에 남는다는 말이다.

생물학의 대부로 알려진 하버드 대학의 에드워드 윌슨(Edward Willson, 1929~2021) 교수에 의하면, 오리나 거위 같은 조류에도 각인 효과가 있어서 알에서 깨어난 후 처음 목격한 존재를 자기 어미로 알고 따른다고 한다.

사람도 첫 번째 단어와 최초(最初)를 가장 잘 기억한다.

인류 최초의 우주인은 구소련의 유리 가가린(Yurii Gagarin, 1934~1968)이지만, 두 번째 우주인은 누구인지도 모르고, 알려고 신경 쓰지도 않는다.

유리 가가린은 1961년 4월 12일에 보스토크 1호(Vostok 1)를 타고 108분 동안 우주에 머무르다가 귀환해서 세계적인 명사의 반열에 올랐다.

두 번째 우주인은 구소련의 게르만 티토프(Gherman Titop, 1934~1968)인데, 가가린보다 4개월 늦은 1961년 8월 6일 보스토크 2호를 타고 25시간 18분 동안 지구를 선회하는 대기록을 세웠지만, 우리에게 그의 이름이 생소하게 느껴지는 것은 최초의 우주인 유리 가가린의 이름에 가려졌기 때문이다.

이와 마찬가지로 달 표면에 처음으로 발을 디딘 닐 암스트롱(Neil Armstrong, 1939~2012)은 기억하지만, 함께 아폴로 11호에 탑승해서 두 번째로 발을 내디딘 버즈 올드린(Buzz Aldrin, 1930~)을 기억하는 사람은 얼마 되지 않는다.

더구나 달까지 함께 가긴 했으나 달에 발을 내딛지 못한 마이클 콜린스(Michael Collins, 1930~2021)를 기억하는 사람은 관계자 외에는 별로 없다.

올림픽 경기에서도 마찬가지다.

100m 달리기에서 1등과 2등의 차이는 종이 한 장 차이 즉, 0.001초 차이다.

그 미세한 차이로 금메달을 획득한 선수는 영웅이 되는 반면, 은메달을 딴 선수는 사람들이 이름조차 잘 기억하지 못한다.

기업 간의 경쟁에서도 넘버원의 법칙이 그대로 통한다.

예를 들어 같은 업종의 시장 점유율이 50:30:20이라고 했을 때 수익도 5:3:2로 분배될 것으로 생각하면 오산(誤算)이고, 학자들의 중론(衆論)은 '수익 면에서는 승수효과(乘數效果)가 적용되어 25:9:4가 된다는 것'이다.

이런 것은 규모의 경제 때문인데 판매량이 많을수록 개당 원가는 더욱 줄어들어 경쟁력은 그 제곱에 비례하는 결과가 나타난다.

그래서 대기업을 이기기가 힘들다는 것이다.

실제로 20%의 점유율을 가진 3위의 기업은 '4'의 몫도 챙기지 못하고, 잘해야 손익분기점(損益分岐點)에서 머무는 것이 현실이다.

그래서 기업인들은 '용의 꼬리보다 뱀의 머리가 훨씬 좋다'는 말을 많이 사용한다.

주식투자에서도 넘버원의 법칙이 극명하게 나타난다.

복잡한 재무제표를 읽을 필요 없이 그 회사의 특성을 알려면 그 기업이 진출하고 있는 제품들 중에 1등 상품이 몇 개인가를 먼저 파악하는 것이 재무제표를 이해하는 것보다 더 빠르고 정확하다.

그래서 '강자가 또 강자가 되고, 약자는 획기적이지 않는 한 또 약자가 될 수밖에 없는 것'이 자본주의 시장경제(資本主義 市場經濟)의 논리다.

그렇다면 새롭게 사업을 시작하는 사람은 뚫을 사업이 없을까?

대기업들이 손대지 않은 부분 즉, '레드오션'(Red Ocean)을 피하여 이른바 '블루오션'(Blue Ocean)으로 진출하면 피 흘리는 경쟁을 하지 않아도 된다.

요즘 '틈새시장'(niche marketing;니치 마케팅)이라고 말하는 시장이다.

그것은 국가에서도 장려하는 사항이다.

1960년대 우리나라는 저가 제품인 가발 · 인형 · 봉제 등이 주력상품이었다가 1970년대로 들어서면서 신발이 1위로 올라섰고, 1980년대 들어서서는 냉장고를 비롯한 전자제품이 주력상품으로 발전하기 시작했으며, 현재는 반도체를 비롯한 고부가가치 상품이 주력산업으로 발돋움하고 있다.

이는 우리나라가 선진국 반열(班列)에 오르지는 못했지만, 오르기 위해서 애를 쓰는 전형적인 중진국 상위 레벨에 위치하고 있다는 증거다.

지금 현재 우리나라가 세계 1위를 달리고 있는 상품이 몇 가지 있다.

어떤 나라의 상품 중에 1등 상품이 몇 가지인지 조사해 보면, 그 나라의 경쟁력이나 품격을 대충은 알 수 있다.

GDP나 GNP로만 그 나라의 부를 측정하는 방식은 진부한 방식이다.

미국의 TV토크쇼 시청률 1위를 고수하는 오프라 윈프리(Oprah Winfrey, 1954~)의 말이다.

"저는 항상 넘버 10인 것처럼 노력합니다. 우리가 톱이라는 것을 생각하는 순간 이미 10등이 되어 버리는 것이 세상의 이치입니다. 그래서 저는 항상 10등인 것처럼 생각하고 노력합니다."

1등이 되었다면 항상 겸손한 자세로 임해야 1등을 유지할 수 있다는 것이다.

던바의 법칙(Dunbar's Number)

'발이 넓고 활동을 왕성하게 하는 사람'을 오지랖이 넓은 '마당발'이라고 한다.
이처럼 마당발이 될 수 있는 것은 그 사람의 능력이며, 중요한 자산(資産)
이라고도 할 수 있다.
아무리 마당발이라고 해도 진정한 인맥(人脈)은 한계가 있다고 한다.

그렇다면 그 한계(限界)는 과연 어디까지일까?
학자들의 연구 결과에 의하면 진정한 관계를 맺는 사람이 많아 보이지만
150명에 불과하다는 것을 발견했다.
이 '150명의 관계'를 '던바의 법칙'(Dunbar's Number)이라고 한다.

이 법칙은 미국의 문화 인류학자인 옥스퍼드 대 로빈 던바(Robin Dunbar,
1947~) 교수가 최초로 주장했는데, 원숭이나 침팬지 등의 영장류로 사교성을
연구한 결과를 1992년 『신피질 크기가 영장류의 그룹 규모에 미치는 제약
요건』이라는 논문에서 발표했다.
주로 복잡한 것을 담당하는 대뇌 영역인 신피질이 클수록 사귀는 친구가 많다.
인간에게도 같은 내용으로 적용해 보니, 마찬가지로 '신피질(neocortex)이
크면 큰 만큼 인간의 친분관계는 150명이 될 것'이라고 추정했다.

그래서 '150'을 '던바의 수'라고 말한다.

호주나 뉴기니, 그린란드 등 아직도 원시 부족 국가의 원시인에 가까운 삶을 사는 사람들을 상대로 조사해 본 던바 교수는 주민의 규모가 대략 150명 정도 된다는 공통점을 발견했으며, 또한 현대 전투에서도 지휘관이 직접 지시하며 전투할 때 병사가 200명이 넘으면 통제하기 어렵다는 것도 발견했다.

이러한 조사 결과를 통하여 '조직을 관리할 때 150명의 인원이 최적'이라는 추론(推論)이 틀리지 않았음을 확신하게 된다.

던바 교수는 SNS에서도 최적의 친분관계는 150명이라는 결과를 내놓았다.

인맥을 맺은 사람의 숫자가 수만 명에 이르는 사교적인 사람과 몇 백 명에 불과한 보통 사람을 직접 비교해 보았다.

1년에 한 번 이상 어떤 형태로든 연락을 하거나 안부를 물어 서로 소통을 하는 사이를 친구의 기준으로 두었다.

그런 기준을 두고 살펴본 결과 두 그룹간의 진정한 친구 사이는 별반 차이가 없다는 것을 발견한다.

현대에 페이스 북 친구가 수천 명에 달한다고 해도 실제로 긴밀하게 지내는 친구는 150명 안팎에 지나지 않으며, 그 중에서 진정으로 흉금을 털어놓고 지낼 수 있는 사이는 대략 20명 정도밖에 되지 않는다.

이 결과에서 힌트를 얻은 패스(Path:사람이 다녀서 생긴 길)라는 SNS서비스는 이른바 던바의 수의 1/3 수준인 50명으로 친구 수를 제안해 긴밀한 퍼스널 네트워크를 만드는 서비스를 오픈하기도 했다.

그런데 150이 인맥(人脈)의 숫자 전부일까?

사실 던바 외에도 인맥에 관한 연구를 한 학자들이 몇 명 더 있다.

인류학자인 러셀 버나드와 피터 킬링워스는 미국인을 대상으로 다양한 방식의 실험과 연구 조사한 결과를 발표했는데, 그들이 결과로 내놓은 수치는 던바가 연구한 결과의 거의 배에 가까운 290에 이른다.

그들의 논리에 따르면 조사 대상의 선정 방법과 조사 방법에 따라 결과가 충분히 달라질 수 있다고 말한다.

또한 미국의 전설적인 자동차 판매 왕인 조 지라드(Joe Girard, 1928~2019) 역시 인맥 숫자를 발견한 적이 있는데, 그는 자동차 영업을 시작한지 1년 만에 1,400대의 자동차를 판매했고, 15년 만에 15,000대를 판매했다.

세계적으로 자동차 판매에서 기네스북에 오른 그는 자신의 경험에 근거해서 250의 법칙을 언급한 바 있는데, 그동안 수많은 고객들의 결혼식장이나 장례식장들을 돌아다니면서 얼마나 많은 사람들의 애경사를 챙겼을까 살펴보았더니 대략 250명으로 나타났다.

다른 사람들도 자신과 비슷할 것으로 추측해서 '사람이 관리하는 데 적정한 인원이 250명'이라고 생각했던 지라드는 '고객 한 명을 잘 관리하면 고객 250명을 얻을 수 있을 것'으로 간주하고 고객들을 극진히 대접하며, 조심스럽게 행동했다고 말했다.

미국 브리 경영대 심리학자들은 '사회생활에서 인간관계가 원만한 사람들은 그렇지 못한 사람보다 먼저 사망할 확률이 50%나 낮다'는 연구 결과를 내놓았다.

인간관계가 사람의 심리와 건강에 영향을 줄 정도로 중요하다는 말이다. '친구 숫자의 많고 적음보다는 관계를 어떻게 유지하는가가 더 중요하다'고 본 것이다.

무작정 친구를 만들기보다는 내가 감당할 만한 인맥을 보유하는 것이 더 중요하고, 진정한 관계의 적정선을 스스로 찾아서 의미를 생각해보는 것이 던바를 비롯한 심리학자들이 우리에게 주는 메시지가 아닐까?

도도새(Dodo Bird)의 법칙

'도도새의 법칙'은 천적(天敵)이 없어서 편안하게 살다가 멸종한 도도새를 비유한 것으로, '모든 생명 있는 존재는 외부에서의 도전(挑戰)과 응전(應戰)이 없으면 결국은 멸망하게 된다'는 교훈을 주는 법칙이다.

또한 이 법칙은 도전을 받지 않고 익숙한 환경에 안주해서 날갯짓을 잊어버린 도도새처럼 '스스로 끊임없이 노력하지 않으면 도태된다'는 것을 시사한다.

16세기 인도양의 한 무인도 모리셔스(Mauritius) 섬에 새들이 모여살고 있었다. 이 섬은 미국의 작가 마크 트웨인(Mark Twain, 1835~1910)이 "신은 천국보다 모리셔스를 먼저 창조했다."고 말했을 정도로 천혜의 기후조건을 갖추었고 땅도 비옥하여 살기 좋은 곳이었으며, 이들이 힘들여 노력하지 않아도 먹고 사는 데는 별로 지장이 없었다.

괴롭히는 천적이 없는 관계로 날아오를 필요도, 먹이를 놓고 다툴 필요도 없었다. 이 새들은 이처럼 도전과 응전이 없는 곳에 살다보니 둥지도 필요하지 않고, 날개 또한 퇴화되어서 날 수도 없었다.

아무 걱정 없이 편안한 삶을 살고 있던 1505년에 해상을 장악했던 포르투갈 선원들이 이 섬을 발견하고 상륙했다. 이 새들은 새의 모습을 하고 있으면서도 사람을 보고 멀뚱멀뚱 보기만 할 뿐 달아나거나 경계를 하지 않아 쉽게 잡혀서 사람들의 먹잇감이 되었다. 이 새들이 '바보'같고, '멍청이' 같다고 해서 이 새들의 이름을 포르투갈어로 '도도새'(Dodo Bird)라 부른다.

이 새들은 조류에게 최고의 강점이고 생존수단인 날개를 포기했던 것이다.

도도새처럼 '주어진 환경 속에서만 안주하고, 노력이나 스스로 자기 계발을 하여 전진하지 않으면 결국 사라진다'는 것이 '도도새의 법칙'이다.

영국의 역사학자 토인비(Arnold Joseph Toynbee, 1889~1975)는 외부 도전 없이 스스로 사라져 버린 문명으로 고대의 마야 문명을 예로 들었다.

마야 문명은 기원전 2000년 전부터 스페인 정복이 시작되는 16세기 초까지 약 3,500년 동안 현재의 멕시코와 과테말라, 온두라스, 엘살바도르 일대에서 번성했던 문명이었으나 스페인의 정복으로 인해 외부 도전에 응전하지 못하고 허무하게 무너지는 사태가 벌어졌다.

19세기 초 유럽에서 산업혁명이 태동되면서 방적기(紡績機)를 내놓았다.

방적기 한 대가 무려 2만 명이 수공업으로 할 수 있는 물량을 처리했다.

옷감을 짜서 먹고 살던 노동자들이 방적기의 등장으로 직업이 없어지자 화가 난 군중들은 몽둥이를 들고 방적기를 부수기 시작했다.

국가에서는 군중에 대항해 더욱 엄격한 법을 만들어 방적기를 부순 사람들은 교수형에 처한다는 법이 만들어졌다.

결국 그들은 변화의 물결에 순응하지 않을 수 없었다.

그래서 일어난 운동이 '인클로저 신드롬'(Incloser Syndrome)이다.

즉, 울타리를 쳐서 양을 키우고 양털을 재료로 해서 방적기를 이용하여 모직물을 만들면 수입이 훨씬 좋았다.

자연히 산업도시가 형성되고, 근로자들이 모여들어 도시가 형성되므로 혁명(革命)이 일어난 것이다.

사람들이 살아남기 위해 벌이가 더 좋은 곳으로 몰려드는 것은 자연의 이치다.

이때부터 영국이 산업(産業)을 주도하게 되면서 신대륙도 영국을 따라갈 수밖에 없고, 영국의 언어인 영어가 세계 공용어가 된다.

도전과 응전을 잘 이겨내고 현실에 안주하지 않으며, 새로움을 갈망한 영국의 도전이 성공을 이룬 인류 역사의 획기적인 진보였다.

이때를 기준으로 1차 산업혁명이라고 한다.

우리는 현대를 4차 산업혁명 시대라고 한다.

'4차 산업혁명으로 인해 일자리가 없어질 것'이라고 생각하는 것은 기우(杞憂)에 불과하다.

일부 학자들은 300년 전에 일어났던 1차 산업혁명 때와 마찬가지 상황이 만들어졌다고 해서 네오 러다이트(Neo Ludite)라고 보는 사람들도 있다.

탈무드(Talmud)에서도 청어 이야기를 통해 도전과 응전을 표현했다.

토인비도 같은 이야기를 했지만, 탈무드에 먼저 나온다.

북유럽 근처에서 청어를 잡는 어부가 청어를 잡아서 먼 길을 오면 수조 속에서 90%는 죽고 10% 정도만 살아 있었다.

살아 있는 청어 가격이 10배가 비싼 데도 뾰쪽한 방법이 없었다.

그러던 어느 날은 거꾸로 90%가 살아 있고 10%만이 죽어 있었다.

그 날 청어가 많이 살아 있었던 이유는 수조 속에서 청어를 잡아내면서보니 청어의 천적인 물메기가 잡혀서 청어와 함께 있었던 것이다.

그 좁은 공간에서도 청어가 메기에게 잡히지 않으려고 도망 다녀 살아남게 되었던 것이다.

아프리카 정글에 사는 사슴이나 얼룩말 등 초식 동물들도 천적인 사자나 호랑이들이 없다면 살기 편할 것처럼 보이지만 천적과 함께 공존함으로써 항상 경계하면서 살고, 사자 역시도 사슴을 능가하지 못하면 굶어서 죽게 되고 건강하고 튼튼한 놈만 살아남게 되는데, 이것이 적자생존(適者生存)이다.

활어(活魚)를 산지에서 수요처로 배달할 때 천적과 함께 운반하면 훨씬 더 싱싱하다고 한다.

우리 속담에도 '고인 물은 썩는다'고 했다.
현재 생활에 만족해서 전진하지 못하고 있을 때 쓰는 말이다.
'퇴보하지 않으려면 현재의 생활에 충실하되 미래도 함께 염려해야 된다'는 말이다.

우리가 걷는 길이 순탄(順坦)하다고 해서 꼭 좋은 것만은 아니며, 내 앞에 장애물만 있다고 반드시 나쁜 것만도 아니다.
순탄함과 장애물을 어떻게 받아들이느냐에 따라 걸림돌이 될 수도 있고, 디딤돌이 될 수도 있다.
이 시대의 청년들 중에도 '현실에 안주하는 도도새 족'이 있는가 하면, 현실의 난관을 뚫지 못하고 '포기하는 무기력한 도도새 족'이 있다.

항상 위기(危機)와 기회(機會)는 앞서 말한 사슴과 사자처럼 함께 존재한다.
우리에게 닥친 시련과 도전을 걸림돌이라 생각하지 말고, 디딤돌로 활용한다면 미래는 밝게 열릴 것이다.

라테(Latte)의 법칙

사람이 살아가는 사회 조직에서 개인에게는 습관(習慣)이 존재하고, 조직 속에는 관습(慣習)이 존재하며, 관습이 더 나가면 법칙(法則)이 되고, 법칙으로 만들어지면 사회 조직의 조절 장치이자 도덕(道德)을 위한 토대가 된다.

다시 말해서 습관을 개인의 것으로 본다면, 관습은 사회적으로 형성되어 굳어진다는 말이다.

17세기 영국의 지식인 토머스 풀러는 관습의 독재를 비판적으로 지적하였다.
그는 일찍이 "관습은 현명한 사람에게는 재앙(災殃)이요 어리석은 사람에게는 우상(偶像)이다."라고 하면서 습관처럼 어떤 관습이냐가 중요한 문제라고 했다.
즉, 좋은 관습이 있는 반면 나쁜 관습도 있다는 이야기다.
그러나 어떤 관습이 '좋다, 나쁘다'고 말할 수 없는 것은 각자의 생각이 다르므로 이분법적으로 보면 갈등을 불러올 수 있다.

현대 기업들 중에서도 서비스업을 중요시하는 업체에서는 조직 습관에 관심을 가진 기업들이 속속 늘어나고 있는 추세다.
소비자들을 대상으로 습관 마케팅을 하는 동시에 바람직한 조직 문화를 형성하기 위해 직원들을 대상으로 습관 교육을 실시한다.
세계적 커피 전문업체로 성장한 스타벅스(Starbucks)는 입사 첫 해 직원들에게 최소한 40시간을 할애해 습관 교육을 철저하게 시키는 회사로 잘 알려져 있다.

스타벅스는 직원들의 자제력을 조직의 습관으로 자리 잡도록 하기 위해 '라테의 법칙'이라는 이름을 붙여서 실시했는데, Latte(라테)의 첫 이니셜을 따서 명명한 '고객을 응대하기 위한 법칙'이다.

즉, 고객의 말을 귀담아 듣고(Listen), 고객의 불만을 인정하며(Acknowledge), 문제해결을 위해 행동을 취하고(Take Action), 고객에게 감사하며(Thank), 문제가 일어난 이유를 설명하라(Explain)는 등 5단계로 만들어져 있다.

라테의 법칙은 누구나 쉽게 알고, 싱거운 내용이라고 생각하는 사람이 많지만 그 훈련 과정을 이수하기가 만만한 과정이 아니다.

이 교육방법은 스타벅스 경영진이 직원들의 의지력에 대해 완전히 잘못 생각해 왔다는 깨달음과 성찰에 근거해서 나왔다고 한다.

직원들 중 의지력이 강한 직원들은 별로 문제를 겪지 않았고 큰 문제가 없는 날에는 의지력에 약간의 문제가 있는 직원들도 별로 다르지 않았으나 뜻밖의 스트레스나 예상하지 못한 일이 터지면 그런 직원들은 순간적으로 발끈하면서 자제력을 상실했다.

말하자면 고객이 고함을 지르는 일이 생기면 평소에 차분했던 직원이 평정심을 잃고 어리둥절 한다는 것이다.

일부 직원은 고객이 짜증내며 압박하면 금방이라도 터질 것 같은 표정을 짓기도 했는데, 이런 직원들에게 정작 필요한 것은 그런 변곡점에 처했을 때 대처할 수 있는 좋은 교육이었다.

라테의 법칙의 훈련 과정의 핵심은 끝없는 반복(反復) 즉, '습관 만들기'를 중점 요인으로 본다.

어떤 문제가 발생하면 대처 방안을 글로 쓰게 하는 것을 비롯하여 역할 연기에 이르기까지 스트레스에 시달린 변곡점에서 사용하는 수십 가지의 반복 행동을 가르치고, 자다가도 벌떡 일어나서 바람직한 행동을 할 수 있도록 몸에 익숙해질 때까지 수없이 반복 연습을 하는 것이니, 실질적으로 향기로운 라테와는 거리가 멀다고 할 수 있다.

스타벅스 경영진은 직원들에게 곱게 갈아 압축한 원두커피에 뜨거운 물을 고압으로 통과시켜서 뽑아낸 이탈리아 정통커피 즉, 에스프레소 기계와 금전 등록기를 새로 배치하고, 고객들에게 인사하고 상품 진열하는 방법을 스스로 결정하라고 독려(督勵)했다.

이제는 매장 관리자가 에스프레스 기계를 배치하는 문제 등을 직원들과 상의하며 몇 시간을 보내는 모습이 새삼스러운 일은 아니다.

그런 방법으로 교육하고 함께 해 온 결과 직원들의 이직률이 현저하게 낮아졌으며, 고객들의 만족도도 동반 상승하는 효과가 나타났다.

자신감과 자존감은 대부분 감정 습관에서 만들어진다고 한다.

또한 감정 착취는 지속 가능하지 않지만, 자존감에 기반한 친절과 고객 욕구 충족은 지속이 가능한 것이다.

모든 직원이 자존감을 갖는 조직의 습관은 그런 전사적인 노력으로 바꿀 수 있겠지만, 사회적 관습을 바꾸는 것은 훨씬 어렵다.

모든 혁명은 관습에 대한 도전이기도 하지만 혁명을 무너뜨리는 것은 관습인 경우가 많은데, 중국에서도 1966년 문화대혁명 당시 관습을 바꾸려고 시도했지만 그런 시도는 공산주의에서만 가능하고, 폭력적이며 인권(人權)을 무시한 유린(蹂躪)으로 이어지기 쉽다.

이 세상에 영원한 것은 존재하지 않는다.

현재 사회만 보더라도 늘 바뀌고 있다.

주역(周易)에서도 '궁하면 변하고(窮則變), 변하면 통하고(變則通), 통하면 오래 간다(通則久)'고 했는데, 세상의 만물은 곧 변하며 순환한다는 것을 의미한다.

현 시점에서 잘 느끼지 못할 뿐이지 이 세상의 모든 것은 항상 바뀌고 있으므로, 시대의 변화에 잘 적응하는 자가 살아남는다고 했다.

개인의 변화가 조직의 변화를 일으키고, 조직의 변화가 문화를 만든다.

서양의 격언에도 '변화 이외에 영원한 것은 없다'고 했다.

레몬 시장의 법칙

전문적인 기술이 필요한 최첨단 제품이나 그 분야에 어느 정도의 지식 정보가 있어야 이해할 수 있는 제품이라면 판매자와 구매자 사이에 정보의 격차(隔差)가 생길 수밖에 없다.

의사와 환자 사이에도 그런 일이 종종 발생한다.

대수롭지 않은 가벼운 감기로 생각하고 병원을 찾은 환자에게 의사가 '수술을 해야 한다'는 진단을 내리면 전문 지식이 없는 환자의 입장에서는 의사의 말을 믿을 수밖에 없을 것이다.

물론 실제로 대부분의 의사들은 신중하게 진단하지만, 일부 양심 없는 극소수의 의사들이 의료 수가를 높이기 위해서 불필요한 진단을 내린다고 할지라도 환자는 따를 수밖에 없지 않겠는가!

장례식장에서도 가끔 이와 비슷한 일이 발생하기도 한다.

슬픔 속에 이것저것 따지고 들 경황이 없는 소비자는 장례식장에서 안내 해주는 대로 일을 진행하는 경우가 많다.

소비자가 절대적으로 불리한 위치에 있기 때문이다.

우리 사회에서 지금은 많이 좋아지기는 했어도 갑과 을이 있기 마련이다.

경제학자들은 중고차 시장을 이런 경우의 대표적인 사례로 들어 설명한다.

중고차를 매매하는 업자는 그 차에 대해 모든 정보를 잘 알고 있다.

즉, 사고 횟수나 현재의 상태, 그리고 흠이 무엇인지 모두 알고 있다.

그러나 차를 사고자 하는 소비자는 이 자동차의 상태를 전혀 알 수 없는 상태에서 나쁜 것은 모두 빼버리고 좋은 것만 이야기해도 믿게 된다.

이런 경우가 전형적인 정보 비대칭 현상이 되는 것이다.

이런 상황에서 구입하는 사람은 위험을 감수하고 거래를 해야 한다.

경우에 따라서는 문제투성이 차를 시세보다 비싼 가격에 살 수도 있기 때문이다.

말하자면 정보 비대칭이 존재하는 상황에서 판매자는 도덕적 딜레마에 빠지고 구매자는 상당한 위험을 감수해야 하는 시장으로 바뀌어 간다는 것이다.

예를 들어 A, B, C 세 종류의 중고차가 있다고 하자.

A는 상태가 매우 양호하고, B는 보통이고, C는 불량품이라고 했을 때, 판매자는 모든 사실을 알고 있지만 사려고 하는 사람은 당연히 모를 수밖에 없다.

그러나 판매자 입장에서는 모두 A급의 돈을 받고 싶어 하고, 구매자는 C급 가격으로 사고 싶어 하는데, 이런 경우를 '미정보자의 역 선택'이라고 부른다.

이런 경우 대부분 B급으로 가격이 결정되는 경우가 보통이다.

이렇게 되면 판매자 입장에서는 B, C급은 평균 가격에 팔면 정상이지만 A급 차는 손해를 보게 된다.

이런 경우를 대비해 A급은 중고차 시장이 아닌 밖에서 아는 사람에게 정상적으로 판매하고, 중고차 시장 내에서는 C급만 넘치게 된다는 것이다.

노벨 경제학상을 수상한 미국 버클리 대학의 조지 애커로프(George Akerlof, 1940~) 교수는 이러한 현상을 '레몬 시장'(Lemon Market)이라고 하였다.

서양에서 레몬은 동양의 '빛 좋은 개살구'와 비슷한 뜻을 가지고 있다.

우리말로 하면 '겉은 멀쩡하지만 속은 별 볼 일 없다'는 뜻이다.

금융 시장도 비슷하다.

보통 사람들은 상당한 지식을 갖추고 있어야 겨우 이해할 만큼 복잡하고 정교한 금융 파생 상품에 대해서 잘 알지 못한다.

그렇기 때문에 금융 시장에 엉터리 상품들이 넘쳐날 수밖에 없다.

미국 발 금융 사태도 이와 유사한 금융 상품에서 비롯되었던 것이다.

일반적인 상품 정보는 누구나 쉽게 이해할 수 있도록 공개되어야 한다.

의학용어도 마찬가지다.

한국말로 쉽게 할 수 있음에도 불구하고 일반인들이 잘 알지 못하도록 영어를 사용하는 것도 이와 비슷한 현상이다.

미국에서는 생명보험 가격이 1990년대 후반부터 경쟁적으로 하락하기 시작했는데, 전문가들도 가격 하락의 원인을 쉽게 찾지 못했고, 하락할 만한 특별한 원인이 있는 것도 아니었다.

건강보험이나 자동차보험, 주택보험 등 어디에도 특별한 원인은 없었다.

그러나 정보 매개체의 발달로 소비자들이 동종(同種)의 웹사이트(website)를 검색해서 비슷한 상품을 함께 놓고 비교할 수 있게 되자, 충분한 정보와 지식 없는 소비자들을 상대로 비싼 가격에 나쁜 조건으로 알게 모르게 등치던 보험사들이 서둘러서 조건을 완화시켰던 것이다.

소비자들은 인터넷 정보 덕분에 많은 보험료를 절약할 수 있었다.

로크의 법칙(Lacke's Law)

미국 메릴랜드 대학교 심리학과 교수 에드윈 로크(Edwin A. Locke, 1938~)는 목표 설정을 주장하면서 '목표가 미래지향적이고 도전적일 때 효과가 가장 크게 나타난다'고 했는데, 그 이후부터 '미래지향적인 도전정신'을 '로크의 법칙'(Lacke's Law)이라고 부르게 되었다.

로크는 농구 골대를 예로 들어 설명하였다.

로크는 '스스로를 위해 목표를 설정하되 중요한 것부터 순서대로 잡고, 단번에 목표를 달성하는 것이 아닌 자신을 위해 여러 개의 농구 골대를 만들어 이것을 극복하고, 결국은 달성하기 위한 목표를 세우라고 강조하면서, '시간이 흐른 뒤 나도 모르는 사이에 제법 높은 정도의 수준에 이미 올라와 있음을 볼 것'이라고 말했다.

농구는 많은 사람들이 즐기는 운동이지만, 특히 서양 사람들이 농구를 좋아하는 이유는 농구대의 높이가 305cm로 너무 높지도 않고 그렇다고 너무 낮지도 않으므로 골을 넣기가 적당하다는 것이다.

너무 높으면 골을 넣는 빈도가 낮아 흥미를 잃을 수 있으며, 사람 키 정도로 너무 낮으면 골을 넣어도 별로 재미가 없기 때문에 305cm가 사람의 키에 비해 적당하다고 보는 것이다.

이처럼 일반 사람들에게 높이가 알맞아 도전정신을 키울 수 있어 대중들로부터 사랑을 받게 되었다.

목표가 높다고 해서 좋은 것이 아니다.

농구대처럼 합리적으로 인간이 뛰어올라서 넣을 수 있는 정도의 목표가 되어야지, 너무 높거나 낮으면 식상(食傷)하기 쉽다.

그래서 '로크 법칙'을 다른 말로 '농구대의 원리'라고 부르기도 한다.

수학의 왕이라고 불리는 독일의 수학자 겸 물리학자인 카를 프리드리히 가우스(Carl Friedrich Gauss, 1777~1855)는 우리에게 잘 알려진 천재적인 학자다. 그는 말보다도 계산을 먼저 배웠던 사람이다.

가우스는 1796년 독일의 괴팅겐 대학교 시절 세 개의 수학문제를 과제로 받았는데 그 중에서 두 문제를 두 시간 만에 쉽게 풀었으나 한 문제는 다른 종이에 작은 글씨로 쓰여 있어서 교수님이 그냥 내준 평범한 문제로 알고 풀어 나갔다.

'컴퍼스와 눈금이 없는 직선 자 하나로 정십칠각형을 그리라'는 난이도가 높고 새로운 문제였는데, 그가 지금까지 배운 수학은 이 문제를 해결하는 데 전혀 도움을 주지 못했으며, 몇 시간이 경과되어도 문제의 실마리를 찾지 못했다.

가우스는 현재까지 교수님이 내준 문제를 해결하지 못한 일이 없기 때문에 이번에도 반드시 문제를 풀 수 있을 것으로 확신하면서, 자기의 투지를 살려 기어코 이 문제를 풀어내리라 다짐하며 문제를 응시했다.

가우스에게 조금 어렵기는 해도 이 문제 역시 예외일 수는 없었으며, 평범한 문제로 생각했기 때문에 일반적인 답일 것이라 여기고, 컴퍼스와 자로 그려보고 생각하고, 또 다시 지우고 그려보고, 몇 번이나 반복하였다.

다음날 아침이 되었을 때 그는 결국 이 문제를 해결했다.

가우스는 등교하여 교수님을 만나 과제물을 제출하면서 부끄러운 듯 이야기했다.

"교수님이 내주신 문제 중 세 번째 문제는 밤을 새워서 해결하기는 했어도 시간이 너무 오래 걸렸습니다."

교수는 가우스의 과제물을 받아보고 깜짝 놀라면서 눈을 똑바로 뜨고 물었다.

"자네 혼자서 이 문제를 해결했는가?"

가우스는 "예 교수님, 저 혼자서 해결했습니다. 다만 빨리 하지 못하고 밤을 새워가며 풀었습니다."라고 평범하게 대답했다.

그래도 교수는 믿기지 않아 컴퍼스와 자를 주고 자기 보는 앞에서 다시 한 번 정십칠각형을 그려 보라고 했다.

가우스는 한 번 해보았기 때문에 능숙하게 설명하며 쉽게 그려냈다.

교수님은 정색을 하고 가우스에게 설명하면서 극찬을 아끼지 않았다.

"자네가 푼 이 문제는 2,000년이 넘도록 해결하지 못한 난제였네. 그 유명한 아르키메데스나 뉴턴도 이 문제만큼은 해결하지 못했는데 자네가 하룻밤 사이에 해결한 것을 보니 자네는 이 시대에 천재가 틀림이 없네."

나중에 보니 가우스에게 과제로 주려던 문제가 아니고 본인이 풀려고 하다가 해결하지 못했던 것인데, 잘못하여 가우스에게 쪽지가 갔던 것이다.

그 일로 인하여 가우스는 근대 수학의 창시자가 되었고, 아르키메데스와 뉴턴과 더불어 세계 3대 수학자가 되어 큰 성과를 이루어 냈다.

가우스는 "만약 교수님이 이 문제가 2,000년 동안 해결하지 못한 문제라고 말씀하셨다면 저는 이 문제를 해결하지 못했을 것입니다."라고 했다.

결국은 교수님의 작은 실수가 오히려 전설을 만들어 내는 계기가 되었던 것이다.

가우스는 단지 공부하는 중 숙제를 했을 뿐이고 노력하면 문제를 해결할 수 있을 것이라는 자신감과 함께 목표가 이루어질 수 있다는 신념이 있었기에 2,000년 동안 해결하지 못한 문제를 하룻밤 만에 해결하는 결과를 낳았다.

이처럼 '목표를 적절하게 생각하고 잡으면 해결할 수 있는 경우'를 '로크의 법칙'이라고 한다.

우리의 삶 속에서 목표가 바르고, 하고자 하는 신념이 뚜렷하다면 자기 자신의 모든 잠재된 능력까지도 동원할 것이지만, 그 목표를 자기 능력으로 이루는 것이 불가능하다고 여기면 동기 부여가 되지 못하고 포기하고 만다.

이 점이 로크의 법칙이 우리에게 주는 메시지일 것이다.

목표는 우리에게 꼭 필요하지만 너무 높아도 안 되고 너무 낮아도 물론 안 되며, 합리적일 때 성공이 이루어지는 것이다.

작은 성공이 이루어지다 보면 큰 성공도 따른다고 본다.

롱 테일 법칙(Long Tail Theory)

자유 시장 경제 체제에서는 수요(需要)와 공급(供給) 곡선을 배운다.
즉, 수요가 있으므로 공급이 있고, 공급이 있으므로 수요도 생긴다.
수요와 공급은 불가분의 관계다.

소비의 수요가 적으면 가격이 올라가고, 수요가 많아지면 희소성이 줄어
가격이 떨어지기 마련이다.
이것을 자유 시장 경제라고 한다.
과거에는 우리가 어떤 상품을 구입하려면 직접 매장에 방문해서 구입할
수밖에 없는 유통 구조였다.

그런 상황을 '파레토의 법칙'(Pareto's Law)이라고 한다.
'20%의 우수고객이 80%의 소비를 가져온다'는 이론이다.
과거에는 매장에 진열을 하지 않으면 팔리지 않는 유통 구조로 이루어져
있으므로 파레토의 법칙이 적용되었던 것이다.

그러나 지금은 완전히 달라진 유통 구조로 되어 있다.
인터넷의 발달로 다양한 유통 채널이 등장하면서 유통 시장을 흔들어 놓았다.
많은 채널을 이용하는 고객은 다품종을 놓고 비교하여 선택하므로 매장에
가지 않고도 얼마든지 다양하게 검색하여 마음에 드는 상품을 선택할 수 있다.

그러나 많은 양이 아니고 다품종의 소량 판매가 이루어지므로 그래프를 그리게 되면 길게 나타난다.

그래서 이름을 우리말로 하면 '긴 꼬리(Long Tail)의 법칙'이 되는 것이다.

이는 미국의 유명 IT잡지인 『와이어드(Wired)』의 편집장 크리스 앤더슨 (Chris Anderson, 1961~)이 처음 발견한 법칙이다.

2004년부터 미국을 중심으로 화제가 된 '롱 테일 법칙'(Long Tail Theory)은 한마디로 말해 '역(逆) 파레토의 법칙'에 해당한다.

과거의 대형 매장에 전시를 하지 않고도 선택할 수 있는 판매 전략으로 다양화된 상품 선택을 하며, 가장 큰 장점이라고 할 수 있는 가격 경쟁에서 이길 수 있다.

80%에 해당하는 개미 고객이나 비 핵심 제품의 80%에서 발생하는 매출이 훨씬 많은 비중을 차지하기 때문에 상위 20%를 대상으로 고객 관리를 하는 이른바 귀족 마케팅보다는 긴 꼬리를 주장하는 것이다.

디지털과 인터넷을 이용하는 첨단시대에 상위 20%에 집중하면 시장에서 주도권을 잡을 수 없다고 판단하기 때문이다.

실제 사례들을 보면 확실하게 나타난다.

미국의 최대 서점 아마존(Amazon)이나 음반 판매 서비스 애플 아이튠즈 (iTunes), 개인별 벼룩시장인 이베이(eBay)는 하나같이 저렴하면서도 다양한 상품으로 경쟁한다.

말 그대로 없는 것 빼놓고 모든 제품이 총망라(總網羅)되어 있다.

오프라인 매장은 상품 진열 비용과 진열에 따른 한계를 감내해야 한다.

여기에 물류비도 무시할 수 없는 입장이다.

그러나 온라인 시장에서는 인터넷이 매장이므로 진열 비용과 물류비가 저렴해서 가격 경쟁에서 우위(優位)를 점할 수밖에 없다.

그러니 온라인 시장에서는 잘 팔리지 않더라도 워낙 다양한 제품이 소비되므로 모든 판매량을 합치면 훨씬 판매량이 많아지고, 거기에 진열 매장과 물류비로 인한 관리비의 감소로 저렴한 가격으로 팔 수 있는 조건이므로 많은 사람들이 찾게 됨으로써 다양한 추천 평이나 상품 평 덕분에 그동안 관심에서 외면당했던 제품들이 빛을 보는 경우도 많이 있다.

이처럼 인터넷(internet)과 디지털(digital)이 만들어낸 마케팅의 큰 변화로 패러다임(paradigm;새로운 틀)이 형성되었다.

한걸음 더 나아가 '롱 테일 법칙의 실현을 기술적으로 가능하도록 구조와 서비스를 개발하자'는 것이 요즘 유행하는 웹 2.0의 정신이다.

일본의 경제학자인 우메다 모치오(Mochio Umeda, 1960~)의 말에 의하면 '웹 2.0의 키워드는 불특정 다수 무한대의 자유로운 참가자가 있어서 인터넷 상에서 비용이 들지 않으므로 참가의 자유와 자연 도태가 보장되는 구조를 도입하면 그동안 알지 못했던 가능성이 나타나고, 롱 테일 부분이 성장해 간다'는 것이다.

그러므로 이것을 기술적으로 가능하게 하는 구조와 서비스를 개발하자는 생각이 바로 웹 2.0이라고 생각했다.

웹 2.0은 정보 개방을 통해 인터넷 사용자들 간에 정보 공유와 참여를 이끌어내고, 이를 통해 정보 가치를 보다 더 향상시키는 움직임 즉, 개방적인 웹 환경으로 자유롭게 참여해 스스로 만든 콘텐츠를 생산하고 재창조해서 결합하고 공유하는 개념이다.

소비자가 직접 질문하고 소비자가 자기 경험을 대답하여 유용한 정보를 서로 공유하는 형태가 웹 2.0의 주된 내용이다.

학자들은 '앞으로도 롱 테일은 더욱 다양하게 이루어질 것'으로 예측한다.

리틀우드의 법칙(Littlewood's Law)

이는 '누구에게나 한 달에 한 번씩 기적이 일어난다'는 법칙이다.

우리는 믿기 어려운 일이나 초자연적으로 희귀(稀貴)한 일을 경험했을 때, 통계적으로 불가능한 사건이 발생했을 때도 기적(奇蹟)이라는 말을 쓴다.

그런 기적이 한 달에 한 번 일어난다면 우리는 믿겠는가?

일반적으로 기적은 인간의 힘이나 자연 현상을 뛰어 넘는 힘으로 신의 영역이라 불리며, 종교적 현상으로 많이 연결 지어서 이야기한다.

희귀한 기적을 크게 두 가지 범주로 나누어 생각해 볼 수 있다.

하나는 우리가 알고 있는 자연의 법칙으로는 도저히 설명되지 않는 경우, 또 하나는 통계적으로 불가능한 사건을 말할 때 사용한다.

그런데 '이런 초자연적인 현상이 보통 사람들이 일생동안 경험하기 힘든 희귀한 사건이 아니다'라고 주장하는 학자가 있는데, 그는 미국의 수학자 존 이든저 리틀우드(John Edensor Littlewood, 1885~1977)라는 사람이다.

그는 수학적 통계를 근거로 해서 '기적은 신비로운 일이 아니고, 누구에게나 한 달에 한 번 정도는 일어나는 흔한 일'이라고 주장했다.

리틀우드의 증명은 하루 24시간을 초로 환산하면 86,400초다.

하루에 약 8시간은 일을 하면서 어떤 생각을 하고, 일하는 동안 신문을 보거나 어떤 소리를 듣거나 행동을 하게 되는데 매 1초마다 사건이 하나씩 일어난다고 한다.

우리가 흔히 말하는 '오만가지 생각이 떠오른다'는 말과 일맥상통한다.

리틀우드는 한 가지 생각을 한 사건으로 본 것이다.

이 전제로 놓고 보면 하루에 3~5만 건의 사건이 일어나서 내 머릿속을 스쳐 지나간다는 결론이 나오는데, 그러면 한 달에 100만이나 많게는 150만 건의 사건이 발생한다는 것이고, 100만 건당 기적이 한 번씩 발생하므로 '한 달에 적어도 한 번은 일어난다'는 이론이다.

이 프레임에 적용하면 '그 어렵다는 기적이 한 달에 한 번씩은 우리들의 사건 속에 일어났으나 잡지 못했다'는 결론에 도달한다.

따라서 좀처럼 일어나지 않는 기적이 뜻밖에도 우리가 생각하는 것보다 자주 일어나고 있다고 봐야 한다.

매주 토요일 오후에 모 방송사에서 로또(Lotto) 복권 추첨을 한다.

서양식 추첨방식이지만 45개 숫자에서 6개를 선택해서 맞출 확률이 수학적으로 814만 5060분의 1이니, 10게임을 한다면 81만 4천 5백분의 1이다.

이것이 당첨된다는 것도 기적이지만, 기적의 맛을 보려면 일단 복권을 구입해야 한다.

미국에 기적에 관한 재미있는 일화가 있어서 소개해 본다.

시골 어느 가정의 아버지가 공사장에서 불의의 사고로 사망하고, 엄마 홀로 아홉 살 아들과 일곱 살 아들 둘을 키우며 세 식구가 살고 있었다.
아빠의 사망 보험금과 엄마가 편의점 일을 하며 번 돈으로 어렵게 살았다.
그런데 어느 날부터 작은 아들이 무슨 병이 있는지 아파 누워있기 시작했다.

엄마는 돈이 없어 병원에는 가지 못하고 매일 눈물로 아들이 낫게 해달라고 하나님께 기도만 할 뿐이었다.
"하나님, 우리 아들에게 기적을 주세요. 우리 아들에게 기적을 주셔서 건강한 몸으로 마음껏 뛰놀 수 있게 해주세요!"
큰아들도 엄마를 따라 기도만 했다.
하루는 큰아들이 '기적이라는 것이 어디에 있을까' 생각해 보았다.
'기적만 있으면 동생이 건강하게 될 텐데…'

소년은 어린 마음에 기적이 약국에 있을 것 같았고, 기적이라는 약을 사려면 돈이 필요할 것 같아서 돼지 저금통을 털었더니 7,800원이 들어 있었다.

소년은 이 7,800원을 가지고 읍내 약국을 향해 뛰어가서 약사에게 다짜고짜 "선생님! 우리 동생이 많이 아파요. 어머니가 기적이 있으면 낫는다고 하셨어요. 그 기적 좀 주세요. 돈은 여기 있습니다." 하고 7,800원을 내밀었다.

약사는 안타까운 심정으로 "여기에 기적은 없단다." 하고는 '동생이 어디가 어떻게 아프냐'고 물으니, 소년은 '병명도 모르고 그냥 아프다'고만 했다.

그때 마침 대학병원 내과 의사인 약사의 동생이 이 사연을 듣게 되었다.

사연을 듣게 된 의사 동생은 간단한 진료도구를 챙겨서 동생이 있는 집으로 가보자며 함께 가서 진료해 본 결과 선천성 심장판막증 환자였다.

심장병의 한 종류인데 어린 아이여서 수술이 가능해 보였다.

이 의사는 곧바로 대학병원에 들어가 학장을 비롯한 동료 의사들과 회의한 결과 이 아이를 무료로 치료해 주기로 하고 적당한 날짜를 잡아서 수술을 했는데, 결과가 매우 좋아서 2주 만에 거의 정상으로 돌아왔다.

엄마는 아들이 건강해져서 무엇보다도 기쁘기는 했지만 한편으로는 병원비 때문에 걱정이 태산 같았다.

드디어 퇴원 날에 원무과 직원이 병원비 수납요금 영수증을 가지고 왔다.

"어머님, 병원비입니다."

병원비는 수술비와 진료비 모두 합해서 7,800원이었다.

엄마의 부담을 줄이기 위해 7,800원을 청구했던 것이다.

큰아들이 기도하는 것으로 그치지 않고 그 마음속 생각을 실행에 옮겼기 때문에 기적이 이루어진 것이 아니겠는가!

기적은 이처럼 생각을 하고, 생각한 것을 행동으로 옮길 때 이루어지는 것이다.

마라톤의 법칙

올림픽의 꽃이라고 할 수 있는 '마라톤'(Marathon)은 42.195Km를 달리는 장거리 경주(競走)인데, 인간의 한계에 달하는 지구력과 인내심이 요구된다.

마라톤에 자주 참가한 선수들도 35Km지점부터는 체력이 거의 소진(消盡)되고, 오직 정신력(精神力)으로 버티면서 달린다고 한다.

마라톤 선수들은 중반 구간부터 여러 그룹으로 나뉜다.

선두그룹과 중위그룹, 그리고 후위그룹이다.

일반적으로 선두그룹 중에서도 조금 떨어져서 앞서 달리는 선수들이 5~6명, 그 뒤로 조금 떨어져서 다시 5~6명 정도가 선두그룹을 유지한다.

그런데 대부분 선두그룹을 형성하면서 2, 3위로 달리는 선수들이 우승을 가장 많이 차지했다고 하는데, 이는 무엇보다도 심리적인 요인과 체력 안배 때문이라고 한다.

맨 앞에서 달리는 선수는 뒤따르는 선수들에게 심리적으로 압박을 많이 받을 수밖에 없고, 그로 인한 불안감으로 인해서 상대적으로 체력 소모가 많아지기 때문에 2, 3위 선수들에게 선두를 빼앗길 가능성이 큰 것이다.

이와는 달리 2, 3위로 달리는 선수는 선두를 달리는 선수만 보며 달리기 때문에 심리적 안도감으로 인한 편안함이 작용한다.

그래서 선두를 지키면서 달리던 선수는 마지막 골인 지점이 얼마 남지 않은 시점에서 체력이 고갈(枯渴)되어서 1등을 허용하게 된다는 것이다.

이처럼 '막판에 어쩔 수 없이 선두를 내줄 수밖에 없는 경우'를 '마라톤의 법칙'이라고 한다.

산업 현장에서도 유사한 상황이 보인다.
20세기 세계 전자업계에서 최고를 자랑하던 일본의 소니(Sony)를 보자.
소니는 20세기 중반부터 50여 년에 걸쳐 트랜지스터라디오(Transistor Radio), 브라운관 TV, 베타맥스(Betamax) 타입의 비디오, 워크맨, 핸디캠(Handycam) 등 당시 최첨단의 전자제품을 출시하면서 세계 정상을 차지하던 기업이었다.
정상에 서면 마라톤처럼 두 가지 모양의 반응이 나타나기 시작한다.
하나는 최초이므로 어디로 가야 할 지 방향을 확실하게 설정하지 못한다.
또 하나는 지금 내가 정상의 자리에 있으니 자만한 마음이 들게 되어서 무사안일주의(無事安逸主義)가 서서히 고개를 들기 시작한다.

이때 소니가 모색한 방향은 '탈 전자화'였다.
'전자제품으로는 세계를 제패했으니 천천히 가도 괜찮겠지' 하는 안일한 생각이 내포되어 있었다.
말하자면 뒤따르는 회사들이 멀리 떨어져 있는 것처럼 보여 전자업계를 무시하는 경향이 숨어 있었다.

소니가 전자업계를 탈피하고자 시도했던 것은 1982년에 음악가 출신의 오가 노리오(大賀典雄, 1930~2011) 회장이 취임하면서부터다.
오가 노리오는 모리타 아키오(盛田昭夫, 1922~1999)의 끈질긴 설득 끝에 음악 활동을 병행한다는 조건으로 입사하게 된다.
전자업계나 사업에는 문외한(門外漢)인 오페라 가수 출신의 오가 회장이 1989년 미국 컬럼비아 영화사를 34억 엔에 사들이면서, 기술이 생명과도 같은 전자회사의 기술자들은 설자리가 더욱 좁아졌다.
아마 소니 역사상 기술자들이 가장 어려웠던 시기로 본다.

그러나 오가 회장의 선택은 예상과 달리 초기에는 엄청난 매출을 올리며 성공적이라는 평가를 받았다.

　그때까지의 기술로는 최첨단이라고 할 수 있는 CD(Compact Disc)도 만들고, 게임기 시장에도 뛰어들어 플레이스테이션(PlayStation)으로 대박을 터뜨렸고, 오가 노리오 회장 취임 당시 1조 엔이던 매출은 그가 퇴임하던 1995년에는 4조 엔으로 수직 상승했다.

　이데이 노부유키(出井伸之, 1937~2022) 회장도 오가 노리오 회장이 추진하던 예술과 융합(融合)을 충실히 따랐으나, 급격히 변하는 국제정세를 정확하게 파악하지 못해서인지 그의 경영방식은 소니의 미래를 보장해주지 못했다.

　그 역시도 영화와 음악 등 소프트웨어와 콘텐츠 부문에만 신경을 쓰며, 무섭게 하루하루 달라져가는 전자제품 시장의 디지털 트렌드(Digital Trend)를 깨닫지 못했다.

　급변하는 디지털 시장의 사정을 알게 되었을 때 유능한 기술자들은 이미 자신들의 기술을 천시하는 소니를 떠나 다른 회사로 대거 이직한 상태였다.

　이런 상태로 21세기로 접어들자 일본 내에서 2, 3위를 유지하며 꾸준한 성장을 해오던 마쓰시다 전기나 샤프 등에 점점 밀리기 시작했고, 결국은 우리나라의 삼성이나 엘지에게도 밀리는 삼류 회사로 전락하고 말았다.

　20세기 우리나라 전자산업에서 선두주자로 달리던 소니를 이긴다는 것은 상상도 할 수 없었는데, 소니가 예술과 결합하는 것까지는 좋았으나 디지털 트렌드를 너무 가볍게 여기며, 유능한 기술자들에게 소홀(疏忽)한 것이 삼류 기업으로 내려앉는 계기가 되었던 것이다.

　'한 번 1등이 영원한 1등은 아닌 것'은 이 세상 모든 것의 법칙이다.

　삶 속에서도 뒤를 돌아보며 선의의 경쟁 속에서 겸손한 마음으로 직원들을 보살피며 상생한다면 소니와 같은 일은 미연에 방지할 수 있을 것이다.

마태 효과와 메칼프의 법칙

고대에도 현대와 같이 부의 쏠림 즉, 부익부 빈익빈 현상은 존재했다.
성경 마태복음에 기록된 '달란트 비유'(마 25:14-29)에 있는 말씀이다.

"무릇 있는 자는 받아 풍족하게 되고 없는 자는 그 있는 것까지 빼앗기리라."

'있는 사람은 더 받아서 차고 넘칠 것이며, 가지지 못한 사람은 가진 것
마저 빼앗긴다'는 것이다.

미국의 사회학자 로버트 K. 머튼(Robert K. Merton, 1910~2003)은 '자본주의
사회에서 일어나고 있는 부의 집중현상'을 '마태 효과'라고 이름하였다.

'마태 효과'(Matthew Effect)는 경제뿐 아니라 사회 전반(全般)에 걸쳐서 보이는
부익부 빈익빈 현상을 예화로 두루 쓰이는 개념으로 정착되었다.

이런 현상은 현대 사회로 오면서 더욱 심화되어 많이 인용하는 말이다.

지식화·정보화 사회로 변화하면서 부자와 가난한 자는 물려받은 재산뿐만
아니라 교육과 지식, 정보력 등의 차이로 양극화 현상이 더욱 뚜렷하게 나타난다.

경제 위기가 반복되면 가난한 사람은 생존 위기에 내몰리지만, 부자들은
위기 상황을 이용해서 오히려 재산을 늘리는 현상이 발생한다.

시장에서도 이런 현상은 어렵지 않게 볼 수 있다.

시장을 선점한 상품이나 기업은 특별히 법을 위반하거나 현저한 결함이 없다면
그 지위를 계속 선점한 상태로 어느 때까지 유지하는 것을 우리는 늘 보아왔다.

시장을 선점했기에 이름이 알려지고, 이름이 알려졌기에 더 많이 팔리게 되고, 많이 팔리는 상품일수록 무언가 다르다 싶어 믿음이 생기게 되어서 더욱 많이 팔리게 되는 것이 시장의 생리다.

비슷한 메뉴의 음식점이 몰려있는 곳에 가더라도 사람이 북적대는 곳을 찾아서 들어가는 것도 같은 원리다.

유명세(有名稅)는 지식인들 간에도 마찬가지로 존재한다.

노벨상을 받은 교수와 대학원 조교가 몇 달에 걸쳐 함께 연구한 논문이 유명해지면 논문을 발표한 교수는 더 유명해지지만, 정작 논문 작성을 도맡았던 대학원생 조교의 이름을 기억하거나 아는 사람은 거의 없다.

우리가 그동안 윌리엄 셰익스피어나 윈스턴 처칠, 아인슈타인 등 일부 저명인사(著名人士)들이 남긴 유명한 격언이나 명언들을 많이 인용해 왔는데, 과연 그들이 우리가 익히 아는 유명한 말들을 실제로 남긴 것일까?

어떤 사람이 유명 인사가 되어서 일반 사람들이 자신들을 알아봐 줄 때 예전부터 전해져서 내려오는 말을 인용해서 쓰면, 그 사람이 말한 것으로 되어버린다.

아직 알려지지 않은 사람이 좋은 명언을 했더라도 그냥 묻혔다가 정작 유명세를 탄 사람이 사용하게 되면 그 사람의 트레이드마크가 되어버린다.

이런 것도 마태 효과다.

이처럼 마태 효과는 우리 사회 전반에 걸쳐 광범위하게 퍼져 있다.

선진국과 후진국간의 소득 격차는 물론이고, 한 국가 내에서도 부자와 빈자 간의 소득 격차만 비교해도 마태 효과는 볼 수 있다.

아마 그 격차는 시간이 갈수록 좁혀지지 않고, 더 벌어질 것이다.

사회적 격차 즉, 교육·정보·언어·사회관계구축망도 그 격차는 더욱 벌어질 것이고, 기업 간에도 마찬가지 현상이 나타난다.

생물학자들은 이러한 현상을 '승자 효과'(Winner Effect)라고 부르기도 한다.

사람이 어떤 분야에서 성공을 이루게 되면 남성 호르몬인 테스토스테론 (testosterone)이라는 물질이 분비되어 지배적 행동이 강해지고, 그로 인해서 더 큰 성공을 부르게 되기 때문이다.

부익부 빈익빈 현상이 가장 극명하게 나타나는 분야에서 빼놓을 수 없는 곳이 인터넷으로 대표되는 네트워크(network)인데, 인터넷이라는 공간에서 네트워크를 선점한 자는 훨씬 더 유리한 고지에서 경쟁할 수 있다.

마이크로소프트의 윈도우즈(Windows)가 인터넷을 독점하고 있는 이유는 '최고의 프로그램'이기 때문이 아니라 가장 먼저 그 분야를 선점했기 때문'이라는 것이 더 타당(妥當)한 생각일 것이다.

여기에서 '메칼프의 법칙'(Metcalfe's Law)이 등장하는데, 이 법칙은 미국 네트 워크 장비 업체 3COM의 설립자인 밥 메칼프(Bob Metcalfe, 1946~)가 주창했다.

네트워크에 일정 수 이상이 모이면 그 가치가 폭발적으로 늘어난다는 것이다.
네트워크의 가치는 네트워크의 연결된 사람 수의 제곱에 비례한다는 것이다.
처음 전화가 등장했을 때 전화기 한 대로는 아무 쓸모가 없지만 가입자 수가 늘어날수록 가치는 급증한다는 것을 말한다.
이에 따라 어떤 네트워크의 유용성은 사용자 수의 제곱에 비례하게 되고 어떤 표준의 사용자 수가 일단 충분한 수에 도달하게 되면 그 가치가 비약적으로 증가한다는 내용이다.
메칼프에 따르면 컴퓨터 네트워크 망이 확대되어갈수록 더욱 많은 사람들이나 기업들이 여기에 접속하여 더욱 많은 효용을 충족시키고자 하는 사회적 현상이 나타난다고 하였다.
이것이 네트워크의 최고의 장점이자 힘이라고 볼 수 있다.

최근에는 비대면 때문에 줌(Zoom)과 웹엑스(Webex)를 많이 사용한다.
앞으로 무궁무진할 네트워크 가치를 어떻게 만들어가야 할까?
동종업계에서 선점하려면 고유성이 깃들어 있고, 발 빠르면서 차별화된 새로운 것을 창조해 낼 때 새로운 세계를 여는 선도자가 될 것이다.

몰락(沒落)의 법칙

어떤 기업은 위대한 기업으로서 건재한 반면, 또 어떤 기업은 시장에서 사라지거나 또는 다른 회사에 합병되거나 끝내는 파산하기도 한다.

미국의 저명한 컨설턴트 짐 콜린스(Jim Collins 1958~)는 기업의 흥망(興亡)을 연구한 자신의 저서 『좋은 기업을 넘어 위대한 기업으로』에서 성공에 안주하거나 도취되었을 때가 바로 몰락의 전조(前兆) 현상이라고 진단했다.

전 세계 금융 시장을 위기(危機)로 몰아넣은 리먼 브라더스(Lehman Brothers Holdings, Inc)의 파산, 베어스턴스(The Bear Stearns Companies, Inc.)의 붕괴, 업계 선구자였던 모토롤라(Motorola)의 끝없는 추락, 짐 콜린스는 우리가 이름만 들어도 알 만한 기업들이 몰락하는 과정을 지켜보면서 '경영의 구루'에서 학자들과 함께 6,000년에 걸친 기업의 흥망성쇠(興亡盛衰) 역사의 빅 데이터 (Big Data)를 5년이라는 장시간에 걸쳐 철저하게 조사 분석하여 오늘날 기업 경영에 맞춤형 가이드라인(guideline)과 해법을 밝혀냈다.

현재는 강하고 뛰어난 리더라고 할지라도 짧은 시간에 몰락할 수 있음을 정밀한 데이터를 근거로 증명하며, 리더들이 비극적인 운명을 피할 수 있는 통찰(洞察)을 5단계로 나누어서 제시하였다.

먼저 어떤 한 분야에서 성공을 거둔 기업은 성공에 도취하기 시작한다. 그것이 1단계다.

성공에 도취하고 나면 모든 일이 잘 풀려서 무슨 일이든지 잘될 것 같아 안주하게 되어서 점차 사세(社勢)를 확장해 가는데, 이것이 2단계가 된다.

2단계에 접어들면 천천히 기업 내부에서 위험 신호들이 감지되기 시작한다. 그래도 리더들은 애써 무시하며 듣고 싶은 말 등 긍정적 신호에만 주목한다.

이 단계에 들어가면 구성원들 역시 리더의 귀에 거슬리는 직언은 할수록 손해를 보기 때문에 진취적이지 못하고 입을 닫거나, 입맛에 맞는 아부 성 발언만 일삼고, 알아서 일하는 것이 아니라 시키는 일만 처리한다.

이것이 3단계다.

이처럼 3단계가 깊어 가면 거래처 등 외부에서 흔들리는 모습이 보이기 시작하고, 최고 경영자도 위기의식을 느끼게 되면서 '어디 한 방 없을까?' 하고 사태를 반전시킬 만병통치약을 찾게 된다.

이때 전후좌우를 살피지 못하고, 검증되지 않은 전략을 '혁신'(革新)이라는 이름하에 변화를 꾀하지만, 이러한 긴급 처방은 지속이 되지 못하고, 늪에 빠져 허우적거리는 사람처럼 더 깊은 수렁으로 빠져 들어가는 것과 같은 현상이다.

이 정도가 되면 4단계에 접어들었다고 한다.

마지막 5단계에 접어들면 모든 장부의 재무 상태는 붉은 잉크로 물들고, 회생의 기미가 보이지 않아 의지를 잃고 체념하게 된다.

제록스(Xerox Holdings Corporation)나 IBM(International Business Machines Corporation), HP(Hewlett-Packard Company) · GE(General Electric Company) · 보잉(The Boeing Company) 세계적인 기업들 모두 성공 신화를 맛보았지만, 앞에서 언급한 다섯 단계를 거쳐 죽음의 문턱에서 가까스로 살아난 경험들을 갖고 있다.

제록스만 보더라도 건식 복사 기술은 세계 최고로 당시 시장의 90%에 달하는 매출을 점하고 있어 걱정이 없었으나 첨단 신기술로 무장한 캐논의 등장을 애써 무시하고, 성공 신화에 안주하며 경시(輕視)하였다.

IBM 역시 대용량 컴퓨터로 세계의 모든 기업과 정부의 전산 시스템을 장악하고 있을 때 어린 아이 장난감 같은 PC(Personal Computer)가 자신들의 경쟁자로 보이지 않았을 것이다.

이들 또한 몰락 직전에 살아남았는데, 그 이면에는 다섯째 단계로 가기 전에 새로운 선장으로 교체하는 과감한 개혁으로 대응하였기에 가능했다.

앨런 케이(Alan Curtis Kay, 1940~)는 자본금 대비 부채 비율 900%에 달하는 제록스를 살려냈고, 루이스 거스너(Louis Gerstner, 1942~)는 거대한 기업 IBM, 잭 웰치(Jack Welch, 1935~2020)는 침몰 직전의 상황까지 몰린 에디슨이 세운 기업 GE를 과감한 구조조정(構造調整)을 통하여 살려 냈다.

기업뿐만이 아니다.

사람도, 기업도, 거대한 조직도, 국가도 마찬가지다.

성공에 안주하면 위기의 순간이 시작되며, 이런 위기의 때를 감지한다면 '어떻게 대응하여 살아갈 길을 찾는가'에 따라 존속과 몰락이 갈리게 된다.

이런 위기를 빨리 감지하여 혁신을 꾀하게 되면 한 단계 더 성장할 수 있는 기회가 되기도 한다.

한 개인이나 어떠한 조직도 항상 위를 바라보며 개혁해 나갈 때 발전이 뒤따른다고 본다.

밀러의 법칙(Miller's Law)

미국의 인지 심리학자 조지 밀러(George Miller, 1941~2003)가 발표한 논문의 내용으로, '사람이 한 번에 기억할 수 있는 양은 7개 전후'라는 법칙이다.

미국의 자기 계발 작가 스티븐 코비(Stephen Covey, 1932~2012)의 저서 『성공하는 사람들의 7가지 습관』이 세계적인 베스트셀러가 되면서, 7가지 습관을 제목으로 하는 책이 무더기로 쏟아져 나왔다.

하와이 대학의 심리학 교수인 폴 페어솔(Paul Pearsall, 1942~2007)은 '제목에 숫자가 들어가는 책은 의심하라'고 했지만, 7가지 습관을 제목으로 하는 책들은 셀 수 없이 많이 나왔다.

'성공하는 10대들의 7가지 습관, 멋진 엉터리를 위한 7가지 습관, 공부 잘하는 아이의 7가지 습관, 똑똑한 아이를 둔 부모의 7가지 습관, 두뇌를 깨우는 7가지 습관, 성공하는 한국인의 7가지 습관, 한국 알부자들의 7가지 습관, 인생의 기적을 낳는 7가지 생활습관, 인생을 성공으로 이끄는 7가지 생활습관, 성공하는 사람들의 7가지 관찰습관, 성공한 사람들이 버린 7가지 습관, 성공한 기업의 7가지 자기 파괴습관, 영어를 못하는 사람들의 7가지 습관, 20대 여성이 성공하고 행복할 수 있는 7가지 좋은 습관, 내 몸을 살리는 7가지 습관' 등등 이루 셀 수 없이 많다.

그렇다면 왜 하필 7가지 습관을 강조했을까?

하버드 대학의 심리학과 교수인 조지 밀러는 1956년에 발표한 논문에서 마법의 숫자 7에 두 개를 더하거나 뺀 『5~9개의 정보 처리 능력의 한계』라는 논문을 통해 '왜 7이 마법의 숫자인가'를 증명한 실험을 발표했다.

피험자들에게 다양한 크기의 형태를 보여주고 그것들을 크기 순서대로 숫자를 매기라고 했을 때 서로 다른 크기를 7개까지는 대부분 정확히 평가했지만 그 이상의 개수가 넘어가면 실수할 가능성이 점점 높아져 갔다.
7개가 넘어가면 일관되게 지각(知覺)의 오류가 나타났으며, 이는 피험자를 바꿔도 일관되게 나타났다.
이를 가리켜 '밀러의 법칙'이라고 했으며, 다른 말로 '7의 법칙'이라고 한다.

우리는 일반적으로 조선 왕조의 왕 이름을 외울 때도 '태·정·태·세·문·단·세'처럼 끊어서 7명씩 외워 기억하는데, 인간은 제한된 기억 용량으로 인해 한 번에 일곱 단위 이상의 수는 다루기가 어렵다는 것이다.
좋은 습관을 많이 기억하고 가지면 좋겠지만 7개가 넘어가면 무리가 따른다.
7가지 습관을 제목으로 하는 책이 많이 출간된 것도 '곧바로 기억해 둘 필요가 있는 7개가 가장 적당하기 때문'이다.

음악에서도 7음계를 쓰고, 전화번호도 일곱 자리 번호를 많이 쓴다.
포커 게임도 일곱 장으로 승부를 가리고, 백설 공주와 일곱 난쟁이 등 동서양을 막론하고 7이라는 숫자는 가장 많이 쓰이는 실정이다.
밀러는 '일주일이 7일로 이루어진 것도 기억 용량의 한계 때문'이라 말한다.

우리나라에 들어와 있는 세븐일레븐(7-Eleven) 편의점도 7과 11을 상징한다.
7은 숫자로 쓰면서 일레븐(Eleven)은 영문을 사용한 것은 미국 사람들이 행운의 숫자라고 생각하여 가장 좋아하는 숫자가 7과 11이기 때문이다.
세븐일레븐(7-Eleven) 편의점은 처음에는 '7과 11'이라는 숫자를 강조하는 차원에서 아침 7시부터 저녁 11시까지만 영업을 했으나 지금은 24시간 영업을 원칙으로 하고 있으며, 불경기를 겪으면서 지금은 일본 사람에게 그 경영권이 넘어간 상태다.

미국 스탠퍼드 대학 바바 시브(Baba Shiv) 교수팀이 기억력 실험에 참여한 두 집단의 사람들 앞에 초콜릿 케이크 한 덩어리와 과일 샐러드 한 접시 가운데 각각 하나를 선택할 수 있게 했더니 의외의 결과가 나타났다.

일곱 자리 숫자를 기억해야 했던 그룹은 57%가 케이크를 선택했고, 두 자리 숫자를 기억해야 했던 사람들은 37%만 케이크를 선택했다.

힘든 기억력을 요구하는 과제를 맡은 사람들은 뇌가 산만해져서 유혹을 이기지 못하고 칼로리가 비교적 높은 디저트를 선택했던 것이다.

로이 바우마이스터는 이를 뒷받침하는 실험 결과를 내놓았는데, 그것은 '인간의 의지력이 혈당량과 밀접한 상관관계가 있다'는 것을 말해준다.

'인간의 기억 용량의 한계가 일곱 자리라는 이론이 과장되었다'고 주장하는 학자들은 밀러의 견해가 지나치게 낙관적(樂觀的)임을 말하고 있다.

호주의 심리학자 존 스웰러(John Sweller, 1946~)는 1999년에 출간한 그의 저서 『기술영역의 교육적 디자인』에서 '우리는 주어진 시간에 두 개에서 네 개의 요소 정도를 처리할 수 있을 뿐이며, 실제로 가능한 숫자는 범위 내 최대치보다는 아마도 최저치에 머물 것'이라고 했다.

즉, 작업 기억에 저장할 수 있는 이 요소들은 '반복을 통해 기억을 되살리지 않는 한 빨리 사라진다'는 것이다.

우리가 7개 이상 또는 2~4개 이상을 기억하기 힘들어하는 것은 사회적 차원에서도 큰 의미를 갖는다.

상품의 종류가 차고 넘치는 현대 사회에서 우리는 거의 유사한 경쟁상품들을 외워서 기억할 수 없으며, 또 신경 써서 외우려고 애쓰지 않기 때문에 상위 2~3개에 독과점 현상이 일어나며, 더 나아가 경제의 전반에서 독과점으로 이어질 수밖에 없다.

한국 대중문화의 쏠림 현상이나 소위 'SKY 신드롬'으로 대변되는 학벌 서열주의 등도 이런 '인지적 한계'와 무관하지 않다.

이런 것들이 쌓여 빈부격차는 더욱 심해질 것이며, '밀러의 법칙'이 야기할 수 있는 놀랍고도 무서운 결과가 초래될 수도 있음을 시사한다.

베버의 법칙(Weber's Law)

병원에서 엉덩이에 주사를 맞을 때 간호사는 주사 바늘을 찌르기 전에 엉덩이를 찰싹찰싹 때리다가 맞는 사람이 모르는 사이에 바늘을 꽂고, 약을 주입하면서도 몇 번 더 반복하여 때린다.

주사 바늘을 찌르면 아프기 때문에 환자의 공포심을 완화(緩和)시키기 위한 간호사의 경험에서 비롯된 능숙(能熟)한 위장술 덕분으로 언제 찌르는 줄도 모른 채 주사를 맞고 나면 환자는 아픔도 덜 느끼고, 아프지 않게 주사를 잘 놔준 간호사를 칭찬한다.

이런 현상을 '베버의 법칙'(Weber's Law)이라고 한다.

'베버의 법칙'은 보통 '일상적으로 발생하는 사회 심리학 현상'을 말하는데, 독일의 생리학자인 에른스트 하인리히 베버(E. H. Weber, 1795~1878)에 의하면, '사람이 강한 자극을 경험하면 자극에 대한 면역력이 향상된다'는 것이다.

'첫 번째에 큰 자극을 주었다가 나중에 작은 자극을 주면 작은 감각에는 거의 무감각에 가까운 반응을 하게 되는 것'이 인간의 심리(心理)인 것처럼, 사람들은 1,000원짜리 상품의 가격을 갑자기 2,000원 올리면 받아들이지 못하지만, 백만 원짜리 노트북 가격을 만 원 인상(引上)하면 크게 반응하지 않고 자연스럽게 받아들인다.

이처럼 '돈을 상대적으로 많이 버는 사람이 느끼는 행복감은 날이 가면 갈수록 점점 떨어진다'는 이야기다.

같은 빵 하나를 굶주리거나 가난한 사람에게 주면 맛있게 한 끼 식사로 충분한 데 반해 종일 배부르게 먹는 부자에게 준다면 행복감은 천지차이다.

이것은 그들이 얻은 행복의 양이 서로 다르기 때문에 발생하는 현상이다. 빵 하나지만 상황에 따라서 이렇게 차이가 크게 느껴진다.

베버의 법칙에 의하면, 우리 인간이 어려움에 처할수록 비교적 사소하고 작은 것에 민감하게 반응하다가 차츰 어려운 환경이 개선되면 사람의 요구, 욕망 등은 그 환경이나 상황에 따라서 높아지고, 행복감은 상대적으로 저하됨을 알 수 있다.

우리가 행복감을 느끼지 못할 때에도 행복은 여전히 가까운 곳에 있다. 단지 내가 감성(感性)을 잃어서 그 행복을 느끼지 못하고 있을 뿐이다.

조선 시대에 교과서처럼 배우고 익혔던 명심보감(明心寶鑑)의 '지족자 빈천역락 부지족자 부귀역우(知足者 貧賤亦樂 不知足者 富貴亦憂)'는 '만족함을 아는 자는 가난하고 천한 상황에서도 역시 즐겁고, 만족함을 모르는 자는 부하고 귀한 몸이 되어도 역시 근심이 가득하다'는 말이다.

여기서 말하는 것은 가난함 자체를 즐긴다는 말이 아니다. 나의 현재 상황을 받아들이며, 그 속에서 행복을 찾는다는 말이다. 그러나 부귀(富貴)해도 족할 줄 모르는 사람은 더 부자가 되기 위한 욕심 때문에 근심이 가득하다는 말로 해석된다.

프랑스에 구전(口傳)으로 내려오는 우화(寓話)가 있다고 한다.

어느 날 왕이 직접 군대를 지휘하며 전쟁에 나갔다. 그런데 안타깝게 완패를 하여 겨우 목숨만 건졌는데 산속으로 각각 흩어졌다. 적군이 코앞에 있으므로 살기 위해 숨을 죽이고 있다가 적군이 물러가자 이틀 동안이나 굶어서 허기가 몰려오기 시작했을 때 마침 산속에서 나무꾼을 만나 사정 이야기를 하며 한 끼 식사를 구걸하다시피 했다.

나무꾼은 얼마 멀지 않은 자기 집으로 데려가서 거친 잡곡밥과 주위에 있는 채소로 되는대로 자기가 평소에 먹듯이 주먹밥을 만들어 주었다.

국왕은 사흘 만에 곡기를 입에 넣자 주먹밥 한 덩이를 게걸스럽게 순식간에 먹어 치웠다.
이 거친 잡곡 주먹밥이 지금까지 평생 먹어본 밥 중에 제일 맛있는 밥이었다.
그는 노인에게 무엇으로 이렇게 맛있는 밥을 만들었는지 물었다.
노인은 '당신의 배고픔'이라고 답했다.

시간이 지나 왕은 가까스로 궁으로 돌아올 수 있었다.
돌아오자마자 요리사에게 노인이 말했던 '배고픔'이란 밥을 짓게 했다.
최고의 요리사이지만 도저히 '배고픔'이란 밥을 만들 수 없었다.
나라가 어느 정도 평정되자 사람을 보내서 그 노인을 찾게 했다.
수소문 끝에 노인을 찾아내어 그때 먹었던 주먹밥을 만들어 보도록 했다.
그러나 그 노인이 와서 직접 만들어도 그 맛을 낼 수는 없었고, 이 왕은 평생 그 맛의 주먹밥을 다시는 먹어보지 못하고 세상을 떠났다.

왕의 행복을 느끼게 한 것은 잡곡 주먹밥이 아니라 며칠 굶은 배고픔이었다.
한두 끼만 굶어도 반찬 투정을 하지 않게 된다.
그러나 배가 부르면 진수성찬(珍羞盛饌)도 먹을 수가 없다.
이는 베버의 법칙이 우리에게 주는 메시지가 아닐까?

국가별 행복도(幸福度)를 비교할 때 선진국의 행복도가 가장 높을 것으로 예상되지만, 거꾸로 비교적 가난한 나라들의 행복도가 상대적으로 더 높은 것으로 조사되었다.
그렇다면 우리 대한민국의 행복 지수는 어느 정도일까?
최근 유엔 산하 '지속 가능 발전 해법 네트워크'(SDNA)에서 조사 가능한 146개국을 상대로 조사한 결과 10여 년간 50~60위 정도에서 머물렀다.
1위는 핀란드, 2위는 덴마크, 3위는 아이슬란드 순이었으며, 일본과 미국 등은 우리나라와 크게 차이가 없었다.

벤치의 법칙

요즘 미국에서는 '남편을 빌려 드립니다'라는 콘셉트(concept)로 서비스업이 유행(流行)처럼 번지고 있다.

실제로 남편을 빌려주는 것이 아니라 남자의 손이 필요한 부분을 대신해 주는 서비스업으로, 미국뿐 아니라 우리나라 서울 강남권의 소위 잘 나가는 독신녀(골드미스)들도 필요해서 많이 이용하는 서비스다.

서비스업에는 여러 가지가 있지만 그 중에서도 금융업(金融業)이 최고다.

돈이 필요한 사람에게 돈을 빌려주고 소정의 이자(利子)를 받고, 돈 많은 사람들에게는 고객 관리 차원에서 약간의 이자를 주고 보관해 주면서 금리 차액을 차지하는 금융업이 은행(銀行)이다.

유럽의 명문가로 꼽히는 메디치 가문의 사례를 보면 쉽게 알 수 있다.

15세기 프랑스 남부에 위치한 리옹(Lyon)은 유럽 상품은 물론 동양의 진귀한 물건까지 서로 교환되는 국제시장으로서의 면모를 갖추게 된다.

농·축산물을 비롯하여 비단, 향신료, 보석 등 필수품이나 사치품 할 것 없이 다양하게 거래되었는데, 당시는 소규모 상인들에 불과해서 기축통화(현재 미국의 달러와 같은 세계적 기준이 되는 화폐)가 없으므로 각 나라 화폐 가치를 계산하기가 매우 곤란했기 때문에 그때 장터 옆 벤치에 앉아 있는 사람들이 화폐 가치가 서로 다른 각 나라들의 화폐 가치를 환산하여 대신 계산해 주고, 그 대가로 약간의 수수료를 챙긴다.

벤치를 지키는 사람들이 소위 토박이로서 이탈리아의 리라, 프랑스의 프랑, 스웨덴의 달러 사이의 서로 다른 화폐 가치에 대한 판단을 잘해서 공정하게 계산을 해주었기 때문에 거래가 가능했다.

이렇게 출발한 것이 유명한 메디치 가문의 금융 그룹이다.
지금의 은행을 지칭하는 단어인 'bank'의 어원은 이탈리아어인 'banca' 즉, 벤치(bench)를 의미하는 말에서 유래되었다.
최초로 벤치를 지키며 흥정했던 사람이 비에리 캄비오 메디치(Vieri Cambio Medici, 1323~1395)인데, 그는 이 사업으로 큰돈을 벌어 재벌이 된다.

비에리는 여기에 만족하지 않고 더 큰 그림을 그린다.
그가 생각한 것은 로마 교황청에 또박또박 들어오는 헌금(獻金)이었다.
당시 유럽 전역에서 거둬들인 헌금은 일단 자국의 화폐로 로마에 보낸 다음 여기서 각 나라별로, 또는 지역별로 필요한 운영비를 그 나라 화폐로 다시 분배하여 돌려보내는 방식으로 운영되었다.

메디치 가문은 교황청에 '전 세계의 여러 나라에서 거두어들인 헌금을 로마 화폐로 환산하여 보관하고 있을 터이니 필요할 때마다 명령만 하면 필요한 나라의 돈으로 바꾸어 주겠다'는 그럴듯한 제안을 한다.
그렇게 되면 편리하면서도 현금을 운송하는 비용도 절약할 수 있으며, 도난 방지에도 훨씬 유리했다.
이렇게 해서 메디치 가문은 교황청의 금고지기로 지정되었다.
당시 메디치 가문에서 교황청 돈을 무려 10만 피오리노, 우리 돈으로 환산하면 약 4조 원에 달하는 막대한 금액을 관리하면서 교황청의 복잡한 관리 시스템을 제대로 파악하고 가려운 데를 긁어주었으니, 양쪽 모두의 계산이 맞아 떨어진 것 아니겠는가!

메디치 가문의 큰 그림은 여기에서 그치지 않고, 자신들의 금고(金庫)에 보관 중인 어마어마한 돈을 다른 데 활용할 방법을 찾았다.

무역을 하는 데 반드시 필요한 것이 규모가 큰 국제 무역선이었다.

무역업자들은 많은 돈을 들여 배를 구입하고 다시 많은 돈을 들여 외국으로 나아가 외국의 물건을 구입해야 했다.

그때 배에 싣고 온 물건이 팔리기 전까지는 현금을 만질 수 없다.

당시는 항해 속도가 느렸으므로 배가 들어오기까지는 몇 개월이 소요되었다.

메디치 가문에서는 들여올 물건을 할인된 가격으로 미리 구입했다.

이른바 입도선매(立稻先賣) 식 상술(商術)인데, 현금이 아쉬운 무역업자들에게 미리 선금을 주는 방식이다.

금융의 흐름을 파악한 메디치 가문은 풍부한 자본을 바탕으로 해서 보통 사람들은 생각하지도 못한 투자처인 명반(明礬) 광산에 다시 투자한다.

동양에서 들여오는 물건들이 돈벌이가 좋아서 많은 사람들이 투자했다.

그 당시에는 비단(緋緞)이 많이 소비되었는데, 비단을 깨끗하게 관리하기 위해서는 명반이 필요했다.

메디치 가문은 항상 한 차원 높은 선진적인 투자처를 찾아냈던 것이다.

동양의 비단 수입이 많아질수록 명반의 판매도 많아질 수밖에 없으니, 막대한 돈을 벌게 된다.

당시에도 큰 그림을 그리며 멀리 볼 수 있는 즉, 미래를 통찰(洞察)할 수 있는 능력을 가진 사람들이 큰돈을 벌 수 있었다.

마음의 눈을 열고 멀리 내다보면서 통찰하는 사람들이 큰 부자가 되는 것은 예나 지금이나 마찬가지다.

상호성의 법칙(Law of Reciprocality)

'품앗이'는 옛날부터 전통적으로 이어져 내려오는 우리 고유의 풍습이다.
이는 서양에서도 대동소이(大同小異)한데 다른 사람에게 받은 호의는 절대
공짜가 아니며, 언젠가는 갚아야 할 빚으로 생각하기 때문이다.
이처럼 '상호(相互)간에 주고받는 관계'를 '상호성의 법칙'이라고 한다.

이 상호성의 법칙을 체계적으로 연구하여 발표한 학자는 미국 애리조나
주립대학 심리학 교수인 로버트 치알디니(Robert Cialdini, 1945~) 박사이다.

그의 저서 『설득의 심리학』은 3년간 '잠입취재'라는 특이한 방식을 택해서
기금모집을 하는 비영리단체, 자동차 판매소, 텔레마케팅 회사에 위장 취업해
현장에서 몸소 부딪치면서 설득하는 현장을 관찰하며 조사한 결과와 자신의
심리학 기초 학문을 접목해서 심층 취재한 내용을 정리해서 출간한 책이다.

이 책의 핵심적인 내용이 인간과 인간 상호간의 정(情)으로 작용하는 '상호성의
법칙'인데, 이는 '오는 정이 있어야 가는 정이 있다'는 모두가 아는 사실이지만
이 결과에 대해서 많은 사람들이 감동하고, 놀랐다는 것이다.

1985년 멕시코에 지진이 일어나 매우 어려운 시기에 아프리카 가난한 나라
에티오피아에서 5,000달러의 구호금을 보냈을 때 세상 사람들은 깜짝 놀랐다.
가난한 국가에서 그 큰돈을 왜 기부했을까?

그 이유를 거슬러 더듬어보니 1935년 이탈리아가 에티오피아를 침공했을 때 자기 나라의 편을 들어준 것에 대한 보답이었던 것이다.

사람들은 동서양을 막론하고 개인이나 집단 할 것 없이 자기에게 호의를 베풀면 빚 졌다고 생각하고, '언젠가는 반드시 갚아야 한다'는 강박 관념을 가지고 있다는 것이다.

1971년 심리학자 데니스 리건(Dennis Regan)도 상호성에 관한 실험을 했다.

대학생으로 이루어진 피험자들 중 한 명에게 실험실 앞에서 '공짜 콜라'를 권했다.
실험이 끝난 후 리건은 학생들에게 기숙사 자선 모금을 위한 행운권 구입을 권유했는데, 공짜 콜라를 마신 학생은 마시지 않은 학생보다 행운권을 두 배 이상 더 많이 구입했다.
즉, 공짜 콜라를 받은 대신에 나도 호의를 베풀어야 한다는 상호성의 법칙이 작용한 것이다.

이처럼 서로 호의적이고 긍정적인 상호성의 법칙만 있는 것이 아니라, 부정적인 상호성도 빛과 그늘처럼 존재한다.

아는 사람을 만났는데 인사할 타이밍을 놓쳐서 인사를 못했을 때 상대도 역시 같은 방식으로 대응해 서로 어색하게 되어 관계가 원만하지 못할 때가 있다.
인사는 나이에 관계없이 먼저 본 사람이 해야 맞는데 직위가 높거나 상대보다 어른이면 인사 받기를 원한다.
물론 우리 정서상 맞긴 하지만 내가 대접을 받으려는 것 때문에 오는 결과이다.
'저 사람이 나를 무시하네. 내가 뭐 아쉽나? 나도 우습게 봐야지.'
그렇게 되면 악순환이 되는 것이다.

어느 날 아침에 회사 출근을 하는데 딴 짓을 하다가 상대 차에 약간의 실수를 저질렀을 때 상대에게 미안하다고 비상 깜빡이로 신호를 했다.
그런데도 상대는 분이 풀리지 않았는지 옆으로 와서 문을 열고 "야 이 X자식아! 운전 똑바로 해!" 하고 지나갔다.
그런데 내가 모르는 사람이면 그냥 그럭저럭 넘어갈 것이다.

그러나 그 사람이 내가 아는 사람이면 어떻겠는가?
아마 그 상황을 평생 잊지 못할 것이다.

오는 정과 가는 정은 유교 문화가 몸 안에 깔려있는 동양 문화가 서양
문화보다 더 돈독(敦篤)할 것이다.

우리나라 사람들은 축의금(祝儀金)과 부의금(賻儀金)을 서로 정(情)을 나누는
중요한 의례(儀禮)로 생각한다.

간혹 축의금과 부의금을 뇌물(賂物)로 사용하여 그 의미를 퇴색(退色)시키는
사람이 있어서 이른바 김영란 법을 제정하기도 했으나, 우리나라에서 보통
사람들에게는 여전히 '평소의 자신의 인간관계와 사회적 위상을 확인하는
수단'이라는 의미를 갖기도 한다.

대부분의 사람들은 남에게 받은 호의를 빚으로 간주해서 반드시 갚아야
한다는 마음의 빚을 지고 있다고 생각하며 살아간다.

나이가 들어서 수입이 떨어졌을 때는 '원수 같은 경조사비'라는 말까지
나온다고 하는데, 이런 것도 '내가 받았기 때문에 당연히 줘야 한다'는 강박
관념이 강해서 생긴 현상이다.

중국 속담에 '세상에 공짜는 없다'고 했다.

우리나라에서도 마찬가지지만 고위 공직자가 뇌물만 받아먹고, 뇌물을
준 사람의 청탁(請託)을 들어주지 못했을 때 안성맞춤인 표현이다.

이와 같이 작은 애경사에도 서운함이 있는데 뇌물을 주기만 하고, 자신이
부탁했던 일이 성사(成事)되지 않으면 터질 것은 명약관화(明若觀火)한 일이다.

그러니 뇌물의 유혹을 뿌리칠 줄 알아야 큰일을 할 수 있지 않겠는가!

샐리의 법칙(Sally's Law)

　이는 '우연히 좋은 일이 반복되고, 설사 나쁜 일이 있더라도 오히려 전화위복(轉禍爲福)이 되어 좋은 일로 되어가는 경우'를 말한다.

　우리는 삶 속에서 예상하지 않았는데도 행운이 이어서 생기거나, 원하는 대로 일이 순조롭게 잘 진행될 때가 있다.

　예를 들어 화창한 날에 우연히 우산을 들고 나갔는데 갑자기 소나기가 오거나, 시험 전에 집중적으로 공부한 부분에서 문제가 많이 출제되었을 때 '운이 좋다'고 하는데 이런 경우를 '샐리의 법칙'(Sally's Law)이라고 한다.

미국의 로브 라이너가 감독한 영화 '해리가 샐리를 만났을 때'에서 유래되었다.

　　1977년 시카고 대학을 졸업하고 뉴욕에서 일자리를 얻은 해리는 마찬가지로
　　뉴욕을 향해 떠나는 샐리의 차를 얻어 타게 된다.
　　두 사람은 처음부터 '청춘 남녀 사이에서 친구관계가 성립되는가' 하는 문제로
　　논쟁을 벌이게 된다.

　　두 사람은 그 후 12년 동안 친구로 지내면서 서로 티격태격하며 어긋난다.
　　그러나 샐리를 좋아하는 감정을 느낀 해리는 샐리에게 고백한다.
　　그래서 두 사람의 관계는 해피엔딩으로 끝이 난다.

　이처럼 '계속해서 좋은 방향으로 일이 진행될 때'를 이 영화의 주인공인 샐리의 이름을 따서 '샐리의 법칙'이라고 한다.

일반적으로 긍정적인 생각을 하면 좋은 일이 많이 생기고, 부정적인 생각을 하게 되면 좋지 않은 일이 많이 생긴다.

나에게 생긴 일이 무조건 '운 때문'이라고 생각할 필요는 없다.

일을 확대 해석해서 나의 '징크스'(jinx)라는 틀에 얽매일 필요도 없다.

살다보면 잘 풀릴 때도 있고, 또한 잘 풀리지 않을 때도 있다.

이것은 단지 어떤 확률의 차이로 보는 편이 더 나을 것이다.

매사를 부정적 시각으로 바라보면서 자신의 의지마저 꺾기보다는 차라리 샐리의 법칙을 염두에 둔 채 매사를 긍정적으로 생각하면 행동할 수 있는 범위도 넓어지고, 더욱 나다운 내가 될 수 있다.

우연한 기회에 행운(幸運)이 이어지는 '샐리의 법칙'과는 달리, '평상시에 마음속으로 끊임없이 바라던 일이 시간이 지나서 이루어지는 현상'을 '줄리의 법칙(Jully's Law)이라고 하는데, '간절히 원하면 조금 늦더라도 언젠가는 이루어진다'는 일종의 경험 법칙으로, '막연하게 기대하기보다는 마음속으로 간절히 기원하는 것이 예상치 못한 기회를 통해 반드시 이루어진다'는 법칙이다.

말하자면 오랫동안 그리워하기만 하고 가보고 싶었지만 여행 경비가 없어서 꿈만 꾸고 있었는데 우연히 여행 상품권에 당첨되어서 원하는 곳에 갈 수 있을 때나 너무 갖고 싶었지만 품절로 못 샀는데 친구로부터 생일 선물로 받았을 때가 이에 해당한다.

브라질 소설가 파울로 코엘료(Paulo Coelho, 1947~)의 『연금술사』에 나오는 유명한 이 대사는 줄리의 법칙의 원리를 담고 있다.

"자네가 무언가를 간절히 원한다면 온 우주가 그 소망이 이루어지도록 도울 걸세, 누구나 간절히 원하면 이루어진다는 이 지구의 위대한 진리 때문이야."

'샐리의 법칙'과는 반대로 '일이 잘 풀리지 않고 계속 꼬이기만 한다든지, 열심히 시험공부를 했지만 내가 공부한 곳에서는 문제가 나오지 않은 경우'를 우리는 '머피의 법칙'(Murphy's Law)이라고 한다.

'머피의 법칙과 샐리의 법칙을 합한 신조어'가 '줄리의 법칙'인 것이다.

세상에는 '샐리의 법칙'이 있는가 하면 그 반대되는 '머피의 법칙'도 있지만, 이런 법칙들은 '우연(偶然)보다는 내가 얼마나 노력하고 간절하게 원하느냐에 따라 달라진다'고 한다.

그래서 신조어인 '줄리의 법칙'이 생겨난 것이다.

성경에도 "두드려라 열릴 것이요, 구하라 주실 것이다."라고 했다.

동양의 최고 철학서인 사서(四書) 중 『대학(大學)』에도 8조목이 있는데, '격물치지 성의정심 수신제가 치국평천하(格物致知 誠意正心 修身齊家 治國平天下)'에서 제일 먼저 나오는 격물치지(格物致知)란 '사물의 이치를 끝까지 파고 들어가면 앎에 이른다'는 주자(朱子)의 해석이다.

다른 말로 하면 '내가 행하고자 한다면 그 대상물에 다가가서 부딪쳐야 이룰 수 있다' 즉, '막연하게 앉아서 바라는 것이 아니라 어려움을 극복하고 그 일에 파고들라'는 현실적인 이야기다.

이처럼 '어떤 어려움과 곤란한 상황에 처했을 때 피하지 않고 용감하게 부딪쳐서 그 상황을 극복하고 헤쳐 나가기 위해 최선의 노력을 기울일 때 긍정적인 결과로 나타나는 것'이 신조어로 만들어진 '줄리의 법칙'이 아닐까 생각해 본다.

서로 좋아하는 법칙

집에서 애완견으로 키우는 강아지는 아무 일도 하지 않지만 사람들에게 무조건적인 사랑을 받는다.

사람들이 강아지를 좋아하는 이유는 무엇일까?

사람을 보면 반갑다고 꼬리를 흔들며 애교를 부리기 때문이다.

마찬가지로 사람도 상대가 나를 좋아하는 만큼 상대를 좋아하게 된다.

어떤 사람이 잘생겼거나 똑똑하고 지위가 높아서가 아니고 '단지 나를 좋아하기 때문에 나도 좋아하게 되어 서로 좋아하는 경우'를 사회 심리학에서 '서로 좋아하는 법칙'이라고 부른다.

유태인 심리학자인 앨리엇 애런슨(Elliot Aronson, 1932~)은 서로 좋아하는 법칙과 관련하여 시험을 진행했다.

한 조의 피험자는 방금 자신과 함께 일한 동료가 무의식중에 자신에 대해서 대단히 높게 평가했다는 말을 들었고, 같은 시간 다른 조 피험자 역시 자신과 함께 일한 사람이 무의식중에 자신에 대해 부정적인 평판을 했다는 말을 들었다. 그들은 그 뒤에도 하던 일을 다시 진행했는데 앞에 들었던 자신에 대한 평가 때문에 피험자들의 표정이 점점 바뀌어 가는 것을 알 수 있었다. 동료에게 긍정적인 평가를 받은 피험자는 자신을 좋아했던 동료를 더욱 좋아 했고, 반대로 부정적인 평가를 들은 피험자는 그를 싫어했다.

인간은 상대방이 자신을 좋아하기를 바라는 동시에 본인이 그를 좋아한다는 것을 느끼기 원한다.

그 이유는 우리가 진심으로 상대방을 좋아할 때 우리의 느낌은 표정이나 몸짓 같은 비언어적 행동으로 표현될 뿐 아니라, 상대방이 쾌감을 느낌으로써 나도 쾌감을 느끼기 때문이고, 또 한 가지는 내가 하는 표현을 통해서 듣는 사람은 자존감이 업그레이드되어 만족감이 고조되기 때문이다.

그를 좋아하므로 그를 인정하게 되고, 그 자존감이 효과적으로 전달되어 긍정적인 피드백을 가져온다.

미국의 유명한 마술사 하워드 서스톤(Howard Thurston, 1869~1936)이 있다.

카네기의 『인간관계론』을 저술하여 세계적인 베스트셀러를 만든 데일 카네기(Dale Carnegie, 1888~1955)는 직접 서스톤을 만나 인터뷰하면서 '마술사로서 세계적으로 명성을 얻은 비결'을 물었다.

하워드 서스톤이 보통의 마술사가 아니고 40년 동안 세계 각지를 순회하며 요술계의 왕자로 자리매김 하고 있을 때였다.

6천 만 명 이상이 그의 마술공연을 보기 위해서 입장료를 지불했고, 그는 200백만 불이 넘는 어마어마한 수입을 얻었다.

서스톤에게 성공의 비결을 물었더니, '학교에서 배운 지식은 자신의 성공에 전혀 도움이 되지 않았다'고 했다.

그는 소년 시절 일찍이 가출해서 부랑아로 자랐고, 화차에 몰래 숨어 위험한 무전여행을 일삼았고, 건초더미에서 잠잔 적이 한두 번이 아니었으며, 배고픔을 달래기 위해 문전걸식으로 겨우 연명하며 청소년 시절을 보냈다.

글을 배우지 못해서 화차 속에서 철도역에 붙은 광고를 보고 겨우 읽는 것만 배웠고, 특별한 기술도 없었으며 어떤 지식도 없었다.

요술이나 마술에 대한 책자는 산더미처럼 쌓였지만, 그 정도 요술에 대하여 알고 있는 사람은 얼마든지 있다고 말한다.

그러나 그에게는 남이 가지고 있지 않은 좋은 점 두 가지가 있다.

그 중 하나는 관객을 강하게 끌어당기는 그의 소박한 인간됨이다.

그는 예능인으로서 1인자로 인간의 마음을 터득하고 있었다.
몸가짐을 비롯하여 어투, 관객을 대하는 표정 등 디테일한 부분들까지 미리
섬세하게 준비하여 적절한 타이밍에 연습한 대로 구사했다.
또 하나는 인간에 대하여 진정한 관심을 가지고 있었다.

보통의 마술사들은 관객을 앞에 놓고 마음속으로 '아이고~ 얼빠진 사람들,
오늘도 많이 모였군. 이런 무리들을 홀리는 것은 식은 죽 먹기보다 쉽지.'라는
생각을 하지만, 서스톤은 관객을 대하는 마음가짐이 보통 마술사와는 달랐다.
무대에 섰을 때 그는 언제나 한결같이 '부족한 나를 보러 여기까지 와 주신
손님이 계신 것은 참으로 고마운 일이다. 당신들이 계시기에 나는 하루하루
편하게 살아간다. 나의 모든 역량을 동원하겠다.'고 마음먹는다.
서스톤은 무대에 설 때마다 반드시 마음속으로 '나는 고객을 아끼고 사랑합니
다.' 하며 몇 번이고 되풀이하며 부르짖는다고 한다.

서스톤은 단지 돈을 벌기 위해 마술을 연마한 것이 아니다,
그는 관중들이 즐거워하는 것이 본인에게도 가장 큰 즐거움이었던 것이다.

인간관계에서는 이처럼 '몸짓과 마음으로 선물을 주고받으며 친밀하게
지내는 것'이 가장 기본적인 법칙이다.

우리 모두가 나를 좋아해 주는 사람을 좋아한다.
굳이 말로 표현하지 않더라도 진심(眞心)을 담아 보내면 상대방도 진심을
알아보는 것처럼 싫어하는 사람을 싫어하는 것도 마찬가지 이치(理致)인데,
겉으로는 다정해 보이지만, 싫은 감정은 아무리 감추려 해도 행동이나 표정
에서 묻어 나오기 마련이다.

동양철학에 인(仁)이 많이 등장하는데, '서로 사랑하라'는 말이다.
마음속에 깊이 있는 사랑을 인으로 표현했다.
서스톤이 실천한 사랑이 논어에서 말하는 인(仁)과 같은 사랑이다.

세렌디피티의 법칙(Serendipity's Law)

'우연한 뜻밖의 발견'을 '우연의 법칙' 또는 '세렌디피티의 법칙'이라고 한다.
독일 철학자 리히텐베르크(Georg C. Lichtenberg, 1742~1799)는 이렇게 말했다.

"모든 발견은 그것이 결과에 얼마나 가까이 있느냐 멀리 있느냐의 차이가 있
을 뿐 모두 우연(偶然)에 속한다. 그렇지 않다면 이성이 있는 사람들은 편지
를 쓰듯이 그냥 앉아서도 발견이나 발명을 할 수 있을 것이다."

그러나 사람들은 어떤 발견이나 발명이 이루어지면 과학적인 원리(原理)를
동원하여 거창한 공식을 대입시켜서 어렵게 보이도록 한다.

본래 이 말은 1754년 영국의 호레이스 월폴(Horace Walpole, 1717~1797)이 친구
에게 보낸 편지에서 언급을 했는데, 『세렌딥의 세 왕자』라는 동화에 나오는
왕자들이 '그들이 미처 몰랐던 것들을 항상 우연하면서도 지혜롭게 발견'하는
모습에서 이 단어가 만들어졌다.

'우리가 미처 생각하지 못하고 있을 때 귀중한 것을 발견하는 우연한 기회'가
'세렌디피티'(Serendipity)라면, 이 기회를 얻은 운 좋은 발견자는 최소한 자신이
발견한 것의 창조적인 가능성을 볼 수 있어야 한다.

세계적인 발명가 에디슨이 등사판(謄寫版)의 아이디어를 떠올렸을 때, 다른
것에 중점을 두고 연구에 몰두하고 있었으나 그는 그 아이디어가 위대한 발견
임을 깨달을 만큼 탁월한 감각이 있었고, 곧바로 그 쓰임새를 접목(椄木)시켰다.

생각의 폭이 좁거나 한 가지만 생각하는 사람에게 참신(斬新)한 아이디어를 제안하더라도, 그냥 지나쳐버리기 일쑤다.

지금 당장은 소용이 없고 하찮은 것처럼 보이지만 관심의 영역을 넓게 펼쳐서 그 속의 무엇인가 중요한 것을 눈여겨볼 때 우연한 행운(幸運) 즉, 세렌디피티를 얻을 수 있다는 이야기다.

다이너마이트를 발명한 알프레드 노벨(Alfred Bernhard Nobel, 1833~1896)·X선을 발견한 빌헬름 뢴트겐(Wilhelm Conrad Rontgen, 1845~1923)·페니실린을 발명한 알렉산더 플레밍(Alexander Fleming, 1881~1955)·예방 접종을 발명한 루이 파스퇴르 (Louis Pasteur, 1822~1895)·종두를 발명한 에드워드 제너(Edward Jenner, 1749~1823)가 그러했다.

일본에서 최초로 노벨 화학상을 받은 다나까 고이치(Koichi Tanaka, 1959~)의 경우는 단백질에 금속 분말을 섞고 레이저로 단백질의 분석을 시도(試圖)하는 과정에서 실수로 잘못 들어간 글리세린(glycerin)이 작용하여 성공적인 결과를 얻었다고 말하고 있다.

파스퇴르는 "우연은 준비된 자에게만 미소를 안겨준다."는 명언을 남겼다.

여러 가지 사례들을 종합해 보면, '우연적인 상황들은 무엇인가를 이루기 위해 노력하고 준비된 자에게 찾아온다'는 것을 알 수 있다.

현대 심리학자들에 의하면 이런 유형의 우연은 우뇌(右腦)가 활성화 되었을 때만 나타난다고 하는데, 이런 우연들은 단순한 우연이나 신의 은총이 아니라 99번의 실패를 딛고 일어선 노력에 의한 영감이 우연으로 가장하여 나타났다고 보는 경향이 있다.

인간의 뇌는 좌뇌(左腦)와 우뇌(右腦)로 나뉘는데, 논리적(論理的)이고 연역적 (演繹的)인 사고를 주관하는 것이 좌뇌이고, 우뇌는 아이디어나 영감(靈感) 등 초 논리적인 것을 주로 관장한다.

옛날에는 주로 우뇌가 발달하여 예지력(叡智力)이 뛰어났지만 현대인들은 수학과 과학 등 논리적인 학문에 중점을 두다보니 좌뇌가 발달하고, 우뇌는 상대적으로 위축되어 있다는 이야기다.

그런데 우뇌를 활성화시키는 방법으로 좌뇌를 고갈시키라고 한다.

어떤 문제점이 드러났을 때 우선 좌뇌를 사용하여 해결을 시도하면서, 좌뇌가 고갈될 때까지 모든 노력을 기울이다가 좌뇌가 더 이상 활동할 수 없는 시점에 이르게 되면 비로소 우뇌가 활동하기 시작하는데, 이때부터 우뇌가 활성화되면서 새로운 아이디어와 영감이 샘솟듯이 떠오른다는 연구 결과가 많다.

이는 몰입(沒入)과도 같은 말인데, 무엇에 대해서 알고자 하는 사람에게만 주어지는 행운을 가장한 우연으로 와 닿는 것이다.

헤르만 헤세(Hermann Hesse, 1877~1962)는 성장 소설 『데미안』에서 이렇게 말하고 있다.

"본래 우연이란 없다. 무엇인가를 간절히 소망했던 사람이 발견하거나 만들어냈다면 그것은 우연히 이루어진 것이 아니라 자기 자신의 소망과 필연이 가지고 온 것이다."

수확 체감의 법칙(Law of Diminishing Returns)

19세기 경제학자들이 해결해야 할 가장 시급(時急)한 문제는 '농업 생산이 늘어나는 인구를 따라가지 못한다는 것'인데, 제한된 농지의 면적에 비해 인구가 빠르게 증가하는 현상에 대한 대책 방안을 제시하는 것이 큰 과제였다.

식량 생산을 늘리기 위해서 취할 수 있는 조치(措置)는 노동력을 더 많이 투입하는 것이었으나, 한정된 경작지에 2배의 노동력을 투입한다고 해도 생산량이 수요(需要)를 따라가기에는 턱없이 부족한 상황이었다.

예를 들어 두 사람이 농사지어서 100을 수확했다면, 그 두 배인 네 사람이 농사를 지었을 때 160밖에 나오지 않더라는 것이다.

여기서 농부 1인당 생산성은 50이 아니고 40으로 줄어든다.

'수확 체감의 법칙'(Law of Diminishing Returns)은 이처럼 '면적이 일정할 때 노동력 투입을 늘려 나가면 절대 수확량이 어느 정도까지는 증가하지만 1인당 생산성은 점점 감소한다'는 법칙이다.

그러다가 일정 한계에 다다르게 되면, 노동력을 추가(追加)해서 투입해도 전체 생산량은 변동 없이 그 자리에 머물러 있게 되기 때문에 이를 '한계 생산성 체감의 법칙'(The Law of Diminishing Marginal Product)으로 부르기도 한다.

이 문제는 프랑스의 정치가이자 경제학자인 안 로베르 자크 튀르고(Anne Robert Jacques Turgot, 1727~1781)에 의해 처음으로 제기되어 '토지 수확 체감의 법칙'으로 명명되었고, 그 이후에 영국의 경제학자인 데이비드 리카도(David Ricardo, 1772~1823)와 토머스 맬서스(Thomas Robert Malthus, 1766~1834) 등에 의해 계승(繼承)되었다.

토머스 맬서스는 그의 저서 『인구론』에서 '식량은 산술급수적(算術級數的)으로 증가하지만, 인구는 기하급수적(幾何級數的)으로 증가한다'고 말하면서, 식량 증가에 비해 인구가 폭발적으로 늘어나기 때문에 자신의 부양 능력을 벗어나 다자녀를 갖는 빈곤층은 사회악이라고 주장한다.

또한 인구 조절의 역설(逆說)을 강조하면서, 인구 증가 억제책(抑制策)으로 성적 문란(紊亂)을 방지하고 결혼 시기를 늦추어야 하며, 심지어는 능력이 미치지 못하면 그 민족 또는 인종까지도 말살(抹殺)시키는 도덕적인 억제가 이루어져야 한다고 강조한다.

수확 체감에 대한 개념이 처음으로 제기된 시점으로 거슬러 올라가 보면, 초기의 경제학자들도 이것에 대해 얼마나 많은 고민을 했는지 알 수 있다.

19세기 영국에서는 토지가 한정되어 있기 때문에 수확 체감이 일어나는 것이라고 생각했다.

농업 생산량을 증가시키기 위해서 경작 면적을 늘리거나 기존의 토지에 좀 더 집중적인 생산 수단을 사용할 필요가 있지만, 어느 방향으로 진행을 하든지 농업 생산량을 향상시키는 데 드는 비용이 점점 커지기 때문이다.

결국 그들은 '농업 생산량의 증가가 인구 증가를 따라잡지 못할 것'이라고 예측했다.

'인구 증가 속도가 토끼라면 식량 증가의 속도는 거북이 걸음이었으니, 인류는 굶주림에 허덕일 수밖에 없게 된다'고 전망(展望)한 것이다.

그러나 이 이론이 한 가지 놓친 부분이 있다.

토지 면적이 고정되어 있고, 농업 기술의 발달을 예측하지 못한 것이다.

20세기 이후 종자의 개선, 비료와 농업 기술의 발달, 농기구의 기계화 등으로 1인당 생산성은 획기적(劃期的)인 증가가 이룩되었다.

지금 동일한 면적의 토지에서 생산되는 산출량은 100년 전의 생산량과 비교하면 몇 배의 차이가 난다.

결국 '수확 체감의 법칙'은 '생산에 필요한 요소들이 고정되어 있고, 어느 한 요소만 추가로 투입되었을 때에만 타당한 법칙'이라는 것이다.

장기적으로 생산의 기술적인 변화가 이루어지지 않는 정체(停滯)된 경제 구조라면 이러한 효과는 확실하게 나타날 것이다.

그러나 역동적인 경제 구조 아래서는 기술 진보를 통해서 '수확 체감의 효과'를 충분히 상쇄(相殺)하기 때문에 걱정이 없을 것으로 보인다.

스마일 커브(Smile Curve)의 법칙

기업의 운영에서 최종적인 프로세스(process)는 '제품의 품질'이다.

연구 개발에서 생산 마케팅에 이르기까지의 부가가치(附加價値)를 나타내는 그래프가 웃는 모습과 닮아 있어서 '스마일 커브'(Smile Curve)라고 한다.

상품의 연구→개발→제조→판매→A/S로 이어지면서 일련의 가치사슬에 따라 각 단계의 부가가치를 체크해 보면 핵심 부품과 소재, 마케팅 서비스에서 최고 가치가 나오고, 그 중간 단계인 제조(製造)의 가치가 가장 낮다는 개념이다.

단계별 부가가치 정도를 그래프로 표시하면 미소 짓는 형태로 나타난다.

자유무역과 글로벌화가 함께 확산이 되면서 우리나라 같은 신흥국가들의 고부가가치 제조업이 늘어나면 선진국의 '스마일 커브' 즉, 양쪽 끝은 더 올라가는 현상이 일어났다.

예를 들어서 우리나라의 휴대폰이나 반도체(半導體), 조선업(造船業) 등 수출 효자 상품들이 이에 해당하는데, 우리 기업들이 고품질의 제품을 대량으로 수출을 해도 그에 대한 소득 비율은 높지 않은 것이 현실이다.

수출이 늘어날수록 휘파람을 부는 회사는 원천기술(源泉技術)을 보유(保有)하고 있으면서 우리나라에서 이른바 로열티를 챙기는 기업들인데, 휴대폰의 퀄컴 (Qualcomm), 반도체 플래시(Flash), 메모리의 샌디스크(SanDisk), LNG선박 특허를 보유하고 있는 프랑스의 GTT(Gaztransport & Technigaz) 등이 이에 해당한다.

이들은 매출의 약 5%를 로열티(royalty)로 받아간다.

이들 외에도 우리나라 수출 상품의 대부분이 외국에 특허료를 지불해야 하는 실정이다.

그래서 기업의 머리와 꼬리 부분이 중요하다고 한다.

우리나라에서 만든 김(Purple Laver)도 2012년부터는 일본에 로열티를 지불하고 있는데, 우리나라가 김의 종주국(宗主國)이기는 하지만 아이러니하게도 종자의 국제 특허를 일본에서 보유하고 있기 때문이다.

장미를 비롯한 원예 작물, 그리고 딸기 같은 일부 과일 종류도 로열티를 지불하고 있는 실정이다.

이 '스마일 커브 법칙'을 제대로 관리하지 못하면 '빛 좋은 개살구' 격이 되고 만다.

미국의 저명(著名)한 미래학자 앨빈 토플러(Alvin Toffler, 1928~2016)는 저서 『부의 미래』에서 '전통적으로 해오던 제조업이라 할지라도 지식과 정보의 기반 위에서 고도화되지 않으면 설 자리는 점점 더 좁아질 것'이라고 했다.

새롭게 부상(浮上)한 생명공학(生命工學)이나 나노 기술(Nano Technology), 정보 기술 등의 산업 지식 기반과 서비스업 등이 모두 해당한다.

앨빈 토플러는 『부의 미래』에서 '미국을 비롯한 여러 선진국들이 이미 두뇌 중심의 지식 경제로 전환하였고, 다른 대륙들은 이런 변화를 대륙 차원에서 빨리 감지하지 못했다'고 했다.

이것은 지난 반세기를 보았을 때 변화의 서막(序幕)에 불과했기 때문이다.

부의 창출에 있어서 지식의 중요성은 한 단계 더 높은 차원으로 도약할 것이고, 지속적으로 커지면서 변신을 거듭할 것이다.

이제는 접근도 쉬워지고, 범 지구촌 차원의 두뇌 은행에 보다 많은 국가들이 함께 함에 따라 지식의 중요성은 급속도로 확산될 것이다.

그리고 앨빈 토플러는 '고대에 농업혁명을 기반으로 발전했던 것이 17세기에 들어서 산업혁명을 거쳐서 지식 혁명의 시대가 도래할 것'이라고 미리 예견했던 것이다.

앞으로 다가올 지식 혁명은 지금까지의 지식과 산업사회의 지식은 이미 쓸모가 없거나 오히려 장래 발전에 방해가 될 것이라고 우려를 나타냈다.
그런 옛날 지식은 '압솔리지'(Obsoledge)라고 이름하였다.
'쓸모없는 지식'이라는 영어의 신조어이다.

앨빈 토플러는 '지식 혁명이 심화되면 이런 압솔리지를 걸러낼 줄 아는 능력 있는 미래의 부를 결정짓는 핵심 요소가 되리라'고 예상하면서, 특히 우리나라에 관심을 많이 보였었다.
'20세기 부의 축이 유럽에서 미국으로 이동했다면, 이제는 우리나라를 비롯한 일본과 중국, 이 세 나라가 중심축 역할을 할 것'이라고 예측했다.
불과 한 세대에 1·2·3차 혁명을 모두 다 거치고, 정보화 사회의 선두주자(先頭走者)로 나선 우리 대한민국의 역동성(逆動性)이 가장 큰 재산이 될 것이라는 희망을 심어 준 것이다.

그러나 지식을 얻으려면 공부가 필요하다.
공부의 기본은 독서인데 독서량이 이웃 일본에 비해 현저하게 떨어진다.
일본은 성인 1년 독서량이 70권인 데 반해 우리나라는 겨우 10권에 불과하다.

그렇다면 거대한 나라 중국은 어떨까?
중국도 우리의 배가 넘는 26권이다.
'미래는 지식 기반 사회'라고 말로만 외칠 것이 아니라, 우리 스스로 지식을 키운다면 우리 대한민국은 저절로 지식 기반 사회를 향해 가고 있을 것이다.

악어 법칙

만약 정글에서 우리가 악어에게 다리를 물렸다면 어떻게 해야 가장 좋을까?
어쩔 수 없지만 물린 다리를 희생하는 것이 가장 현명한 선택일 것이다.
'결정적인 순간에 과감히 포기할 줄 아는 것이 지혜로운 자의 현명한 선택이며, 시기에 따라서는 버려야 함'을 강조한 것이 '악어의 법칙'이다.

본래 악어의 법칙은 투자 심리학 이론 중 하나인데, 투자를 하면서 계속되는 손해를 메우려다 더 많은 손해를 방지하기 위해 예로 든 것이다.

악어가 우리의 다리를 물었다고 가정해 보자.

우리는 어떤 방법을 통해서든지 이 위기에서 벗어나야 한다.

손으로 다리를 빼려고 뻗으면 손을 물릴 수 있고, 빠져 나오려고 발버둥칠수록 우리 신체의 더 많은 부분이 악어 입 속으로 들어간다.

이 상황에서 최소한의 희생(犧牲)은 물린 쪽 다리 하나를 포기하는 것이다.

이것이 잔혹한 '대자연의 법칙'이기도 하다.

현대에서 이런 일은 거의 일어나지 않지만, 투자 심리학에서 '무거운 짐을 벗기 위한 이론'으로 많이 인용한다.

우리는 삶 속에서 손해를 보면서도 포기해야 할 때가 있다.

결정적 순간에 약간의 손해로 포기하게 되면 큰 손해를 막을 수 있으며, 시기적절하게 버릴 줄 아는 사람이 다시 빛을 발할 수 있다는 이론이다.

1998년 노벨 물리학상을 수상한 대니얼 추이(Daniel Chee Tsui, 1939~)는 정치에는 관심조차 없고 오직 책과 씨름하였으며, 그의 실험실이 활동 공간이자 놀이터였는데, 선진국 첨단기술(尖端技術) 연구의 전초기지(前哨基地) 역할을 하는 분야에서 일을 했음에도 불구하고 컴퓨터를 다루는 데에는 문외한이어서 친구들 사이에서 '고지식한 괴짜'로 정평(定評)이 나 있었다.

심지어 보통 사람도 일상에서 매일 이용하는 이메일 하나를 보낼 때도 비서의 손을 빌리지 않고서는 보낼 수 없을 만큼 컴퓨터를 다루는 데에는 유치원 수준을 면하지 못할 정도의 괴짜 인생 대니얼 추이는 세상 사람들 눈에 띄는 것을 포기하다시피 하고 오롯이 자신을 위해서만 귀중한 시간을 보내며, 최고의 영예(榮譽)를 얻은 사람이다.

인생(人生)의 한평생(限平生)은 길게 생각하면 길다고 볼 수 있으나 반면에 짧다고 보면 아주 짧다고 느껴지는 시간이며, 더욱이 이 세상에는 좋은 것도 많고, 멋진 것도 많고, 하고 싶은 것도 많다.

그런데 이 많고 많은 것을 어찌 욕심대로 할 수 있겠는가?

이때 '포기하고 버릴 줄 아는 것'이 삶 속에 지혜가 된다는 것이다.

포기한다고 해서 끝나는 것이 아니며, 오직 그것 하나만 있는 것이 아니다.

하나를 버리면 그대로 끝나는 것이 아니라 또 다른 것을 얻기 위한 토대가 될 수 있는 것이 인간의 삶이다.

모든 동물 중에 인간의 탐욕(貪慾)이 가장 많다고 한다.

짐승들은 당장 배가 부르면 잠을 자거나, 먹을 것을 거들떠보지도 않는 것이 많다.

다람쥐 같은 동물은 도토리를 저장해놓고 약 5% 정도밖에 찾지 못해서 참나무가 무성해지고, 다음세대가 또다시 무성해진 참나무 아래 도토리를 먹고 성장하고, 계속 선순환(善循環)이 이루어져 자손이 번성하게 된다.

포기한다는 것은 또 다른 어떤 것을 얻기 위한 길이기도 하다.

원하는 것이 내가 마음먹은 대로 얻어진다면 내게 필요하지 않은 멋지고 괜찮은 것을 버리는 것이 아깝지 않을 것이다.

욕심이 과하면 탐욕이 되는데, 이 주체할 수 없는 탐욕이 인간의 가장 나쁜 버릇 중의 하나다.

어떤 때는 원하는 것을 굳게 잡고 놓지 못함으로써 스스로에게 고통을 주며, 그 고통이 스트레스로 작용하여 초조함과 불안을 동반하기도 한다.

우리는 주위에서 '자신이 소유한 것을 소중히 여기고 포기할 줄 모르고, 포기하는 고통을 두려워하며, 결국은 짓눌리는 고통에서 벗어나지 못하는 안타까운 경우'를 보곤 한다.

인생을 길게 보며 융통성 있게 의식을 바꿀 줄 아는 사람은 포기할 줄 안다. 바꿀 줄 아는 사람은 진정한 승리가 무엇인지를 아는 사람이다.

여기서 말하고자 하는 악어의 법칙의 요점이 바로 '포기할 줄 아는 것'이다.

한 쪽 다리를 포기한다고 목숨마저 잃는 것은 아니다.

한 쪽 다리를 포기해서 잃더라도 악착같이 살아서 또 다른 길을 모색할 방법을 알려주는 것이 악어의 법칙이다.

물린 다리를 포기하지 않고 끝까지 버티려고 한다면 다리를 잃으면서도 더 긴 고통이 따르기 마련이다.

인생의 한평생은 긴 여행자와 같다고 했다.

우리는 여행을 하는 동안 수많은 선택을 해야 한다.

선택의 기로(岐路)에 섰을 때 빨리 판단을 해서 '포기해야 할 것인지 포기해서는 안 될 것인지'를 잘 판단하는 것이 인간의 지혜다.

이때 우리가 포기해서는 안 되는 것이 분명히 있다.

그러나 뭔가를 어쩔 수 없이 포기해야 된다면, 포기로 인해서 더욱 많은 것을 얻게 될 수도 있는 것이 인생의 삶이다.

엥겔의 법칙(Engel's Law)

'소득에 비해 전체의 생계비에서 식료품비 즉, 음식물비가 차지하는 비중이 상대적으로 높아지는 현상'을 '엥겔의 법칙'(Engel's Law)이라고 한다.

경제학에서 '소득이 증가할 때 수요도 함께 늘어나는 재화'를 '정상재(正常財)', '소득이 상승해도 수요가 오히려 감소하는 재화'를 '열등재(劣等財)'라고 하며, 정상재 중에서 소득 증가분보다 수요의 증가가 더 크면 '사치재(奢侈財)'라고 하고, 소득 증가분보다 수요의 증가분이 더 적으면 '필수재(必須財)'라고 한다.

그러면 직접 먹고 사는 데 사용되는 음식물 비는 어디에 해당할까?

독일의 경제학자인 에른스트 엥겔(Ernst Engel, 1821~1896)의 이론에 따르면 음식(飮食)은 '필수재'에 해당한다고 할 수 있다.

사람이 살아가는 데 필요한 식료품(食料品)은 소득의 많고 적음과는 상관없이 어느 누구나 소비해야 하는 필수품으로 취급될 수밖에 없다.

그래서 '총 가계 지출에서 식료품비가 차지하는 비율'을 '엥겔계수'라고 한다.

엥겔계수는 소득 수준이 상승함에 따라 점점 감소하고, 소득 수준이 내려갈수록 커지는데, 말하자면 상대적으로 수입이 적으면 지출의 총액에서 먹거리에 드는 식료품비 비중(比重)이 문화 생활하는 데 사용되는 경비보다 더 높다는 이야기다.

식료품비는 수입이 많든 적든 생존을 위한 필수적인 지출이므로 상대적으로 많이 차지할 수밖에 없기 때문에 엥겔계수를 각 나라마다 시민들의 생활수준의 변화를 단적으로 보여주는 좋은 통계지표(統計指標)로 활용하고 있는 실정이다.

6·25 한국전쟁 이후 우리나라의 엥겔계수를 잠깐 살펴보자.

1950년대에는 50%를 넘던 수치가 1970년대 고도의 성장기를 거치면서 현저하게 떨어지기 시작했고, 1970~1980년대만 해도 30~40% 정도 되었다.

한국은행 통계에 보면 우리나라 전국 가구를 대상으로 공식적인 조사가 이루어진 2000년대 이후에도 조금씩 꾸준히 떨어져 가는 상황이었다.

2000년 13.9%에서 2005년에는 12.3%로 떨어졌고, 2007년에는 조사 후 최저라고 할 수 있는 11.8%를 찍었는데, 여기서 우리가 눈여겨보아야 할 것은 2008년부터 다시 올라가고 있다는 사실이다.

2008년 12%, 2011년 13%, 2016년 13.6%, 2017년에는 13.8%에 달했다.

경제학자들은 '과거와는 달리 요즘의 엥겔계수가 상승하는 것은 살림살이가 힘들어서라고 말할 수 없고, 식료품의 고급화 현상이나 맞벌이의 보편화, 거기에다 인구의 빠른 고령화도 엥겔계수를 높이는 데 일조를 한다'고 말한다.

이웃나라 일본은 선진국임에도 2005년부터 엥겔계수가 높아졌다고 하니 크게 걱정할 일은 아니지만, 수치가 올라간다는 것은 주의해야 할 것이다.

따라서 '엥겔의 법칙'이 맞는지 맞춰보려면 식료품 가격이 다른 물가에 비해 상대적으로 어떤지 나타내는 식료품의 상대가격 변화를 살펴야 하고, 집에서 먹는 식사와 외식했을 때의 비용도 검토해 봐야 할 것이다.

엥겔계수를 만들 당시에는 외식은 통계자료에서 빠졌을 가능성이 높기 때문이다.

20세기 초 엥겔계수가 만들어질 때 보편적인 수치는 70% 이상이면 극빈 생활, 50~70%면 최저 생활, 30~50%면 건강생활, 25~30%이면 문화생활, 25% 이하면 고도의 문화생활을 즐기는 수준이라고 정의했었다.

당시의 기준으로 본다면 20% 이하이니까 초 고도의 문화생활을 즐기고 있다고 봐야 한다.

그런데 19세기 초반과 단순 비교한다는 것은 다소 무리가 있어 보인다.

큰 이유 몇 가지 예를 들어보면, 교육비로 들어가는 비용이 많고, 현대에 들어와서는 통신비를 무시할 수 없으며, 아이들의 과외비나 장난감 구입비, 또한 과거에는 전혀 없었던 승용차에 들어가는 비용 또한 만만치 않다.

현재 우리나라는 농민이 생산해서 소비자에게 가기까지의 유통 구조가 조금 복잡하다.

농민에게 이익(利益)이 되고, 도시 소비자들에게도 이익이 되는 윈윈 전략 시스템의 유통 구조를 개발하지 않는다면, 낮은 엥겔계수를 기대하는 것은 어려울 것이다.

역발상(逆發想)의 법칙(法則)

'역발상'(逆發想)이라 하면 알렉산더 대왕의 매듭 이야기가 유명하다.

알렉산더가 동방원정 길에 올랐을 때 프리기아(Phrygia)를 통과하게 되었다.
그곳 신전에는 매듭으로 기둥에 매어놓은 마차가 한 대 있었다.
그 매듭을 푸는 자가 동방의 왕이 된다는 이야기가 전해지는 전설적인 매듭이었다.
고르디우스(Gordius) 왕이 매어놓은 것이어서 고르디우스의 매듭이라고 불렸다.
그 전설 같은 이야기를 전해들은 대왕은 손수 칼을 뽑아 단칼에 매듭을 쳐버렸다.
그리고는 전해지는 말에 따라 동방의 왕이 되었다.

알렉산더가 페르시아 원정길에 나섰을 때의 일이다.
당시 페르시아 해군은 세계 최강이었으며 알렉산더 군대는 해상운송로를 확보
하지 못해 어려움을 겪고 있는 상황이었기 때문에 알렉산더는 속전속결보다는
페르시아군의 정보를 파악하는 데 집중했다.
여러 경로를 통해 얻은 정보들을 분석한 결과 페르시아군은 식수조달이 어렵
다는 것이 가장 큰 문제로 지적되었다.
군대가 해상에서 주둔하기 위해서는 식수는 필수로 확보해야 하는 상황인데도
식수조달이 어려운 상태임을 감지하고, 알렉산더는 이러한 약점을 이용하여
식수원을 하나씩 공격하기로 마음먹고 지배권을 확보해나가기 시작했다.
페르시아군은 약점이 노출되어 초조해졌으나 전력상으로는 더 강했다.
해전에 약한 알렉산더군은 정면으로 싸우면 승산이 없고, 육전에서는 해 볼만
했기 때문에 고성(古城)을 허물어서 바다를 매립하기 시작했다.

섬이 육지와 연결되자 알렉산더군은 고기가 물을 만난 듯이 의기양양했으나 해전에 강했던 페르시아군은 육전으로 변하자 힘 한 번 쓰지 못하고 무너졌다. 육전에 강한 알렉산더는 해상전을 지상전으로 바꾸는 역발상을 구사했던 것이다.

이것이 알렉산더 대왕(Alexandros the Great)의 전술(戰術)이자 진면목(眞面目)이다. 자기에게 해상전은 불리하므로 시간이 걸리더라도 전쟁의 틀을 바꾸는 역발상을 했던 것인데, 알렉산더로서는 고정관념(固定觀念)을 깨뜨려서 힘든 전쟁을 승리로 이끄는 기발한 전략(戰略)이었다.

이렇게 역발상은 '싸움의 방향과 규칙을 자기가 유리한 방향으로 바꿔서 승리를 차지하는 방법'이다.

자유 경쟁 시장에서 후발기업들이 선발기업들을 추월하는 경우도 거의가 싸움의 규칙을 자기에게 유리하도록 바꿀 때에 가능하다.

우리는 일본의 카메라 시장에서 역발상의 사례를 볼 수 있었다.

후발주자인 캐논은 필름과 카메라 시장에서는 니콘에 밀렸고, 디지털 카메라 시장에서는 5~6위권을 맴도는 후발기업에 불과했다.
그러던 기업이 몇 년 후에는 세계적인 카메라 시장의 선두주자로 올라섰다.
게임 룰을 자기가 유리한 쪽으로 변경했기 때문에 가능했던 것이다.
2000년대 초반만 해도 카메라 시장은 화소경쟁이 치열했다.
화소경쟁에서 밀린 캐논은 싸움의 판을 디자인과 편리성에 중점을 두었다.
IXY디지털 시리즈가 품격 있는 디자인과 편리성을 갖춘 제품이었다.
그러자 시장의 흐름은 자연스럽게 편리한 제품을 선호했던 것이다.

역발상의 법칙은 주식시장에도 적용되고 있다.
20세기 최고의 주식 투자가로 유명한 존 템플턴(John Templeton, 1912~2008)의 조언에 의하면 간단한 방법이었다.
'우량주식을 절반 값에 사서 강세장이 형성되었을 때 파는 방법'이다.
이른바 '바겐 헌팅'(Bargain Hunting;기업가치보다 저평가된 주식) 공략 방법이다.

"강세장은 비관 속에서 나타나 회의 속에서 자라며, 낙관 속에서 성숙하여 행복 속에서 죽는다."

즉, '비관론(悲觀論)이 극에 달했을 때 매수(買收)하라'는 이야기다.

1930년대 세계 대공황 시절이나 제2차 세계대전 시기 등 비관론이 극에 달했을 때 그는 상대적으로 엄청난 수익을 거두었다.

그는 우리나라 주식시장에서도 역발상의 법칙을 증명해 보였다.

1998년 당시 IMF 사태 직후의 일이다.

이때 매튜스 코리아 펀드를 통해 한국 주식시장에 투자하여 약 2년 만에 267%의 고수익을 올릴 수 있었던 것도 비관론이 팽배했을 때 매수를 해서 정상화 조짐(兆朕)이 보이고 가격이 거의 회복되었을 때 팔았기 때문이다.

이 역발상의 법칙은 고정관념 틀을 깨는 것이 우선(優先)이다.

고정관념에 사로잡혀 있으면 역발상은 구상할 수 없으며, 기존의 생각을 과감하게 버리고 거꾸로 즉, 전혀 다른 방향으로 생각할 때 다른 사람들이 보지 못하는 길을 볼 수 있다는 법칙이다.

역발상을 하는 사람은 항상 왕년(往年)을 생각하지 않고, 진취적이면서도 긍정적인 마인드(mind)를 잘 구사한다.

기존의 틀을 부수고 새로운 눈으로 사물을 바라볼 때 진정한 역발상이 이루어질 것이다.

짧게 이루어진 고은(高銀, 1933~) 시인의 그 꽃!

"내려갈 때 보았네, 올라갈 때 보지 못한 그 꽃."

이 시는 노벨 문학상 후보에도 올랐던 작품이다.

오로지 정상(頂上)에 오르겠다는 일념(一念)으로 산을 오르다보니 숨이 차고 힘들어서 옆을 볼 겨를도 없이 정상을 찍고 차분한 마음으로 내려오는데, 그제야 예쁜 꽃이 눈에 들어온다.

꽃은 그대로인데 왜 못 보았을까?

너무 매달리고 집착(執着)하면 보이지 않던 것들이, 한 발 물러서서 보면 잘 보이기 마련이다.

오컴의 면도날(Ockham's Razor)의 법칙

'복잡한 문제일수록 알고 보면 가장 단순한 해법이 정답'이라는 의미다.

복잡하게 뒤얽힌 문제들이 가장 간단한 방법을 통해서 가능해진 경우가 많음을 증명해 보인 것이다.

어떤 사건에 대한 판단이 두 가지 이상으로 엇갈릴 때, 그 중에서 가장 단순한 설명이 정답에 근접한다는 것이다.

'단순성의 원리' 또는 '불필요한 복수성의 원리'라고도 한다.

'어떤 현상을 설명하는 가설은 적을수록 좋으며, 가설 자체도 단순할수록 좋다'는 경제성 원리다.

불필요하게 많은 것들을 가정하지 말라는 의미로 봐도 좋다.

14세기 영국의 스콜라 철학자이자 프란체스코회 수사였던 윌리엄 오컴 (William of Ockham, 1285~1349)의 이름에서 '오컴의 면도날 법칙'이라고 불린다.

오컴의 면도날은 피부는 상하지 않으면서 수염을 잘 깎으려면 면도날이 예리할수록 좋다는 인식에서 비롯되었다.

오컴은 '세상을 구현하는 원인, 설명 등 여러 가지 어렵고 중대한 문제일수록 그에 대한 답이나 이론은 간단하고 명료해야 한다'고 생각했다.

이는 영국의 수학자 겸 물리학자인 윌리엄 해밀턴(William Donald Hamilton, 1936~2000)이 자주 언급함으로써 이 같은 명칭이 쓰이게 되었다.

해밀턴은 특히 이 개념을 신학적 원리로 강조했는데, 나중에는 철학과 과학에 작용하는 절약(節約)의 원리, 단순함의 원리로 많이 사용되고 있다.

오컴은 프란체스코 수도회에서 논리학(論理學), 옥스퍼드 대학에서는 신학(神學)을 공부했고, 초기에는 아리스토텔레스의 철학을 사유(思惟)의 출발점으로 삼았으나 논리적 사유를 치열하게 추구한 나머지 오히려 아리스토텔레스를 부정하기에 이른다.

그는 '진리에 접근하기 위해서는 불필요한 가정이나 전제들을 모두 잘라 버리고 단순하게 하여 사물의 핵심만 보아야 한다'고 주장을 했는데, 그의 명쾌(明快)한 이론에 중세 기독교 철학이 지켜왔던 수많은 진리(眞理)와 가치(價値)들이 잘려 나갔다.

그래서 오컴의 철학을 '오컴의 면도날'(Ockham's Razor)이라 부르게 되었다.

이와 비슷한 말이 동양에서도 전해지는데, 의미가 조금은 다르지만 대동소이한 말로 '쾌도난마'(快刀亂麻)라는 고사성어가 있다.

이는 '단순명쾌한 결단' 즉, '예리한 칼로 헝클어져 복잡하게 뒤엉킨 삼베를 단칼에 잘라 버린다'는 뜻으로 '어지럽게 뒤엉킨 문제를 빠른 시간에 속 시원하게 처리함'을 비유하는 말인데, 말하자면 복잡하게 얽힌 문제나 일을 정면 돌파할 때 흔히 인용해서 많이 쓰이는 말이다.

우리 주위에 보면 일부러 어려운 단어를 구사(驅使)하며 상대가 이해하기 어렵게 말하거나, 글도 영어나 어려운 한자말들을 많이 사용하여 전문가가 아니면 이해하기 힘든 단어를 쓰는 경우가 종종 있는데, 자신이 상대방보다 잘 나게 보이려고 할 때나 전하고 싶은 메시지를 잘 이해하지 못한 경우다.

다음으로 가장 나쁜 것은 진입장벽(進入障壁)을 쳐서 자기 자신의 영역을 보호하려는 경우이다.

예컨대 변호사·의사·세무사들이 자기 전문 분야의 용어를 사용하면서 대화하는 것도 다른 잠재적으로 진입하고자 하는 자들이 쉽사리 들어오지 못하도록 하기 위함이 아닐까 싶다.

또한 보험회사의 약관(約款)에 비교적 어려운 용어들을 사용한 것도 그와 마찬가지 이유가 아닐까 생각한다.

소비자들이 쉽게 약관을 이해하지 못하도록 해야 나중에 법적인 다툼이 일어났을 경우에 자기들이 유리하기 때문이다.

우리나라에서도 조선 시대에 유학자들이 알아보기 쉬운 한글이 있음에도 불구하고 한자만 사용한 것도 같은 맥락이다.

그러나 이제는 세상이 민주적으로 되어가고 있기 때문에 점차 복잡하고 어렵게 쓰는 것들이 점차 사라지리라고 본다.

한편으로 '오컴의 면도날의 법칙'에 대한 부작용(副作用)을 염려하여 세상을 단순화시키는 것에 대해 경종(警鐘)을 울리는 사람도 있다.

임마누엘 칸트(Immanuel Kant, 1724~1804)는 '다양성을 지나치게 줄이지 말라'고 지적했는데, 이는 곧 한때는 쓸모없이 보여도 나중에 쓸모를 발견할 수도 있기 때문이다.

우리는 이 세상을 너무 복잡하게 살아가거나, 너무 단순하게 살아가지 않도록 해야 할 것이다.

우물의 법칙

'비운만큼 채워진다'는 것이 '우물의 법칙'이다.

옛날부터 좋은 우물은 가뭄이든 장마철이든 항상 수위(水位)가 일정하다.

목마른 사람들이 조금 많이 퍼가더라도 항상 같은 양을 유지한다.

우물물이 쉽게 넘치거나 가뭄에 우물이 마른다면, 그 우물은 우물로서 역할을 다하지 못하므로 금방 메워지고 만다.

옛 선조들은 흔히 '재물'(財物)을 '우물'에 비유했는데, '재물도 우물과 같아서 남에게 베풀어도 줄어들지 않고, 항상 전과 같이 채워진다'는 것이다.

우리 속담에 '부자는 3대를 잇기가 어렵다'(富不三代)는 말이 있다.

그러나 우리나라 조선 시대 12대에 걸쳐 부(富)를 이어온 유명한 경주의 최 부자가 있었는데, 그 집안의 가훈(家訓)은 다른 집안과 조금 다르다.

과거를 보되 진사 이상은 하지 말라.
재산은 만석 이상 지니지 말라.
과객은 후하게 대접하라.
흉년에는 땅을 사지 말라.
며느리들은 시집온 후 3년 동안은 무명옷을 입어라.
사방 백리 안에 굶어죽는 사람이 없게 하라.

여섯 가지의 가훈을 대대로 지키도록 해서 300년 동안 부를 유지할 수 있었다.

'일단 돈을 손에 넣게 되면 권력욕도 생기기 때문'에 '과거는 보되 진사 이상은 하지 말라'고 한 것인데, 그 당시에는 정치적으로 당파(黨派) 싸움이 만연(蔓延)하여 높은 벼슬에 있으면 그때는 좋겠으나 정권이 바뀌어 잘못될 경우 멸문지화(滅門之禍)를 면치 못하는 상황이 될 수도 있기 때문이다.

'만석 이상 거두지 말고 사방 백리 안에는 굶어죽는 사람이 없게 하라'는 것도 만석이 넘으면 종사자들과 가난한 사람들에게 나누어 주고, 흉년(凶年)이 들면 만석을 거두어들이지는 못하더라도 깎아 주어서 사회에 환원(還元)하는 결과를 가져오게 되는 부자로서의 생활 철학이 돋보인다.

그래서 '부자는 3대를 잇기가 어렵다'는 우리 속담과는 달리 역설적으로 12대에 걸쳐서 300년을 유지할 수 있었던 것이다.

재물은 좋은 우물과 같아서 남에게 베푼다고 줄어드는 것이 아니고 베푼 만큼 다시 채워져서일까?

큰 부자들은 베풂에 인색(吝嗇)하지 않았다.

우리 조상들이 즐겨 읽었던 주역(周易)에도 '베푼 만큼 채워진다'는 말이 나온다.

'선을 베풀면 반드시 집안에 경사스러울 만한 일이 찾아온다'

(積善之家 必有餘慶;적선지가 필유여경)

미국에서는 기부자(寄附者)를 'Rain Maker'(비를 내려주는 사람)라고 부른다고 하는데, '장맛비가 아닌 땅이 갈라지는 가뭄에 한줄기 소나기 같은 소중한 비'를 말하며, '간절히 목이 말라 물을 찾을 때 물 한 모금 준다는 의미'라고 볼 수 있다.

미국의 큰 부자들은 공통적으로 확고한 사회 환원 철학이 있었다.

20세기 초부터 록펠러 · 카네기 · 포드, 근래에는 빌 게이츠 · 워런 버핏 · 조지 소로스 등이 모두 기부 왕들인데, 이들 중 자동차 왕으로 불리는 헨리 포드(Henry Ford, 1863~1947)를 제외한 모두가 유태인(Jew)이라는 공통점이 있다.

유태인들의 기부는 어려서부터 탈무드 교육을 철저하게 받는 종교적인 전통이기도 하다.

그들 중에서도 특히 워런 버핏(Warren Buffett, 1930~)은 당시 그의 총재산의 85%인 370억 달러(현재 한화 약 40조원)를 본인이 전혀 영향력(影響力)을 행사하지 않는 순수한 기부로 빌 게이츠 재단에 내놓았다는 것이다.

며칠 후 미국 ABC 방송의 한 기자가 워런 버핏의 맏딸인 수잔 앨리스 버핏(Susan Alice Buffett, 1953~)과 인터뷰를 할 기회가 있어서 부친의 기부에 대해 물었을 때 "그 큰돈을 자식에게 물려준다는 것은 정신 나간 짓이다." 라고 대답한 그녀에게도 박수를 보낼 만하다.

우리나라의 기부 문화는 여전히 미미(微微)하다.

미국이나 유럽의 명문가(名文家)들 거의가 통이 큰 기부자라는 점과 대비되기 때문이다.

기부 방법에는 가난한 사람을 돕는 선행(善行)과 특정 분야의 인재 육성을 위해 장학금이나 도서관, 병원 · 박물관 · 미술관 · 오페라 홀 등을 건립하여 공공기관에 기증을 하거나, 환경운동 단체나 사회단체 등에 기부하여 여러 사람이 혜택을 받게 하는 등 여러 가지가 있다.

우리나라도 재물을 많이 소유한 사람들이 앞장서서 더 많이 베푸는 삶을 살고, 적극적인 기부를 통하여 그 분야에서 선진국 대열에 오르면 따뜻한 기부가 되어 '우물의 법칙'처럼 기부한 만큼 채워지지 않을까?

원근(遠近)의 법칙

멀리 있는 큰 산과 가까이 있는 작은 산은 어떤 것이 더 크게 보일까?

조선 후기 최고의 실학자(實學者)로 알려진 다산(茶山) 정약용(丁若鏞 1762~1836)의 어린 시절 시(詩)를 한 번 보자.

'소산폐대산 원근지부동(小山蔽大山 遠近地不同)'

'작은 산이 큰 산을 가리는 것은 땅이 멀고 가까움이 다르기 때문이다.'

일곱 살짜리가 지은 시로는 대단(출중하고 뛰어남)하다.

정약용의 아버지 정재원은 이 시를 읽고 '앞으로 나라에 큰 재목이 될 것이며, 특히 숫자에 밝다'고 칭찬하였다고 한다.

우리가 보기에도 맞는 말 같지만 글로 표현하기는 매우 어렵다.

언덕도 가까이에서 보면 먼 곳의 산보다도 높게 보인다.

중국 송대 최고 문인인 소동파(蘇東坡 1037~1101)가 여산(廬山)을 보고 '사람은 가까운 것만 보고 자의적으로 해석해 편견을 갖기 쉽다'는 것을 비유적으로 쓴 시가 있어서 인용해 본다.

가로를 보면 고개요, 세로로 보면 봉우리라.

멀리서 가까이에서, 높은 데서 낮은 데서 각기 다르구나.

여산의 참 모습을 알 수 없는 것은,

단지 내가 이 산 가운데 있기 때문이라.

이 말은 '산 가운데 있으면 오히려 산의 모습을 제대로 볼 수 없다'는 말이다.

균형 감각을 갖기 위해서는 한 발 물러나 사물을 보아야 한다는 것이다.

너무 멀리는 아니지만 조금 떨어져 봐야 큰 줄기와 작은 줄기, 그리고 흐름을 볼 수 있다.

그렇게 해야 비로소 나무가 아닌 숲을 볼 수 있다는 이야기다.

우리 주위에서 성공한 사람들 특히 정치가나 경영 CEO들은 나무가 아닌 숲을 잘 보는 사람들이다.

사람들은 『보이지 않는 고릴라(Invisible Gorilla)』에서 보았듯이 자기가 좋아하거나 관심 있는 것만 보고 기억할 뿐 관심이 없는 것은 보았다고 할지라도 기억되지 않거나 아예 보이지 않는다.

자신에게 이익이 걸려 있거나 삶에 도움이 되면 확대되어 잘 보이지만, 사람이 판단을 잘 못하는 것은 사소한 이익에 치우쳐서 눈이 멀어 전체를 파악(把握)하지 못한다.

우리는 바둑이나 장기를 둘 때도 이런 경우를 많이 경험한다.

옆에서 이해타산(利害打算)에 자유로운 사람은 좋은 수가 잘 보인다.

고수가 두는 데도 막상 선수로 두는 사람은 보이지 않아서 실수를 한다.

바둑이나 장기를 직접 두는 사람은 숲 속에 들어가 있기 때문에 숲 전체를 보지 못하고, 가까운 곳에 있는 나무만 보이기 때문이다.

반면에 아마추어 구경꾼들은 한 발 물러나 있으므로 숲 전체가 눈에 들어와서 더 잘 보이기 때문에 오히려 유익한 훈수를 두는 경우가 많다.

배를 탈 때도 마찬가지다.

가까운 곳만 보기 때문에 멀미가 더 심한 것이고, 저 먼 곳을 바라보면 멀미를 훨씬 덜 한다.

일본에서 한국인으로서 성공한 소프트뱅크 손정의 사장이 한 말이 있다.

"무언가 큰 것을 성취하기 위해서는 더 멀리 보아야 한다."

성공한 사람일수록 더 멀리, 더 넓은 지평(地平)을 본다.

제로 베이스(Zero Base)의 법칙

'제로 베이스의 법칙'은 '달도 차면 기운다'는 우리 속담과 같은 이야기다.

실패(失敗)를 연구한 학자들에 의하면 '사람들이 실패하는 원인의 대부분이 관성의 법칙 때문'이라고 보는 견해가 가장 많은데, 어떤 분야에서 성공을 거뒀다고 하는 사람들은 그 성공한 것에 매몰(埋沒)된다고 보기 때문이다.

자기가 성공을 향해 달려온 길 이외에는 이단(異端) 즉, 틀린 길로 보기 때문에 자기 방법 외에는 시도조차 하려 하지 않고, 이전의 자기 방식만을 고집(固執)하게 되는데, 이것이 곧 실패의 함정(陷穽)이라는 것이다.

하루가 다르게 변화하는 사회에서 구시대의 방법을 고수하려는 방식은 물론 그때는 새로운 방법이어서 신선(新鮮)하기도 하고, 또한 그 당시에는 그 방법이 적합하기 때문에 성공했을 것이다.

그런데 최첨단으로 무장했다 하더라도 급속하게 변화하는 이 시대에는 뭔가 차별화(差別化)하지 않으면 즉, 관성(慣性)을 깨뜨리지 못한다면 실패를 거듭할 것이기 때문에 실패를 막기 위해서는 가장 먼저 이 관성을 철저히 깨뜨려야 한다.

이전에 앞만 보고 달려 왔던 자신의 방식은 성공과 동시에 잊어버리고, '바닥에서 출발한 것처럼 처음부터 다시 생각'해야 한다.

이것을 '제로 베이스(Zero Base) 법칙'이라고 한다.

하루가 다르게 급변하는 환경에서 이전 방식은 더 이상 유효하지 않다고 보기 때문이다.

디지털 시대에 변화된 상황 정보를 가지고 새로운 방식으로 접근해야만 한다.

우리는 2002년 월드컵 신화(神話)를 기억한다.

유럽인들의 전유물(專有物)과 같았던 월드컵 대회에서 4강에 진출했다는 사실은 상상도 할 수 없는 일이었으나, 외국인 감독 거스 히딩크(Guus Hiddink, 1946~)를 영입해서 우리나라가 최초로 4강에 진입할 수 있었다.

히딩크 감독은 부임한 후 선수 선발에 이 원칙을 고수했다.

예전의 기록 데이터는 전혀 보지 않고, 학벌·인맥 등의 기득권(旣得權)을 모두 제로로 놓고 자기 눈으로 직접 보고 판단했으며, 현재 감독이 바라는 요건을 갖춘 선수만이 국가대표 유니폼을 입을 수 있는 자격이 주어졌다.

당시 히딩크의 지휘 아래 유니폼을 입은 선수들은 철저하게 기초 체력 훈련부터 시작해서 매일매일 반복되는 치열(熾烈)한 경쟁(競爭)을 통해 마침내 4강 신화를 이루어낸 원동력(原動力)이 되었던 것이다.

이와 마찬가지로 야구의 천재(天才) 이승엽 선수도 한국에서의 성공이나 일본 진출 초기의 성공을 맛보았던 경험으로 인해서 이전의 성공 방식에 매몰되어 있었기 때문에 그 이후 한때지만 부진(不振)을 면치 못할 시기에 그로 하여금 새로운 출발선을 향해 나가는 것을 망설이게 했지만, 철저하게 새로운 변화를 시도함으로써 재기(再起)에 성공할 수 있었다.

사람이 살면서 성공만을 경험하는 것이 아니다.

이 제로 베이스의 법칙은 실패에서도 적용된다.

실패를 했으면 그 실패를 깨끗이 인정하고, 원점으로 돌아와 바닥부터 다시 출발해야 한다.

자신의 실패를 인정하기 두려워서 이전의 방식을 고수하는 것은 또다시 실패할 확률이 높다.

상대성 이론(Theory of Relativity)의 창시자 아인슈타인은 '어떤 상황에서든지 변화를 주지 않고 좋은 결과를 기대하는 것은 미친 짓'이라고 했다.
제로(0)선상에서의 새로운 출발은 성공의 법칙도 잊어야 하지만, 실패한 과거로부터도 자유로워야 한다는 것이다.

성공이든 실패이든, 과거에 집착하거나 매몰되지 말고 빨리 잊어버리고, 현실에 충실해야 한다는 것이 제로 베이스의 교훈이다.
'원점으로 돌아가서 다시 시작하라'는 의미이다.

제로(Zero) 즉, 영(0)이라는 숫자는 참으로 신비(神秘)한 숫자다.
어떤 숫자에 '0'을 계속 붙여 나가면 무한히 큰 수가 되고, '0'으로 계속 나누면 무한대(無限大)가 되기 때문에 '0'선상에서 출발하면 성공했을 때나 실패했을 때나 위대(偉大)하다는 것이다.

죄수의 딜레마와 선택의 법칙

경제학에서 '인간은 합리적인 선택을 한다'는 가정에서 만들어지는 것이 시장의 원리이며, 경제학의 토대(土臺)라고 한다.

어느 하나를 선택할 때 얻을 수 있는 것을 '기대효용'(期待效用)이라고 한다면, 그에 반해 포기해야 하는 것이 있는데 이것을 '기회비용'(機會費用)이라고 한다.

가장 합리적인 선택은 기대효용이 기회비용보다 더 많을 때 성립한다.

예를 들어 '1억 원의 현금으로 장사를 할까, 주식에 투자할까' 하는 문제를 놓고 생각해보자.

장사를 선택했을 경우 예상 수익이 주식 투자의 경우보다 벌 수 있는 돈이 많아야 합리적인 선택을 하였다고 할 수 있는 것이다.

『국부론』의 저자인 애덤 스미스(Adam Smith, 1723-1790)는 '인간의 이기적인 욕심에 맡겨 두면 이들의 합리적인 선택에 의해서 가장 적합한 거래가 형성되고, 모두에게 이로운 방향으로 나간다'는 '시장 경제'를 말하였다.

그러나 모든 것이 이론과 부합(符合)되는 것은 아니다.

자본주의 경제는 수시로 경기가 변화하여 호황(好況)과 불황(不況)을 왔다 갔다 하면서 어떤 때는 '공황상태'(恐慌狀態)가 일어나기도 한다.

이것은 스미스가 말한 '합리적인 선택의 반증(反證)'이기도 하다.

'두 사람이 서로 상충(相衝)되는 선택에 있어서 인간의 합리적인 선택은 오히려 최악의 사태를 가져올 수 있다'는 것이 바로 '죄수의 딜레마'인 것이다.

어떤 사건이 발생하여 공범(共犯) A와 B가 잡혔다.
두 사람 모두 심증(心證)은 있으나 물증(物證)이 없는 상태여서, 경찰들은 이들로부터 자백을 받아야만 죄가 성립될 수 있는 상황이었다.
만약 48시간 내에 자백을 받지 못하면 두 사람 모두 무죄로 석방된다.
경찰은 두 사람을 서로 분리해서 신문(訊問)하기 시작했다.

"만약 당신이 자백한다면 당신은 협조한 대가로 풀어 주겠소. 그러나 당신이 자백하지 않고 당신의 동료가 자백을 한다면 모든 죄를 당신 혼자서 감당을 해야 하니 징역 3년 이상을 살게 될 것이오. 그리고 당신과 동료 모두 자백하면 두 사람 다 2년을 살 것이고, 당신과 동료 두 사람 다 묵비권을 고수한다면 무죄로 인정되어 풀려날 것입니다."

여기에는 총 네 가지 경우의 수가 있다.
1) 두 사람 모두 침묵하는 경우
2) A가 침묵하고 B가 자백하는 경우
3) A가 자백하고 B가 침묵하는 경우
4) A, B 모두 자백하는 경우이다.

이 경우 가장 합리적인 선택은 시장 경제 원리에 의한다면 두 사람 모두 침묵하는 경우에 가장 작은 죄가(罪價)를 치르는 것이지만, 실제로는 그런 선택이 나오지 않는다는 것이 '죄수의 딜레마'(Prisoner's Dilemma)라는 것이다.

자유로운 상태에서는 서로 타협하여 합리적인 선택이 가능하다.
그러나 분리되어 있으므로 내가 침묵을 지킨다고 해도 동료가 자백하면 내가 혼자서 3년을 살아야 한다.
그럴 바에는 내가 먼저 자백하는 것이 유리할 것 아닌가!

내가 자백을 하고 동료가 자백하지 않는다면 나는 풀려난다.

두 사람 모두 자백을 한다면 모두 2년을 살아야 한다.

2년을 사는 것이 나 혼자서 침묵을 지키다가 3년 형을 받는 것보다 낫다.

그래서 두 사람 모두 자백을 하게 된다는 것이다.

어찌 보면 비합리적인 행동처럼 보이지만 이들은 역설적으로 합리적이다.

왜냐하면 혼자서 중벌(重罰)을 받는 것을 피하기 위해서 차악(次惡)을 선택한다는 것이다.

이 이론은 1950년 미국 공군 부대 싱크 탱크(Think Tank)인 랜드 연구소의 두 과학자 메릴 플러드(Merrill Flood, 1908~1991)와 멜빈 드레서(Melvin Dresher, 1911~1992)가 개발했다.

제2차 세계대전 이후 냉전 시대(冷戰時代)에 접어들면서 미국과 소련 간의 핵 확산 군비 경쟁이 심각할 때 이 죄수의 딜레마 이론을 반영하였다.

예상했던 것처럼 양국은 치열한 군비 경쟁으로 치닫고 말았다.

죄수의 딜레마는 두 상대의 이익이 상충(相衝)되는 상황에서는 언제든지 나타날 수 있는 심리 이론이다.

질투의 법칙

보통 스스로를 미인(美人)이라고 생각하는 사람은 자신보다 더 아름다운 미인이 나타나면 잘 참지 못하는 경향이 있다.

동화에서 백설 공주의 계모였던 왕비는 자신이 세상에서 가장 아름답다고 생각했는데 백설 공주가 더 아름답다고 하자 기어이 백설 공주를 죽이려 한다.

천재들도 마찬가지다.

르네상스 시대의 두 거장인 미켈란젤로(Michelangelo Buonarroti, 1475~1564)와 레오나르도 다빈치(Leonardo da Vinci, 1452~1519)는 서로 질투를 했다고 한다.

레오나르도 다빈치는 본래 다양한 분야에서 천재성을 발휘한 사람이다.

그의 주 관심사는 해부(解剖)나 건축 설계, 과학 등이었다.

그러다가 미켈란젤로가 다윗 상을 완성하여 대중들로부터 인기가 크게 오르자, 그에 대한 질투심이 생겨 다시 예술로 돌아오게 되었다.

그래서 마침내 두 사람의 작품이 공식적으로 대결 양상을 보이게 된다.

피렌체 시에서 다빈치에게 시 평의회 건물의 벽화를 의뢰했다.

레오나르도 다빈치는 수락(受諾)을 하고 진행 중인데, 다른 한 쪽 건물의 벽면 벽화를 미켈란젤로에게 부탁했다.

당대 최고 예술가들의 진검승부(眞劍勝負)가 벌어진 것이다.

두 사람의 대결 소식이 알려지자 피렌체는 한껏 달아올랐다.

그러나 실제로 진검승부는 이루어지지 않았다.

다빈치는 프랑스 국왕의 부름을 핑계로 밀라노를 떠났고, 미켈란젤로는 밑그림만 그려놓고 교황의 부름을 핑계로 로마를 떠났던 것이다.

직접적으로 두 사람을 비교하게 되면, 둘 중에 한 사람은 어쩔 수 없이 치명상(致命傷)을 입게 될 것이기 때문에 서로가 피한 것이다.

우리에게 잘 알려진 발명왕 토머스 에디슨(Thomas Alva Edison, 1847~1931)도 예외는 아니었다.

'발명에 대해서는 자기를 뛰어 넘을 사람이 없을 것'이라는 자부심을 가지고 있었지만, 에디슨 자신도 미처 생각하지 못했던 위대한 천재 발명가가 나타났는데, 그는 크로아티아(현재 오스트리아)에서 태어난 세르비아인 니콜라 테슬라(Nikola Tesla, 1856~1943)였다.

테슬라는 그라츠 공과대학과 프라하 대학에서 수학·물리학·기계학을 공부했다. 그 후 헝가리와 프랑스에서 전기기사로 일하다가 교류발전기에 대한 아이디어를 가지고 미국으로 건너갔다.

테슬라는 에디슨에게 실력을 인정받아 에디슨 전기회사에서 일하게 된다. 에디슨 자신이 해결하지 못한 직류발전기의 개발을 사실상 테슬라에게 의뢰했는데, 테슬라는 자신이 고안한 교류발전기가 훨씬 우수하다며 교류를 제안했다. 직류는 송전에서 전력손실이 크기 때문에 장거리 송전에 치명적인 결함이 있었다. 에디슨도 교류가 더 우수하다는 것을 알았지만, 테슬라에 대한 질투심 때문에 그것을 인정할 수 없었다.

에디슨이 직류만을 고집하자 테슬라는 할 수 없이 에디슨의 요구대로 직류발전기를 만들어 주었으나, 에디슨은 자기가 해내지 못한 일을 간단하게 해낸 테슬라에 대한 질투심을 견디지 못하고 약속한 보수도 주지 않고 거기에 더해 해고까지 시켜버린다.

한편 때마침 새로운 발전기를 찾던 또 다른 전기회사 웨스팅하우스는 테슬라를 스카우트했고, 교류발전기를 완성하였다.

교류발전기가 등장하자 에디슨은 참지 못하고 그의 부와 명성을 동원하여 교류가 위험하다며 온갖 흑색선전을 일삼았다.

웨스팅하우스는 교류발전기를 만들었으나 에디슨의 방해로 투자자를 찾지 못해 파산 상태에 직면하게 되었다.

이에 테슬라는 웨스팅하우스에게 자기의 특허인 막대한 가치가 있는 교류를 무상으로 사용하라고 허락했다.

현재 전 세계가 교류를 쓰는 것을 감안한다면, 에디슨의 방해가 없었더라면 테슬라는 세계적인 갑부가 되었을 것이다.

그러나 결국 이 싸움은 테슬라의 일방적인 승리로 끝나게 된다.

1893년 시카고 만국박람회장에서 25만 개의 전등을 밝히는 프로젝트가 웨스팅하우스에 떨어졌으며, 나이아가라 폭포 수력발전 역시 교류발전방식을 채택함으로써 싸움의 마침표를 찍게 되었다.

에디슨으로서는 참담한 패배였다.

우리의 실생활에 쓰이고 있는 라디오 · 형광등 · 원격조정 장치 · 리모컨 · 방사선 이론 · 전자레인지 · 유도 전동기 등등 약 800여 종에 이른다.

그럼에도 불구하고 이 위대한 과학자의 이름이 우리들에게 잘 알려지지 않은 이유는 무엇일까?

그것 또한 미국의 질투심(嫉妬心) 때문이라고 할 수 있을 것 같다.

아무리 질투를 하고 위대함을 덮고, 감추려고 해도 결국은 정의(正義)가 승리하는 것은 만고(萬古)의 진리(眞理)다.

전기 자동차가 부상(浮上)하면서 테슬라를 모르는 사람이 없는 것을 보면, 진리임이 틀림없다.

최소량의 법칙(Law of Minimum)

'최소량의 법칙'(Law of Minimum)은 '가장 부족한 부분이 결과를 결정한다'는 법칙인데, 식물의 성장은 많은 영양소가 아니라 가장 부족한 영양분에 의해 식물의 건강상태가 결정된다는 이야기다.

넘쳐날 정도로 풍부한 영양소를 두루 갖추고 있다고 해도 그 중에 어떤 영양소 하나라도 부족하다면 그 부족한 영양소에 의해 식물이 시들해지고, 건강하게 성장하지 못한다.

최대(最大)가 아닌 최소(最少)가 성장과 건강 상태를 좌우한다는 것이다.

'꼭 필요한 것이 넘치더라도 부족함이 없어야 된다'는 논리다.

식물이 자연 상태에서 자라면서 나타나는 현상이지만 우리의 삶에서도 여러 가지에 적용되는 것을 현실에서 볼 수 있다.

가장 잘 적용되는 분야가 서비스 종목이다.

기업의 이미지는 이전에 아무리 잘해왔더라도 잘못된 한 가지에 의해서 이미지가 바닥으로 추락하는 경우를 종종 볼 수 있는데, 그동안에 99%의 만족스러운 서비스를 제공했다 하더라도 1%의 잘못된 응대(應待)로 인해서 불만의 이미지가 굳어질 수 있다.

주식시장에서도 여러 가지 요소 중에 모두 좋더라도 한 가지 악재(惡材)가 생기면 주가는 한없이 떨어진다.

예전에 나무 조각으로 만든 물통이 있었다.

그 나무 물통에 담을 수 있는 물의 양은 가장 낮은 나무 조각이 결정한다.

나무 조각을 세로로 세워서 만든 물통이 다른 나무 조각보다 높이가 낮다면 아무리 물을 붓는다 해도 가장 낮은 부분의 양만을 유지할 수밖에 없다.

가장 낮은 나무 조각의 높이에 따라 전체의 물 양이 정해진다는 것이다.

한 단체의 취약한 조직원의 능력을 높이지 못하고 그대로 방치한다면 팀워크를 제대로 효과를 나타내지 못하는 경우에도 이 법칙이 적용된다.

아직도 독거노인이나 복지 사각지대에 놓인 사람들이 많이 보인다.

밀린 세금을 내지 못하고 굶다시피 하며 세상을 비관해서 자살하는 것도 어렵게 사는 사람들을 살피지 못해서 일어나는 현상이다.

우리나라가 무역이나 국민소득, 생활수준에서 중진국 상위 레벨을 걷고 있다고 하지만, 외국 선진국에서 이처럼 힘들게 살다가 죽어가는 사람들을 본다면 우리나라를 어떻게 평가할까?

개인에게 여러 가지 장점이 있음에도 어느 한 부분에서 단점이 보인다면 그 단점만이 부각되어 내가 다른 사람들에게 좋지 않은 이미지로 남을 수 있다.

특히 선거철에는 더욱 조심해야 할 것이다.

이 법칙을 최초로 논리화시켜 우리에게 체계적으로 말한 사람은 독일의 화학자 유스투스 폰 리비히(Justus Freiherr von Liebig, 1803~1873)이다.

그는 화학자로서 식물의 성장 과정을 연구하는 과정에서 좋은 환경에서 자란 식물이 오히려 성장이 더딘 사실에 주목하고, 세밀하게 관찰한 결과 식물에 필요한 필수 요소 중에 한 가지만 부족해도 그 부족한 요소에 의해 성장이 제한된다는 것을 알아냈는데, 특히 식물의 생산량은 가장 소량으로 존재하는 무기 영양소에 의해 지배된다는 것이다.

여기에서 우리가 깨달아야 하는 교훈이 무엇일까?

나의 최소량을 찾아서 높이는 것이다.

'나의 부족한 부분을 찾아서 삶의 기본을 높이라'는 것이다.

내가 나의 단점을 찾아 부지런하게 산다면 최소인 부분을 높일 수 있다.

킬리의 법칙(Keeley's Law)

'킬리의 법칙'(Keeley's Law)은 미국의 유명한 더블린(Doblin) 컨설팅 회사의 CEO인 래리 킬리(Larry Keeley)의 말에서 유래되었다.

"실패를 참고 견디는 것은 사람들이 배울 수 있고 응용할 수 있는 아주 긍정적인 일이다. 성공한 사람의 성공은 단지 그가 실패에 좌우되지 않았다는 것뿐이다."

1866년 대서양을 횡단하는 해저 케이블이 완성될 때까지 네 차례나 실패했으나 다섯 번째 기적을 믿으며 밀어붙인 미국의 지칠 줄 모르는 사업가 사이러스 필드(Cyrus West Field, 1819~1892)의 경험담을 살펴보도록 하자.

필드는 이 케이블을 설치하기 전 1851년 영불해협 해저 통신케이블 약34Km를 설치하는 데 성공해서 영국과 유럽 대륙이 하나가 되는 성공을 이루었다.
영국 도버(Dover)에서 프랑스 칼레(Calais), 블로뉴(Boulogne)까지다.
한 어부가 케이블인지 몰라서 장어인 줄 알고 절단하는 일도 벌어졌다.
물이 전류를 흡수하므로 해저 케이블이 성공하려면 구리나 철로 된 전기 줄에 피복 절연체를 입혀야 하는데, 말레이 반도 수목에서 채취한 수액이 그 절연 역할을 해준다.
필드는 더 나아가 대서양을 횡단하는 해저 케이블을 설치하자고 제안했다.
시작도 하기 전에 영국 의회에서 강한 저항에 부딪힌다.
대부분의 의원들이 자금 낭비라고 반대했기 때문이다.

필드는 포기하지 않고 의원들에게 성공 가능성을 설명하며 설득했다.

다시 토론에 들어간 의회에서 가까스로 한 표차로 통과되었다.

작업을 시작한지 얼마 안 되어 8Km 정도 깔았을 때 포설하는 기계가 말려들어가면서 중단 사태가 벌어졌다.

1857년에 1차 실패를 하면서도 그는 희망의 끈을 놓지 않고 다시 두 번째 시도하는데 케이블을 300Km 정도 부설한 상태에서 전류가 끊어지는 상황이 발생해서 그때까지 작업한 것을 절단해야 했다.

1858년 2차 실패를 하고 3차에 케이블 연결은 성공했으나 신호가 감쇠되어 통신이 불가능해 결국은 실패하고 말았다.

이 일에 직·간접적으로 참여한 사람들은 맥이 빠졌고, 많은 사람들은 이 사업에 회의적인 태도를 보이며 투자자들에게도 신뢰를 잃어가고 있었다.

필드는 지금까지 해 왔던 정성과 노하우를 그냥 버릴 수 없었다.

다시 투자자들을 설득하고 자신감을 보였다.

마이클 페러데이(Michael Faraday) 방정식을 적용해 통신 속도는 케이블 단면적에 비례하고 길이의 제곱에 반비례한다는 것을 감안하여 케이블을 이전보다 3배 굵기로 만들어 설치했다.

작업은 순조롭게 진행되어 케이블 부설이 완성되었고, 긴 케이블을 통해 몇 가지 소식을 전할 수 있었다.

마치 눈앞에 서광이 비치고, 대 성공을 이루는 것 같이 보였으나 전류는 다시 끊겼고, 필드는 재차 케이블 회항을 중단하며 하루아침에 공든 탑이 무너지는 일이 발생했다.

함께 일한 모든 사람들이 절망의 늪을 벗어나지 못하고 있을 때도 필드만은 꺾이는 기색이 없이 다시 새로 시작하는 마음으로 투자처를 찾아내서 새로운 방법으로 시도하겠다고 그들을 설득했다.

필드는 성공할 때까지 공사를 계속해야 한다는 신념 하나로 1년 동안 회사를 다시 조직했고, 성능이 우수하고 보편적으로 사용되는 신형 케이블을 제조하기에 이른다.

실패를 통해 하나씩 개선해 나간 것이다.

1866년 7월 많은 사람들의 반신반의하는 눈초리 속에 다시 테스트를 시작했다.

그리고 마침내 성공을 이루어 낸 것이다.

몇 번의 통신 테스트에서 문제가 발생하지 않았고 당시로서는 음질도 좋았다.

감격스럽게 대서양 횡단 케이블이 성공한 것이다.

필드의 성공은 '오직 목표만 실현할 수 있으면 실패는 시간차가 있을지라도 좌지우지(左之右之)하지 않는다'는 말과 같다.

성공에 대해 확고한 신념(信念)만 있다면 조금 늦어질 수 있어도, 성공은 반드시 찾아온다는 것을 몸소 증명(證明)해 낸 일이다.

실패는 성공을 위해 거치는 단계이며, 그 누구도 순풍(順風)과 순류(順流)만 겪게 되는 것은 아님을 보여주는 교훈이기도 하다.

살아가면서 넘어지는 것은 두려운 것이 아니며, '성공과 실패를 결정하는 것은 넘어진 후에 다시 일어날 수 있느냐 아니면 넘어진 상태로 세상 탓 조상 탓만 할 것인가'에 달려 있다.

우리는 '인디언 기우제'(Indian ritual for Rain)라는 이야기를 우습게 안다.

'킬리의 법칙'은 인디언 기우제와 같은 논리다.

인디언들이 기우제를 올리면 반드시 이루어져서 비가 온다.

그들은 한 번 기우제를 올리기 시작하면 비가 내릴 때까지 지낸다.

비는 다음날 내릴 수도 있고, 한 달 후나 1년 후에 내릴 수도 있다.

무엇이든지 타이밍이 중요한데 사람들이 조건을 무시했다고 인디언들을 우습게 여기고 비웃는다면, 그들은 오히려 자신들을 비웃는 사람들을 향해 이렇게 말하면서 비웃을 것이다.

"당신은 로또도 사지 않고 당첨되기를 기다리는군요. 적어도 로또를 산 후에 기대하는 사람들은 당첨될 수도 있지만 사지도 않은 당신은 0%입니다."

타협의 법칙

이는 '상대를 이길 수 없으면 그 사람과 손을 잡으라'는 의미의 법칙이다.

이 말은 미국에서 속담처럼 전해 내려오는 말인데, 상대와 경쟁 상태에 있을 때 최선을 다했는데도 도저히 상대를 이길 수 없다고 판단되었다면 '깨끗이 인정하고 그 상대와 손을 잡으라'는 것이다.

특히 비즈니스나 영업상 경쟁 상대를 대상으로 어떤 결정을 해야 할 때 자주 인용되며, 실제로 우리들의 삶 속에서도 많은 영향을 준다.

일찍이 미국의 대기업이 일본에 진출하고자 했으나 같은 제품을 생산하는 제조회사가 버티고 있었다.

사실상 라이벌 관계였던 일본 회사를 이기기 위해서 품질향상(品質向上)도 시도하고, 여러 가지 방법을 동원하여 일본 진출을 꾀하고자 했으나 연속적으로 실패하고 말았다.

그러자 미국 기업은 결국 태도를 완전히 180도 바꿔서 라이벌 관계인 그 회사와 손을 잡기로 결론을 내렸다.

당시 언론들은 이 사건을 크게 보도했다.

기자들이 질문했다.

"어떻게 이렇게 태도를 바꿔 라이벌 회사와 제휴할 결단을 내렸습니까?"

당시 미국 기업 사장의 대답은 명료했다.

"일본으로 진출하기 위해 애를 써왔다. 이번에 합병한 회사와 서로 등을 돌려 싸운다면 일본 진출은 어려울 것이며, 서로 진흙탕 싸움을 면치 못할 것으로 판단되었다. 상대를 이길 수 없다면 그들과 손을 잡으라는 말이 있다."

미국인을 포함한 서양인들이 윈윈 전략(Win-Win Strategy)이라는 표현을 많이 하는데, 심리학과 교수인 로버트 엘리엇(Robert S. Eliot, 1929~)이 자신의 저서 『스트레스에서 건강으로 : 마음의 짐을 덜고 건강한 삶을 사는 법』에서 말한 '피할 수 없으면 즐겨라'(You might as well enjoy the pain that you cannot avoid or Enjoy it if it's unavoidable:피할 수 없는 고통을 즐기는 편이 낫다. 아니면 어쩔 수 없다면 즐겨라.)는 말과 일맥상통(一脈相通)하는 말이다.

피할 수 있다면 피하면 그만이다.

피할 수 없는 상황이어서 반드시 해야만 한다면 즐기는 것이다.

윈윈(Win Win)은 '대립 관계에 있는 양자 모두가 이긴다'는 의미인데, 승부가 확실하게 나는 스포츠가 아닌 이해관계에 있는 양쪽 모두에게 이익이 있고, 서로 만족한다는 의미이다.

이 내용을 재미있게 표현한 일화가 있다.

아빠가 퇴근하면서 조그만 피자를 하나 사가지고 왔다.
아들 삼형제가 서로 많이 먹으려고 다투는 것을 본 아빠는 칼을 주면서 누가 칼을 들고 자르든지 상관은 없으나 칼을 든 사람이 가장 늦게 선택해야 한다는 전제를 달면서 여섯 조각으로 나누라고 말했다.
첫째가 칼을 잡기로 했다.
칼을 잡은 아들은 최대한 정확하게 나누기 위해 정성을 쏟았으나 사람 손으로 자르기 때문에 조금은 차이가 날 수밖에 없었다.
막내에게 첫 번째로 집으라 하고 그 다음 둘째, 그다음 첫째가 차지했다.
세 개 남은 것은 역순으로 첫째가 집고 셋째가 마지막으로 차지하자 아빠가 불만이 있는지 물었더니 삼형제 모두 불만이 없다고 했다.

이 이야기는 교섭(交涉)의 본질(本質)을 정확히 짚어낸 이야기다.
즉, 교섭이라는 것은 내 이익만을 생각하면 이루어질 수 없다.
상대의 이익을 존중해야 나의 이익도 챙길 수 있다는 것이다.

어느 한 쪽이 100% 이익을 얻으면, 이 교섭은 절대 이루어질 수 없다.
물론 양쪽 모두 만족할 교섭도 없다.
서로 양보하며 공평함을 바라는 것이 교섭이다.
한 쪽으로 치우치는 것이 아니라 양쪽 모두가 만족하는 합의가 이상적이다.
일방적으로 자기 이익만 가지려 하지 말고, 배려하고 양보하며 협의를
이끌어 내야 이상적인 합의이다.

우리의 삶 속에서도 자신이 불리하다고 자신의 주장만을 완강(頑强)하게
고집하지 말고, 내가 조금 손해 본다는 생각으로 타협을 하는 것이 현명한
처세술(處世術)이라고 본다.

탈리오 법칙(Lex Talionis)

유대 민족과 아랍 민족의 긴 역사를 안다면 지금 세계의 화약고(火藥庫)가 되어 있는 중동 전쟁에 대해서 쉽게 이해할 수 있을 것이다.

본래 이 두 민족은 우리가 잘 알고 있는 노아(Noah)의 장남인 셈(Shem)을 조상으로 하는 같은 셈족이었으나, 믿음의 조상 아브라함(Abraham)의 아들 이스마엘(Ishmael)과 이삭(Isaac)에서부터 갈라지게 된다.

아브라함이 여종 하갈(Hagar)을 취하여 아들 이스마엘을 얻은 지 14년 후 100세에 본처인 사라(Sarah)에게서 다시 아들 이삭을 얻게 되는데, 배다른 형제끼리 '두 아들 중에 누가 아브라함의 대를 이어야 하느냐' 하는 문제로 다투다가 갈라서게 된 것이다.

'형이 먼저냐, 아니면 동생이지만 적장자가 우선이냐' 하는 문제였다.

그 후 이스마엘의 후손은 아랍 민족이 되었고, 이삭의 후손은 적통(嫡統)을 표방하는 유대 민족이 되었다.

기원전 팔레스타인 땅에 나라를 세웠던 유대 민족들은 로마에 의해 망한 뒤 유랑 민족이 되어 세계 각지로 흩어져 떠돌아다니며 힘겹게 살았다.

'흩어진 유대 민족'을 '디아스포라'(Diaspora)라고 불렀고, 후에 이들이 버린 땅 팔레스타인(Palestine)은 아랍이 차지하여 이슬람의 성지(聖地)가 되었다.

한편 세계를 떠돌던 유대인들에게 '가나안 동산으로 돌아가자'고 호소하는 '시오니즘'(Zionism; 옛 조상의 땅에 국가를 건설하자는 민족주의) 운동이 일어났다.

제1차 세계대전이 일어나자 영국이 전쟁 수행을 위해 유대인과 아랍인 양측에 협력을 요청하면서 양측 모두에게 팔레스타인 땅을 주겠다고 약속한 것이 불씨가 되었다.

제1차 세계대전이 끝나고 국가 재건을 약속받은 유대인이 팔레스타인에 이주해오면서 이곳에 정착해 살던 아랍인과 충돌이 일어났다.

이것이 제4차에 걸친 중동 전쟁이었다.

이스라엘 아랍 모두 '동해보복의 원칙'을 신봉하는 민족이라 이 싸움은 지금까지도 현재 진행형이며, 끝날 기미가 보이지 않는다.

동해보복(同害報復)은 '당한만큼 보복한다'는 철저한 응징이 핵심 내용이다.

이들의 옛 나라였던 고대 바빌로니아의 함무라비 왕에서 비롯되었다.

함무라비 법전(Code of Hammurabi) 제1조에는 '눈에는 눈으로 이에는 이'로 시작되는 동해보복법(同害報復法)이 명시되어 있다.

즉, '사람을 죽인 자는 사형에 처하고, 사람의 팔을 부러뜨린 자는 팔을 부러뜨리고, 눈을 멀게 한 자는 눈을 멀게 하는 등' 지금 우리가 살고 있는 이 시대에 보면 무시무시한 법이다.

그러나 한편으로 엄벌주의자들은 이것을 언급하면서, 고대법이 오히려 합리적이었다고 말하는 사람들도 있다.

이것이 '렉스 탈리오니스'(Lex Talionis)로 불리는 '동해보복의 법칙'이다.

그래서 '탈리오 법칙'이라고 불린다.

2001년에 미 국방성(Department of Defence)을 공격한 테러 역시 이스라엘을 지지하는 미국에 대한 보복이었다.

다시 미국이 9·11테러를 자행한 아프가니스탄의 탈레반 정권을 무너뜨리기 위해 벌인 것이 아프가니스탄 전쟁이다.

현대사를 올바르게 이해하려면 이스라엘과 아랍, 이 두 민족의 역사와 종교 그리고 구원을 알아야 할 것이다.

조금 차이는 있지만 고대 중국에도 '불을 때고 남은 재를 길거리에 버린 사람은 사형에 처한다'는 법이 있었다.

그러나 이 법은 끔찍한 형벌이라기보다는 예방 차원에서 만든 법이었다.

제자가 공자에게 "이 법은 너무 가혹한 것이 아닙니까?" 하고 물었을 때 공자의 대답은 명료(明瞭)했다.

"길거리에 재를 버리지 않는 것은 아주 쉬운 일이다. 그러나 길거리에 재를 버렸을 때 바람에 날려 지나가는 사람 눈에 들어가서 싸움이 일어나 사건이 커지는 것을 방지하기 때문에 가혹하지 않다."

항상 공중도덕(公衆道德)은 작은 것부터, 그리고 나부터 지켜야 할 것이다.

토사구팽(兎死狗烹)의 법칙

진(秦)나라는 춘추 전국 시대를 거쳐 중국을 최초로 통일한 진시황(秦始皇, B.C.259~B.C.210)이 죽자 급속도로 쇠퇴해져 간다.

유방(劉邦)과 항우(項羽)가 나타나서 각축전(角逐戰)을 벌이다가 결국 유방이 최종 승자가 되어 세운 나라가 곧 400년을 이어온 한(漢)나라다.

한나라의 개국 일등공신은 '서한 3걸'이라 일컫는 책사로 일명 '장자방'이라고 불린 장량(張良)과 대장군 한신(韓信), 그리고 군수참모 소하(蕭何)였다.

나라를 세울 때는 이러한 참모들이 있었기 때문에 전쟁에서 이기고 서로 도우며 합력하였지만, 전쟁에서 승리하고 나면 오히려 이처럼 완벽한 장수들이 근심거리로 변할 수 있다.

그러므로 이때는 처신(處身)을 잘해야 살아남는다.

이 서한 3걸도 예외는 아니었다.

이 사람들의 술수나 전투 능력, 참모로서의 역할 등 그 면면을 잘 알고 있는 유방이다.

이 세 사람 중 누구라도 혼란한 틈을 타서 마음만 먹는다면 반란(叛亂)을 일으켜 자신을 위협할 수 있는 존재들이므로, 유방으로서는 경계를 늦출 수 없는 상황이었다.

그 중에서 장량은 그 낌새를 알아 차렸는지 알아서 미련 없이 떠났다.

장량은 식솔들을 데리고 산세가 좋고 물 좋은 곳으로 숨어들어 '방원각'이라는 정자를 짓고 그곳에서 조용히 글을 읽으며 천수를 누렸다.

그의 아들들이 그런 아버지를 보고 불만을 토로했으나, 장량은 조용히 아들들에게 방원각의 의미를 설명해 주었다.

"인간이란 고난은 함께 해도 부귀영화는 함께 하기 어렵다. 이것이 만고불변하는 권력의 실상이다. 그냥 보기에는 둥글게 보이지만 자세히 보면 모가난 것이 방원각이다. 사람이 모질 때는 서릿발처럼 모질어야 되지만, 세상이 평온해지면 둥글게 사는 것이 좋단다."

한편 한신과 소하는 잠시 개국공신으로 영화를 누리다가 죽임을 당하는 처지가 되었는데, 한신이 죽음에 이르러 이렇게 탄식(歎息)했다.

"과연 전해져 내려오는 말이 틀린 말이 아니구나. 교활한 토끼를 사냥하니 사냥개는 삶아 죽이고, 나는 새를 잡고 나니 화살은 화살통에 들어간다더니 천하가 평정되었으니 나도 팽(烹) 당하는구나."

이것이 '토사구팽'(兎死狗烹)의 법칙이다.

한신의 탄식 내용 중에 '전해져 내려오는 말'은 춘추 전국 시대 월나라의 책사였던 '범려(范蠡)의 말'을 가리킨다.

오(吳)나라와 월(越)나라는 서로 원수처럼 일진일퇴(一進一退)를 하였으나, 최종적으로 승리한 자는 월나라의 왕 구천(勾踐 ?~B.C.465)이었다.

처음에는 오나라가 승리하여 월나라의 왕 구천은 책사였던 범려와 같이 오나라의 왕 부차(夫差)의 신하가 되어 살다가, 3년 만에 풀려나서 쓸개를 핥으며 장작개비 위에 누워서 자며(臥薪嘗膽:와신상담) 복수의 기회를 노린다.

월나라 구천의 책사였던 범려는 이간책을 써서 오나라 대장군 오자서(伍子胥)를 제거하고, 미녀 서시(西施)를 오왕 부차에게 바쳐 왕의 판단을 흐리게 만들었다.

오나라는 미녀에게 빠진 왕 부차로 인해 국력이 날이 갈수록 쇠약해지고, 내분이 그칠 날이 없었다.

이 틈에 월나라는 강성해져서 마침내 오나라는 망하게 되고, 월나라가 대승을 거둔다.

이때 범려(范蠡)와 어깨를 나란히 한 또 다른 책사 문종(文種)이 있었는데, 내치를 담당한 없어서는 안 될 최고 고마운 신하였다.

그러나 범려는 현명하게 상황을 판단하여 부귀영화를 마다하며, 이름도 '치이자피'(鴟夷子皮)로 바꾸고 가족들을 데리고 아무도 모르는 땅으로 가서 큰돈을 벌어서 천수를 누리며 살았다.

월왕 구천에게 범려는 고마운 책사였지만, 그와 부귀영화를 함께 누리고 싶은 생각은 전혀 없었다.

범려는 떠나면서 동료인 문종에게 편지를 남긴다.

"나는 새가 잡히면 좋은 활은 숨겨지고, 민첩한 토끼를 잡으면 사냥개는 삶기는 법이다."

이리하여 범려가 최초로 '토사구팽'을 외쳤는데, 약 270년 후에 한신이 인용한 것이다.

토사구팽은 권력(權力)의 속성(屬性)이다.

부자간에도 나눌 수 없는 것이 권력인데, 역사적으로는 한신과 그 후에 명 태조 주원장(朱元璋, 1328~1398)을 도와서 명나라를 세운 일등 공신 호유용(胡惟庸;호람의 옥으로 인해 약 1만 5천명이 처형당함)이 그러했다.

토사구팽은 이 시대의 기업에서도 나타난다.

이 법칙은 '리더의 성향과 진퇴의 시기를 잘 살펴서 처신해야 살아남을 수 있다'는 교훈을 준다.

피터의 법칙(Peter Principle)

'조직 내에서 모든 구성원들이 자신들의 무능이 드러날 때까지 승진하고 싶은 경향'을 나타내는 말로, '무능한 관리자'를 빗대어 쓰는 말이다.

캐나다 출신의 미국 컬럼비아 대학 교수 로렌스 피터(Laurence Peter, 1919~1990)가 1969년 많은 무능력 사례를 연구한 결과, 위계조직에서 무능력자의 승진이 능력자의 승진보다 오히려 더 보편적으로 나타나고 있음을 밝혀냈다.

피터 교수는 '승진'(昇進)이라는 체계를 '자기가 잘하던 일에서 못하던 일로 옮겨가는 과정'이라고 보았다.

말하자면 조직에서 능력을 인정받아 승진하게 되면 본인에게는 새로운 업무가 주어지는데, 이 업무에 익숙해지면 또다시 승진을 하게 되고, 역시 새로운 업무를 접하게 되는 것처럼 '업무가 바뀜으로 새로운 일을 하면 능률이 떨어진다'는 원리를 지적한 것이다.

조직이 가장 튼튼하고 위계질서(位階秩序)가 확실한 군대의 예를 들어보자.

지휘관이 능력을 인정받아 더 높은 자리로 올라가서 새롭게 맡은 업무를 수행하다보면 군인으로서의 자세나 통솔력, 용맹함 등의 중요도가 점점 더 떨어지게 되고, 그보다 더 높은 자리로 올라가면 정치인이나 정부 고위관료들을 다루거나, 이해관계를 판단해야 하는 업무를 처리해야 한다.

여기서 원칙(原則)에 투철한 군인정신이 나약해지기 쉽다는 것이다.

미국 웨스트포인트(West Point:미국 육군사관학교) 출신의 최고봉(最高峰)이었던 더글러스 맥아더(Douglas MacArthur, 1880~1964)와 드와이트 아이젠하워(Dwight David Eisenhower, 1890~1969)를 비교해 보자.

웨스트포인트 선후배라는 것 외에는 두 사람의 길이나 성격이 판이하게 다르다. 맥아더는 미 육군사관학교를 수석으로 졸업하고 50세에 대장으로 승진했다. 그 당시까지 역사상 가장 빠른 승진이었다.
그만큼 맥아더는 상급자로부터 인정을 받았고 능력 또한 출중했다.
반면 아이젠하워는 12년 후배인데 중간 성적으로 육군사관학교를 졸업하고 무려 16년이나 중령계급장을 달았던 무명의 보통 장교에 불과했다.
그러다가 제2차 세계대전이 발발하자 아이젠하워는 마샬(Marshall) 장군에게 발탁이 되어 능력을 발휘하게 된다.
그의 작전 능력은 탁월해서 해마다 소장→중장→대장으로 진급했고 마침내 노르망디 상륙작전을 성공적으로 이끌어내어 일약 영웅의 반열에 오른다.
이 두 사람을 비교하자면 맥아더는 군장교로서는 타의 추종을 불허했지만 정치적으로 무능했던 반면, 아이젠하워는 초급장교 시절에는 묻혀 있었어도 별을 달기 시작하고부터는 급속도로 승진하여 마침내 대통령의 자리에까지 한걸음에 올라갈 수 있었던 사람이었다.

여기서 관료제(官僚制)의 허점(虛點)을 볼 수 있다.
만약 미국의 대통령이 선거가 아닌 관료제로 승진에 의해서 선출된다면 맥아더가 대통령이 되었을 것이고, 미국 역사상 가장 무능한 대통령이었을 것이라는 사회학자들의 공통된 견해다.
맥아더 장군은 군사적인 전략(戰略)을 수립(樹立)하는 능력은 출중(出衆)했지만, 자신의 전술과 전략밖에 모르는 옹고집(壅固執)이었다.
그에 반해서 아이젠하워는 장군이 되면서부터 조정자로서나 중재자로서 뛰어난 리더십(Leadership)을 발휘했는데, 제2차 세계대전 중 오버로드 작전 (Operation Overlord)의 일환(一環)이며, 인류 역사상 최대 규모의 상륙작전이었던 노르망디 상륙작전을 상기(想起)해 보더라도 그의 능력을 알 수 있다.

노르망디 상륙작전은 아이젠하워가 연합군 총사령관직에 있었지만, 결코 혼자서는 수행할 수 없는 작전이기 때문에 영국의 버나드 몽고메리(Bernard Law Montgomery, 1887~1976) · 미국의 조지 S. 패튼(George Smith Patton, 1885~1945) · 영국의 윈스턴 처칠(Winston Churchill, 1874~1965) · 프랑스의 샤를 드골(Charles De Gaulle, 1890~1970))의 협조가 필요했다.

이들 중 한 사람이라도 협조에 미온적이면 이 작전은 불가한 일이었다.

이들은 당대 최고 영향력 있는 인사이면서 동시에 고집불통(固執不通)으로 소문난 사람들이었으나, 이처럼 색깔이 강한 인사들을 설득(說得)하고 다독거리면서 신뢰(信賴)를 주어 함께 공통분모(共通分母)를 만들어 내는 데 성공한 인물이 바로 아이젠하워였다.

지위가 높고, 자기 색깔이 분명하고 이해관계에 얽힌 사람들을 다루고 설득하는 능력이 훨씬 더 중요하다는 것이다.

이런 경우를 다른 말로 '공통분모의 법칙'이라고도 한다.

당시에 맥아더와 아이젠하워를 오전과 오후에 따로 만난 뉴욕타임스의 제임스 흄스 기자는 회고록(回顧錄)에서 이렇게 말한다.

"맥아더와 식사를 할 때면 그가 얼마나 대단한 사람인지를 알게 되지요. 그러나 아이젠하워와 식사하면 제가 얼마나 대단한 사람인지를 새삼 느낄 수 있습니다."

즉, 맥아더는 남의 이야기를 듣기보다는 자기를 부각(浮刻)시키는 반면에 아이젠하워는 남의 이야기를 경청(傾聽)하며 상대를 자기편으로 끌어들이는 재주가 뛰어났는데, 그것이 그가 미국 대통령의 자리까지 올라갈 수 있었던 가장 훌륭한 자산(資産)이었다.

'피터의 원리'가 우리에게 주는 교훈은 '자신을 무능력(無能力)하게 만드는 승진에만 집착하지 말고 유능한 구성원으로 남을 수 있는 수준에 머무름이 더 만족감을 얻을 수 있다'는 것이다.

자기의 주장만 앞세우지 않고, 상대의 말을 경청하는 것이다.

하인리히의 법칙(Heinrich's Law)

'산업 현장에서 안전교육(安全敎育)에 가장 많이 인용하는 법칙'이 '하인리히의 법칙'(Heinrich's Law)이다.

흔히 1:29:300의 법칙이라고도 하는데 이 법칙에 대해 알아보기로 하자.

허버트 하인리히(Herbert William Heinrich, 1886~1962)는 1920년대 미국의 여행자보험 회사에 다니고 있었는데, 엔지니어링 및 검사부서의 보조 감독자로 근무하면서 업무상 많은 통계자료를 섭렵(涉獵)하게 되었다.

그는 1920년부터 1931년까지 실제로 발생한 75,000여 건의 사고를 심층 분석한 통계자료를 토대로 해서 산업재해에 대한 과학적 분석 결과물을 1931년에 『산업재해 예방 : 과학적 접근』이라는 제목으로 책을 펴냈다.

사무실 청소를 할 때 바닥의 물기를 제대로 닦지 않아 물이 남아 있으면 지나가는 사람들이 미끄러지기 쉽다.

대부분의 사람들은 미끄러지려고 할 뿐이지 큰 문제가 발생하지 않지만, 어떤 사람은 물기로 인해 넘어져서 멍이 들거나 가벼운 상처를 입기도 하고, 많지는 않지만 뼈가 부러지는 골절상(骨折傷)을 입는 사람도 있고, 극소수는 바닥에 머리를 부딪쳐 뇌진탕(腦震盪)을 일으키기도 한다.

이처럼 크고 작은 사고가 일어나는 가운데 부상을 입지 않는 사고, 경상이나 중상처럼 부상의 정도에 따라 발생횟수를 비교해 보면 일정한 비율이 나온다.

하인리히는 이와 같이 일정한 비율을 분석한 결과 한 명의 중상자가 나올 경우 예전에 같은 원인으로 발생한 경상자가 29명이 있었고, 부상당하지는 않았지만 비슷한 원인으로 경미(輕微)한 사고를 겪은 경험이 있는 잠재적인 부상자가 300명에 달한다는 사실을 밝혀냈다.

이 법칙을 '1:29:300' 법칙이라고도 부르는 이유다.

하인리히는 사고로 인한 재해 비용에 대해서도 통계적으로 의미 있는 가설을 내놓았는데, 사고로 인해 재해가 발생할 경우 그 비용은 직접비용이 하나라면 간접비용은 넷이라는 것이다.

이 법칙이 1920년대에 수집되어 만들어진 통계자료이므로 '90여 년이 지난 현재에도 유효할까' 의문이 들 수도 있다.

21세기에 들어와서 프레드 마뉴엘레(Fred A. Manuele)는 하인리히 법칙을 비판적인 관점에서 재분석하고, '사람들이 허버트 하인리히에 대해 두 가지 잘못된 믿음을 가지고 있다'고 지적했다.

첫째는 작업자의 불안전한 행위는 직업상 사고의 주된 원인이고, 둘째는 사고 빈도를 줄이면 그에 상응하는 부상 정도를 줄일 수 있다는 것이다.

하인리히가 제시했던 1:29:300 법칙에 의하면 '11번의 사고가 발생하면 그 중에 10번은 사고가 발생하지 않는다'는 것인데, 1920년대 당시를 생각해 볼 때 이는 별로 타당하지 않다는 지적도 했다.

실제로 중·경상은 이보다 훨씬 높은 확률로 일어났다고 보았다.

그리고 개정판을 거듭하면서 별다른 설명 없이 비율을 변경했기 때문에 신뢰도가 떨어진다고 지적했다.

허버트 하인리히는 안전 관리에서 인간의 심리(心理)를 매우 강조하면서, 사고가 100번 발생하면 그 중에 88번은 인간의 불안전한 행위 때문이고, 10번은 안전하지 못한 기계적·신체적 상태 때문이며, 2번은 피할 수 없는 이유 때문이라고 지적했다.
즉, 2:10:88 법칙이 있다는 것이다.

하지만 프레드 마뉴엘레는 '허버트 하인리히가 인간의 잘못을 지나치게 강조하고, 운영 체계상의 잘못을 간과했다'고 비판한다.
더구나 하인리히는 사고의 이유로 인간의 유전적 내력이나 환경을 매우 강조하는데, 이 또한 인간들의 정서에 잘 맞지 않는다고 했다.

프레드 마뉴엘레의 지적은 상당히 타당성이 있다고 보인다.
따라서 1:29:300이라는 숫자에 너무 얽매일 필요는 없다.
그러나 대형사고 발생 이전에 소형사고와 경미(輕微)한 사고가 있었을 것이라는 주장은 틀리지 않으므로 안전 예방 차원에서도 하인리히의 법칙은 여전히 유효하며, 지금도 산업현장에서는 하인리히 법칙을 안전교육 자료로 많이 사용한다.
불안전한 요소를 제거하고 작업장 주위를 청결하게 했을 때 안전사고가 훨씬 줄고, 작업 진도도 빠르기 때문이다.

호프스태터의 법칙(Hofstadter's Law)

성공한 화이트칼라(White-Collar)라면 반드시 동경하는 패션이 있을 것이다. 네이비블루(NavyBlue)의 슈트(Suit)와 브라운색 구두, 던힐(Dunhill) 브랜드의 브리프케이스(Briefcase) 같은 것을 생각했을 수도 있다.

거기에 남녀 모두 시스템 다이어리의 일종인 프랭클린 플래너를 갖춰서 생활하기를 원했을 것이다.

플래너(Planner)에는 빽빽하게 스케줄을 적어 넣고, 시간에 맞추어서 자기 관리를 하면서 철저한 관리를 위한 증거로 이것을 보이기도 했다.

어떤 사람은 시간표를 짜는 데 시간을 낭비하고, 정작 실행할 시간이 부족하다고 독설(毒舌)을 퍼붓기도 하지만, 모든 일에는 시간 계획이 필요하다.

단지 그 계획이 빈틈없이 지켜질 때만 필요할 것이다.

우리는 생활하면서 과연 자신이 계획한 대로 실천하고 사는가?

계획은 잘 세웠어도 현실에 임하면 항상 시간에 쫓겨 쩔쩔매고, 아무리 넉넉하게 시간을 잡고 여유 있게 계획을 잡아도 마감시간이 임박하면 밤을 새우는 경우가 많지만, 심리학자들은 '이런 것은 지극히 자연스러운 현상이니, 걱정하지 않아도 된다'고 말한다.

누구든지 계획된 일정보다 늦어지는 것은 당연하다고 보기 때문이다.

미국의 인지 과학자 더글러스 리처드 호프스태터(Douglas Richard Hofstadter, 1945~)는 이를 법칙으로 정립(定立)해서 세상에 내놓았다.

이처럼 '계획보다 늦어지는 것'을 '호프스태터 법칙'이라고 하는데, 일정보다 '늦어질 것을 예상해서 넉넉하게 일정을 잡아도 늦어진다'는 것이다.

1994년 미국 심리학자 로저 뷸러(Roger Buehler)는 제자들에게 '졸업 논문을 완성하는 데 얼마나 시간이 걸릴 것인지, 만약 모든 일이 최악의 상황으로 흐른다고 가정했을 때를 감안하여 여유 있게 예측해 보라'는 과제를 주었다.

학생들은 평균 48.6일이 걸릴 것이라고 예상했다.

그러나 실제로 논문을 완성하는 데 걸린 시간은 55.5일이 걸렸다.

로저 뷸러는 이런 현상을 '계획의 오류'라고 명명하였고, 어느 누구든지 웬만해서는 피해갈 수 없는 '인지적 오류'의 일종이라고 했다.

심리학자뿐만 아니라 경제학자들도 이러한 인지적 오류에 많은 관심을 가졌기 때문에 더욱 관심을 끌게 되는데, '계획을 세울 때와 계획을 수행할 때가 다르다'는 것을 알게 되었다.

계획을 세울 때는 작업 자체에만 관심을 집중한 나머지 작업 외에 필요한 여러 가지 일정들을 축소해 버린다는 설명도 있고, 세부적으로 디테일한 부분까지 계획에 포함시키지 못한다는 이론도 있으나 심리학적 관점에서 보면 인간은 낙관주의(樂觀主義)의 편향(偏向)으로 설명하는 것이 더 타당하다고 보는 것이 지배적이다.

우리는 차분하게 계획을 세운다고 해도 그 시점은 의욕에 차있어 여유가 있다.

이 순간에는 우리가 스스로 능력 있고 에너지가 충만하며, 계획에 적극적이라고 생각하고, 계획을 수행할 때도 계속해서 적극적인 모습을 보일 것이라고 자신하지만 스스로 세워놓은 이미지에 현혹되어 올바른 판단을 하지 못한다고 한다.

실제로 계획을 수행하다 보면 어느새 그런 이미지는 온데간데없고 능력도 부족해 보이며 처음의 패기(霸氣)는 꺾이고 심지어 게으름과 미루는 습관이 서서히 나에게 다가오기 마련이고, 수행 중에 이런 부정적 자기 이미지가 자신에게 밀려오는 순간 시간은 나도 모르게 흘러가 버린다.

우리들은 나에 대한 이미지(image) 즉, 능력·성격·장단점에 대한 스스로의 평가가 항상 같다고 생각하지만 학자들의 견해는 그렇지 않다는 것이다.

사람은 상황에 따라 혹은 만나는 사람에 따라 자신의 이미지가 시시각각 변하는데, 스스로 선량(善良)한 사람이라고 굳게 믿고 있는 사람도 상황에 따라서는 악마적인 자기 자신의 모습을 보고 놀라기도 한다는 것이다.

능력 있고 자신만만한 이미지를 뽐내는 사람도 때에 따라서는 패배의식에 구겨진 모습을 비출 때도 많다.

계획을 세울 때는 자기 자신의 최상의 이미지에 사로잡히지만 현실에서는 최고점의 나와 최저점의 내가 번갈아서 나타나기 때문에 절대로 계획대로 일정을 소화하기가 힘들다.

그렇다면 "애초에 이런 점을 감안하여 계획을 늦추어 잡으면 되지 않느냐?"고 질문하는 사람들이 많지만, 대답은 "안 된다!"이다.

호프스태터 법칙(Hofstadter's Law)은 이것을 지적하는 것이다.

'아무리 그런 점을 반영하여 여유 있게 잡아도 여전히 마감 날에는 밤을 새우고 있을 것'이라고 한다.

호주의 상징과도 같은 시드니 오페라하우스는 국제 설계대회를 열어서 세계 최고의 건축가들을 초빙(招聘)하여 설계를 했다.

덴마크의 건축가 요른 웃손(Jørn Utzon, 1918~2008)이 1등을 했다.

그는 1963년 완공을 목표로 설계했으나 실제로는 1973년에 문을 열게 되어 무려 10년이 더 걸렸고, 비용도 14배나 더 들어갔다.

세계적인 건축물의 완공도 계획보다 늦어지는 것을 볼 때 인간이 계획을 세우는 데는 서툰 존재라는 것을 받아들이는 것이 마음 편할 것 같다.

| 제2부 |

인간의 행복을 가져다 준 효과들

간츠펠트 효과(Ganzfeld Effect)

우리는 일상생활을 할 때 수많은 외부 감각 자극에 노출되어 있다.

그러나 장시간 외부의 감각 자극이 차단되게 되면 뇌가 감각의 상실을 방지하기 위해 자체적으로 환상(幻想)이나 환청(幻聽)을 만들어 내게 되는데, 이때 일어나는 현상을 '간츠펠트 효과'(Ganzfeld Effect)라고 한다.

머리가 복잡하고 주의가 분산(分散)될 때에는 가끔 자극으로부터 벗어나 절대적 평화와 안정을 찾고 싶다는 희망을 품을 때도 있으나, 인간의 뇌는 짧은 시간 절대적 암흑(暗黑)이나 절대적 고요가 지속되는 상황은 견딜 수 있어도 조금만 시간이 길어지면 버텨내지 못한다.

이에 2006년 영국의 공신력 있는 BBC방송에서 '완전한 감각박탈이 인간 심리에 어떻게 영향을 미치는가'를 실험을 통해 조사해 보았다.

신체는 물론 정신적으로 건강한 지원자를 모집하여 빛과 소리가 완전히 차단된 독방에서 48시간이란 비교적 긴 시간을 혼자서 지내도록 하는 이 실험은 절대적 평화가 아니라 '잔혹한 고문'이라는 표현이 오히려 타당할 정도였다.

그들은 독방에서 실험이 진행되는 동안 끊임없이 환각현상 즉, 줄무늬 같은 불규칙적이고 기하학적인 패턴이나 살아 움직이는 뱀이나 상상의 용 같은 괴물의 모습에 시달렸으며, 잠도 제대로 자지 못하고 지속되는 불안감에 시달렸다.

48시간이 경과된 후 그들의 계산능력이나 기억력을 점검해보니 매우 혼란스러워 했으며, 타인의 암시성(暗示性)에 빠져 연구진의 지시에 무조건 따르는 것으로 나타났다.

1930년대 독일의 심리학자 볼프강 메츠거(Wolfgang Metzger, 1899~1979)에 의해 체계화된 이 이론은 '시각 자극이 발달되었을 때 환각을 경험하는 현상'에서 유래되었다.

독일어 '간츠펠트'(Ganzfeld)는 '전체 시야'라는 뜻인데 시야가 완전히 차단된 상태에서 아무런 자극도 주어지지 않으면 뇌에서 놓치고 있는 시각 정보가 무엇인지 파악하기 위해 신경에 전달되는 자극들을 증폭하여 해석하게 된다. 이때 대부분 환각과 환청을 경험하게 된다.

이러한 현상은 실험실에서만 경험하게 되는 것이 아니라, 산업 현장에서도 나타나는데, 특히 갱이 무너져 광부들이 칠흑 같은 어둠 속에 고립된다거나, 온통 사방이 눈밖에 안 보이는 극지방에서 몇 달씩 보낼 때나 또는 중죄인으로 독방에서 오랜 수감 생활을 거칠 때 지독한 환각을 경험하며, 현실과 환각 사이의 경계가 분명하지 못하고 모호하게 느낀다는 것이다.

이런 환각이나 환청 때문에 일부 정치범 수용소에서는 윤리적으로 문제가 되기도 하고, 일부 공산주의 국가에서는 고문의 한 형태로 이용하기도 한다.

위대한 물리학자 아리스토텔레스(Aristoteles)는 '자연은 진공을 싫어한다'고 하면서, '인간의 뇌는 아무것도 없는 상태를 견뎌내지 못한다'고 했다.

그러나 이것을 달리 이용해서 뇌의 숨겨진 능력을 찾아내어 더욱 활성화시킬 수 있다는 주장도 있고, 만약 이 빈 공간을 뇌가 스스로 알아서 채운다면, 이때 채워지는 것은 단순한 악몽이 아니라 무의식 저 깊은 곳에서 끌어낸 수준 높은 지혜이거나 초 의식 혹은 영적 신비 체험일 것이라는 주장도 있다.

현대 의학에서 '간츠펠트 효과'를 치료에 응용하는 사례를 소개하고 있다.

완전한 감각 박탈이 아닌 약 80% 정도의 감각 차단을 목표로 특수하게 제작된 욕조에 들어가서 누우면 마치 명상상태와 비슷한 신체적·정신적 이완이 이루어지는데, 이런 경험을 통해 우울증·중독증·통증을 치료할 수 있을 뿐 아니라, 스트레스 감소에도 효험이 있는 것으로 나타났다.

지금까지 임상 실험에서 얻어진 경험을 종합하면 간츠펠트 효과는 완전한 감각 박탈에서 비롯되었을 때는 심한 후유증을 남길 수 있지만, 적당한 감각 차단으로 유도되었을 때는 오히려 이완 및 휴식과 함께 창의력을 증진시키고 당면 문제에 관한 새로운 통찰력을 키워 줄 수 있는 것으로 나타났다.

이런 맥락에서 심리학자들의 입장을 전적으로 수용하기는 어렵다고 하더라도 우리가 감각 포화 상태에서 살고 있기 때문에 타고난 심리적 능력을 제대로 발휘하지 못한다는 주장은 설득력이 있어 보인다.

'간츠펠트 효과'는 '주어진 감각 자극이 없을 때 우리의 뇌는 무엇인가 대체할 자극을 만들어 내는 현상'을 의미한다.

스마트폰이 발달하고 손만 뻗으면 인터넷이 있는 현 시대에서 눈과 귀가 쉴 틈이 없는 생활이 습관이 되다보니 이런 기기들이 주변에 없으면 감각 박탈(感覺剝奪)에 놓인 것처럼 뭔가 한 구석이 빈 것 같이 불안하고 초조하다.

뭔가 해결할 수 없을 것 같은 무료함이 밀려온다.

무료함은 마음의 행복을 갉아먹는 어두운 그림자 같은 것이다.

한 번 무료함에 빠지면 스스로가 처한 환경을 탓하며 한층 더 자극적인 감각을 추구해도 역시 오래가지 못하고 금방 무료함에 빠지기 일쑤다.

많은 사람들이 이어폰(earphone)을 끼고 듣는 음악의 볼륨(volume)은 더욱 커져만 가고, 영상물과 게임은 더욱 자극적인 내용으로 치닫는다.

이런 때 가끔 한 번씩은 복잡한 감각들을 조금 뒤로 한 채 명상(瞑想)을 즐겨 보는 것도 머리를 식히는 데 유용하다고 한다.

간츠펠트 효과가 만들어 내는 내면의 소리에는 우리가 기나긴 세월동안 잊고 살았던 내면(內面)의 지혜(智慧)가 숨겨져 있을 수도 있다.

개변 효과(Conversion Effect)

미국의 사회 심리학자 해럴드 시걸(Harold Sigall)은 '설득'(說得)에 관한 재미있는 실험을 했다.

세 그룹으로 나누어서 실험을 진행했는데 피험자들은 모두 자기가 추구하는 주류 이론을 확고하게 지지하는 정체성이 분명한 사람들이었다.
참가자들과 함께 경청하는 역할을 하는 가짜 실험자를 함께 배치했다.
경청자는 연출된 사람으로 실험자의 말을 들어주고 고개를 끄덕이며 공감을 나타내기로 되어 있었다.

그는 세 그룹의 피험자들에게 '각자 믿고 좋아하는 이론에 대해 진술해 보라'고 했는데, A조 피험자가 진술하는 동안 경청자는 모든 내용을 공감하며 옳다고 고개를 끄덕였고, B조 피험자는 진술하는 내용을 경청자가 모든 논리에 상반되는 이유와 근거를 들어가며 반박했으며, C조 피험자가 진술하는 동안 경청자는 논리를 들어 반박하다가 마지막에 가서 피험자에게 설득 당해 공감했다.

그 후 시걸은 모두 경청자에 대한 성격 특성에 대하여 평가하게 하고 통계를 냈다.
결과는 역시 매사에 반박했던 B조가 가장 나쁘게 나왔고, 가장 긍정적으로 평가한 조는 모든 논리에 순응했던 A조가 아니라 반박하다가 설득 당한 C조로 나타났다.

말하자면 사람들은 무조건 자신의 관점에 공감하고 따르는 사람보다는 자신의 논리나 주장에 설득 당한 사람을 더 좋아한다.

'상대를 논리적으로 변화시킴으로 스스로 능력 있는 사람이라고 느끼며 보람도 갖는 현상'을 '개변 효과'(Conversion Effect)라고 한다.

이 실험은 시걸의 이론 즉, 개변 효과를 충분히 증명한다.

사람들은 분명한 정체성도 없이 자기 말에 맹목적(盲目的)으로 공감하는 것보다는 자신의 논리에 설득 당한 사람을 더 선호하기 때문이다.

인간은 어떤 상대와 대화할 때 그 사람의 관점을 변화시키고, 이로 인해 자신이 능력 있는 사람이라고 느끼면 자부심을 갖게 되는 심리가 있다.

자동차 판매원 발렌은 대기업의 구매담당자를 수차례 찾아갔다.

자동차 판매가 목적인 발렌은 고객이 어떤 의견과 요구를 제시하든지 언제나 고객이 옳다고 공감해주는 전략으로 고객의 의견에 반박하지 않았고 적극적인 해결방안을 제시하며 진심으로 고객의 입맛에 맞추려고 최선을 다했다.

일반적인 판매원들의 방법이었다.

몇 차례 만남 후 구매담당자는 발렌을 좋게는 보았으나 명확한 태도를 보이지 않고 미루는 상태여서 발렌은 자기의 전략을 바꿔 보기로 했다.

다음에 그 회사를 찾아갔을 때 고객은 늘 그랬듯이 가격은 중급차량보다 높지 않으면서 고급차를 요구한다는 말이었다.

평소 같으면 그 말에 공감하며 여러 가지를 놓고 비교해 봤을 것이다.

그러나 이번에는 다른 전략으로 반박하기에 이른다.

"고객님의 생각은 충분히 알았습니다. 대부분의 고객들도 이렇게 요구하시지만, 이렇게 되면 고객님께서 편리성을 포기해야 되고, 포기해야 하는 부분이 매우 큽니다. 그러니 저희 회사 중급차량 중에서 선택하시기를 건의합니다."

구매담당자는 이 이야기를 듣고 고개를 가로 저으며 말했다.

"당신에게서 진정성이 보입니다. 사실은 이번에 우리는 열 분의 사장님 차를 교체해야 하는데 당연히 현재 차보다 더 고급차로 바꿔야 그들의 사기를 올릴 수 있겠죠? 그런데 회사에서는 지금보다 돈을 더 지출해서는 안 된다고 합니다. 필요하기는 한데 차를 바꾸지 않겠다고 하는군요."

발렌은 아주 유익한 정보를 얻어 모든 것을 깨달은 표정으로 고객에게 공감하는 낯빛을 보였다.

발렌이 자기의 말에 설득 당했다는 모습을 감지한 고객은 생각처럼 기뻐하며 흐뭇한 표정을 지었다.

이후 더 많은 이야기를 나누며 차량 구매에 대한 많은 정보를 얻을 수 있었다.

이 회사에 귀한 정보를 얻은 발렌은 기쁜 마음으로 회사로 돌아와서 즉시 더 좋은 방안을 모색하고 그 다음에 고객의 회사를 찾았을 때 자연스럽게 계약에 성공할 수 있었다.

발렌의 이야기는 '고객이 자기를 설득했다고 생각했을 때 고객은 가장 큰 성취감을 느꼈고, 이러한 성취감은 자신에게 순종적으로 따르는 모습을 봄으로써 자부심을 느낀다'는 것을 알게 해준다.

이것이 작지만 성취감이 주는 정신적 선물이고, 서로가 가깝게 지낼 수 있도록 활력(活力)을 불어 넣어준다.

이렇게 보면 '개변 효과'(Conversion Effect)는 자신에게 좌절감을 안긴 사람을 싫어한다는 '애런슨 효과'(Aronson Effect)와 자신이 위대한 인물로 평가 받기를 원하는 '자존감 효과'(Self-Esteem Effect)의 종합으로 봐도 무방하다.

발렌이 반박했을 때 순간적으로 좌절감을 느꼈지만, 발렌은 기지(機智)를 발휘해서 설득 당하는 것처럼 연기했다.

고객은 자기의 기지로 설득하므로 좌절이 성취감으로 승화된 것이다.

순간 자존감이 살아나면서 발렌에게 호감(好感)을 갖게 된 것이다.

고객이 호감을 갖게 되면 계약이 물 흐르듯 자연스럽게 성사되는 것은 당연한 일이다.

금지된 과일 효과(Forbidden Fruit Effect)

인간은 '하지 말라'고 하면 호기심이 발동하여 더 하고 싶은 충동이 생긴다.

구소련의 소설가이자 심리학자인 안드레이 플라토노프(Andrei Platonov, 1899~1951)가 그의 저서 『취미 심리학』 서문에 "이 책 8장 5절을 읽지 마시오!"라고 경고(警告)했으나, 오히려 대부분의 독자들은 경고했던 8장 5절을 가장 먼저 읽었다는 통계가 나왔다.

심리학자인 플라토노프가 이처럼 자신의 저작(著作)을 이용하여 심리적인 호기심을 유발시켜 오히려 흥미를 더하도록 농담처럼 던진 이유는 '금지된 과일 효과'(Forbidden Fruit Effect)를 쉽게 설명하기 위한 발상이었다.

'금지된 과일일수록 더 맛이 좋다'는 말은 '많은 사람이 알지 못하도록 갖은 수단을 동원하여 그것에 대한 정보를 숨기지만, 오히려 사람들로 하여금 그것을 알고 싶은 충동(衝動)을 일으키게 한다'는 의미이다.

다시 말해 '누가 하지 말라고 하면 더 하고 싶은 충동이 생긴다'는 것을 이용하는 것인데, 이처럼 '일방적으로 금지하며 은폐하여도 뜻대로 되지 않는 현상'을 심리학에서는 '금지된 과일 효과'라고 명명하였다.

셰익스피어의 희곡 로미오와 줄리엣에 나오는 베로나의 명문 몬테규 가문의 로미오와 또 다른 명문가 캐퓰렛의 딸 14세의 소녀 줄리엣은 첫눈에 반한다. 공교롭게도 두 가문 모두 명문가이지만 대대로 원수지간이며, 하인들까지도 길거리에서 만나면 서로 으르렁 대는 사이였다.

그래서 두 사람의 사랑은 부모님들의 엄청난 반대에 부딪힌다.

그러한 안타까운 사실을 알게 된 로렌스 신부는 두 가문을 화해시킬 방법을 찾다가 두 남녀가 비밀리에 결혼식을 올리도록 도와주지만, 두 가문의 갈등이 끝날 가능성은 희박했고, 이들은 끝내 함께 할 수 없었다.

이루지 못한 사랑 때문에 결국은 안타까운 죽음으로 이어진다.

심리학자들은 이 감동적인 희곡에서 한 가지 재미있는 점을 발견하게 된다.

그들이 어렵게 지킨 사랑을 이루지도 못하고, 비극적인 죽음을 맞으면서까지 가문의 극심(極甚)한 반대에 저항(抵抗)한 이유는 무엇이었을까?

그 해답은 간단하다.

'두 가문 어른들의 반대가 심할수록 이 남녀의 애틋했던 사랑을 이룰 수 없었던 이유는 금지된 과일 효과 때문'이라는 결론을 얻게 되었다.

갈라놓으려는 어른들에 대한 반항심 때문에 사랑은 더욱 견고하였으며, 그래서 '로미오와 줄리엣 효과'(Romeo & Juliet Effect)라고도 부르기도 한다.

금지된 과일 효과는 두 가지 심리를 기반으로 한다.

'반항심'(反抗心)과 '호기심'(好奇心)이 동시에 유발되기 때문이다.

어떤 일을 하고 싶은데 하지 말라고 하면 우선 그 까닭을 알고 싶어 한다.

자신이 납득(納得)하지 못할 때 호기심을 갖게 된다.

그리고 속박을 벗어나 자유로움을 추구하고자 할 때는 반항심이 발동한다.

이런 심리는 모든 인간이 가지고 있는 본능(本能)이다.

그러므로 무엇을 금지 시키면 먼저 호기심이 생기고, 하지 말라고 하는 이유의 근거(根據)를 알고 싶어 한다.

위험해서 그런 것인지, 아니면 손해를 볼까봐 그러는 것인지 궁금해진다.

이때 호기심에 충족되지 않으면 반항심을 품게 되고, 직접 도전을 해서 금지된 이유의 맛을 보려고 애쓰는 것이 인간의 심리다.

우리나라에서도 군사 독재 시절에 금서목록(禁書目錄)으로 지정된 책들이 있었는데, 그때도 사람들은 금서들을 암암리(暗暗裡)에 더 읽고 싶어 했다.

당시 대중가요 중에도 금지곡이 있었다.

친구들과 금지곡을 오히려 더 많이 부르면서 놀았던 적이 있었다.

이러한 행동은 사회에 대한 반항심과 호기심이 작동한 결과이기 때문에 자연스러운 현상이라고 볼 수 있다.

유럽 역사에서도 오랜 기간 오스카 와일드(Oscar Wilde, 1854~1900) · 데이비드 로렌스(David Lawrence, 1885~1930) · 장 폴 사르트르(Jean Paul Sartre, 1905~1980) 등의 작품을 금서로 분류했음에도 이 작가들의 작품은 사라지지 않았고, 오히려 그 명성이 더욱 높아져 갔다.

이 작가들을 알지 못했던 보통 사람들조차 호기심과 반항심이 발동하여 몰래 초본을 퍼뜨리며 확산시키는 데 한몫을 했다.

당국에서 금지하려는 방법이 엄격해질수록 금지목록의 책들은 암암리에 더 많이 유통되며 각광을 받았다.

이처럼 인위적(人爲的)으로 국민들의 눈과 귀를 막으려는 것은 일정 한계에 부딪칠 수밖에 없고, 부작용(副作用)이 생기기 마련이므로 금지하는 것보다 자연스러운 소통이 낫고, 금지할 수 없는 것과 크게 금지시킬 필요가 없는 것에 대해서는 금지하지 않는 것이 생각보다 긍정적인 효과를 얻기도 한다.

동양철학 『중용(中庸)』에서 비슷한 맥락의 문장이 나온다.

첫 머리에 '막현호은 막현호미 고군자신기독야(莫見乎隱 莫見乎微 故君子愼其獨也)'라는 말이 있는데, 풀이하자면 '감추는 것보다 더 잘 나타나는 것은 없다 · 미세한 것보다 더 잘 드러나는 것은 없다' 그러므로 '홀로 있을 때 함부로 행동하지 말고 삼가야 한다'는 뜻으로, 여기서는 '혼자 있을 때 삼가고 조심하라'는 의미이다.

무엇이든지 감추거나 숨기려고 하면 잠깐은 통하지만, 한 번 드러나기 시작하면 그냥 놔둔 것보다 훨씬 더 명명백백(明明白白)하게 드러나므로 누가 보지 않아도 함부로 행동하지 말라는 것이다.

인간 행동의 원초적 동기는 대부분 일종의 금지효과가 커서 억압할수록 반항심만 생길 뿐이고, 반대로 억압을 멈추고 인정하며 관용(寬容)의 태도를 보인다면 사람들은 반항하거나 집착하지 않고 소통이 되어 잘 흐를 것이다.

억압을 하기보다는 자연스럽게 흐르는 물처럼 시대적 방향이나 흐름에 맡기는 것이 가장 좋은 방법일 것이다.

기동력(機動力)과 승수효과(Multiplier Effect)

나폴레옹 전쟁 중에서 가장 빛나는 전쟁이 있다.

1805년 오스트리아 모라비아에 위치한 아우스터리츠에서 프랑스를 상대로 오스트리아와 러시아의 연합군 사이에 벌어진 전투로 당시 프랑스 황제였던 나폴레옹과 신성로마제국의 프란츠 1세, 러시아제국의 알렉산드로 1세가 참전 해서 삼제회전(三帝會戰)이라고도 한다.

이때 병력의 열세에도 불구하고 위대한 승리를 거두어서 나폴레옹의 전성기를 맞이하는데, 프랑스는 어려운 환경에서 어떻게 승리를 가져올 수 있었을까?

이 승리의 요인은 기동력(機動力)에 있었다.

프랑스 병력은 약 7만인데 연합군은 8만 5천이었고, 사상자는 프랑스 8천명, 연합군은 1만 5천명, 포로가 1만 2천명 중포 180여문의 손실이 있었다.

이는 나폴레옹 전쟁 중 가장 빛나는 전쟁이었다.

처음에 전쟁이 개시되자 나폴레옹은 우선 숫자의 열세 때문에 정면 승부로는 밀릴 것으로 예상해서 정면 승부를 피하기로 했다.

7만의 정규군을 여러 군단으로 나누어 흩어지게 하고, 전략적 요충지를 버리 고 전략적으로 후퇴했다.

그러나 러시아 황제 알렉산드로는 전략적 후퇴를 병력 열세로 판단하고 자만 하며 러시아군을 대거 투입해 진군시켰다.

이는 곧바로 나폴레옹의 덫에 걸려들었다.

나폴레옹은 '알렉산드로가 젊고 전투경험이 별로 없으나 젊은 혈기에 공명심 이 넘친다는 것'을 간파하고 있었다.

나폴레옹이 파놓은 함정에 빠진 동맹군은 힘을 제대로 써보지 못하고 패하여 후퇴할 수밖에 없었다.

나폴레옹 황제 즉위 1주년을 맞아 화려한 승리를 거둔 아우스터리츠 전투였다.

나폴레옹(Napoleon Bonaparte, 1804~1815)은 병사들을 최대한 분산시켜서 주력 부대만 전투를 하고 분산된 부대는 밀고 당겨 적군을 분산시키고 교란(攪亂)시켰으나 적군은 분산시키려 하는 나폴레옹의 의도를 알아채지 못하였다.

나폴레옹은 아무리 강해도 분산되면 약해질 수밖에 없다는 것을 노렸다.

이른바 분산과 집중의 덫에 걸려 패배를 부르고 만다.

분산과 밀집 전략의 최대 강점은 원활한 기동력이다.

전쟁에서 기동력이 생명이지만, 18세기 당시에는 말 잔등에 식량과 탄약, 막사와 개인 화물을 싣고 운반했기 때문에 움직임이 느릴 수밖에 없었다.

나폴레옹이 이런 것을 모를 리가 없었다.

느린 기동력을 보완하기 위해서 식량은 현지조달을 목표로 했고, 개인 화물도 최대한 약 70% 정도 줄인 결과 당시 행군속도가 분당 70보였는데, 120보까지 확보할 수 있었다.

싸움에서 기동력이 12:7이면 전력은 이것의 제곱인 144:49(12×12:7×7)로 2.93배, 대략 3배 차이가 나는 이유는 '승수효과'(Multiplier Effect)가 나타나기 때문이다.

나폴레옹은 분산과 집중을 거듭하며 수적인 열세를 극복하고, 승리할 수 있었던 것이다.

이 전략은 이미 13세기에 정복자(征服者)라 일컬어지던 아시아의 최강자 칭기즈칸(Chingiz Khan, 1162~1227)이 구사했던 전투 방식과 흡사한 면이 많다.

몽골의 전사(戰士)들은 말린 고기와 가죽 주머니에 들어 있는 말 젖 한 통이면 말에서 내리지 않고도 며칠을 버틸 수 있었는데, 정착민들은 전투원들보다도 보급 대원들의 숫자가 더 많을 정도로 느렸기 때문이다.

중국의 수(隋)나라가 우리 고구려를 침입했을 당시에도 개인에게 지급된 물자가 무거워서 도중에 버림으로써 식량난에 봉착하였는데, 첩자를 통해 수나라 상황을 간파한 을지문덕(乙支文德, 550~620)이 고구려 깊숙이 유도해서 청천강에서 수장시켜 이른바 살수대첩의 대승을 거둘 수 있었던 것이다.

동서고금을 통해 전쟁사를 보면 기동력이 전쟁의 승패를 좌우했다.
거의 말이 달리는 속도로 점령해 나갔다.
그들은 의사 결정을 할 때도 수많은 정보와 결단이 요구되는 결정임에도 불구하고 철저하게 현장주의(現場主義)를 선택했다.
물론 정보 파악도 힘들었겠지만 '저 산을 넘어가 보아야 그곳이 산인지 바다인지 알 수 있다'는 분명한 모토로 대원칙을 세워서 먼저 행동으로 옮기고, 그때 가서 상황을 살펴가면서 세부사항을 결정한다는 현장주의였다.

물론 시행착오도 있었겠지만, 모르고 내린 결정보다는 훨씬 안전했다.
그들의 기동력은 어느 누구도 따라올 수 없었기 때문에 이토록 무모한 방식이 가능했던 것이다.
체구가 작기로 유명한 몽고말과 손 안에 들어온 작은 칼, 그들이 사냥터에서 갈고 닦은 활솜씨를 지닌 병사들에게 무거운 갑옷으로 무장한 중세 서양의 병정들은 허수아비처럼 다루기 편한 연습상대에 불과했지만, 중후장대(重厚長大)가 아닌 경박단소(輕薄短小)로 승리함으로써 세계를 점령한 것이다.
속전속결로 전투를 끝내야지 장기전으로 돌입하면 국력낭비는 물론 병사들도 지쳐서 의욕이 떨어져 패배할 수밖에 없다는 것을 알았기 때문이다.

칭기즈칸은 글을 모르는 문맹(文盲)이었다.
그러나 그는 "배운 것 없다고 탓하지 마라. 나는 내 이름도 쓸 줄 몰랐지만 남의 말에 귀를 기울이면서 현명해지는 법을 배웠다. 지금의 나를 만든 것은 내 귀였다."고 했다.
칭기즈칸은 현장주의와 경청, 그리고 그 당시 최고의 기동력이 없었다면 세계는커녕 중국도 정복하지 못했을 것이다.

낙인효과(Labeling Effect)

우리 속담에 '상추밭에 똥 싼 개는 항상 오해를 받고 산다'는 말이 있다. '한 번 잘못을 저지르면 늘 지탄(指彈)을 받게 된다'는 말이다.

인간은 누구나 살면서 실수도 하고 잘못을 저지를 수 있다.

적발되지 않으면 그냥 넘어가지만 다른 사람에게 발각(發覺)되어 알려지게 되면 상황은 급격하게 변하고 만다.

예를 들어 어떤 전과자가 있다고 가정해 보자.

그의 전과 사실을 몰랐을 때는 평범하게 대하다가 전과 사실이 알려지면 과거에 범죄자였다는 사실만으로 태도가 바뀌어 다르게 대한다는 것이다.

이처럼 '과거의 경력이 현재의 인물 평가에 영향을 미칠 때' 사회 심리학에서 '낙인효과'(Labeling Effect)라고 한다.

범죄학뿐 아니라 사회 심리학·정치학·경제학 등 여러 곳에서 광범위하게 쓰이므로 기업에서 만들어낸 상품에서도 이와 동일한 경우를 종종 볼 수 있다.

모 회사 제품이 불량품으로 낙인찍히게 되면 제대로 된 제품을 만들어낸다 하더라도 그 회사 제품은 팔리지 않을 것이다.

우리에게 잘 알려진 『마시멜로 이야기』를 저술한 세계적인 작가 호아킴 데 포사다(Joachim de Posada, 1947~2015)가 2011년 발표한 『바보 빅터』라는 책에서 낙인효과의 상황을 볼 수 있다.

훗날 국제멘사협회(IQ 148 이상인 사람들의 모임) 회장이 된 빅터 세리브리아코프 (Vitor Serebriakoff, 1912~2000)는 17년 동안 바보로 살았다.

빅터는 학창시절 말이 어눌해서 친구들에게 놀림을 받으며 성장했다.
어느 날 학교에서 IQ검사를 했는데 선생님은 IQ가 73이라고 알려주었다.

그 후 빅터는 친구들에게 말더듬이에 저능아(低能兒)라고 조롱까지 받아 도저히 더 이상 학교를 다닐 수 없어서 아버지와 상의하여 학교를 자퇴하고, 아버지가 운영하시는 정비소에서 정비 일을 돕고 있었다.

그 후 군에 입대하는 과정에서 다시 IQ테스트를 하게 되어 161이라는 높은 수치가 나와 자기가 천재임을 알게 되는데, 신기하게도 IQ가 높다는 것을 알게 되면서 은연중에 천재로 행세했다고 한다.

자기가 천재인 것을 알게 된 빅터는 군 복무를 마치고 길을 걸어가던 중 도로변에서 최고의 천재를 뽑는다는 광고를 보게 된다.
그 광고는 어려운 수학문제였는데, 빅터는 그 문제를 쉽게 해결했다.
그는 이 문제를 풀어서 여자 친구를 통해 정해진 날짜에 해답을 제출했다.
다른 사람들이 풀지 못한 문제의 정답을 맞힌 빅터는 그 회사에서 인센티브를 주어 특채로 입사하게 되었다.

천재였던 빅터가 바보로 떨어진 계기는 초등학교 시절 '말을 더듬는 네가 이렇게 IQ가 높지 않을 것'이라고 지레 짐작한 담임선생님이었다.
실제 IQ는 173이었는데 100이 오타라 생각하고 빅터에게 73이라고 알려준 것이 낙인이 되어 천재(天才)가 일순간에 천치(天痴)로 되어버린 것이다.
다행히 빅터는 성인이 되어 회사에서 천재로 인정받고 생활하게 된다.

낙인효과는 사회제도를 근거로 해서 '특정인을 범죄자로 인식하게 되면 결국 그 사람이 범죄자가 된다'는 이론에서 유래한다.
사람이 아니라 국가 간에도 낙인효과는 존재한다.
냉전 시대 이후 미국은 자국(自國)의 입장에 동조(同調)하지 않는 국가들을 주관적으로 불량국가로 규정하고, 그 가운데서 이란 · 이라크 · 북한을 악의 축(an axis of evil)으로 낙인찍었다.

또한 국제사회의 다른 나라들에게 자국과 뜻을 같이 할 것을 강요하는데, 이런 강요에 따라가다 보면 '정말로 이 국가들이 악마의 국가들인가?'라는 의문이 들 수 있다.

또한 범죄를 저지른 청소년에 대해서도 부정적인 편견은 새로운 삶을 살아갈 수 있는 의지를 꺾어버릴 수도 있다.

이런 편견들은 결국 또다시 그들이 범죄를 저지를 수밖에 없는 상황으로 몰아 낙인을 찍어 악순환이 되는 경우가 비일비재하다.

『논어』 「위령공편」에 '중호지 필찰언(衆好之 必察焉) 중오지 필찰언(衆惡之 必察焉)'이라는 말은 '여러 사람들이 그것(그 사람)을 좋아하더라도 반드시 그 이유를 살펴야 하고, 많은 사람들이 그것(그 사람)을 혐오하더라도 반드시 그 이유를 살펴야 한다는 의미인데, 공자는 이 말씀에서 '주위 사람들의 뜻에 따라 부화뇌동(附和雷同)하지 말고, 내가 신중하게 살펴서 행동하면 실수가 적다'고 가르친다.

조선 후기 다산(茶山) 정약용(丁若鏞) 선생도 "많은 사람들이 미워해도 고충일 수 있고 많은 사람들이 좋아하더라도 향원일 수 있다."고 했다.

고충(孤忠)은 '누가 보지 않아도 홀로 외로이 충성을 다하는 사람'을 말하며, 향원(鄕愿)은 '마을에서 덕이 있다고 사람들로부터 칭송을 받으나 실제로는 그렇지 못한 사람' 즉, 사이비 군자를 말하는 것이다.

북송 초기 형병(邢昺, 932~1010)은 『십삼경주소(十三經注疏)』에서 '한 사람이 여러 사람에게 미움을 받더라도 부화뇌동하여 무조건 미워하지 말고 또한 여러 사람으로부터 사랑을 받고 칭송을 받더라도 대중들을 따라 그를 같이 칭송해서는 안 된다'고 말하고 있는데, 『논어』 「위령공편」에서 인용한 듯 보인다.

이 모두 '어떤 사람에 대해 소문에 따라 낙인찍지 말고, 내가 직접 보고 판단해야 옳은 일'이라는 점에서 상통하는 말이다.

닻 내림 효과(Anchoring Effect)

'정박효과'(碇泊效果), '앵커링 효과'(Anchoring Effect)라고도 하는 이 '닻 내림 효과'는 배가 항구에 정박할 때 내리는 닻을 말한다.

닻은 '심리적으로 안도감을 심어주는 지주'라는 뜻으로 쓰인다.

TV 뉴스 프로그램의 앵커맨(Anchor Man)은 기자들의 뉴스 보도를 총괄해서 그들만의 질서와 조화를 부여하는 중심적인 역할을 담당하는 사람이다.

그래서 메인 뉴스를 진행하는 아나운서를 앵커맨이라고 하며, 또한 계주 즉, 이어달리기의 맨 끝 주자를 일컬어 앵커맨이라고 하는데, 믿음을 주는 위치의 사람들을 끌어다가 은유적(隱喩的) 명칭으로 사용하고 있다.

'닻 내림 효과'는 행동 경제학 용어로서, 닻을 내린 배가 크게 움직이지 않듯이 처음 접한 정보가 기준점이 되어 판단까지도 영향을 미치는 일종의 편향(偏向)된 현상의 일종이다.

처음에 제시된 어떤 이미지가 기억의 영향을 받아 새로운 정보를 가볍게 받아들이거나 이를 부분적으로만 수용하는 특성을 보인다.

행동이나 의사 결정의 과정이 애매모호(曖昧模糊)하고 복잡한 경우, 이미 제시된 행동이나 의견이 하나의 조건이 되고, 기준점이 되어 버린다.

'기준점을 고정한다'는 의미에서 '닻 내림'이라는 용어를 쓰고, 그 이후로 제시되는 정보들은 이미 가지고 있는 정보에 대한 조정 형태로만 나타난다.

그래서 '기준점과 조정 휴리스틱'(Anchoring and Adjustment Heuristic)이라고도 한다. 기준점을 바탕으로 약간의 조정을 거치기는 하지만, 그런 조정 과정이 불안정하므로 최초 기준점에 영향을 받는 경우가 가장 크다.

'닻 내림 효과'는 여러 곳에 많이 적용되는데 특히 마케팅 기법에서 많이 활용되고, 사람을 나름대로 평가할 때나 법정에서도 자주 나타난다.

미국 전 대통령 도널드 트럼프(Donald John Trump, 1946~)가 부동산 재벌로 명성을 떨치고 있을 때 자신이 돈을 많이 벌 수 있는 비결에 대해서 '언제나 가격에 5,000만 달러나 6,000만 달러 정도를 더 붙인다'고 말하면서, '닻 내림 효과를 잘 이용하는 데 있다'고 강조했다.

이스라엘 출신 미국의 심리학자 대니얼 카너먼(Daniel Kahneman, 1934~)과 그의 친구인 아모스 트버스키(Amos Nathan Tversky, 1937~1996)가 1974년에 『사이언스』에 공동으로 발표한 논문 「불확실한 상황의 의사 결정 : 발견 학습과 편향」에서 처음으로 언급했는데, 그들은 '회전판을 돌려서 우연히 선택된 숫자가 참가자들의 대답을 결정짓는다'는 사실을 입증했다.

인지 과학의 선구자로 꼽히는 카너먼은 미국 프린스턴 대학 명예교수로 심리학과 경제학의 경계를 허문 행동 경제학을 창시했다.

이에 기초한 전망 이론으로 2002년 노벨 경제학상을 수상했다.

심리학자로서 노벨 경제학상을 받은 경우는 카너먼이 두 번째이다.

1978년에 노벨 경제학상을 첫 번째로 수상한 허버트 사이먼(Herbert Simon, 1916~2001)이 수학·경제학 등 학계 간 연구자였던 반면에, 카너먼은 대학에서 경제학 강의를 들어본 적도 없는 정통 심리학자라는 것이 다르다.

전망 이론(Prospect Theory)은 인간이 합리적인 의사 결정을 하는 존재라는 주류 경제학의 기본 전제를 부정하는 데서 시작한다.

카너먼은 수십 년간의 연구 결과를 묶어 『빠르고 느리게 생각하기』라는 책을 펴냈는데, 이 책은 흥미로운 실험과 이론들로 가득하다.

카너먼은 인간의 심리를 크고 빠른 직관과 느린 이성으로 구분했다.

이 닻 내림 효과를 가장 잘 이용하는 경우는 매장에서 전면에는 천만 원 가격표를 붙여서 진열해놓고, 이어서 비슷하면서 가격은 반값으로 줄인 500만 원 정도로 붙여 놓으면 비싸게 붙인 상품은 팔리지 않더라도 반값의 상품은 전면의 제품 가격보다 현저하게 싸기 때문에 잘 팔리기 마련이다.

말하자면 전면의 비싼 제품은 팔기 위해 진열한 것이 아니고 상대적으로 비싸게 보이도록 붙인 전시용 상품이다.

이것이 닻 내림 효과를 이용한 전형적인 마케팅 방법이다.

소비자가 생각하는 기준점보다 심리적으로 안도감을 주어 적당한 선에서 가격이 결정되는 것처럼 유도하여 소비자들이 자연스럽게 인지하도록 하며, 판매하는 심리를 이용한 마케팅 방식인 것이다.

로젠탈 효과(Rosenthal Effect)

타인의 기대나 칭찬, 격려로 실제로 능률이 향상될까?

1968년 미국 심리학자 로버트 로젠탈(Robert Rosenthal, 1933~) 박사는 캘리포니아에 있는 어느 초등학교에서 이 학교의 교장인 레노어 제이콥슨(Lenore Jacobson, 1922~)의 도움을 받아 학기 초 한 가지 실험에 착수했다.

연구진은 무작위(無作爲)로 3개 반을 선발하고, 교사들에게 학생들의 미래 발전 가능성을 예측하는 테스트를 진행한다고 했다.

첫 테스트를 진행하여 채점한 후 각 반 담임선생님에게 20%의 학생의 명단을 따로 주면서 '이 학생들은 우수한 잠재력을 지닌 아이들이니 주시해서 관찰하고, 이 학생들의 잠재력이 뛰어나도 특별하게 대우하지 말고 평소대로 학생들을 가르치면서, 선발되었다는 사실을 모르게 해 달라'고 부탁했다.

그러나 실제로는 발전 가능성이나 성적을 감안하여 선발한 것이 아니라 무작위로 선발한 평범한 학생들이었으나, 임의로 미래 발전 가능성이 매우 높은 아이들이라고 그럴듯하게 말한 것이었다.

1년 후 로젠탈은 이 학교로 돌아가 다시 지능검사를 실시하여 전에 검사했던 것과 비교했는데, '일반 학생들보다 잠재력이 있다고 귀띔해 준 학생들의 획기적인 성장이 두드러지는 놀라운 결과'가 나타났다.

잠재력이 높다고 지명한 학생들에게 따로 과외를 시키거나 특별한 방법으로 교육한 것은 아니며, 다만 이 학생들에게 편견을 갖게 된 선생님들이 좀 더 열성적으로 학생들을 돌보게 되고, 학생들에게 말 한마디 할 때에도 선생님들의 얼굴 표정이나 말투에서 따스함이 느껴졌다.

교사의 격려가 아이들에게는 자신감을 주고, 성공 가능성으로 이어졌다.
본능적으로 선생님이 나를 좋게 보고 있다는 사실을 알게 된 학생들은 선생님의 기대에 부응(副應)하려고 열심히 노력을 하는 선순환이 자연스럽게 이어진다.

이와 반대로 (여기서는 아니지만) 아이에게 나쁜 자극을 주거나 잘못을 저질렀을 때 "네가 그럴 줄 알았다. 네 주제에…"라고 하며 자존심을 건드리는 인상을 심어주면 부지불식간에 위축이 된다.
부정적 메시지를 보내면 아이는 놓치지 않고 날카롭게 읽어낸다.
이런 때는 악순환으로 이어질 가능성이 매우 높다.

로젠탈은 이 실험을 하면서 하나의 확실한 결론을 얻게 된다.
학생에 대한 교사의 기대와 격려가 학생들에게 더욱 자신감을 심어주어 변화시키므로 자신을 변화시키는 동력이 되었다는 것이다.
로젠탈은 이것을 '피그말리온 효과'(Pygmalion Effect)라고 부르기도 했다.
심리학에서는 '로젠탈 효과'(Rosenthal Effect) 또는 '기대 효과'(Expectancy Effects)라고 하기도 하는데, '긍정적 관심과 기대가 학생들에게 좋은 영향을 미쳐서 성적이 향상되는 효과가 나타나는 현상'을 말한다.
이 효과를 통해서 본다면 본질적으로 인간의 감정과 관념은 어느 정도 타인의 영향이 크게 작용함을 알 수 있다.
즉, 사람은 자기를 좋아하고 흠모(欽慕)하고 믿어주고 격려해주는 사람의 영향을 받는다는 증거다.

로젠탈 효과는 특별한 것이 아니라 다른 사람에게 갖는 기대 또는 다른 사람이 나에게 갖는 기대를 말하고, 특히 다른 사람이 나에게 갖는 기대의 경우는 자기 가치를 실현하고자 하는 본능을 요구한다.

다른 사람이 자신에게 기대하고 바라는 바가 있다는 것을 인식함으로써 우리 마음에는 작은 만족감이 생기고, 스스로 기대감에 부풀게 된다.

사람들은 긍정적인 감정을 나타내기 위해 자신도 모르는 사이에 자신을 형상화하고, 그 사람의 기대에 벗어나지 않으려는 모습으로 변한다.

실제로 제2차 세계대전 당시 구소련에서 병력이 부족한 문제를 해결하는 방안으로 죄를 짓고 수감되어 있는 죄수들을 동원하여 전선에 투입하자는 의견이 나왔지만, 죄수들을 훈련시켜 전선에 투입한다고 해도 탈영하거나 적극적으로 전투를 할지는 의문이었다.

그때도 훈련 교관이 조교·심리학자와 합동으로 훈련시킨 결과 상당히 훌륭한 전투력을 확보할 수 있었다.

심리학자들은 훈련 기간에 지나친 설교 대신 매주 자기가 가장 사랑하고 그리운 사람에게 심리학자가 써준 글을 내용으로 베껴서 편지를 쓰라고 했다.

수감자들은 수감생활을 잘 이행하는지, 자신의 잘못을 어떻게 반성하고 새사람이 되어 가는지 등의 내용으로 정성껏 베껴 쓴 편지를 자신을 가장 아끼고 사랑하는 사람들에게 보냈다.

그들은 약 3개월간의 훈련과 정신 교육을 받은 후 전선으로 출발했고, 심리학자들이 지속적으로 관리했다.

시간이 지남에 따라 편지 내용도 '자신이 지휘관의 명령에 얼마나 잘 따르며 전투에서도 얼마나 용감하게 잘 수행하고 있는지' 등으로 바뀌었는데, 그들이 편지에서 말한 대로 정규군과 마찬가지로 전선에서 지휘관의 명령 하에 용감하게 잘 싸우고 있었다.

오히려 정규군보다도 규율을 잘 준수하며 충실하게 업무 수행을 해냈다.

전쟁이 끝난 후 심리학자들은 이러한 심리를 유도한 훈련을 일컬어서 '라벨 부착 효과'라고 불렀다.
이러한 심리 효과도 방법은 조금 다르지만, 동기 부여 차원에서 본다면, 로젠탈 효과나 마찬가지다.

이처럼 기대에 벗어나지 않으려는 힘은 "넌 안 돼! 넌 어디에도 쓸모가 없어!"라는 말을 입에 달고 다니는 관리자들이 얼마나 어리석고 무식한지를 보여주는 말이다.
이런 말을 자주 하는 직장 상사의 성과는 보지 않아도 알 수 있다.

로제탈 효과의 본질은 심리적인 암시이므로 적당한 선에서 멈추는 것이 바람직하다.
상대에게 기대를 하는 것은 좋은데 너무 큰 기대를 하면 부담감을 줄 수 있으며, 상대방도 성취하지 못하면 불안해하고 자칫 자포자기(自暴自棄)하는 일이 벌어질 수도 있기 때문이다.

마시멜로 효과(Marshmello Effect)와 성공비결

마시멜로(Marshmello)는 설탕이나 콘 시럽, 물, 따뜻한 물에 부드러워진 젤라틴(gelatin)과 포도당과 조미료로 거품을 일으켜 굳혀 만든 스펀지 형태의 사탕으로, 어린 아이들에게 인기가 높은 사탕 종류다.

주로 서양에서 많이 소비되며 미국에서만 소비되는 양이 1년에 41,000톤이라고 하니, 아이들 간식으로 사랑받는 것이 분명하다.

심리학자들이 아이들이 좋아하는 마시멜로로 실험을 했다.

오스트리아 출신의 미국 심리학 교수인 월터 미셸(Walter Mischel, 1930~2018)은 유치원 놀이방에서 4살짜리 아이들을 상대로 실험을 진행하였다.

마시멜로 사탕 한 개가 놓여 있는 접시와 두 개가 있는 접시를 보여주며 '지금 먹으면 한 개를 먹을 수 있지만, 선생님이 나갔다가 들어올 때까지 먹지 않고 있는 사람에게는 두 개를 주겠다'고 약속하고 마시멜로 한 개가 놓여 있는 접시를 두고 나간다.

시간은 20분, 4살짜리 아이에게는 무척 긴 시간일 것이다.

아이들의 반응은 예상대로 세 가지 형태로 나타났다.

선생님이 나가자마자 곧바로 먹어버리는 아이, 참으려고 노력은 하지만 20분을 참지 못하고 먹어버리는 아이, 선생님이 들어오실 때까지 끝까지 참는 아이로 구분되었다.

실험을 시작하자마자 곧바로 먹거나 참지 못하고 중간에 먹는 아이가 70%로 많았으며, 20분이란 시간은 긴 시간이지만 기다렸다가 두 개를 먹는 아이가 30%로 나타났다.

마시멜로를 곧바로 먹어버리거나, 참다가 먹거나, 한 개를 먹지 않다가 제한 시간 20분을 기다렸다가 두 개를 받아먹는 아이들은 무엇이 다를까?

미셸 교수는 원래 아이들의 인지과정(認知過程)을 연구하는 것이었다.

그 자신도 큰 기대를 하고 실험을 진행하였던 것은 아니고, 일회성으로 묻힐 실험이었으나 이 실험들에 참여했던 자신의 세 딸들을 통해서 다른 아이들의 그 후 소식을 듣게 되면서 심리학을 연구하는 학자로서 영감이 스쳤다.

미셸 교수는 실험이 끝난 후 10여 년이 지났지만 당시 실험에 참가했던 아이들을 일일이 수소문(搜所聞)하여 학업 성취도와 적응력 정도를 평가했다.

653명 아이들의 자료를 모아본 결과, 그들의 성공의 비밀을 찾아낼 수 있는 귀중한 자료였다.

예상한 대로 그 당시 실험에서 마시멜로 하나를 더 먹기 위해서 20분을 기다렸던 아이들이 곧바로 먹거나 참다가 중간에 먹어버린 아이들에 비해 학교 성적도 우수하고, 행동문제를 일으킬 비율도 현저히 낮은 것으로 나타났는데, 특히 스트레스가 심한 상황에서도 합리적(合理的) 결정을 내리는 데 탁월한 능력을 보였다는 것이다.

이 추적 조사는 40여 년이 흘렀음에도 지금까지 이어지고 있다.

미셸 교수의 제자들이 40대가 된 이들의 근황을 다시 조사했는데, 당시 기다리는 데 어려움을 보였던 아이들은 성인이 된 현재도 비만에 시달렸고, 알코올이나 다른 약물에 중독된 비율이 높다는 결과가 나타났다.

그렇다면 성공은 단지 참을성에서 비롯되는 걸까? 아니면 순간의 욕망을 참고 미래의 더 큰 보상을 얻어내는 능력, 이것이 성공의 비결일까?

미셀 교수뿐만 아니라 다른 심리학자들도 같은 이야기를 한다.

'이 아이들이 어떤 생각으로 아이들이 참기에는 지루하고 긴 시간이라고 할 수 있는 20분을 참았을까'에 관심을 쏟았다.

어떤 아이들은 눈을 가리고 그곳에 마시멜로가 없다고 상상했고, 어떤 아이들은 쟁반 위에 놓인 마시멜로가 흰 생쥐라 상상하고 마음을 달랬다는 것이다.

아이들마다 방법은 달랐지만 참아내는 데 성공한 아이들은 모두 '상상을 통한 인지적 전략을 세웠다'는 공통점이 있다.

눈앞에 있지만 먹지 못하는 금단의 열매가 된 마시멜로를 보면서 욕망의 노예가 되기보다는 스스로 상상의 힘으로 상황을 만들어서 어떻게든 참아내고, 결국은 하나 더 얻어냈던 것이다.

즉, 당장의 작은 즐거움보다는 미래의 더 큰 만족을 선택했다는 것이다.

우리의 삶 속에서도 환경을 바꿀 수 없다면 생각을 바꿈으로써 자신은 물론 상황에 대한 통제력을 확보하는 것이 인간으로서의 능력이며, 상상력을 통해 두려움을 이겨내고, 중간에 절망적인 상황이 닥친다 하더라도 결코 굴복하지 않는 것이 성공하는 사람들의 성공 비결이다.

내가 사는 이 세상은 상상의 힘을 믿는 내 생각에 따라 만들어지므로, 나는 이 세상을 만들어가는 건축가라고 상상해야 한다.

심리학자들은 상상력(想像力)은 현실도피(現實逃避)와는 다르다고 한다.

현재 그대로의 상황을 하나씩 하나씩 벽돌처럼 쌓아갈 때 언젠가는 멋진 나의 집이 완성되듯이 이루어지면 사람들은 성공했다고 말한다.

미국의 자기 계발 작가 할 엘로드(Hal Elrod, 1979~)는 그의 저서 『미라클 라이프』에서 "당신에게는 어떤 어려움이라도 극복해 나갈 힘이 있고, 진심으로 주어진 삶을 사랑하기로 선택할 결정권도 있으며, 꿈꾸는 삶을 창조해 나갈 열정도 있다."고 했다.

인간이 가진 무한한 힘과 열정 그리고 결정권은 바로 내가 가지고 있다.

말파리 효과(Gasterophilus Effect)

살아가면서 하는 일이 바뀌거나 새로운 것을 해야 할 때가 종종 있다.
그때마다 사람들은 스트레스를 받는다고 말한다.
특히 나이가 들어갈수록 변화를 두려워한다.
원래 하던 일에 안주(安住)하려고 이유는 바로 두려움 때문이다.
나이가 들어갈수록 보수적인 생각이 많이 들기 때문에 더 심하다.

이와 같이 변화하는 세상 속에서 뒤떨어지지 않기 위해 '스트레스를 삶의
동력으로 삼으면 얼마나 좋을까' 하는 생각을 해 본다.
'피할 수 없으면 즐겨라'는 말은 '하기 싫으면 피하면 되지만 피하지 못할
경우에는 피할 수 없으므로 즐기면서 하라'는 의미이다.

미국 남북전쟁을 승리로 이끌어 노예제도를 폐지하고 노예해방(奴隷解放)을
선언한 미국의 제16대 대통령 에이브러햄 링컨(Abraham Lincoln, 1809~1865)의
경험에서 '말파리 효과'(Gasterophilus Effect)가 나온다.
말파리는 약 1~2cm 정도 되는 곤충으로 애벌레 때 말이나 당나귀 위(胃)
속에서 기생하다가 성숙하면 몸 밖으로 나와 번데기가 된 후 성충이 되면
말이나 당나귀의 몸에 기생하며 괴롭히는 곤충이다.

링컨이 어린 시절 형제들과 켄터키 고향의 농장에서 옥수수 밭을 경작할 때
옥수수 밭을 쟁기로 가는데 게을러서 느리게 걷는 말에게 큰소리로 빨리 가라
고 소리치면 형은 뒤에서 쟁기를 잡고 따라오며 빨리 가지 않는다고 투덜댔다.

어느 날 천천히 밭을 갈고 있는데 갑자기 말이 쏜살같이 내달리기 시작했다. 앞에서 소리치는 링컨이나 뒤에서 잡고 따라오던 형도 깜짝 놀랐다.

링컨은 말이 왜 갑자기 빨리 달리는지 이유를 몰랐으나 큰 말파리 한 마리가 달리는 말의 몸에 붙어 있는 것을 발견하고 재빨리 말파리를 쫓아냈다.
링컨이 말파리를 쫓는 모습을 본 형은 원망스러운 말투로 "야! 왜 말파리를 쫓아! 바로 이 말파리가 말을 빨리 달리도록 하는 거야!" 하며 소리쳤다.
링컨은 말파리가 말을 자극시켜 빨리 달린다는 것을 처음 알게 된 것이다.

그 뒤 1860년 미국 16대 대통령에 당선되었을 때 내각을 구성하면서 이 말파리의 교훈을 적용했다.
새먼 포클랜드 체스는 대통령 선거에서 링컨과 서로 경쟁자였다.
이에 링컨과는 대척점에 서 있으며 앙심을 품고 있는 사람 중 한 사람이었다.
링컨의 측근으로 앞장서서 선거를 도왔던 베른이라는 영향력 있는 은행가가 체스를 내각으로 선발해서는 안 된다고 강력히 주장하자 링컨은 "왜 안 되느냐?"고 따지듯 물었는데, 그때 베른은 간단하게 대답했다.
"그는 본래 자기가 백악관 주인이 되고 싶었던 사람입니다. 그래서 그는 대통령님께 분명히 앙심을 품고 있을 것이기 때문에 안 됩니다."
그 대답에 링컨은 "예, 맞는 말씀입니다. 고맙습니다." 하고 대화를 마쳤다.

그 후 뜻밖에도 링컨은 재무부 장관에 체스를 임명했다.
그러자 뉴욕타임스를 비롯한 언론 기자들이 링컨에게 "왜 적으로 뛰었던 사람을 중책에 맡겨 내각에 배치하십니까?" 하고 물었을 때 어린 시절 말파리가 말을 물어서 자극이 되어 말이 쟁기질을 잘하더라는 이야기를 예로 들어 들려주었다.
이야기가 끝난 후 링컨은 기자들에게 되물었다.
"이제는 왜 내가 체스를 등용했는지 의문이 풀렸나요?"

링컨은 시시각각으로 나태해져 가는 자기의 자만을 바로잡기 위해 자기에게 쓴 소리를 거침없이 할 줄 아는 사람을 원했던 것이다.
링컨은 자기에게 자극을 주면서 앞으로 나가기 위해 말파리처럼 채찍질을 하는 사람을 원했던 것이다.

심리학자들은 한결같이 '사람은 서 있기보다는 앉아 있기를 더 좋아하고, 움직이기보다는 가만히 있는 것을 더 좋아한다'고 말한다.

이것은 인간의 내면에 편안함을 좇는 본능이 숨어 있다는 것을 단적으로 말해준다.

'안일하고 편안한 생활은 천재 하나를 파멸시키기에 충분하다'는 서양 속담이 있는데, 이런 일들은 동서양을 막론하고 어느 곳에든지 전하는 말이다.

요즘 '변해야 산다'는 슬로건(Slogan)이 많이 보인다.

지나치게 안일한 삶은 우리의 투지(鬪志)를 저하시킨다.

동양철학 사서삼경(四書三經) 중 삼경(三經) 가운데 하나인 『주역(周易)』에 '궁즉변 변즉통 통즉구(窮則變 變則通 通則久)'라고 했다.

궁하면 변하고, 변하면 통하고, 통하면 오래간다.

이 말을 쉽게 풀어 보면 '궁(窮)하다'는 것은 '내가 부족하여 정성들여 갈구함을 의미'하고, '변(變)'은 '마음 문을 열어 유연성을 보일 때 서로 막혔던 관이 뻥 뚫리는 것처럼 소통'이 되며, 이렇게 '통(通)하면 '지속적으로 새로운 것이 생기며 오래 간다'는 이야기다.

인간의 잠재력(潛在力)은 모두 자극(刺戟)에서 나온다.

인간에게 자극이 없으면 보수적으로 변하고 안일(安逸)해지며, 편안함만 추구하고 그럭저럭 대부분의 인생을 마친다.

나에게 재능이 있더라도 가만 놔두면 그냥 묻혀버린다.

그러므로 성공하고 싶은 마음이 있다면 외부의 자극(刺戟)이나 스트레스를 내부의 역동적인 동력으로 바꿀 때 잠재되어 있던 나의 역량(力量)이 나타날 것이다.

메디치 효과(Medici Effect)

'서로 다른 분야의 요소들이 만나서 혁신을 이루어 또 다른 새로운 것을 창출하는 것'을 '메디치 효과'(Medici Effect)라고 하는데, 이는 서로 다른 수많은 생각들이 한 곳으로 집중되어 만나는 지점인 '교차점'(交叉點)에서 엉뚱하고 혁신적인 아이디어가 폭발적으로 증가하는 현상이다.

'메디치 효과'라는 말은 15세기 중세 이탈리아 피렌체 메디치 가문(Medici Family)이 문화·역사·철학·과학 등 다양한 분야의 건축가들을 후원하면서 자연스럽게 서로 녹아내린 시너지가 발생했다는 데서 유래된 것으로, 다른 분야의 이질적인 방향을 접목해 창조적·혁신적 아이디어를 창출해 내는 기업경영 방식을 말하기도 한다.

최근 들어 각 기업에서도 성격이 전혀 다른 이질적인 부서 간에 협업을 하거나, 기존의 틀을 부수고 새로운 제품들을 개발하는 등 메디치 효과를 노리는 전략이 늘고 있는 상황이다.

휴대폰 제조업체가 명품 브랜드와 협업해서 명품 스마트폰(Smartphone)을 개발하거나 명품 시계의 나라 스위스의 유명한 시계업체와 손잡고 스마트워치(Smartwatch)를 개발하는 경우도 메디치 효과의 대표적인 사례 중 하나다.

메디치 효과는 유럽의 명문 '메디치 가문'에서 그 유래를 찾아볼 수 있다.

메디치 가문은 15~16세기 유럽에서 가장 유명하고, 큰 영향력을 행사한 최고의 가문으로 특히 돈이 많은 가문이었다.

메디치 가문은 다양하고 광범위하게 특히 문화와 예술 방면에 전폭적인 지원을 함으로써 과학자 · 시인 · 화가 · 철학자 · 문학가 · 음악가 등 다양한 분야의 전문가들이 교류하게 되고, 예상하지 못한 곳에서 시너지(synergy)를 발휘하여 문예 부흥기(르네상스)를 맞이하게 된다.

이것을 바탕으로 해서 스웨덴 태생의 미국 작가 프란스 요한슨(Frans Johansson)이 『메디치 효과』라는 책을 출간해서 더욱 유명해지게 되었는데, 그는 이 책을 통해 '메디치 효과를 최대한 활용하기 위한 방법이 무엇일까'를 끊임없이 제시하고, 또한 수많은 사례들을 인용하여 메디치 효과를 21세기에 기업과 개인에게 미치는 혁신적인 영향에 대해 자세하게 설명한다.

그는 '이 시대에 혁신의 귀재들 대부분이 메디치 효과의 수혜자들'이라고 서슴없이 말한다.

이 책은 2004년에 출간되어 베스트셀러에 올라 많은 사랑을 받았다.

이 책이 발간된 이후에 메디치 효과로 설명되는 독특한 발상의 기획과 상품이 홍수처럼 쏟아져 나왔다.

PC업계에서는 자동차 회사를 끌어들이고, 운동화 업계에서는 의류회사를 끌어들여 혁신적인 상품을 새롭게 창조해 냈다.

21세기 혁신을 상징하는 애플사의 전략을 과학과 철학에 담는 것이었다.

기업의 목적은 상품을 많이 팔아서 이윤만 추구하는 것이 아니다.

여러 문화권의 재료를 섞어 만든 퓨전요리나 퓨전 음악은 새로운 음악적 발상의 주 원동력으로 자리를 잡았다.

학계에서도 기존의 틀을 벗어나 다양한 구도의 학문 추구 시도들이 많은 곳에서 나타나고 있다.

이 시대에 가장 고민거리인 환경과 정치, 의학과 문학 경영과 예술 등 본바탕은 서로 다르지만 학문 간의 장벽을 무너뜨려 그 안에서 참신하고 기발하며 인간의 삶에 의미 있는 진리 추구가 가능하다는 것이 증명되고 있는데, 이 모든 현상이 한마디로 메디치 효과의 실행으로 설명되며, 이런 발상의 전환은 이후로도 창조와 혁신을 이끌어 내는 인류의 삶에 중요한 방법론으로 활용될 가능성은 매우 크다고 할 것이다.

21세기 들어와 미래 지향적인 학자들은 '메디치 효과가 우리에게 소중하게 다가오는 이유는 우리가 혁신의 시대를 살고 있기 때문'이라고 말한다.

이제는 암기력(暗記力)이 좋은 사람이 아니라 창의성(創意性) · 유연성(柔軟性) · 접근성(接近性)을 바탕으로 새로운 가치를 찾아내는 혁신적인 인재가 우대받는 시대가 도래했다고 보지만, 어떤 방향에서든 듣거나 보지도 못한 것에서는 참신한 아이디어가 나오지 않는다.

다양한 것을 접할 때만이 직 · 간접적인 경험에서 아이디어가 나올 수 있는데 그 저변(底邊)에는 독서만 한 것이 없다고 한결같이 말한다.

요즘 유행하는 말 중에 '수포대포 영포직포 독포인포'라는 신조어가 있다.

말 그대로 '수학을 포기하면 좋은 대학을 포기하는 것이고, 영어를 포기하면 좋은 직장을 포기하는 것이고, 독서를 포기하면 인생을 포기하는 것이나 마찬가지'라는 이야기다.

이 세상에 우연한 성공은 없다.

우연한 기회에 얻은 것을 내 것으로 승화(昇華)시켜 연마해서 내놓은 것이 창의적인 발명품이다.

서로 다른 것을 접목해 더 좋은 새로운 것을 창출해 내기 위해서는 저변에 기초 지식이 깔려 있어야 시너지 효과를 얻을 수 있을 것이다.

바넘 효과(Barnum Effect)

새해가 되면 습관처럼 심심풀이로 신수(身數)나 토정비결(土亭秘訣)을 보는 사람들이 많은데, 그 중에서도 지난해를 어렵게 보냈다고 생각한 사람들이 더 긴장하면서 결과를 확인한다.

요즘은 인터넷으로 토정비결을 찾아볼 수 있다.

호기심에 보면 맞는 것도 있고, 얼토당토않은 것도 있기 마련이다.

심리학 용어 중 '바넘 효과'(Barnum Effect)가 있는데, 새해에 보는 토정비결 같은 것이 바로 이런 심리학에서 연유된 효과다.

이 바넘 효과는 '일반적이거나 애매모호해서 누구에게나 적용이 가능한 성격 묘사를 특정인에게만 해당되는 것처럼 받아들이는 성향'을 말한다.

말하자면 누구에게나 공감이 갈 수 있는 보편적인 말을 자신과 결부시켜 마치 자신만이 가지고 있는 단 하나인 것처럼 포장하는 이론이다.

이 효과를 체계화시킨 사람은 버트럼 포러(Bertram Forer, 1914~2000)이다.

그는 자기 강의를 수강한 사람들을 대상으로 필적(筆跡)을 통해 당사자의 성격을 파악할 수 있다고 했다.

버트럼 포러는 수강생들에게 어떤 말을 제시하면서 이것을 글씨로 써서 제출하라고 했는데, 수강생들이 제출한 글씨는 보지도 않은 채 그냥 두고, 모든 수강생들에게 똑같은 피드백 내용을 나눠주는 것이었다.

포러가 수강생들에게 나누어준 피드백의 내용은 다음과 같다.

"그대는 타인이 당신을 좋아하기를 원하고 타인에게 존경받고 싶어 합니다. 아직 당신은 자신에게는 비판성을 가지고 있는 경향이 있고, 성격에는 약점이 있지만 조금만 노력하면 이런 결점을 능히 극복할 수도 있습니다. 당신에게는 아직 발견하지 못한 숨겨진 재능이 있으며, 당신은 절제능력과 자기억제능력도 갖추고 있습니다. 그러나 내면으로는 걱정과 불안을 가지기도 합니다. 때로는 결단력이 약해 고민하기도 하고, 변화와 다양성을 좋아하며 규칙이나 규제에서 벗어나고 싶어 하는 마음도 있습니다. 당신은 자신의 마음을 적극적으로 표현하기도 하고 붙임성이 있으며 사회성이 좋지만 가끔은 내성적이기도 하며, 주의가 깊고 과묵한 부분도 있습니다. 당신이 원하는 희망사항의 일부는 현실성과 조금 동떨어진 부분도 있습니다."

이 내용이 자신들과 얼마나 일치하는지 5점 만점으로 점수를 매겨보도록 했더니, 그 결과는 평균 4.26으로 매우 높게 나왔다.

그리고 한 학생에게 자신의 결과지를 큰 소리로 읽도록 했다.

그러자 실험에 참가한 수강생들은 그저 웃을 수밖에 없었다.

모두가 똑같은 결과지를 받았다는 것을 알았기 때문이다.

포러는 마치 개인적 특성이 반영된 것처럼 행동했고, 이 같은 속임수는 기대한 효과로 이어졌다.

심리학자들은 '포러의 연구가 학생들이 매우 순진하며 권위 있는 사람이 제공하는 피드백을 필요 이상 적극적으로 수용하려는 성향을 가지고 있다는 증거'라고 해석했다.

또한 포러는 학생들이 별자리점이나 손금을 비롯한 미신(迷信)에 지나치게 휘둘리지 않도록 주의를 주기 위해 이 같은 실험을 진행했고, 실제로 그가 학생들에게 나눠준 결과지는 뉴스가판대에서 팔리는 점성술(占星術) 책자에서 보통 사람에게 있을 만한 문구를 뽑아서 작성한 것이다.

포러의 이 연구는 '인간의 보편적인 특징과 개별적인 특징은 밀접한 관계이며, 이 두 가지를 구분하기는 매우 어렵다'는 의미가 실려 있다.

포러가 참고한 점성가들은 오랜 세월 동안 많은 사람들에게 보편적으로 적용 가능한 성격에 대한 축적(蓄積)된 정보(情報)를 가지고 있을 뿐만 아니라, 많은 사람들이 이런 설명을 보편적으로 적용할 수 있다는 사실을 잘 모른다는 것도 잘 알고 있었다.

혈액형으로 성격을 분석한다면서 서로 다른 여러 가지 이야기를 하는데, 심리학자들에 따르면 이것도 포러 효과와 같은 이야기라고 한다.

그러므로 심리학자들은 심리 검사를 실시할 때 검사 결과에 바넘 효과가 최대한 개입되지 않도록 세심한 주의를 하지 않으면 안 될 것이다.

백범(白凡) 김구(본명 김창수, 1876~1949) 선생은 1892년 17세에 조선의 마지막 과거에 응시했으나 당시의 시대 상황에서는 아무리 공부를 잘한다고 해도 가난한 자들은 과거에 급제할 수 없는 것이 현실이라 낙방을 하게 된다.

매천(梅泉) 황현(黃玹, 1855~1910) 선생은 "낫 놓고 ㄱ자도 모르는 사람이 과거 급제자로 선발된다."고 말하면서 공정하지 못한 과거제도를 개탄하였다.

이후 김구 선생은 과거를 포기하고 풍수지리나 관상 공부를 해서 자기 집안을 업신여기는 양반들을 능가해 보라는 아버지의 말씀을 옳게 여기고 중국 마의선인(麻衣仙人)이 쓴 당시 최고의 관상학 책을 보게 되는데, 선생이 과거에 응시할 정도의 수준에 올라섰을 때라 쉽게 공부할 수 있었다.

선생의 공부법은 거의 외출도 하지 않고 관상학 책을 몰두해서 읽으면서, 자신의 얼굴을 거울에 비춰보고 면밀하게 관찰하는 것이었다.

김구 선생은 3개월 동안 공부한 끝에 큰 실망을 하게 된다.

자신의 관상(觀相)에 부격(富格)·귀격(貴格)의 좋은 상은 조금도 보이지 않고, 얼굴과 온몸에 천격(賤格)·빈격(貧格)·흉격(凶格)만 보이는 것이 아닌가!

이른바 빌어먹을 상이었던 것이다.

선생은 자기 모습에 실망했지만 책이 귀하던 때라 끝까지 읽기로 했는데, 마지막 부분에 중국 당나라 최고의 관상가 마의선인이 지었다는 『마의상서』의 이야기 하나가 실려 있었다.

마의선인이 어느 날 시골길을 가던 중에 땔감을 구하러 가는 머슴을 보니 며칠 내에 죽을상이라 안타까운 마음에 그 머슴에게 "자네는 머지않아 죽을 상이니 너무 무리해서 일하지 말게."라고 충고했다.

그러자 머슴은 온몸에 힘이 빠져서 계곡을 바라보면서 탄식하고 있었다.

이 선인이 이름난 관상가였기 때문이다.

그때 마침 물가에서 자신의 운명과도 같아 보이는 개미 떼가 떨어진 낙엽에 매달려서 떠내려가는 것을 발견하고는 연민의 정을 느껴 육지로 건져내어 살려 준 뒤에 땔감을 해서 집으로 돌아왔다.

며칠 후에 그 선인을 다시 만나게 되었다.

마의선인은 머슴의 얼굴에서 죽음의 그림자는 온데간데없이 사라져버리고 부귀영화를 누릴 상으로 변해 있는 것을 보고 깜짝 놀랐다.

머슴에게 개미 이야기를 들은 선인은 이 책의 마지막 장에 '상 좋은 것이 몸 좋은 것만 못하고, 몸 좋은 것이 마음 좋은 것만 못하다'는 글을 남긴 것이다.

김구 선생은 이 구절을 읽고 무릎을 치면서 '나의 관상은 좋지 못하지만 나도 심상(心相), 마음 씀을 잘하면 큰 사람이 될 수 있을 것'이라고 생각하고, 그때부터 얼굴을 가꾸는 외적 수양에 무관심하고 마음 닦는 내적 수양에 힘쓰기로 하였고, 지금까지 해 왔던 일은 착한 사람이 취할 바가 아니라고 생각하고 행동했다.

그 뒤로 병서(兵書)를 공부하고 장수의 재질을 논하면서 동학(東學)에 입교하였고, 현재까지도 위대한 민족의 지도자로 남아 있다.

관상이나 점성술은 인간에게 맞지 않다.

그러나 지금도 일부 맹신(盲信)하는 사람들도 있는데, 앞에서 본 포러의 실험처럼 누구에게나 있을 만한 이야기에 현혹(眩惑)되지 않아야 할 것이다.

반응성 효과(Reactivity Effect)

'기록하면서 관찰하면 이루고자 하는 일의 성과가 훨씬 크게 나타나는 것'을 심리학에서 '반응성 효과'(Reactivity Effect)라고 말한다.

우리는 운동을 하거나 공부를 할 때도 집에서 혼자 하는 것보다 헬스장이나 도서관에 가서 할 때 더 열심히 하게 되고, 운동도 더 잘되고, 공부도 더 잘되는 것을 느낄 수 있다.

사람은 혼자 있을 때보다 누가 지켜보면 본능적으로 더 진지(眞摯)해지고, 더 잘하려는 욕심이 생긴다.

어린 시절 초등학교에서 부모님을 초대하여 학예 발표회를 하는 날에는 선생님뿐만 아니라 학생들의 태도도 평상시와는 다르다.

그 이유는 누군가 옆에서 나의 행동을 보고 있다고 의식하기 때문이다.

누군가 나의 행동을 관찰한다거나 스스로 자신이 한 일을 기록한다면, 행동이 긍정적으로 달라지는데, 이처럼 '달라지도록 반응성을 유도하기 위해 자신의 행동을 관찰하고 기록하도록 해서 좋지 못한 행동을 수정하는 기법'을 '자기 감찰 기법'(Self Monitoring Technique)이라고 한다.

이 기법을 잘 사용하면 자기 통제(統制)에 큰 도움이 된다.

특히 시간 관리를 하거나, 운동이나 금연, 예쁜 몸매를 유지하기 위한 다이어트 등 바람직한 행동에는 늘리고, 바람직하지 못해서 줄여야 할 것들을 감소시키는 데 많은 도움이 된다.

현대 사회에서 젊음과 건강을 유지하거나, 날씬한 몸매를 뽐내고 싶어서 다이어트를 주된 목표로 삼는 사람이 많은데, 여성들이 특히 더 그럴 것이다.

마음은 굴뚝같으나 행동으로 옮기기는 그리 쉬운 일이 아니지만, 철저히 계획을 세우고 프로그램을 만들어서 음식 섭취량과 운동량을 꼼꼼히 관찰하고 기록한 사람들은 아무것도 실행하지 않으면서 다짐만 한 사람들과는 판이(判異)하게 성공할 가능성이 훨씬 높게 나타났다.

자기를 관찰하고 기록하게 되면 행동 변화가 일어나는 이유는 무엇일까?

물론 운동이 스트레스와 건강관리에 좋다는 사실은 삼척동자(三尺童子)도 아는 사실이지만, '자신의 운동량을 파악만 하는 것으로도 건강이 좋아질 수 있을까' 하는 것은 의문이다.

이것을 사실로 밝혀내기 위하여 미국 하버드 대학의 에밀리아 크럼(A. J. Crum)과 엘렌 랑거(Ellen J. Langer, 1947~) 교수는 기발한 실험을 했다.

이 실험을 하기 위해 일곱 개 호텔의 종업원 80명이 참여했다.

연구팀은 실험 대상자들 중 한 집단에게 운동효과와 함께 하루 소비 칼로리 즉, 운동량을 알려주면서, 자기 운동량을 구체적으로 쉽게 알 수 있도록 종업원들이 하는 모든 활동과 각각의 운동량을 수치화 하여 목록으로 만들어 주고, 휴게실 게시판에도 붙여 놓은 반면에 또 다른 집단에게는 정보를 전혀 주지 않았다.

한 달이 지난 후 건강검진을 실시하고 실험 전의 검진 결과와 비교하였다.

놀랍게도 많은 부분에서 건강에 긍정적인 변화가 일어났다.

자신이 소비하는 칼로리를 알고 있는 집단은 몸무게를 비롯하여 체질량 지수와 허리둘레는 줄고, 혈압과 스트레스 지수도 낮아진 것으로 나타났다.

물론 대조 집단에서는 같은 일을 하고 비슷하게 움직이는 데도 전혀 변화가 일어나지 않았음을 알 수 있었다.

그 이유는 무엇일까?

그것은 일이나 운동량은 같지만 일을 하면서도 그냥 일만 하는 것이 아니라 항상 관찰하고, 내가 지금 무슨 일을 하고 있는가 한 번 더 생각하게 되고, 행동을 하면서도 제대로 의식만 해도 우리 몸은 반응을 해서 긍정적인 변화가 일어난다는 것이다.

이처럼 내가 무슨 일을 하고 있는지 정체성을 분명히 알고 일을 할 때에 몸과 마음은 긍정적 반응을 보이므로 유심히 관찰할 필요를 느낀다.

심리학자들은 한결같이 '일을 실험이라고 생각하면 인생이 즐겁다'고들 한다.

평소에 실험정신을 기르려면,
첫째로, 미리 해보지도 않고 안 될 것이라고 단정하지 말라고 한다.
미리 불가능하다고 생각하면 우리의 뇌에는 온통 불가능하다는 이유로 가득하여 일을 해 낼 수 없다.
둘째는, 호기심을 가지고 문제를 바라보면서 모든 시도를 실험이라고 생각하고, 잘못된 경우에는 다시 하자는 생각으로 해야 한다.
안 되면 다시 해 본다는 생각으로 하라는 것이다.
세 번째는, 모든 문제는 반드시 해결 방안이 있고 해결책은 딱 한 가지만은 아니라는 것을 믿어야 한다.
불가능하다고 생각하면 안 되는 이유들이 머리를 지배하고 가능하다고 믿으면 우리 뇌는 생존 본능 때문에 어떻게든 해답을 찾기 위해서 온갖 방법을 시도해서 반드시 찾아내기 때문이다.

실험정신으로 생각하면 실패에 대한 두려움이 줄어들면서 창의력이 발휘되고, 더불어서 세상에 대한 자신의 통제감이 고양(高揚)된다.

지금 나에게 필요한 것이 무엇인가?
지금 내가 타인에게 도움이 되는 것이 무엇인가?
나에게나 타인에게나 도움이 되는 일을 하기 위해서 지금 현재 시도해야 할 것이 무엇인가?
가만히 앉아서 생각하는 것만으로 이루어지는 것은 아무것도 없다.
'반응성 효과'(Reactivity Effect)는 '실험정신으로 무엇인가를 시도해서 행동으로 실천할 때 우리의 몸과 마음이 반응을 하면서 작은 일이 이루어지고, 작은 일들이 모여서 큰 일이 이루어질 것'을 말한다.

발라흐 효과(Wallach Effect)

'발라흐 효과'(Wallach Effect)는 '세계에서 가장 권위 있는 노벨 화학상을 받은 독일 화학자 오토 발라흐(Otto Wallach, 1847~1931)의 경험을 체계화시킨 효과'로 명명된 용어다.

발라흐가 중학생 시절에 부모님들은 그가 문학가가 되기를 원하셨으나, 선생님이 부모님께 보낸 평가서에는 '공부는 열심히 하는데 융통성이 없고, 특히 문학 창작력이 약하다'는 의외의 내용이 쓰여 있었다.

그래서 문학가의 꿈을 포기하고 유화(油畵) 그리는 법을 배우기 시작했다.

발라흐는 예술 쪽에도 재능이 부족했고 기본적인 색채감각이나 기본기와 이해력이 또래 아이들보다 떨어지는 편이었다.

선생님들이 평가한 것은 더욱 받아들이기 힘든 내용이었다.

'화학 예술 방면에 어떠한 성과도 남기지 못할 것'이라는 저주에 가까운 평가를 하기도 했다.

발라흐의 부모님은 뜻밖의 평가서를 받아보고 절망감을 느꼈으나 화학 선생님만은 꼼꼼하게 화학 실험을 준비하는 발라흐의 모습을 보고 그에게 화학 공부를 권했다.

전혀 예상하지 않았던 화학 분야에서 발라흐의 재능은 발휘되었고, 열정을 가지고 공부한 결과 22세의 비교적 젊은 나이에 박사학위를 취득했고, 더욱 정진(精進)하여 나중에는 노벨 화학상까지 거머쥐는 세계적인 화학자로 발돋움 할 수 있었던 것이다.

인간은 누구든지 지적(知的) 능력 발달은 균형을 이루지 못하고, 강함과 약한 부분을 지니고 있어서, 일단 자신의 지적 능력의 최고점을 찾게 되면 숨어 있는 재능을 충분히 발휘할 수 있고, 따라서 놀라운 성과가 뒤따르게 되어 있다.

'자기의 강한 면을 찾아내 능력을 발휘하는 것'을 '발라흐 효과'라고 한다. 발라흐 효과를 쉽게 설명하고자 등장하는 것이 '나무통 원리'이다.

나무통 원리는 미국의 관리학자 로렌스 피터(Laurence J. Peter, 1919~1990)가 가장 먼저 제기한 이론인데, 이 이론의 교훈은 '나무통 하나에 얼마나 물을 담을 수 있는지를 말하면서 물을 담을 수 있는 양은 긴 나무토막이 아니라 가장 짧은 나무토막이 기준이 된다'는 것이다.

그래서 이 이론을 '짧은 나무토막의 원리'라고도 한다.

얼핏 보면 발라흐 효과와 나무통 원리는 서로 상반되는 것처럼 느껴지고, 모순되어 보이지만 활용하는 범위만 다를 뿐이다.

나무통 원리는 일종의 관리학 이론에서 조직의 관리에 많이 사용되며, 조직에서 뒤처지는 위치에 있는 부분에 중점을 두는 반면에 발라흐 효과는 개인 능력 관리에 많이 이용되며, 개인의 발전에 장점을 더 강화하고 약점을 피하는 것에 더 치중한다.

나무통 원리를 이용하여 개인의 발전을 지도하면 자신의 재능이 부족한 부분에도 힘을 쏟게 되므로 다재다능(多才多能)한 인재를 키워 낼 수 있다.

그런데 현대 사회의 세분화(細分化)되어 가는 현실에서 진정으로 필요로 하는 인재는 디테일한 재능을 가진 전문가라는 것을 주목할 필요가 있다.

20세기 중후반 과학기술의 발전이 눈부시게 일어날 시기에 세계적으로 우수한 기술자들이 많이 배출되었다.

수많은 기술자들 중에 빌 게이츠나 스티브 잡스가 과학 분야에서 명성을 떨치고 부를 축적할 수 있었던 원인은 어디에 있었는가?

일찍이 IBM이 독점하던 시대에 빌 게이츠는 IBM 같은 우수한 두뇌들이 스스로 깨닫지 못하는 곤경에 처해 있다는 것을 감지하였다.

그에게는 미래의 트렌드를 파악할 줄 아는 안목이 있었고, 기술력에서도 강한 자신감과 배짱을 가지고 있었다.

그는 그의 경쟁자보다 미래에 도래될 과학기술의 진행 방향에 더 집중하였다. 그 결과 마이크로소프트의 시장방향에 대한 주도권을 가질 수 있었고, 기술의 디테일한 부분은 이 방면의 전문가인 그린버드에게 맡겼다.

마이크로소프트사의 동료들은 모두 빌 게이츠의 기술이 그를 우세하게 했다고 생각했지만, 사실은 그게 아니었다.

그는 언제나 정확하게 문제를 제기했고, 모든 과정의 세부사항까지도 다 알고 있었던 것이다.

그래서 빌 게이츠의 주도 아래 신제품을 개발했으며, 끊임없이 시장의 요구에 맞추어서 새로운 가치를 내놓을 수 있었다.

이처럼 마이크로소프트사가 성공할 수 있었던 것은 빌 게이츠의 미래의 정세 파악과 정확한 분석, 자신만의 전략적 안목을 과감하게 추진하여 정교한 시장 위치와 품질 혁신을 이루어 나갔기 때문이다.

세계적으로 성공한 사람들의 면면(面面)을 보면 미래의 방향을 볼 줄 아는 안목(眼目)이 있었으며, 어떤 일을 추진하고자 할 때는 자신의 생각을 대담하게 말하고, 자기 정체성(正體性)을 지켜 액션(action)을 취했다.

'끈을 자르지 말고 매듭을 풀라'는 말이 있다.

만약 자신의 선택에 대한 확신이 없다면 천재적인 재능이 있다고 해도 아무것도 이룰 수 없다.

그러나 변함없이 꾸준한 자신의 신념(信念)을 가지고 노력한다면 성공을 이루어 낼 수 있을 것이다.

방관자 효과(Bystander Effect)

'방관자 효과'(Bystander Effect)는 '어떤 위험한 일이 생겼는데도 주위에 사람들이 많으면 서로 미루고 돕지 않는 현상'으로, '구경꾼 효과'라고도 한다.

대부분의 사람들은 보통 확실하지 않은 상황에서는 서로 눈치만 보다가 결국 방관으로만 끝날 가능성이 높은데, 이처럼 '내가 아니어도 사람들이 많이 있는데 꼭 내가 해야만 하는가 하며 책임을 회피하는 현상'을 말한다.

실제로 1964년 3월 13일, 평소와 다름없이 직장에서 일을 마치고 퇴근하던 여성 키티 제노비스가 길거리에서 강도에게 칼에 찔리고 강탈당한 후에 살해당한 사건이 일어났다.

문제는 그녀가 강도에게 격렬하게 저항하던 35분 동안에 그 장면을 듣거나 직접 목격한 사람이 38명이나 되었는데도 직접 돕지 않았고, 심지어 경찰에 신고조차 하는 사람이 없었다는 것이다.

며칠 후 뉴욕타임스에는 '살인을 목격한 38명 중 아무도 도와주지 않았다'는 자극적인 기사가 실렸다.

그 뒤 빕 라타네(Bibb Latane)가 진행한 심리학 연구에 따르면, 구경꾼이 많은 것이 비극의 원인이었다는 결론을 내린다.

전후 맥락을 살펴보면 상대적으로 가난한 사람들이 모여 사는 뉴욕 변두리 주택가에서 사건이 발생했는데, 그 근처에서는 보통 밤늦게까지 격한 싸움이 벌어지기도 하고 평상시에도 종종 시끄러운 일이 있었기 때문에 사적 싸움으로 간주하고 경찰에 신고하지 않았던 것이다.

거기에다가 날씨가 추워서 모두 문을 닫고 있었기 때문에 사람들은 그 흔한 소동 중 한 가지인지, 실제로 강도를 만나 위험에 처했는지 알 수 없었다.

이처럼 애매모호한 상황에서 모두들 '내가 아니어도 다른 사람 누군가가 하겠지, 나 말고 많은 사람이 보았는데' 하며 무책임(無責任)해진다는 것이다.

즉, '제노비스 사건'은 뉴욕 사람들의 이기심 때문이 아니라 너무 많은 구경꾼 때문에 일어난 '방관자 효과'이다.

이는 '구경꾼이 많을수록 타인의 행동을 보고 따라하려는 현상'을 말한다.

라타네가 1968년에 한 학생이 간질 발작을 일으키는 상황을 연출하여 실험한 결과 혼자 있을 때는 85%가 도움을 주었고, 두 명이 있을 때는 62%, 네 명이 함께 있을 때는 도움을 주는 비율이 31%로 떨어지는 것을 발견했다.

또 다른 심리학자인 존 달리(John Darley, 1938~2018)도 이와 비슷한 실험을 했는데, 이른바 '선한 사마리아인 실험'을 한 것이다.

'선한 사마리아인'이라는 말은 사마리아 사람이 노상강도(路上强盜)를 만나서 죽을 위기에 처한 사람을 구해주고 극진히 보살펴 주는 일화를 다룬 신약성경 누가복음 10장 30~37절에서 유래된 말이다.

존 달리는 미국 프린스턴 신학대학 학생들을 피험자로 선정하여 그들 중 절반은 선한 사마리아인에 관한 설교를 하라는 과제를 주었고, 나머지 절반에게는 이와 관련 없는 일반적인 설교 과제를 주었다.

피험자들이 설교를 하러 가는 도중에 연기자가 강도에게 습격을 당한 듯이 쓰러져 있는 상황을 미리 만들어 놓은 상태에서 피험자들이 지나갈 때마다 기침을 하고 신음소리도 내면서 도움을 요청하는 연기를 했다.

우리는 선한 사마리아인을 설교하기로 되어 있는 학생들이 도움의 손길을 먼저 내밀 것으로 생각했으나 실제 결과는 예상 밖으로 '도움을 준 비율은 설교의 주제가 아니라 오직 설교 시작 시간까지 남은 결과에 비례'했다.

이처럼 시간도 중요한 변수(變數)로 작용하지만, 현대 사회에서는 실제로 절실(切實)하게 도움이 필요한 사람을 도와주었다가 뜻하지 않은 불이익을 당할 수도 있기 때문에 방관을 택하는 경우도 종종 있다.

이런 것을 방지하기 위하여 제정된 법이 '선한 사마리아인 법'이다.

이 법은 응급을 요하는 환자를 순수하게 도와 줄 목적으로 응급 처치를 행한 것이 본의 아니게 잘못되어서 재산상의 피해를 입었거나, 사상(死傷)이 일어났을 경우에 고의 또는 중대한 과실이 없는 한 형사상의 책임을 감해 주는 법적인 면책(免責)을 말한다.

이 법은 일반인도 위험에 노출된 사람을 적극적으로 도울 수 있고, 구호 활동에도 적극적인 참여를 유도하기 위한 취지(趣旨)로 만들었으며, 미국의 많은 주(州)와 프랑스·독일·일본 등에서 이미 시행 중이다.

우리나라에도 2008년 6월에 개정되어 2008년 12월 14일부터 시행하고 있는 '응급 환자를 구호할 목적으로 응급 처치를 하다가 사망에 이르거나 재산상의 손해를 입힌 경우 민·형사상의 책임을 감면하거나 면제한다'는 '구호자 보호법'이 있다.

우리 민족은 항상 어려움에 처한 이웃을 도우며 살아왔다.

우리 속담에도 '멀리 있는 친척보다 이웃사촌이 더 낫다'고 했다.

나도 이러한 위험에 노출(露出)될 수 있다.

위험한 상황에 처하게 된 사람이 내 가족이라 생각하고 서로가 돕는다면, 나 역시도 쉽게 도움 받을 수 있을 것이다.

벼룩 효과(The Flea Effect)

벼룩(The Flea)은 인간에게 별로 긍정적으로 보이지 않는 곤충이다.

그러나 어떤 학자가 벼룩을 통한 실험을 하면서 벼룩이 인간의 자존심을 건드리며 긍정적 요인으로 끌어들이고 있다.

벼룩은 자기 몸의 100배가 넘는 뒷다리를 이용한 점프력을 자랑한다.

그 길이를 사람에 적용하면 160~190m를 뛴다는 계산이 나온다.

건물 높이로 치면 아파트 약 70층 높이에 해당한다.

정말 대단한 점프력을 갖고 있다.

호기심 많은 어떤 생물학자가 대단한 점프력을 자랑하는 벼룩을 이용한 실험을 했는데, 뚜껑부터 전체가 투명한 1m 높이의 병 속에 벼룩을 넣고, 뛰는 모습을 관찰했다.

병 안에 갇힌 벼룩은 있는 힘을 다해 뛰었다.

점프할 때마다 뚜껑에 머리가 부딪쳤다.

어느 정도 시간이 지나자 생물학자는 뚜껑을 열어주고 벼룩이 자유롭게 뛰도록 했다.

뚜껑을 열자마자 뛰어 나갈 것으로 예상했으나 벼룩은 도망가지 않았다.

점프 능력이 충분함에도 불구하고 밖으로 나오지 않고 안에서만 뛰었다.

생물학자가 보기에 벼룩은 '더 이상 뛸 수 없다'고 스스로의 한계(限界)를 규정(規定)해 버렸다고 생각했다.

이미 벼룩은 병의 높이를 알아서 거기에 적응했고, 자신의 점프 능력도 거기까지로 설정(設定)했기 때문에 더 이상 뛸 수 없다고 선을 그어버렸다.

이처럼 '인간이 무의식적으로 목표를 설정하며 자신의 능력의 한계를 이렇게 정해 놓은 상태'를 심리학자들은 '벼룩 효과'(The Flea Effect)라고 한다.

그 후 이런 현상을 보고 인간도 어떤 상황에 처했을 때 벼룩 효과가 적용되는지 살펴보기 위해서 하버드 대학교 심리학자들은 인간을 대상으로 25년 동안 장기적으로 추적 관찰을 했다.

조사에 응한 학생들의 역량은 비교적 비슷했으나, 지적 능력을 비롯하여 학력이나 환경 등 여러 가지가 대동소이한 학생들이었고, 단지 미래에 대한 포부(抱負)나 원대한 목표가 얼마나 확실한가의 차이만 있을 뿐이었다.

25년 후 대상자들의 상황은 이러했다.

목표가 확실한 원대한 포부를 품고 있던 참가자 3%에 달하는 대상자는 거의가 사회 각계각층에서 성공한 인사로 두각(頭角)을 나타내고 있었다.

또한 목표는 뚜렷하지만 단기적 목표를 가졌던 10%의 사람들은 사회적으로 중상류층을 유지했고, 목표가 모호(模糊)하고 확실하지 못한 사람들 60%는 중하위층에 속해 있었으며, 나머지 목표가 없었던 27%는 예상대로 하위층을 면하지 못한 것으로 나타났다.

동양에서 가장 많이 읽혔다는 논어(論語)의 공자(孔子, B.C.551~B.C.479)와 그 제자 염구(冉求, B.C.522~?)와의 대화에서도 이와 비슷한 말이 나온다.

염구가 스승 공자께 말씀을 드렸다.

"선생님께서 가르쳐 주시는 도리를 좋아하지 않는 것은 아닌데 저의 능력이 부족합니다."

이에 공자께서 대답하였다.

"冉求曰 非不說子之道 力不足也 子曰 力不足者 中道而廢 今女劃"

(염구왈 비불열자지도 역불족야 자왈 역불족자 중도이폐 금여획)

"능력이 부족한 사람은 하던 일을 도중에 그만두는 법인데 너는 지금 그 안에 못한다고 선을 긋고 있구나."

스승 공자의 뼈아픈 질책(叱責)이었다.

염구는 '스승님의 훌륭한 가르침을 무척 즐겨하고 좋아하기는 하지만 제 자신의 기량이나 역량이 못 미쳐서 따라갈 수 없다'고 항변(抗辯)한다.

공자는 안타까운 마음에 '그것은 하던 일을 중도에 포기하는 것이나 마찬가지다. 너는 지금 너 스스로를 너무 과소평가하여 능력에 한계를 짓고 있구나. 너는 해보지도 않고 너의 마음속에 이미 나는 부족해서 따라갈 수 없다고 선을 긋고 있다'고 나무란다.

우리에게 많이 알려진 조선 시대 양사언(楊士彦, 1517~1584)의 시조 '태산가'에서도 비슷한 이야기가 나온다.

태산이 높다하되 하늘 아래 뫼이로다.

오르고 또 오르면 못 오를리 없건마는

사람이 제 아니 오르고 뫼만 높다 하더라.

양사언은 태산이 아무리 높다 해도 산이기 때문에 하늘 아래에 있으므로 조금씩이라도 쉬지 않고 꾸준히 오른다면 언젠가는 오를 것인데, 사람들은 아래서 쳐다보면서 '저 높은 산을 언제 오를 것인가' 하며 지레 겁을 먹고 포기하며 시도조차 하지 않음이 안타까워서 노래하고 있는 것이다.

태산이 1.535m라고 하니 높기는 하지만 우리나라 지리산의 노고단보다 조금 높을 뿐이라 그렇게 높은 산은 아니다.

사람은 누구에게나 보이지 않는 엄청난 역량이 잠재되어 있다고 한다.

그러나 그런 긍정의 힘을 포기하고 사용하지 못하는 사람이 부지기수다. 아예 시도(試圖)조차도 하지 않는다.

어떤 일을 진행하다가 고난(苦難)을 만나더라도 '이 세상에 해결할 수 없는 일은 없다'고 믿으면 조금 더디기는 해도 해결된다.

이처럼 작은 일이라도 해결하고 나면 힘을 얻어 더 높은 목표를 불러 온다.

미국의 행동 심리학자인 지그 지글러(Zig Ziglar, 1926~2012)는 자신의 저서 『시도하지 않으면 아무것도 할 수 없다』에서 다음과 같이 말한다.

"그대는 아직도 주저하고 있는가? 오늘 변하지 않으면 당신은 더 이상 물러 설 곳이 없다."

'사람들이 성공하지 못하는 이유는 능력이 부족해서가 아니라 자신의 잠재 능력에 한계를 두고 있기 때문'이라 지적하고 있는 것이다.

공자가 말한 이미 긋고 있는 선(線)이나 지그 지글러가 말한 한계를 때려 부수는 인간만이 도약(跳躍)할 것이고, 이 시대가 요구하는 진정한 리더가 될 것이다.

부메랑 효과(Boomerang Effect)

'부메랑'은 '공중으로 던지면 되돌아오는 성질을 이용하여 만든 놀이 기구'로, '목표물을 향해 던지면 자기에게로 되돌아오는 특성'을 가졌으며, 사냥도구로도 쓰이는데, 여기에서 파생된 용어를 '부메랑 효과'(Boomerang Effect)라고 부른다.

그런데 요즘은 '긁어 부스럼을 만드는 일로 내가 던진 놀이 기구에 오히려 내가 맞을 수 있다'는 경고(警告)의 의미를 담고 있는 말로 사용된다.

이는 우리 사회 일상에서도 흔히 볼 수 있다.

특히 선진국의 원조로 개발도상국에서 만들어진 생산품이 현지 시장수요를 초과해서 선진국으로 역수출이 되면서, 원조했던 자국의 산업과 가격경쟁을 하는 현상을 초래하는 경우가 발생한다.

실제로 제2차 세계대전 후 미국을 비롯한 유럽의 선진국들이 패전국 일본에 자본재나 기술을 원조해 준 결과 일본에서 과잉 생산된 일부 품목들이 선진국으로 역수출되어 원조해 주었던 나라들이 위험해지는 현상이 벌어졌다.

또한 환경적인 측면에서도 인간에 의해서 파괴된 생태계(生態系)와 여러 가지 환경오염(環境汚染)을 만들어낸 것이 다시 인간에게 나쁜 영향을 미치는 경우도 인간들이 무분별(無分別)하게 만들어 간 대표적인 사례라 할 수 있다.

이런 현상들을 심리적 측면에서 본다면 '상대방의 설득이 오히려 역효과를 가져와 설득 의도와는 무관하게 반대로 행동하는 현상'을 나타낼 때도 '부메랑 효과'라는 용어를 사용한다.

어떤 일을 막상 내가 주관적으로 추진(推進)하려 하는데 누가 옆에서 내게 갑자기 그 일을 시키면 하기가 싫어지는 경우나 담배를 피우는 사람에게 담배를 못 피우게 하면 더 피우고 싶어지는 심리 같은 것들이다.

누군가 시키면 하기 싫어지는 것은 종속관계 같은 기분이 들기 때문이다.

일종의 청개구리 같은 심정으로 변화한다는 것이다.

일반적으로 이러한 반발심은 침해받는 내용이 중요한 것일수록, 자존심이나 권위의식(權威意識)이 강한 사람들에게 더욱 강하게 나타난다.

이 말의 유래는 반원형 나무로 된 투척(投擲) 놀이 기구인데, 우연히 던진 나무 지팡이가 되돌아오는 현상을 보고 고안해 낸 것으로 알려져 있다.

부메랑은 본래 호주 원주민인 아보리진(Aborigine)의 사냥도구였다.
새나 작은 짐승들을 사냥할 때 많이 썼으며, 전쟁 중에는 무기로도 사용하였다.
고대 이집트와 아프리카에서도 사냥용으로 많이 사용했으며, 아메리카 인디언과 인도에서도 사용한 것으로 알려져 있다.

그러므로 각 대륙에서 나름대로 사용해 왔으나 모양은 조금씩 다른 저마다의 특징이 있었다.
대부분은 목재의 평평하고 가늘고 긴 막대기 모양으로 전체적으로 구부러진 것이 보통이지만, 그 외에도 중간 부분이 구부러져 각도를 이루고 있다.
직경이 약 60cm 정도 되고 무게는 200g~800g 가량 된다.

일반적으로 부메랑은 던지면 다 돌아오는 것으로 생각하지만 모든 것이 돌아오는 성질만 갖고 있는 것은 아니다.
특히 전투에 사용한 것은 돌아오지 않는다.
그 이유는 적을 맞히지 못한 부메랑이 되돌아온다면 적에게 공격한 것과 마찬가지로 자신이 공격받기 때문이다.
가볍고 되돌아오는 것은 사냥용이며, 무겁고 되돌아오지 않는 것은 전투용으로 사용한다.

비슷한 말로 '자기가 만든 제품이 시장에서 전에 만든 자기 상품을 잠식하는 경우'가 있는데 이것은 '자기잠식 효과'(Cannibalization Effect)라고 한다.

흔히 '제살 깎아먹기'라고도 하는데 기업에서 흔히 볼 수 있는 현상이다.

특히 요즘 많은 판매를 하는 홈쇼핑 업체에서도 모바일 쇼핑 도입 이후 신규 고객이 늘어나기보다는 기존 TV 고객들이 단순히 모바일로 옮겨가는 현상도 자기잠식 효과의 대표적인 예라 할 수 있다.

부메랑 효과가 우리에게 주는 교훈은 '타인을 설득하고자 할 때는 지나친 강요나 그의 자유를 억압해서는 절대 안 된다'는 것인데, 이것은 설득이 아니라 그 사람의 의도(意圖)와는 전혀 상관이 없이 행동하는 촉매제(觸媒劑)가 되기 때문이다.

특히 자녀들을 설득함에 있어서 억압이나 체벌 같은 극단적 방법보다는 심리 상담사들의 도움을 받거나 자녀들의 의견을 존중해 주면서 타협점을 찾는 방법이 가장 이상적이지 않을까?

뷔리당의 당나귀 효과(Buridan's Ass Effect)

우리에게 자유의지(自由意志)가 있고 똑같은 두 가지가 존재(存在)할 때 어느 한 가지를 선택해야 한다면 어떻게 해야 할까?

'어느 한 가지를 선택하려고 할 때 선택하기가 매우 곤란'하다고 하는데, 이런 경우를 '뷔리당의 당나귀 효과'(Buridan's Ass Effect)라고 한다.

이는 프랑스 파리 대학 심리학과 교수 장 뷔리당(Jean Buridan, 1295~1363)이 제기한 하나의 역설(逆說)에서 유래되었다.

어떤 사람이 당나귀를 키우는데 이 당나귀는 주인을 닮은 듯 매우 이성적이었다. 하인이 당나귀에게 여물도 주고, 키우는 일은 거의 하인이 담당했다.

어느 날 하인도 할 일이 있어서 멀리 출타를 해야 했다.
하인은 고민하다가 자기가 올 때까지 당나귀가 먹고 마실 수 있도록 양쪽에 한 무더기씩 두 군데로 나누어서 여물과 물을 주고 볼일을 보러 떠났다.

하인이 일을 마치고 돌아와 보니 당나귀는 배가 고파 죽기 직전이었다.
하인은 당나귀를 보고 "이 멍청아 충분히 먹을 양이 있는데도 왜 이렇게 굶고 있니?" 하며 핀잔을 주었다.
하인이 정신을 차리고 살펴보니 당나귀는 양과 질이 똑같은 건초더미 가운데 서서 어느 한 쪽을 선택하지 못하고 있었다.

당나귀에게는 둘 중 하나를 선택할 수 있는 권리가 있었음에도 가치가 같았기 때문에 건드리지 못했던 것이다.

뷔리당은 이 상황을 다음과 같은 명제(命題)로 나타냈다.

"이성적인 당나귀 한 마리가 양과 질이 모두 똑같은 두 건초더미 사이에 있으면 결국 죽게 된다. 왜냐하면 그 당나귀는 도대체 어느 건초더미를 먼저 먹어야 하는지에 대해 어떤 이성적인 결정도 내리지 못하기 때문이다."

우리 인간의 입장에서 볼 때 이 당나귀는 어리석기 짝이 없다.

어차피 먹을 것인데 이 끼니에는 왼쪽 것을 먹고, 다음 끼니에는 오른쪽 것을 먹으면 될 것을 왜 고민할까?

그런데 그 당나귀는 하루 한 끼 식사조차 후회하지 않을 최선의 선택을 하고 싶었던 것이다.

뷔리당이 말한 이 역설은 '당시의 이성주의 사조를 비판하고 자신의 믿음을 변호'하고자 했던 것인데, '만약 누군가 지나치게 이성적이라면 밥을 굶는 뷔리당의 당나귀처럼 쉽게 결론을 내리지 못하는 결정 장애에 빠져 위기를 벗어나지 못하는 것'을 말한다.

심리학에서는 이처럼 '이해득실을 저울질만 하고 망설이며 결단내리지 못하는 경우'를 '뷔리당의 당나귀 효과'라고 한다.

실제로 극단적 이성주의가 존재할 확률은 매우 희박(稀薄)하다.

현대 심리학자들이 자주 말하는 것처럼 뷔리당의 당나귀 효과에서 이성에 대한 이해는 지나친 편협(偏狹)에 불과하다고 한다.

일반적으로 이성주의자들은 현재 상황의 틀을 벗어나 다른 선택을 하기 위해서 애를 쓴다.

우리 인간들이 어떤 일에 봉착(逢着)했을 때 망설이거나, 우유부단하여 과감하게 결정하지도 못하면서 자신이 이성적이고 신중한 결정자라고 스스로 생각하기도 하며, 신중하고 소극적인 모습을 세심(細心)하고 이성적(理性的)인 유비무환(有備無患)의 자세로 보기도 하지만, 우유부단한 사람은 언제나 선택 사이에서 확실한 결단을 내리지 못하고 배회(徘徊)하는 경우가 많다.

이런 이성주의자들은 선택 자체에 대한 두려움이 내면에 깔려 있다.

현실 세계에서는 양과 질이 똑같은 먹이는 실제로 존재하지 않는다.
두 개 중에 하나를 선택한다는 의미는 하나를 포기하는 것이고, 동시에 어쩔 수 없이 미지의 결말을 만나는 것을 뜻한다.
자신의 선택이 어떤 결과를 초래할 것인지 알 수 없고, 때에 따라서는 공포심도 존재하기 때문에 저울질을 할 수밖에 없다.

대부분의 선택은 충분한 시간을 주지 않는다.
그러나 어느 것도 선택하지 않으면 아무것도 얻지 못하는 경우가 많다.
사람들이 백화점에서 쇼핑을 할 때도 뷔리당의 당나귀 효과는 나타난다.
옷이 두 벌이 있는데 디자인은 조금 다르지만 둘 다 마음에 들었다.
두 벌 다 사고 싶은 욕심은 있지만 가진 돈으로는 한 벌만 살 수 있었다.
그때 이 옷 저 옷 만지며 고민만 하다가 차라리 사지 않고 포기해버리는 경우가 뷔리당의 당나귀의 선택과 무엇이 다르겠는가?

미국의 철학자인 윌리엄 제임스(William James, 1842~1910)는 "우유부단함이 습성화되어 있는 사람보다 불행한 사람은 없다."고 하면서, 결단을 내려야 할 때는 고민하지 말고 확실한 결단을 내려야 한다고 했다.
우유부단함과 신중함의 공통점은 둘 다 결정하기까지 고민(苦悶)과 시간이 필요하다는 것이다.
신중함은 결정을 내리기까지 정보를 이용하여 섣부른 결정을 유보하고 조심스럽게 행동하는 것을 의미하지만, 우유부단하게 되는 이유는 자신의 주관적인 판단이 부족하기 때문이다.

신중한 사람은 결정의 동기가 자기 주관(主觀)에서 오는 경우가 많으며, 우유부단한 사람들의 결정은 타인에게 기대어 오는 경우가 더 많다.
우유부단함을 고치려면 조금 느리더라도 자신감을 가지고 스스로 결정을 내리고, 혹여 잘못된 결과가 나오더라도 남 탓하지 않고 후회하지 않으며, 그 결정에 대한 책임을 지려고 만회(挽回)하기 위해 노력하면 된다.

스놉 효과(Snob Effect)

'어떤 특정 상품이 인기를 끌고, 대중화되어 다수의 사람들이 쓰게 되면 오히려 그 상품을 외면하는 경우'가 생긴다.

이러한 현상을 경제학에서 '스놉 효과'(Snob Effect)라고 부른다.

즉, '난 달라요'에서 오는 비 대중적 고급 지향의 개성(個性)을 추구하는 경향을 가진 소수의 집단에서 나타나는 현상으로, '나는 보통과 다르다'는 자신만의 개성을 추구하는 방식으로 고상(高尙)함을 과시(誇示)하고픈 심리로 인해 다수의 대중들이 많이 소비하는 상품에 대한 구매 의도는 감소하게 되는 '별종 근성'의 현상이다.

그들은 대부분 미적인 감각이나 자기의 독특한 개성을 드러내고자 하는 것도 아니고, 그렇다고 품질 완벽주의자도 아니면서, 단지 '타인과 차별되어 나타내고자 대중적인 것을 피하여 값비싼 소비를 지향하는 형태'를 말한다.

그들은 좋다고 소문이 난 제품이라 하더라도 많은 사람들이 갖고 있으면 구매하지 않는 것이 특징이다.

'SNOB'이란 '고상한 체하는 사람', 또는 '우월의식에 빠져 있는 사람'을 지칭하는 말인데, 우리말로는 '속물'(俗物) 정도로 옮겨볼 수 있는 단어다.

일부 경제학자들은 '속물 효과'라고 말하는 사람들도 있지만, 뜻은 모두 같다.

다수의 구매자가 구매하는 제품은 별 이유 없이 흔하다는 이유로 꺼리며, 그들과는 차별되고 우아(優雅)한 분위기를 풍기고 싶어서 제품을 구입하고, 특히 가격에 상관하지 않으며 차별화된 것만을 구매하고자 하는 구매 심리 효과라고 볼 수 있는 현상이다.

우리나라에도 속물근성이 낳은 빈센트 & 코(Vincent & Co)와 지오 모나코 (Gio Monaco) 사건이 있었는데, 일반 대중들이 쉽게 구매하기 힘든 명품을 선호하는 전형적인 '스놉 효과'의 심리를 이용한 사기극이었다.

2006년 서울 압구정동에 스위스 명품 시계 빈센트 & 코 매장을 개장했다.
판매자는 유명 연예인을 모델로 광고를 하였고 속물근성을 가진 일부 부유층 들이 몰려 많은 판매고를 올렸다.
나중에 알고 보니 판매자는 값싼 중국산 부품을 이용하여 만든 저가의 시계를 고가로 둔갑하여 사기극을 벌인 것이다.
구매자들은 '전 세계 인구의 1%만이 찬다'는 달콤한 문구에 현혹되어 이를 전혀 의심하지 않았다.

지오 모나코는 가짜 명품은 아니지만, 그렇다고 진짜 명품도 아닌 어정쩡한 포지션의 시계를 허위 과장 광고한 것이 문제가 되었다.
이 사건으로 인하여 한국 명품 시계 시장에 큰 충격이 있었지만, 마니아들의 안목을 더 성장시키는 긍정적 요인도 있었다.

스놉 효과가 나타나는 제품은 수요에 대한 가격(價格)의 탄력성(彈力性)이 매우 작은 편으로, 수요 곡선이 수직선에 가까운 기울기를 나타낸다.

즉, 가격이 크게 올라도 인기는 줄지 않으나, 가격이 떨어져서 대중들이 모두 살 수 있는 환경이 되면 구매자의 흥미(興味)를 잃게 하는 특징이 있다.

대체적으로 스놉 효과는 이런 경우에 가장 많이 발생한다.

첫째, 고급스러운 제품이 시장에 처음 나왔을 때 그 제품을 신속(迅速)하게 구매하는 형식으로 나타나는데, 그 순간에는 그 고급 제품을 소비(消費)하는 '영광'을 아무나 누릴 수 없기 때문이다.

둘째, 열광적(熱狂的)으로 좋아했던 제품이라도 그 제품의 시장 점유율이 어느 수준 이상으로 늘어나서 일반 대중 누구나 사용하는 일이 벌어지면 그 제품을 더 이상 구매하지 않는 상황이 발생하는데, 많은 사람들이 소유하고 있다면 더 이상 고급스럽지도 않고, 영광스럽지도 않기 때문이다.

이는 특정 상품에 대한 사람들의 수요가 다른 사람의 수요에 의해 영향을 받는 '네트워크 효과'(Network Effect)의 일종이다.

'스놉 효과'를 '자신이 남과는 다르게 고상하고 우아해 보인다고 여기는 백로'에 빗대어 '백로 효과'(白鷺效果)라고 부르는 학자들도 있다.

이는 우아한 백로처럼 남들과 다르게 보이려는 심리를 반영하는 반면, 같은 효과인데도 앞에서 언급한 '속물 효과'라고 부르기도 하니, 모두 같은 맥락이다.

우리나라 백화점에서 스놉 효과를 이용한 기업 마케팅 방식인 이른바 'VIP와 리미티드 에디션'이라는 것이 있다.

백화점에서는 일정액 이상을 구매한 고객에게 VIP(Very Important Person) 등급을 지정하여, 별도로 라운지 이용 혜택을 부여한다.

일반 소비자들은 VIP 등급의 혜택을 받기 위해, 기존 VIP들은 등급의 혜택을 계속 유지하며 누리기 위해서 더 많은 상품을 지속적으로 구매한다.

'리미티드 에디션'(Limited Edition)은 '특정 계절이나 특정 해에만 출시되는 한정 상품'을 말하는데, 어느 한 순간에만 살 수 있는 특별함을 부각시켜서 특별해 보이고 독보적(獨步的)이고 싶은 소비자의 욕구를 자극하는 전형적인 '스놉 효과'를 이용한 마케팅 방법이다.

스트라이샌드 효과(Streisand Effect)

사람은 하지 말라고 하면 더 하고 싶은 충동이 생긴다.

책(冊)도 금서(禁書)로 지정하면 더 읽고 싶은 것이 인간의 심리이다.

그것은 궁금증에서 오는 호기심의 작용이라고 볼 수 있는데, 온라인상에서도 어떤 정보를 숨기거나 삭제하려다가 오히려 사람들의 관심을 끌게 되어 처음에 생각했던 것과는 다르게 그 정보가 더 잘 퍼지는 역효과(逆效果)를 말한다.

이런 역효과를 미국의 유명한 가수이자 배우, 사회운동가로 잘 알려진 바브라 스트라이샌드의 이름을 인용하여 '스트라이샌드 효과'라고 한다.

바브라 스트라이샌드(Barbra Streisand, 1942~)는 1960년대에 한 가지도 받기 어렵다는 아카데미상을 비롯하여 골든글러브상·토니상·에미상·그래미상까지 석권(席卷)하였고, 그 당시 최고의 인기를 구가하던 배우 겸 가수이자 나중에는 사회운동가로도 명성을 얻은 인기인이었다.

그렇게 유명했던 사람의 인기도 세월이 지남에 따라 점점 쇠락해 가는데 2003년 미국의 사진작가 케네스 아델만(Kenneth Adelman, 1946~)이 캘리포니아 해안기록 프로젝트를 진행하는 과정에서 일이 벌어진다.

그는 파도로 침식되어가는 미국 서부해안선의 침식과정을 담기 위해 비행기를 타고 1만 2천 컷에 달하는 사진을 찍어서 분석했다.

그 과정에서 캘리포니아 말리브 해안의 절벽에 위치한 스트라이샌드 소유의 저택(邸宅)이 우연히 찍혔다.

아델만은 그 사실도 몰랐으며 단순히 해안선 침식과정을 분석하기 위한 자료였다. 그러나 이 사진들 속에 자기 소유의 저택이 찍혔다는 사실을 감지한 스트라이샌드는 사생활이 노출되는 것이 꽤나 신경 쓰이는 일이었다.

그래서 사진작가와 픽토피아닷컴에 자신의 저택 사진을 삭제해 달라고 요청했다. 그녀의 요청이 받아들여지지 않자 개인 사생활 침해로 5,000만 달러 규모의 법정 소송을 하기에 이른다.

그녀의 소송사건은 오히려 많은 사람들의 이목을 집중시키는 결과를 초래한다. 저택이 촬영된 사진은 파일공유 네트워크를 통해 순식간에 급속도로 퍼졌다. 소문이 나기 전에는 유명인의 저택인지 몰라서 다운로드 횟수는 6회에 불과했다. 그러나 소문이 퍼지자 한 달 사이에 무려 아델만 웹사이트 방문자는 42만 명에 이르렀다.

'소셜 미디어 상에서 본인에게 불리한 콘텐츠 삭제를 시도하려는 순간 오히려 그 자체가 이슈가 되어 폭발적으로 검색에 참여하려는 경향'을 이르는 단어에 스트라이샌드의 이름을 인용하여 '스트라이샌드 효과'(Streisand Effect)라는 이름이 탄생하기에 이른다.

이는 2005년 기술 트렌드와 비즈니스 뉴스, 저작권 이슈를 주로 다루는 블로그인 테크더트의 마이크마스닉이 자신의 블로그에 처음 소개를 하면서 널리 알려지게 되었다.

그렇다면 사람들은 왜 특정한 이슈가 화제에 오르면 그것을 더 열심히 찾아보고, 더 적극적으로 사람들에게 자랑하며 알리는 것일까?

우선 누구나 화젯거리가 되어 가치가 있으면 다른 사람들에게 전파하기 위해 더욱 검색에 열을 올리게 되는데, '스트라이샌드의 집이 얼마나 화려하면 법정 소송까지 해가며 삭제를 요청했을까?'가 궁금증으로 작용하여 작은 이야깃거리만 있어도 관심을 갖고 다른 사람에게 알리는 것이다.

또한 '이 콘텐츠가 삭제되면 자기만 보지 못하는 것 아닌가' 하며 시간이 지남에 따라 삭제(削除)될 수 있다는 아쉬움에 일부러 전파시키는 것이다.

이런 경우는 유명인뿐만 아니라 기업에서도 얼마든지 나타날 수 있으며, 광고(廣告)에 이용하는 경우도 많다.

어떤 식료품업체에서 한 직원이 공장 내 식품조리과정이 위생적이지 못하다고 사진을 찍어 블로그에 올렸다.
그러자 사람들이 댓글에 댓글을 달며 다른 소셜 미디어로 확산시키기 시작했다.
회사에서는 확산을 막기 위해서 콘텐츠를 지우며 감추려고 했지만 순식간에 다른 곳에 글이 올라가 버린다.
그곳에서는 삭제 권한이 사라져 그대로 놓고 볼 수밖에 없는 지경에 이르게 된다.

이처럼 소셜 미디어(Social Media)를 통한 확산(擴散)은 걷잡을 수 없다.
기업은 이런 내용이 올라가지 못하도록 미연에 방지하는 것이 최선책이다.

그런데 어떤 기업에서는 이 효과를 역이용(逆利用)하기도 한다.
이른바 19금 마케팅이다.
19세 이하의 청소년들은 영화를 보지 못하게 하는 검열제도를 이용해서 자사의 영화를 오히려 19금에 걸리도록 하는 작전으로, 오히려 사람들의 호기심을 자극하여 입소문을 타게 만드는 방법이다.
성인들이 19금에 걸린 영화를 더 즐기는 경향을 이용한 마케팅 전략이다.

소셜 미디어 시대에는 어설프게 감추려고 하면 오히려 더 드러나기 쉽다.
SNS는 활용 방법에 따라 잘 쓰면 성공할 수도 있지만, 잘못 쓰게 되면 망할 수도 있는 양면의 칼날이다.
이처럼 소셜 미디어는 파괴적(破壞的)인 위력(威力)을 가지고 있으므로, 내부의 직원은 물론이고, 고객들이 불만(不滿)을 갖지 않도록 항상 세심하게 주의해야 할 것이다.

스포트라이트 효과(Spotlight Effect)

사람들은 자기 외모와 행동을 여러 사람들이 유심히 관찰한다고 생각한다.
그러나 실제로는 별다른 생각을 하지 않으며, 별 관심을 갖지 않는다.
흔히 사람들은 다른 사람들이 자기에게 관심을 갖는다고 착각(錯覺)한다.
우리는 이것을 '스포트라이트 효과'(Spotlight Effect)라고 한다.
이 말은 우리가 불필요(不必要)한 착각에 빠진다거나 잘못된 예측(豫測)을
하지 않도록 하기 위해서 만들어진 심리학 용어다.

미국의 코넬 대학교 심리학 교수인 토머스 길로비치(Thomas D. Gilovich,
1954~)는 '스포트라이트 효과'에 대해 연구를 했다.

대부분의 사람들은 사람들이 가득한 방에 들어가게 되면 그들이 모두 자신을
쳐다보고 있다는 느낌을 갖는다.
길로비치 교수는 사람들이 보기에 민망하고 우스꽝스러운 티셔츠를 입은 실험
자를 많은 사람이 모여 있는 방에 들여보냈다.
눈에 확 띄는 셔츠를 통해 모두 쳐다보도록 스포트라이트 효과를 극대화하기
위해서였다.

직접 실험에 참가한 사람들은 방 안의 사람들 중 50% 이상이 민망한 티셔츠를
알아봤을 것으로 예측했으나 20% 정도만 민망함을 알아차리고, 나머지는 보지
않았거나 봤어도 느끼지 못했다는 것이다.

그 후 또 다른 실험에서는 현재 최고의 유행을 자랑하는 최신메이커로 누구나 입고 싶어 하는 멋진 티셔츠를 입고 방 안에 들어가게 했다.

그들도 절반 정도는 반응을 보일 것으로 예측했다.

그러나 눈여겨보고 반응을 보인 사람은 10%도 안 되는 7~8%였다고 한다.

대부분의 사람들은 민망할 정도의 옷을 입었더라도 눈치 채지 못하고, 설사 순간적으로 민망하게 보았더라도 별로 관심을 기울이지 않는 것으로 나타났다.

이처럼 자기와 특별한 관련이 없으면 별다른 관심을 기울이지 않는다.

많은 사람들은 '내가 하는 행동이나 외모를 남들이 유심히 관찰하며 나를 지켜보고 있다'고 착각한다.

비싼 가죽 코트를 입고 다닐 때도 사람들이 알아볼 것으로 생각하지만 그렇지 않고, 나 역시 다른 사람들의 옷차림에 별 관심을 갖지 않고 그냥 스쳐 지나가는 것도 마찬가지다.

우리가 어떤 특별한 옷을 입은 여자나 고급스러운 양복을 입었기 때문에 눈에 띄는 남자를 보았더라도, 그 일을 거의 기억하지 못할 것이다.

대부분의 사람들은 자기중심적 경향이 농후(濃厚)하다.

그렇기 때문에 실질적으로 다른 사람들에게 얼마나 관심을 기울이는지 가늠하기가 매우 어려울 뿐만 아니라, 특별하게 필요에 따라 관찰해야 할 이유가 아니면 거의 주목하지 않는 것이 인간의 심리다.

그래서 심리학자들은 '혼자만 우주에서 둥둥 떠다니는 존재'라고 말하기도 한다.

우리 주변에서 살펴보면 많은 사람들이 대중 앞에서 발표할 때 걱정이 가득하여 불안한 마음을 밖으로 표출하는 것을 자주 목격하게 된다.

이때 심리적인 압박감과 불안감에 시달리고, 온 몸이 경직(硬直)이 되면서 지나친 걱정으로 인해 얼굴에 홍조까지 생기기도 하는데, 이러한 현상들은 상대방의 관심이나 반응과는 상관없이 자신만의 착각에서 비롯된 현상일 뿐임을 깨달을 필요가 있다.

실제로 대중들은 자신이 생각하거나 느끼는 만큼 몰입해서 다른 사람을 보거나 평가하지 않으며, 비판에 특별히 관심을 기울이지도 않는다.

이런 경우도 '스포트라이트 효과'라고 보는데, '자기 자신이 깨닫지 못하고 너무 잘하려는 욕심 때문에 실수하지 않을까' 하는 과욕(過慾)이 앞서기 때문에 나타나는 현상이다.

우리가 불안하게 느끼는 이유는 나의 초조(焦燥)한 마음이 드러나서 다른 사람들에게 들키는 것이 싫기 때문에 더욱 초조하게 되는 것이다.

예를 들어 친구 개업식에 초대 받아 방문했는데 다른 사람들은 선물을 준비했거나 봉투를 내밀며 축하한다고 덕담을 하는데, 자기는 급하게 가면서 선물을 준비하지 못했을 때 자기 스스로 괴로워하며 다른 사람들에게도 창피해 한다.

그러나 다른 사람들은 그 일에 관심도 없고 당사자도 금방 잊어버린다.

자기 자신을 과대평가하여 괜히 죄스러운 마음과 스스로 위축된 모습만 보일 뿐이다.

예컨대 사람들은 자신의 행동, 외모, 그리고 등장으로 외부에 분명한 효과를 보낸다고 생각하지만, 주변에서는 거의 눈치 채지 못한다.

사람들은 긍정적인 면이든 부정적인 면이든 타인에 대해 관심을 가질 만하다고 여기지 않기 때문에 어느 누구도 당신을 시도 때도 없이 주목하지 않음을 알아야 한다.

어떤 단체나 자기가 속해 있는 그룹에서도 '내가 빠지면 이 단체는 똑바로 운영되기 힘들거야' 하면서 자기기만에 빠져 사는 사람들이 있다.

이런 경우도 스포트라이트 효과와 마찬가지다.

사람들은 우리가 다른 사람들에게 주는 인상에 관해서 다른 사람이 실제보다 우리에게 더 많은 주의를 기울이고 있다고 착각하고 산다.

자신감을 갖고 성찰(省察)의 시간을 가지면서, 있는 그대로의 자기 자신을 받아들이는 것이 스포트라이트 효과를 극복하는 가장 좋은 방법이다.

양떼 효과(Herding Effect)

'무리 속에서 혼자 뒤처져서 낙오되지 않을까' 하는 심리에서 오는 현상을 양떼에 비유해서 '양떼 효과'(Herding Effect)라고 한다.

원래는 주식 시장에서 유래했지만, 지금은 어디에서나 사용하는 용어다.

투자자가 주식거래 과정에서 학습과 모방을 통해 맹목적(盲目的)으로 다른 사람을 따라 하는 것을 양떼에 비유해서 나온 용어다.

현대 심리학자들은 이것을 다른 영역으로 확대하여 무리에서 낙오되지 않기 위해, 불안감을 해소하기 위해서 맹목적으로 따라할 때 사용한다.

즉, '다수의 무리를 따라 하여 같은 방향으로 변화하는 것'을 말한다.

양떼 효과를 무작정 따라 한다고 하여 '편승 효과'(Bandwagon Effect)라고도 하는데, 이 용어의 핵심은 '집단의 힘 앞에서 개인이 이성적인 판단을 포기하고 대중의 추세를 따라 가는 것'이다.

이때는 자신의 판단이 섰을 때도 주관적으로 불안감에 휩싸여 자기 의견이나 판단을 고려하기보다는 대중의 의견을 따라 할 수밖에 없는 경우다.

심리학 역사에서 유명한 솔로몬 애쉬(Solomon Eliot Asch, 1907~1996)의 실험은 양떼 효과를 잘 보여주는 심리학 실험이다.

미국의 심리학자 솔로몬 애쉬는 대학 캠퍼스 내에서 실험 참가자를 모집했다.

참가자들에게는 시력 검사를 한다고 하고 그룹 당 6명의 참가자를 모집하여 그 중 5명은 미리 짜 맞춘 바람잡이였고, 나머지 한 명만이 진정한 실험 참가자였다.

실험 대상자들에게 세로줄이 그려진 카드 한 장을 가지고 와서 이 세로줄과 다른 카드에 있는 3개의 세로줄 중에 어느 줄이 같은지 선택하게 했고, 이런 선택을 연이어서 18회나 반복해서 진행했다.

사실상 이 선들은 누가 보더라도 쉽게 판단할 수 있어서 뚜렷하게 구분할 수 있는 선의 길이였다.

2회 정도까지는 정상적으로 선의 길이를 선택했다.

그 후부터는 바람잡이 5명이 일부러 틀린 답을 제시하며 같은 목소리를 냈다.

그때부터 진짜 실험 대상자의 마음이 흔들리기 시작했다.

과연 나 자신을 믿고 내가 본대로 주관적으로 답을 해야 하는가 아니면 틀린 답이라도 여러 사람을 따라 해야 할까를 놓고 고민하게 된다.

결과는 놀랍게도 75%의 진짜 실험자가 틀린 줄 알면서도 바람잡이에 의해 잘못된 선택을 하는 것으로 나왔다.

솔로몬 애쉬가 동조 실험을 통해 말한 것처럼 이러한 현상은 사회 곳곳에서 흔하게 볼 수 있는 심리학 현상이라고 말했다.

그 중에서도 동조성(同調性)이 강할수록 자신의 의견에 자신감이 없어서 쉽게 주위의 암시에 영향을 받고, 나의 주관적 판단을 뒤로한 채 다른 사람 의견을 따라 하기 쉽다는 것이다.

군중심리(群衆心理)는 비정상적이고 복잡한 사회적 심리행동이다.

이런 이론이 나오기까지 역사적인 뿌리가 있다.

스위스 태생의 경제학 박사 롤프 도벨리(Rolf Dobelli, 1966~)는 베스트셀러 『스마트한 생각들』에서 과거(過去) 인간들의 진화 과정을 보면 군중심리가 생존에 가장 적합하다는 것을 증명하는데, 도벨리는 '인간들이 그렇게 하지 않았다면 그 유전자가 이미 사라졌을 것'이라고 말한다.

대중을 따라 하는 심리는 짐승에서도 나타나는데, 이 심리는 우리들의 저 깊은 내면에 자리 잡고 있다고 해도 과언(過言)이 아니다.

군중심리는 생존(生存)이 걸린 곳이 아니어도 작용하며, 일상생활에서도 자신의 생각을 무시하고, 군중심리에 쉽게 복종(服從)하는 사람들이 많다.

비즈니스 세계에서는 이러한 군중심리를 마케팅 전략에 많이 이용한다.

경마장처럼 빠른 승부에서 결정이 지어질 때는 불안하고 초조한 생각 때문에 배당률이 적더라도 군중을 따라 할 확률이 높다.

일반인들은 경마지식이 부족하므로 이성적 판단에 이길 가능성이 가장 많은 말에게 돈을 건다.

당연한 방식인데 어느 말이 이길 가능성이 가장 높은가?

그 전의 배당률을 보기 때문이다.

경마장의 배당률은 도박꾼들이 건 돈에 따라 배당률이 정해지고, 배당률이 점점 낮아질수록 배팅하는 사람이 많아지고 그 말이 얻은 판돈은 높아진다.

그러므로 프로 도박꾼들은 먼저 이길 확률이 가장 높은 말을 선택하고 그다음에는 이길 확률이 가장 낮은 말을 찾는다.

그리고 그 열등한 말에 돈을 걸어서 배당률을 낮추고 이 말을 이길 가능성이 보이도록 바람을 잡는 것이나 마찬가지다.

이때 사람들이 군중심리에 의해 이 말에 돈을 걸기 시작한다.

결국은 진짜 이길 확률이 높은 말이 우승하게 되고 도박꾼들이 벌어들인 돈은 그들이 군중심리를 조성하기 위해 열악한 말에 투자했던 것을 상쇄(相殺)하고도 많은 이익을 취하게 된다.

심리학자들은 '어떤 일에 임했을 때는 스스로 분석하며 대처를 해야지 무작정 군중을 따라 하면 낭패(狼狽)를 보게 된다'고 했다.

대중의 행동이 옳은 길이면 따라 하는 것이 당연시(當然視) 되지만, 대중의 행동이 이성적이지 못할 때는 신중하라고 조언한다.

우리는 독립적이고 주체적으로 사고(思考)하는 정신을 가져야 하며, 대중의 행동을 목적 없이 따라 하는 것은 조심해야 할 것이다.

그러므로 설령 본전(本錢)을 날리는 한이 있더라도 주체적인 심리상태가 건강한 심리상태이며, 지혜로운 생존 방식이라고 말한다.

웃음의 효과

소문만복래(笑門萬福來)는 예전부터 내려오는 우리나라 대표 격언(格言)이다.

이 말을 '직역(直譯)'하면 '웃고 사는 집에 많은 복이 문으로 들어온다'이고, 우리말로 쉽게 표현하면 '웃으면 복이 온다'는 것이며, 풀어서 해석한다면 '삶이 어렵고 힘들지만 그 힘든 속에서도 웃음을 찾고, 웃을 일이 없을지라도 억지로라도 웃고 살면 복이 들어온다'는 의미라고 할 수 있다.

MBC 문화방송이 개국된 지 얼마 되지 않아서 '웃으면 복이 와요'라는 제목의 프로그램이 방송되었고, 그 프로그램이 전파를 탄 이후 17년이나 시청자들에게 큰 인기를 얻어 장수 프로그램으로 자리를 잡았는데, 그때는 놀이거리도 지금보다 빈약하고 삶 자체가 고된 시절이라 방송을 통해 삶의 애환(哀歡)을 달래주고, 희망의 메시지를 주기 위한 취지로 기획된 듯하다.

웃으면 실제로 복이 오고, 또한 건강에 도움이 될까?

결론부터 말하자면, 학자들은 한결같이 '분명히 도움이 된다'고 주장한다.

'웃음이 건강에 도움이 된다'는 이론은 미국 스탠퍼드 대학 정신과 의사인 윌리엄 프라이(William Fly)로부터 체계화(體系化)된 이론이다.

그는 '유치원에 다니는 아이들은 하루에 300번이나 웃고, 성인들은 하루에 17회 정도 웃는다'는 것을 발견했는데, 그것만 보더라도 삶의 활력과 건강은 웃음과 밀접한 관계를 유지하고 있음이 증명된 것이라고 할 수 있다.

이탈리아 로마 린다 대학의 리 버크(Lee Burke)와 스탠리 탠(Stanley Tan)은 '웃음 자체가 면역 기능에 미치는 긍정적인 효과'를 입증했고, 이를 계기로 '웃음 치료'(Laughter Therapy)라는 새로운 긍정적 치료 방법이 본격화 되었다.

그 후 우리나라에서도 암 환자를 비롯한 만성 질환자를 대상으로 웃음 치료가 이루어지고 있으며, 대부분의 대형 병원에서는 환자 치료 프로그램에 웃음 치료를 포함해서 구성하고 있다.

사람들은 한결같이 반문을 한다.

"웃음이 좋다는 것을 알지만, 웃을 일이 있어야 웃을 것 아닙니까?"

"웃기지도 않는데 억지로 웃을 수도 없고, 설령 억지로 웃는다고 해도 자신이 비참해지지는 않을까요?"

"이런 쓴 웃음도 건강에 도움이 될까요?"

심리학자들에 따르면 억지로라도 웃을 수만 있다면 도움이 된다고 한다.

19세기 말에 활약했던 심리학자 윌리엄 제임스(William James, 1842~1910)는 '감정이 먼저 있고 얼굴 표정을 짓게 되는 것이 아니라 외부 자극에 의해 표정이 반사적으로 나타나고 그 표정이 사람마다 느끼는 감정을 주관하게 된다'고 하는데, 이 이론을 '안면 피드백 가설'(Facial Feedback Hypothesis)이라고 한다.

1988년 독일의 심리학자 프리츠 슈트라크, 레너드 마틴 그리고 자비네 스테퍼는 피험자들에게 한 그룹은 볼펜을 코와 윗입술 사이에 물게 하고, 나머지 그룹은 볼펜을 위 아래 어금니 사이에 물게 했다.

한 그룹은 찡그리게 하고, 한 그룹은 얼굴을 펴도록 해서 두 그룹에게 같은 만화를 보여준 뒤 얼마나 흥미롭게 봤는지 평가해 보도록 한 것이다.

이 실험에서 '어금니에 볼펜을 물고 만화를 본 사람이 훨씬 더 재미있게 보았다'는 흥미로운 결과가 나왔는데, 볼펜을 코와 입술 사이에 물게 되면 자연히 찡그리게 되는 반면에, 어금니에 물면 억지로라도 웃게 되므로 더 긍정적으로 보게 된다는 결론이다.

이와 비슷한 다른 실험도 있었다.

두 그룹에게 헤드폰을 끼고 같은 음악을 듣게 하면서 한 그룹은 고개를 위 아래로 끄덕이면서 듣게 하고, 다른 그룹에게는 고개를 좌우로 흔들며 듣게 하는 실험이었다.

고개를 위 아래로 끄덕이는 것은 세계 공통의 언어로 긍정을 나타내며, 좌우로 흔드는 몸짓은 부정을 나타내는데, 이 실험 결과 고개를 끄덕이며 음악을 들은 사람은 곡의 종류에 상관없이 긍정적인 평가를 내렸고, 좌우로 흔들면서 들은 그룹은 부정적인 평가를 더 많이 내렸다.

더 나아가 상품을 프레젠테이션(Presentation;시청각 설명회)을 할 때도 화면을 어떻게 움직이느냐에 따라 반응이 다르게 나타나는데, 화면이 위 아래로 움직일 때 반응이 좋지 않게 나오고, 화면이 좌우로 움직이면 고개도 좌우로 움직이므로 좋은 평가를 얻었다는 것이다.

사람은 어려서는 부모가 주신 얼굴 모습으로 살지만, 나이 40이 넘으면 얼굴 모습도 자기가 책임을 져야 한다고 한다.

많이 웃고 매사를 긍정적으로 바라보면 항상 즐거운 표정이 만들어지고, 웃음을 멀리 하는 사람은 항상 표정이 굳어질 수밖에 없고, 더욱이 나이가 들어갈수록 얼굴 근육이 굳어져 지나온 삶의 애환이 표정에 나타난다.

일생동안 얼마나 즐거운 일이 많았는지 얼굴에 미소가 자리 잡은 사람이 있고, 근심 걱정에 시달려서 찡그린 상태로 굳어진 사람도 있다.

앞의 실험 결과처럼 억지로라도 웃고 살면 미소 자체가 몸에 배어들면서 그 표정이 복을 불러들이고, 매사에 불만이 가득하여 자신도 모르게 얼굴을 찌푸리다 보면 사람들이 싫어함은 물론이고 복은 저 멀리 달아날 것이다.

우리가 긍정적인 마음으로 항상 미소를 잃지 않고 살아간다면 우리에게 건강하고 행복한 삶과 더불어 복도 함께 다가오지 않을까?

워비곤 호수 효과(Lake Wobegon Effect)

"당신의 운전 실력은 어느 정도 되는가?"
"회사에서 당신의 기여도는 어느 정도인가?"

이렇게 물으면 약 80~90%의 사람들이 잘하는 편이라고 생각한다.
실제보다 30~40%의 사람들이 스스로를 과대평가하고 있다는 결론이다.
세계 어느 나라나 거의 비슷한 결과가 나타난다고 한다.

실제로 유명 강사가 강의 전에 '당신의 운전 실력이 평균보다 잘한다고
생각하십니까, 아니면 못한다고 생각하십니까?' 질문하면 거의 80~90%가
평균 이상이라고 대답한다는 것이다.

이처럼 자신을 과대평가하는 경우를 '과신 오류(Overconfidence Effect)라고 한다.

미국의 풍자 작가 개리슨 케일러(Garrison Keillor, 1942~)는 라디오 드라마를
목적으로 '워비곤 호수'(Lake Wobegon)라는 가상의 마을을 만들었다.

다른 지역 사람들과 다른 특별함이 없음에도 이 마을의 여자들은 자기가
스스로 힘이 세다고 생각하고, 남자들은 모두 보통 사람들보다 잘생겼다고
생각했으며, 아이들도 평균보다 월등하게 능력이 있다고 생각하였다.

사실은 그렇지 않았지만, 이 지역 사람들은 그렇게 믿고 있었던 것이다.

이 드라마가 히트를 치면서 '과신 효과' 또는 '기만적 효과'라고도 하며,
드라마의 이름을 넣어 '워비곤 호수 효과'(Lake Wobegon Effect)라고 하였다.

'메타인지'(Metacognition)라는 말이 있다.

즉, '나의 능력은 얼마인가'에 대한 판단이다.

인간은 어느 누구나 자기를 사랑하는 마음이 강해서 스스로를 믿는 경향이 있으나, 자신의 능력을 객관적으로 보고 자신이 감당할 수 있는 범위를 정확하게 안다면, 성공하는 데 많은 도움이 될 것이다.

자기 자신을 객관적으로 바라볼 필요를 느끼지만, 결코 쉽지 않은 문제이기 때문에 남녀 구분 없이 누구나 과신 오류에 빠질 수 있다.

프랑스에서 남자들에게 "당신의 애인에게 당신은 어떤 존재입니까?"라고 물으면 응답자의 84%가 '자신은 평균보다 더 좋은 애인'이라고 답했다.

일반적으로 평균은 50%를 말한다고 보면, 무려 34%가 자신을 과신하고 있다는 말이다.

직장에서도 사원들을 평가할 때 약 20% 정도를 우수 사원으로 분류한다.

그러나 사원들에게 직접 설문조사를 해보면 80% 정도가 스스로를 우수 사원이라고 답하며, 미국에서는 90% 이상이 자기 기여도가 평균보다 생산적이며 상회한다고 답했다.

우리나라에서도 2008년에 잡 코리아가 비몬즈와 함께 구직자 2,013명을 대상으로 조사한 통계에 따르면 '나는 평균보다 우수한 인재'라고 생각하는 사람이 70% 정도 되었는데, 그 중에서 77.4%는 자신이 한 일에 대한 보상으로 연봉이 못 미친다고 불평을 털어놓기도 했다는 것이다.

미국의 중소기업이 5년 동안 살아남을 확률은 지난 100여 년 평균 35%에 불과했으나 경영자들은 '롱런할 확률이 어느 정도 되겠느냐'는 질문에 60%가 '우리 회사는 성공해서 살아남을 것'이라고 답했다.

이 결과에 대해 심리학자 대니얼 카너먼 교수는 '사회적으로 비관주의보다 낙관주의자가 더 높은 평가를 받고 불확실성보다는 자신감이 더욱 인정받기 때문에 자기 과신의 오류가 나타난다'며 '이를 완화시킬 수는 있으나 완전히 없앨 수는 없는 게 대다수 인간의 특성'이라고 주장했다.

전문가나 비전문가 할 것 없이 누구나 과신 오류에 빠진다는 것이다.

1929년 미국 경제학의 아버지로 불리던 경제학자 어빙 피셔(Irving Fisher, 1867~1947)는 대공황이 터지기 며칠 전까지도 "미국 경제는 호황의 입구에 들어섰다."고 주장했는데, 이러한 그의 주장이 아킬레스건이 되어 '경제학자 중 가장 바보 같은 실수를 남겼다'는 오명(汚名)을 쓰게 된다.

이처럼 세계적인 전문가들이 보통 사람들보다 더 과신 오류에 빠진 예는 수도 없이 많다.

경제 전문가라고 해도 향후 5년 동안의 석유가격을 예측하는 데 있어서 예측이 빗나가는 경우는 비일비재하다.

그것도 엄청난 과신을 하면서 틀린다는 사실이다.

그러나 경제학자들은 빗나간 예측을 이해한다고 한다.

단언(斷言)하지 못하고 중간에서 어정쩡하게 결단(決斷)하지 못하는 학자는 대부분 도태(淘汰)되기 때문에 자기주장이 틀리더라도 확신(確信)에 찬 것처럼 주장할 수밖에 없는 일이다.

상황이 급속하게 변화하는 현대 사회에서 제한된 정보를 토대로 정해진 시간 내에 확실한 예측을 한다는 것은 결코 쉬운 일이 아니다.

그러므로 자신의 직관이나 과거의 경험에 의존하여 결론을 내릴 수밖에 없는 한계에 부딪치게 된다.

아무리 주의를 하고 심사숙고(深思熟考)해도 과신 오류의 벽을 넘어서기는 쉽지 않다.

이스라엘 출신의 심리학자 탈리 샤롯(Tali Sharot)은 '낙관주의 편향은 인간 진화의 산물'이라고 주장한다.

낙관주의자(樂觀主義者)들은 스트레스를 줄이기도 하고, 자연재해 · 전염병 · 전쟁 같은 인간사의 많은 일들을 견뎌내는 데는 낙관주의가 좋다고 말한다.

월렌다 효과(Wallenda Effect)

'월렌다 효과'(Wallenda Effect)는 '실패에 대한 걱정을 많이 하는 사람이 그렇지 않은 사람보다 실패할 확률이 높다'는 이론이다.

'칼 월렌다'(Karl Wallenda, 1905~1978)는 역사상 세계 최고의 외줄타기 명수(名手)이며, 현재는 그의 손자인 '닉 월렌다'(Nik Wallenda, 1979~)가 최고를 자랑한다.

월렌다의 외줄타기는 실수가 없고 정교함을 뽐내며 누구도 그를 이길 수 없을 정도로 외줄타기에는 타의 추종을 불허하는 세계 최고의 실력을 자랑했다.

그런 월렌다도 나이가 들면서 실패에 대한 두려움이 점점 몰려오기 시작했고, 73세에 고별 서커스 공연을 마친 후에 은퇴하기로 결심했다.

고별 서커스 공연 장소는 미국의 남부 도미니카 공화국 옆에 있는 섬 푸에르토리코의 해변 도시 산후안으로 정했다.

월렌다는 그동안 줄타기에 대해서 최고의 자신감을 가지고 있었지만, 고별 공연 일정을 잡고난 후 마지막 공연이라고 생각하니 긴장도 되면서 실패에 대한 불안감이 몰려왔음에도 약속을 어길 수 없어서 공연을 강행하기로 했다.

그는 여느 공연 때와 마찬가지로 중간지점에서 난이도 보통 정도 되는 묘기를 보이다가 수십 미터 되는 계곡으로 추락해서 사망하고 만다.

월렌다가 사망한 사건이 있은 지 얼마 후에 그의 아내는 이렇게 말했다.

"저는 이번 공연에서 우리 남편에게 무슨 일이 있을 것이라고 예상했습니다. 다른 때와 달리 공연 날을 잡아놓고 '이번 공연은 정말 잘해야 할 텐데' 하며 자주 말을 했었거든요. 이전에는 수많은 공연을 하면서도 이처럼 자신감이 없었던 적은 없었어요. 이번 공연은 작별 공연이다 보니 더 잘하고 싶어 했고, 그래서인지 공연에 집중할 수 없었어요. 실패할까봐 걱정이 억눌렸던 거죠. 그분이 외줄 타는 것만 생각하고 실패를 생각하지 않았다면 이런 일은 발생하지 않았을 겁니다."

그 후 심리학자들은 '심리적으로 부담을 많이 갖게 되면 꼬리에 꼬리를 물고 근심 걱정이 가중되는 심리 상태'를 '월렌다 심리 상태'라고 불렀고, 나중에는 '월렌다 효과'라고 명명하여 부르게 되었다.

걱정은 걱정을 낳게 되고, 걱정은 부정적 에너지를 소모하게 한다.

미국의 GE 전 회장 잭 웰치(Jack Welch, 1935~2020)는 자신감에 3S를 말한다. 속도(Speed) · 간소화(Simplicity) · 자신감(Self-Confidence)이 역동적으로 작동할 때 발전의 동력이 되며, 세상을 살아감에 있어서 성공의 발판이라고 한다.

자신에 대한 신념이 없다면 다른 사람에게도 약하게 보일 수밖에 없다.

조금 부족하더라도 무슨 일을 하든지 적극적으로 나서서 부딪치고 나서 용기를 보일 때 주위 사람들이 인정을 해준다.

용기 없는 태도를 보이기 시작하면 주위 사람들이 실망하기 일쑤다.

자신감이 없는 사람에게는 기대도 하지 않고, 도와주지도 않는다.

최근에는 월렌다의 이야기 외에 심리학과 뇌 과학자들의 자신감에 관한 여러 가지 논문이 나와 있다.

'자신의 능력에 대한 믿음은 성과로 이어진다'고 보는 것이다.

사람들은 보통 스트레스는 적절한 긴장감(緊張感)을 유발하며 삶의 동력이 된다고 말하지만, 스트레스는 '양날의 칼'이라고 본다.

본래 스트레스는 원시 시대에 사자나 호랑이 같은 맹수가 공격할 것에 대한 공포에서 시작되었으나 지금은 맹수가 공격을 하지 않아도 공격할 것처럼 우리는 스트레스를 받고 살아간다.

스트레스 심리학의 원조인 한스 셀리에(Hans Selye, 1907~1982)는 심리학자 겸 정신과 의사로 스트레스를 유익한 스트레스와 해로운 스트레스로 구분했다.

유익한 스트레스는 사람을 즐겁게 하며, 생활을 효과적으로 돕고, 동기를 부여할 수 있는 반면 해로운 스트레스는 무기력 · 의기소침 · 실망감 등의 감정을 느끼게 해서 심적으로나 신체적으로 악영향을 미친다는 것이다.

월렌다 효과는 후자에 속한다.

이는 비이성적인 스트레스로 그 근원은 대부분 개인의 이해득실(利害得失)만 따지는 심리 상태에서 비롯된다.

즉, 자기 스스로 실패할 것을 걱정해 이를 성공으로 이끌 것이 아니라 실패 후의 상황과 실패에 대한 부담감이 작용하여 끊임없이 걱정이 앞선다.

그래서 실패로 돌아갈 확률이 높다는 것이다.

월렌다 효과의 극복 방법은 의외로 간단하다.

고도의 긴장으로 인한 스트레스가 장기간의 훈련을 무너뜨리며 형성하는 무의식적 반응이다.

이른바 '숙련은 연습에서 온다'는 말이 있다.

갑자기 상황이 바뀔 때 고도의 기술이 연마된 사람은 의식적으로 올바른 대처를 하는데, 이는 운에 의한 것이 아니라 피땀으로 이루어진 훈련에서 얻은 잠재의식(潛在意識)이라는 것이다.

'실패하면 어쩌나' 하고 걱정하는 심리는 현재 자기 일에 집중하지 못하고 실패 후의 부담을 생각하거나, 자신감이 부족해서 능력이 못 미친다거나 둘 중 한 가지일 가능성이 크다.

월렌다 효과를 극복하기 위해서 먼저, 자신감을 갖고 주어진 조건하에서 최선을 다했을 때 성공할 확률이 높아지며, 만약 실패한다고 해도 최선을 다했기 때문에 후회는 없을 것이다.

진인사대천명(盡人事待天命)이라는 말이 있다.

'인간으로서 해야 할 일을 다 하고, 하늘의 명을 기다리라'는 이야기다.

우리에게 가장 잘 맞는 말이다.

이케아 효과(IKEA Effect)

'이케아 효과'(IKEA Effect)는 저렴하고 단순한 디자인으로 소비자들의 이목을 끄는 스웨덴 가구업체 '이케아'(IKEA)의 이름에서 유래된 현대 마케팅 방식 중 하나인데, 유럽 스칸디나비아(Scandinavia) 특유의 디자인이나 저렴한 가격, 또한 소비자가 직접 운반하고 제작해서 제품에 대한 애착을 갖도록 만드는 새로운 방식으로 유명해졌다.

'이케아'(IKEA)는 세계 45개국에 390여 개의 매장을 가지고 있으며, 각종 가구를 비롯한 커튼·조명·그릇·욕실용품·문구류까지 생활용품을 거의 갖추고 있으며, 제2차 세계대전 이후 스웨덴의 잉바르 캄프라드(Ingvar Kamprad, 1926~2018)가 신혼부부들이 전쟁 후 열악(劣惡)한 상황 때문에 가구를 구입하는 데 어려움을 겪고 있다는 사실에 착안(着眼)해서 설립했다.

가구 가격이 비싼 이유는 품질의 차이도 있겠지만, 경쟁이 활발하지 못했던 당시의 가구 소매업자들이 높은 마진(margin)을 부과하기 때문임을 알게 되었다.

캄프라드는 품질 좋은 가구를 싼값에 공급할 수 있는 방법을 고민하다 몇 가지 방법을 생각해 냈다.

첫째, 매장이 도시 외곽으로 빠지면 싼 땅값으로 인해서 대형 매장을 지을 수 있어 비용을 절감한다.

둘째, 가구는 조립식으로 설계해서 부피를 최소화하므로 운반비를 낮춘다.

셋째, 넓은 매장의 조립된 가구를 직접 보고 구매를 결정하게 한 후, 창고에서 가구비용을 직접 결제하고 차에 실어 집으로 가져가므로 배송비용을 대폭 줄인다.

넷째, 고객이 스스로 가구를 조립하게 함으로써 제조업자와 판매점은 비용을 대폭 낮출 수 있다.

마지막으로, 이케아는 마진은 낮지만 매출양이 많아 박리다매의 전략에 역점을 두어 경쟁업체들보다 약 20~30% 저렴하게 판매해도 많은 이익을 남길 수 있다는 경영마인드다.

이처럼 이케아는 '누구나 쉽게 조립할 수 있도록 설계를 해서 거부감이 들지 않도록 한 것'이 특징인데, 쉽게 조립하도록 만들기 위해서는 무게를 줄여야 함으로 재료비도 감소하게 되지만, 무엇보다도 자신이 손수 공들여 이룬 성취감을 맛보고 자부심을 갖게 만들어 다른 비싼 가구보다도 더욱 애착(愛着)을 갖게 된다는 것에 역점을 두었다.

자신이 손수 완성한 가구이므로 심리적 만족감이 각별한 것이다.

미국 하버드 대학의 마이클 노튼(Michael Irwin Norton, 1975~) 교수와 듀크 대학의 댄 애리얼리(Dan Ariely, 1967~) 교수가 실험을 통해서 이 효과를 설명했는데, 실험에서 참가자들에게 종이접기를 시키고 완성한 작품을 경매에 붙이도록 했다.

그런데 흥미롭게도 상당수의 참가자들이 높은 값을 지불하더라도 자신의 작품을 자신이 낙찰 받고 싶어 한다는 사실을 발견하였다.

이는 사람들이 '자기 손으로 직접 만든 것에 대해 특별한 애착을 갖는다'는 것을 의미한다.

노튼 교수는 "직접 노동을 하면 그 결과물에 대한 애정이 생기는 인지적 편향 현상이 발생한다."고 했다.

가구를 직접 조립한 아빠의 입장에서 보면 가족에게 자존감을 어필할 수 있는 좋은 기회도 되고, 아이들의 입장에서 보면 아버지가 직접 조립한 세상에서 유일한 가구로 인식되어 모든 가족들이 특별한 애정을 갖는다는 것이다.

그러나 한편으로 '자신감이 부족할수록 이케아 효과의 영향을 받을 가능성이 크다'고 지적하기도 했다.

오늘날에도 수많은 기업들이 이케아 효과를 벤치마킹(bench-marking)해서 많이 응용하고 있다.

모든 것을 판매점에서 다 해주기보다는 최종 완성 전 단계에서 제품을 판매하는 계기가 되었으며, 요즘 셀프(self) 주유소가 많은데, 셀프 주유소도 이케아 효과의 일환(一環)이다.

인건비를 줄이기 위해 셀프를 유도하는데, 시발(始發)은 이케아 효과에서 아이디어를 얻었다고 한다.

패스트푸드(Fast Food;주문하면 즉시 나오는 음식) 시대에 슬로푸드(Slow Food;천천히 시간을 들여서 만들고 먹는 음식)에 주목하듯이, 무조건 편리함을 추구하기보다는 약간의 불편함을 제품 판매의 소구점(訴求點;기업이 자사 제품에 대해 관심을 갖도록 호소하는 방법)으로 삼는 것이다.

정보 제시 순서 효과

우리는 여러 가지를 한꺼번에 말할 때 우호적(友好的)인 것 즉, 자기가 가장 좋아하고 즐기는 것부터 말한다.

우리나라와 일본과의 관계를 설명할 때는 항상 '한일관계'라고 말한다.

한국 · 중국 · 일본을 말할 때는 '한중일 삼국'이라고 말한다.

물론 한국 · 미국 · 일본을 말할 때도 '한미일'이라고 한다.

우리는 일본과 이웃 나라인데도 왜 일본을 좋지 않게 생각할까?

역사적으로 우리나라가 일본에게 핍박을 받았던 뼈아픈 기억 때문이기도 하지만, 우리 국민들은 정서적으로도 스포츠 경기에서 일본을 이기면 다른 나라를 이긴 것보다 훨씬 더 즐거워한다.

이처럼 먼저 이름을 말하는 것은 '정보 제시 순서의 효과'가 있다.

대부분의 경우 먼저 제시된 정보가 전체적으로 보이는 상황에 크게 영향을 주게 되고, 나중에 제시되는 정보일수록 정보의 효과가 점점 약화되는 경향이 있기 때문이다.

미국의 심리학자들이 재미있는 실험을 했다.

피험자들을 두 그룹으로 나누고 어떤 한 사람의 인물에 대해 설명을 했다.

A그룹의 피험자들에게는 이 사람은 매우 지적이며→근면 성실하고→비판력이 뛰어나지만→충동적이며→완고하고→질투가 심하다고 소개했다.

이어서 B그룹 피험자들에게는 질투가 심하고→완고하고→충동적이지만→비판력이 뛰어나고→근면 성실하며→매우 지적이라고 설명했다.

이에 A그룹 사람들은 그 인물을 유능하고 매우 성공적인 사람으로 받아들였다.

그러나 B그룹 참가자들은 같은 인물인데도 좋지 않은 인상을 갖게 되었다.

두 그룹 모두 '비판력이 뛰어나다'는 설명을 들었지만 A그룹 사람들은 지적인 비판으로 이해하는 반면 B그룹 사람들은 질투어린 비난으로 받아들였다.

우리는 이 실험을 통해 '첫인상이 그 사람의 전체적인 인상을 결정하는 데 중대한 영향을 미친다'는 것을 알 수 있다.

이와 비슷한 또 다른 심리학자들의 실험을 하나 더 보자.

미국의 심리학자 켈리는 강사가 강의를 시작하기 전에 그 강사에 대해서 A반에게는 '다정하다'고 소개했고, 다른 B반에게는 '냉정하다'는 정보를 전달했다. 그리고 시간차는 있지만 한 사람이 같은 주제로 거의 같은 강의를 했음에도 불구하고 전혀 다른 반응이 나왔다.

강의가 끝나고 학생들에게 강사의 인상에 대해 A반 B반 모두에게 같은 질문으로 설문조사를 했다.

결과는 다정하다고 소개했던 A반 학생들은 강사에게 호감을 갖고 진지하게 강의를 경청했다는 학생이 많았고, B반 학생들은 같은 강의를 들었으나 냉정하다는 선입견 때문이었는지 큰 호응을 얻지 못하고 그냥 보통의 강의였다고 대답했다는 것이다.

이 실험에서도 '첫인상이 그 사람을 평가하는 데 중대한 영향을 미친다'는 것을 알 수 있다.

우리는 '정보를 어떻게 전달하느냐에 따라 반응이 현저하게 바뀌는 것'을 실험을 통해서 확인했다.

'정보의 제시 순서 효과'는 아니지만 장부 기입 방법에서 즉, 대차대조표(貸借對照表)나 손익계산서(損益計算書)를 작성할 때도 순서가 정해져 있다.

기입 순서는 현금화 되는 속도가 빠른 것부터 써 내려가는 것이 보이지 않는 약속이다.

이런 배열 방식을 '유동성 배열법'(Current Arrangement)이라고 한다.
부동산 등의 고정자산(固定資産)이 맨 뒤로 밀린다.
그 이유는 현금화 되는 속도가 가장 늦기 때문이다.
같은 내 자산이지만 어느 곳에 투자를 하거나 특정 상품을 매입하고자 할 때 대부분의 결제는 현금으로 이루어지기 때문이다.

남성들에게 '마음속에 담아둔 아름다운 여인을 생각해 보라'고 했을 때 대다수의 남성들은 아마도 첫사랑을 떠올릴 것이다.
시간이 흘러 성인이 되었을 때도 첫사랑을 간직하는 사람이 많다고 한다.
또한 기성세대들은 태어나서 가장 처음으로 먹었던 짜장면이나 피자 등, 제일 먼저 접했던 것의 기억은 평생 사라지지 않는다고 한다.
이것도 정보 제시 순서의 일환이라고 할 수 있다.

자존감 효과(Self-Esteem Effect)

심리학의 거두(巨頭) 지그문트 프로이드(Sigmunt Freud)는 『꿈의 해석』에서 '자존감 효과'(Self-Esteem Effect)에 대해 처음으로 언급했다.

프로이드는 "인간의 삶에서 가장 큰 욕구는 두 가지다. 성적인 욕구와 위대한 인물로 인정받고자 하는 자존감 욕구다."라고 말했다.

미국의 실용주의 철학자 존 듀이(Jone Dewey, 1859~1952)도 "자존감은 인간의 간절한 욕구다."라고 말했는데, 나중에는 데일 카네기(Dale Carnegie)가 『인간관계론』에서 확대 · 발전시켰으며, 카네기의 트레이드마크(trademark) 같은 대인관계 소통학의 중요한 기반이 되었다.

카네기의 저서 『인간관계론』에서 1940년대 미국 경찰 총수인 마로니는 '범법자들이 체포되면 변호사 접견보다도 자기들 스스로를 '영웅'(英雄)이라 표현한 신문을 읽을 수 있게 해달라고 요구하는 특이한 현상'을 발견했다.

자신의 사진이 유명 인사들과 같은 지면에 있는 것을 봤을 때 자신들의 과오를 잊어버리고 마치 위대한 일이라도 한 것처럼 착각을 한다는 것이다.

인간은 작은 것일지라도 '다른 사람들에게 인정받고 존중받기를 원하는 기본적인 욕구'를 가지고 있는데, 이것을 '자존감'(self-esteem)이라고 한다.

사람들은 자신에 대한 타인의 생각을 매우 민감하고 중요하게 받아들인다.

데일 카네기의 인간관계 이론 중 다른 사람의 자존감을 만족시키는 것은 중요한 소통(疏通)의 수단(手段)이고, 다른 사람이 나로 인하여 만족을 얻게 되면 그 사람 역시도 나를 인정한다는 것이다.

물론 자존감을 얻는 방식은 여러 가지가 있으나, 하나의 법칙과도 같이 '내가 베풀면 부메랑처럼 돌아온다'는 것을 말해준다.

'자존감'을 '자기 효능감 · 자기 조절감 · 자기 안전감'으로 말하기도 한다.

학자들의 말에 따르면 '자기 효능감'은 '자신이 사회에 얼마나 쓸모 있는 사람인지 느끼는 것'을 의미한다.

현재 우리 사회에서는 이 효능감(效能感)을 가장 강조한다.

사회적으로 알아주는 직업을 가졌다거나 직장에서 능력을 인정받으면, 당연히 자존감이 높을 것이라고 생각한다는 것이다.

두 번째는 '자기 조절감'으로, '자기 마음대로 하고 싶은 본능'을 의미한다.

이것이 충족되어야 자존감도 높아진다는 것이다.

누구나 다 아는 수도권의 좋은 학군에서 공부하고 이른바 명문(名門)으로 꼽히는 SKY까지 나온 사람들이 상대적으로 자존감이 높을 것이라고 생각하지만, 시골에서 자유분방(自由奔放)하게 뛰놀면서 자란 사람보다도 자존감이 떨어지는 경우는 얼마든지 있다.

세 번째로, '자기 안전감'은 자존감의 바탕이 된다.

가진 것이 별로 없지만 자존감만큼은 높은 사람들이 얼마든지 있다.

이런 부류의 사람들은 보통 사람들보다 심리적으로 안전하고 편안함을 느끼는 능력이 고취(鼓吹)되어 있거나, 트라우마(trauma)나 애정 결핍(愛情缺乏) 같은 정서적 불안감은 거의 느끼지 못한다.

인간은 삶 속에서 선택을 해야만 할 때가 있다.

A, B, C 세 개를 놓고 골라야 한다.

예를 들어 점심 때 중화요리 집을 갔다고 가정해 보자.

우동 · 짜장 · 짬뽕 세 가지 중에서 하나를 선택해야 하는데, 어느 것을 선택하든지 자기가 싫어하지 않는 것이면 거기서 거기다.

그런데 직장 상사가 선택하면 "나도요!" 하면서 따라가기 일쑤다.

물론 인생의 큰 갈림길과 점심 식사 메뉴가 주는 중압감은 현저하게 다르다.

그러나 남이 대신 선택하면 만족도가 떨어지는 것은 당연지사(當然之事)다.

결과가 좋게 나와도 기쁨은 100% 만족하지 못한다.

성공의 기분이 타인에게 있기 때문이다.

그런데도 우리는 남에게 의지하려는 경향이 있다.

주체성이 결여되었다는 것을 알면서도 자꾸 미루고 의존하려고 한다.

그 이유는 결정에 책임이 따르기 때문이다.

스스로 내린 결정의 지분이 100이라고 봤을 때 남이 내린 결정은 70~80 정도밖에 되지 않는다.

나쁜 결과가 나오더라도 책임 역시 70~80만 떠안으면 되기 때문이다.

남이 나 대신에 결정을 내려주거나 남의 결정에 참여하면 잘못된 결과에 대한 압박감이 덜하다는 이야기다.

그래서 사람들은 자신의 판단을 믿으려고 하지 않는다.

낮은 자존감이 방어기제(防禦機制)로 작용하는 것이다.

권위가 떨어져도 그만큼 책임을 피할 수 있는 셈이다.

그 결과는 발전을 저해하는 요소가 된다.

좋지 못한 결과를 얻었어도 두려워하지 않으니 또다시 범하게 된다.

처음부터 본인이 판단하고, 잘못된 결과에 대해 책임을 느껴야 한다.

100이라는 고통을 느끼면서 후회하는 실수를 반복하지 않아야 한다.

사람들의 사교적 행동 중에서 타인의 자존감을 만족시키는 것은 중요한 원칙 중의 하나다.

모든 사람들은 다른 사람들이 자신들의 생각과 의사를 존중해 주기를 원하는데, 우리가 이 욕구를 인정하면 더욱 더 사랑과 인정을 받을 수 있고, 다른 사람에게 보답(報答)을 받을 수도 있다.

이는 타인의 자존감을 만족시키는 과정에서 치르는 어떤 대가보다도 클 것이다.

요즘 신조어로 '근자감'(根自感)이라는 말을 많이 한다.

이는 '근거 없는 자신감'을 말하는데 '스스로 자신감을 가지라'는 말이다.

남자는 84%가 평균보다 상회(上廻)한다고 믿고 있으며, 여자들은 79%가 평균보다 예쁘거나 잘한다고 생각한다는 것이다.

남들보다 나를 더 알아달라고 하기 전에 자기 자신의 역량(力量)을 키우면 자존감도 상승될 것이다.

초두 효과(Primary Effect)

'초두 효과'는 '사람은 첫인상이 중요하다'고 하는 일종의 심리적 효과다.

처음에 얻은 정보가 나중에 얻은 정보보다 먼저 각인(刻印)이 되어 기억이 잘되는 까닭에 영향을 많이 미친다는 말이다.

그래서 '첫인상 효과'라고 부르기도 한다.

서로 상반된 정보가 시간 간격을 두고 주어진다면 정보 처리 과정에서 처음 정보가 나중 정보보다 영향력이 더 중요하게 작용한다는 것을 말한다.

처음 제공된 정보가 나중에 들어오는 정보 처리의 지침이 되고 전반적인 맥락을 제공한다고 보기 때문이다.

독일의 심리학자 헤르만 에빙하우스(Hermann Ebbinghaus, 1851~1909)가 1913년 자신을 피험자로 삼아 실험한 기억 실험을 발표한 『기억에 관하여』에서 처음으로 사용했다.

이것은 '에빙하우스의 망각 곡선'(Ebbinghaus's Forgetting Curve)으로 유명하다.

그는 '인간의 기억은 시간에 반비례하고, 학습 후 10분 뒤부터 망각되기 시작한다'고 말한다.

미국 심리학자 솔로몬 아시(Solomon E. Asch, 1907~1996)는 1946년 실험에서 피험자에게 어떤 사람을 묘사하는 여섯 가지 형용사를 듣고, 그 사람을 평가해 보라고 했다.

한 쪽 피험자들은 '영리하다, 부지런하다, 충동적이다, 비판적이다, 고집 불통이다, 시기심이 강하다'는 말을 듣고 평가했으며, 다른 피험자들에게는 '시기심이 강하다, 고집불통이다, 비판적이다, 충동적이다, 부지런하다, 영리하다'로 같은 말이지만 순서가 바뀐 형용사 목록을 들려주었다.

그 다음에 모든 피험자들에게 인물 평가서를 작성하게 했다.
말하자면 '그 사람이 얼마나 행복할 것인가, 얼마나 사교적일 것인가' 등의 항목을 평가하는 방식이었다.
긍정적으로 시작하는 첫 번째 목록을 들은 피험자들은 부정적인 형용사로 시작하는 두 번째 목록을 들은 피험자들보다 평가 대상을 훨씬 좋게 보았다.
이처럼 '나중 것보다 처음의 것이 더 큰 영향을 미친다'는 것이다.

심리학자들은 두 가지로 말한다.
첫 번째로, 피험자들은 첫 단어를 들을 때부터 마음속으로 평가대상을 그려 나가기 시작했을 것이다.
그 다음에, 그들은 그림에 맞는 이차적 결과로 단어들을 만들어 내려고 했다.

평가 대상이 '영리하고 근면하다'고 들은 사람은 그 다음에 오는 '충동적 이다'라는 말까지도 자발성(自發性)을 나타낸다고 보고 좋게 여겼을 것이지만, '시기심이 강하고 고집불통'이란 말을 먼저 들은 피험자들은 '충동적이다'를 '생각 없이 무모하게 행동한다'는 뜻으로 받아들였을 것이다.
또한 사람들이 자료에 몰두하면서 차츰 주의력이 흩어지기 시작하므로 처음에 등장하는 것이 나중에 등장하는 것보다 더 큰 영향을 행사한다고 본 것이다.

세계적인 남녀 데이트 주선업체가 있다.
"It's Just Lunch"(점심만 먹어요)는 오히려 그 초두 효과를 배제한 영업 전략으로 큰 성공을 거두었다.

사람들이 첫인상만 보고 판단을 내리지 않도록 도와준 것이 성공의 비결이었다는 것이다.

이 업체를 창업하여 성공시킨 아이린 라코타는 이렇게 말한다.

"저희는 고객들에게 사진을 보여주지 않습니다. 앞으로도 그렇게 하지 않을 거고요. 고객들 특히 남자들은 항상 사진을 요구하는데 저희가 거절하면 왜 사진을 보여주지 않는 거죠? 하면서 강하게 요구하지만, 사진을 본다고 하더라도 가치 있는 정보를 알 수 없어요. 관계의 가장 중요한 두 가지는 서로 얼마나 잘 맞고 잘 이해하느냐 인데, 그런 면에서 사진은 전혀 도움이 되지 않아요. 살아 있는 사람을 만나 냄새를 맡고 느껴야지 그렇지 않고는 정말 무엇이 중요한지 전혀 감을 잡을 수 없습니다."

뿐만 아니라 요즘은 사진을 보정하는 경우가 많아서 실물을 보는 것이 훨씬 좋다고 설득한다.

그렇다.
첫인상에 너무 얽매이지 않는 것이 좋다.
이 초두 효과 때문에 수많은 젊은이들이 양악 성형수술을 한다고 한다.
우리나라의 '빨리빨리 문화'가 첫인상 즉, 초두 효과를 부채질하는 것은 아닐까?

칵테일파티 효과(Cocktail Party Effect)

'여러 가지 수많은 복잡한 정보들 중에서도 본인에게 의미가 있거나 유리한 정보만을 선택적으로 듣거나 받아들이는 현상'을 '칵테일파티 효과'라고 한다.

시끄러운 파티 장소에 많은 사람들이 모여서 대화를 하는 중에 나에게 필요하지 않은 이야기는 큰소리로 말해도 귀에 잘 들어오지 않을 뿐더러 관심도 없지만, 누가 나를 부른다거나 나에 대한 이야기는 놓치지 않는다.

즉, 본인이 흥미(興味)를 갖게 되면 선택적으로 들을 수 있다는 이야기다.

도시의 아파트나 공동주택에서 흔히 층간 소음 문제로 다툼이 생기는 경우가 발생하는데, 이때 이해하기보다는 스트레스를 더 받기 일쑤다.

점차적으로 스트레스가 쌓이다 보면 상대방의 입장에서 헤아리기보다는 내 입장만 고집하다보니 이웃 간에 폭력으로 이어지는 경우도 생긴다.

그러나 실제로 실태 조사를 해보면 피해자의 말과는 달리 엄청난 소음이 아닌 경우가 더 많은 이유는 사람들마다 소음으로 인해 받는 스트레스의 정도가 다르기 때문인데, 소음이 머릿속에 스트레스로 각인되기 시작하면 작은 소리에도 민감하게 반응하게 된다는 것이다.

이 칵테일파티 효과를 이론으로 체계화시킨 사람은 영국의 인지 과학자 콜린 체리(Edward Colin Cherry, 1914~1979)이다.

그는 1953년 청각실험을 통해 칵테일파티 효과라고 알려져 있는 현상에 관해서 처음으로 구체화시켜 보고했다.

'시끄러운 파티장의 소음들 중에서도 마주 서 있는 사람들끼리는 대화가 가능하고, 누군가가 자신의 이름을 부르면 즉각 알아듣고 반응하는 현상'을 비유해서 이런 이름을 붙였다.

콜린 체리가 주목한 관심사는 '여러 사람의 대화가 동시에 들리는 상황에서 어떻게 자기에게 관심 있는 이야기는 알아들을 수 있을까?'였다.

그 이유는 자기만의 선택적 지각(選擇的 知覺)이 있기 때문이다.

이는 감각기억(感覺記憶, Sensory Memory) 덕분인데, 감각기억은 청각(聽覺)에서 일어나는 잔향기억(殘響記憶)과 시각(視覺)에서 일어나는 영상기억(映像記憶)으로 구분되며, '칵테일파티 효과는 잔향기억에서 일어난다'는 것이다.

칵테일파티 효과를 실감할 수 있는 최상의 방법은 자신이 참석한 회의를 테이프 리코더(Tape Recorder)로 녹음을 해서 들어보면 잘 알 수 있다.

일본의 심리학자 사이토 이사무(Isamu Saito, 1943~)는 이렇게 말한다.

"회의 중에는 듣지 못했던 의자 소리나 문소리는 확실히 들리는 반면 회의 때는 잘만 들리던 발언자의 목소리는 거의 들리지 않는다. 테이프 리코더는 음성을 기록하는 데는 편리하지만 소리를 선택하는 능력에 있어서는 인간의 귀가 훨씬 우수하다. 이런 능력이 있기 때문에 소음이 가득한 환경에서도 잘 적응할 수 있는 것이다."

이 세상의 모든 것을 다 아우를 것 같은 스마트폰도 그 점에서는 인간의 능력을 능가(凌駕)할 수 없다.

이 효과 때문에 사람은 소음이 심한 곳에서도 자기에게 유리한 소리를 골라서 선택적으로 들을 수 있지만, 스마트폰은 그것이 아직은 되지 않기 때문에 과제로 남아 있다.

음성 인식을 탑재한 스마트폰의 판매량은 늘고 있지만, 아직도 개선해야 할 점이 많이 남아 있다는 것이다.

아파트 층간 소음으로 인한 갈등도 이 칵테일파티 효과와 관련이 있다.

실제로 한국 환경 공단 '층간소음 이웃사이 센터' 관계자의 말을 빌리면, '가내 수공업 소음으로 시달린다는 민원을 접수하여 실태 파악을 해 보면 거의 신고자의 말과 다르다'고 한다.

이와 관련해서 학자들은 다음과 같이 말한다.

"윗집은 갈등이 길어지면 아랫집이 과민 반응을 한다고 의심하기 시작한다. 나름대로 소음을 줄여보려고 노력해도 항의는 계속되기 때문이다. 이때 아랫집은 실제로 고통을 겪는 경우가 대부분이다. 한 번 소음을 느끼기 시작하면 그 소리 자체에 예민해져 스트레스를 받게 되는데, 이것도 칵테일파티 효과인 것이다. 윗집의 특정 소음을 오래 듣고 있다 보면 스트레스로 작용해서 그 소음이 더욱 크게 들리는 것이다."

의사가 청진기를 통해서 나는 소리를 일반인보다 더 잘 듣는 것도 같은 원리다.

선택적 지각 문제는 대인관계에서도 문제가 생길 수 있는 여지(餘地)가 있다.

열등감(劣等感)이 많은 사람은 선택적 지각으로 인해 다른 사람이 아무런 의미 없이 한 행동에 대해 자신을 무시한 행동이라는 오해를 하는 경향이 있고, 선택적 지각이 과(過)하면 망상증(妄想症) 환자가 될 수도 있다는 것이다.

이처럼 장단점이 있는 칵테일파티 효과는 시끄러운 곳에서도 듣고 싶은 소리만 들을 수 있는 능력을 인간의 축복이라고 봐도 무방(無妨)하겠지만, 정보의 편식을 조장하는 인터넷 칵테일파티 효과는 사회적 소통을 어렵게 만듦으로 지양(止揚)해야 될 것으로 보인다.

쿨레쇼프 효과(Kuleshov Effect)

세상은 정말 아는 만큼만 보일까?
'눈에 보이는 것은 자기 내면의 세계와 매치(match)된다'는 말이 있다.
같은 장면을 두고도 전후의 이미지에 따라 관객이 느끼는 감정은 다르다.

구소련의 유명한 영화감독인 레프 블라디미로비치 쿨레쇼프(Lev Vladimirovich Kuleshov, 1899~1970)는 무표정한 배우의 표정을 클로즈업(close-up)하여 영화 속 세계를 각각 다른 장면으로 만들어 관객들에게 보여주었고, 관중들은 배우들의 세밀한 연기에 찬사를 보냈다는 일종의 '영화효과'이다.

1920년대 모스크바 국립영화학교에서 쿨레쇼프는 스타배우 이반 모주힌(Ivan Mosjoukine, 1889~1939)을 데리고 무표정한 얼굴로 아이의 시체를 넣은 관, 감수성이 예민한 소녀, 식탁에 놓인 음식과 병치시켜 의미의 변화를 살폈다.

관객들은 '모주힌이 식탁 음식 앞에 있을 때는 배가 고파 보였고, 관속의 어린 아이를 보고 있을 때는 얼굴이 슬퍼 보였으며, 감수성(感受性)이 예민한 소녀일 때는 밝고 명랑해 보인다'는 것을 확인할 수 있었다.

같은 무표정임에도 불구하고 전후 장면이 달라지면 이처럼 상이(相異)한 효과가 나타난다는 것을 알게 되었다.

'쿨레쇼프 효과'(Kuleshov Effect)가 일어나게 된 이유는 관객들이 자신들의 경험과 눈앞의 화면을 통해서 연상(聯想)을 일으켰기 때문이다.

쿨레쇼프는 이 실험으로 '문맥에 의한 쇼트의 연결에 따라 의미가 다양하게 변화된다'는 것을 주장하게 된다.

이 개념이 '쇼트의 충돌이 새로운 의미를 빚어낸다'는 '소비에트 몽타주 이론'(Soviet Montage Theory)의 기초적 토대를 제공했다.

소비에트 몽타주의 원리는 여기에서 기원(基源)이 된 것이다.

우리가 다양한 인간관계를 통해 어쩔 수 없이 겪게 되는 수많은 갈등의 대부분은 이처럼 쿨레쇼프 효과의 영향이 미치는 경우가 비일비재하다.

상대방에게 악의가 없음에도 순간순간 우리 기분에 따라 그 사람의 저의(底意)를 의심하며, 그 의심이 지속되어 고착화(固着化) 되는 경우가 많은데, 그럴 때 속내를 모르는 상태에서는 상처를 받게 되며, 나중에라도 풀려서 해결이 되면 다행이지만, 해결되지 않고 평생 가는 경우도 있다.

만약 후배가 나를 무시하는 경향이 있다고 생각되거나 연인의 부모님이 나를 싫어한다는 생각이 든다면, 상대의 본심을 다시 한 번 숙고(熟考)해서 고민해 볼 필요가 있는데, 상대방의 의도를 확실하게 파악하지 못해서 고독하고, 홀로 상처받고 있는 것은 아닌지 돌이켜 볼 필요가 있다는 말이다.

그것만으로도 인간관계에서 오는 스트레스를 해결할 수 있을 것이다.

1886년 음료로 명성을 떨친 코카콜라가 출시되면서 곧바로 소비자들로부터 환영을 받았다.

1920년경 코카콜라는 서양에서는 명품으로 자리 잡았으나 동양에는 아직 진출하지 못했다.

그런데 이 무렵 중국에 처음으로 코카콜라가 입성하였으나 서양에서 소비자들에게 환영을 받은 것만큼 반응을 얻지는 못한 탓에 잘 팔리지 않았다.

중국시장에서는 그냥 그저 그런 음료수에 불과했던 것이다.

마케팅부에서는 고민을 하다가 직원을 직접 파견해 원인을 분석하기에 이른다.

시장조사를 하면서 중국어로 번역된 이름에 원인이 있음을 발견하였다.

외국어는 한자로 쓰려면 가차(假借:임시로 음만 빌려 씀)로 사용해야 한다.

그때까지 코카콜라를 중국어로 부른 것이 '蝌蚪啃蠟'(과과긍납)인데, 우리말로 발음하면 대충 '커또우컨러' 정도 된다.

'蝌'(과)는 '올챙이'라는 뜻이므로 끈적끈적한 올챙이를 상상하게 된다.
설령 전혀 상관없는 코카콜라의 음절이라 하더라도 대중의 반감을 막지는 못했다.

이유를 알아낸 직원들은 이미지 변신에 대한 고민을 거듭하다가 내용물은 같으나 생소한 새로운 이름으로 변신(變身) 시켜서 중국시장에 들여오게 된다. 그 이름이 현재 통용되는 '可口可樂(가구가락)'인데, 그것을 우리말로 읽으면 '커코우커러'로 발음된다.
중국어 의미로는 '마시면 즐겁다'로 해석되니, 내용물은 같지만 확연히 다른 정서적 반응을 보이기 시작했고, 물론 판매량도 폭발적으로 증가했다.

이 사례가 전형적인 쿨레쇼프 효과를 보여주는 케이스라고 할 수 있다.
이 사례는 다국적 기업들의 현지화 전략을 이끌어 내는 데 모범(模範)이 되었으며, 큰 의미를 제공하는 대표적인 예시가 되었다.

어떤 상표를 만들거나 설계할 때, 상품명을 고를 때 사람들이 쉽게 접근할 수 있게 해야 하지만 중요한 지표(指標) 한 가지가 더 있는데, 각 문화권마다 방식이 다르므로 아름답거나 재미있는 연상을 이끌어 내는 '쿨레쇼프 효과'를 잘 활용하는 것이다.
소비자의 눈으로 보면 상품의 명칭이나 상표를 그 상품에 표시하는 것이 간단한 것은 아니지만 정서반응(情緒反應)을 반영하는 경우가 많고, 이러한 것들이 구매자의 욕구 심리에 커다란 영향을 미치기 때문이다.

경제학의 근본은 '합리적(合理的)으로 행동하는 것'이라고 한다.
그러나 심리학적으로 '사람은 본래 이성적이지 않고 수많은 감정요인이 인간의 인지 결과에 영향을 미친다'고 보고 있다.
그러므로 결국은 우리가 보는 세상은 자기 자신의 내면에 있는 심리가 투영(投影)된다는 것을 알 수 있다.

크레스피 효과(Crespi Effect)

공부하기 싫어하는 아이에게 공부를 강요(强要)할 때 보통 당근과 채찍을 함께 사용한다.

아이에게 현재를 희생하면 미래에 얻을 수 있는 청사진(靑寫眞)을 이야기 해도 그 반응은 신통치 않고, 전에 몰랐던 것을 하나씩 알아 가면 즐겁다는 것을 이야기해도 눈만 깜빡거릴 뿐 역시 별로 잘 받아들이지 못한다.

부모들이 처음에는 공부 안 하는 아이를 야단치다가, 다른 한편으로는 성적이 오르면 좋아하는 선물을 사주겠다고 약속을 한다.

아이를 달래는 가장 초보적인 방법 중 한 가지인 것이다.

그런데 현재는 선물로 달랬지만 다음에는 무엇으로 달랠 것인가?

시간이 갈수록 선물의 값은 올라가게 되고, 앞으로는 어떻게 감당해야 할지 걱정이 되기도 한다.

아이를 키워본 부모들은 누구든지 이런 경험이 있을 것이다.

회사에서 우수한 사원에게 특별보너스를 주거나 해외여행을 보내주거나, 갖가지 방법으로 사원들의 사기를 올리려 해도 점점 사원들의 기대심리만 높아질 뿐이지, 이런 노력들은 영속적(永續的)인 효과를 나타내지 못한다.

미국의 심리학자 레오 크레스피(Leo P. Crespi, 1916~2008)는 '당근과 채찍이 효과를 나타내기 위해서는 점점 강도가 올라가야만 한다'는 이론을 체계적 으로 수립하였다.

그는 쥐에게 미로 찾기를 시키면서, A집단의 쥐에게는 성공할 때마다 쥐가 좋아하는 먹이 하나씩을 주고, 다른 그룹 B집단의 쥐에게는 5개씩을 주었다. 그 결과 B집단의 쥐가 미로 속에서 길을 빨리 찾았다.

이처럼 여러 번의 반복된 실험을 거친 후에 A집단은 1개에서 5개로 늘리고, B집단은 반대로 5개에서 1개로 줄였다.
그 결과 A집단은 처음 먹이를 5개씩 받던 B집단보다 훨씬 빨리 미로를 탈출했다.
반면에 B집단 그룹의 쥐들은 처음에 1개씩 받던 쥐들보다 훨씬 낮은 반응을 보였다.
결론은 '지금 얼마나 받느냐'는 절대적인 양이 아니라, '이전에 비해서 상대적으로 얼마나 많이 받느냐'에 따라 그 결과가 달라진다는 것이다.

크레스피는 자신의 실험 결과를 근거로 미국의 전통적인 팁(tip) 제도에 대해 반대 운동을 벌인 것으로 유명하다.

팁은 손님이 종업원들에게 친절한 서비스를 조금 더 받기 위해서 주는 인센티브(incentive)인 셈인데, 이런 행위가 반복되면서 팁 문화가 당연시되고, 팁을 받지 못하면 자존심이 상할 수도 있기 때문이라고 주장했다.
보상을 줌으로써 내가 원하는 행동을 이끌어 내기 위해서는 보상 내용을 점점 더 좋은 것으로 상향할 수밖에 없고, 그나마 계속 받아오던 보상을 못 받게 되면 이전보다 부정적인 결과를 초래하는 것으로 보았다.
반대로 벌을 주면서 행동을 조절하려 한다면 점점 벌의 강도를 높여야만 현 상태를 유지한다는 것과 마찬가지다.

요즘은 학교에서 체벌(體罰)이 금지되어 있고, 이에 대한 찬반양론이 첨예(尖銳)한데 만약에 크레스피 효과를 체벌에 적용한다면 패배로 나갈 수밖에 없을 것이다.
체벌을 계속해 왔다면 체벌의 강도는 더욱 강해졌을 것이고, 한 아이의 잘못 때문에 모든 친구들이 함께 벌 받으면서 연대 책임을 지게 될 것이다.

요즘 정치권에서도 복지공약을 남발하고 있다.

물론 현실에 맞는 공약도 있지만 표퓰리즘(票-populism:선거 때 표를 얻기 위한 인기영합주의를 말한 신조어)이라고 비난 받을 공약을 무분별하게 내놓을 때가 있다.

여당이나 야당 모두 공약을 내놓고는 있지만 어느 정당이든 '더 많이, 더 높게, 더 넓게'라는 구호로 표심만 자극할 뿐이지, 그 정당의 현재 정책에 만족해서 당을 지지하는 사람은 한 사람도 없을 것이다.

이런 것도 일종의 '크레스피 효과'(Crespi Effect)로 보인다.

어떤 일을 진행하면서 보상으로 주는 인센티브는 그것에 대한 동기 부여(動機附與)를 하는 것이다.

동기 부여는 본인의 욕구가 충족될 때 열정을 쏟아 부어 일을 해내는데, 사람마다 관심과 욕구가 달라서 욕구를 발현(發現)하는 방법도 다르다.

이 세상에 돈을 싫어하는 사람은 아무도 없다.

그러나 욕구를 돈으로만 채워주기보다는 자신감을 가질 수 있도록 동기 부여를 하는 것도 보상 방법이라고 생각하는데, 근원적 동기 부여는 본인이 추구하는 가치나 성취감이라고 보는 학자들도 많다.

그런데 이것은 사람마다 받아들이는 입장에 따라서 다르기 때문에 간단하면서도 어려운 측면이 있다.

스스로에게 질문해 보자.

나는 무엇에 가장 높은 가치를 두는가?

나는 무엇을 할 때 가장 행복한가?

어떤 사람은 누군가에게 도움을 주었다고 생각하면 가치를 느끼고, 또 어떤 사람은 내가 세상에 조금이라도 도움이 되어 변화해 간다는 생각에 가치를 느끼는 사람도 있다.

최고의 성취(成就)는 내 마음을 설레게 하는 성취감을 맛보았을 때 최고의 가치(價值)가 있는 것이 아닐까?

틀 효과(Framing Effect)

갑자기 비가 내리기 시작하면 우산을 판매하는 사람들이 등장한다.

일회용 비닐우산을 판매한다고 할 때 '우산의 가격을 어떻게 부르는가'에 따라서 판매고가 현저하게 달라진다'는 것을 알 수 있다.

우산의 가격이 삼천 원이라면 "삼천 원! 삼천 원!" 하고 소리치는 것보다 "천 원짜리 세 장 삼천 원입니다!"라고 외치면 사람들이 훨씬 많이 산다는 것이다.

사실상 같은 가격이지만 "천 원짜리 세 장 삼천 원입니다!"라고 외치면 '세 장'이라는 말이 앞에 붙어도 사람들에게 쉽게 영향을 미쳐서 판매고를 높일 수 있다는 것이다.

이처럼 '동일한 현상 가운데 다른 표현으로 문제 해결과 의사 결정에 영향을 미치는 현상'을 '틀 효과'(Framing Effect)라고 한다.

틀 효과는 논리적 차원에서 보면 일종의 오류(誤謬)라고 볼 수 있다.

우리 동양 고전에 나오는 '조삼모사'(朝三暮四)와 같은 맥락으로 볼 수 있다.

춘추 시대에 원숭이를 좋아하는 저공(狙公)이 자신이 키우던 원숭이들에게 흉년이 들어 도토리가 부족하니 "아침에는 세 개, 저녁에는 네 개씩 주겠다."고 했다.
원숭이들이 너무 적다고 화를 내자 저공은 다시 제안했다.
"아침에는 네 개, 저녁에는 세 개를 주겠다."고 했다.
합은 전자 후자 모두 일곱 개로 마찬가지인데 원숭이들은 좋아했다.

이것도 일종의 틀 효과라고 보인다.

여기에는 교훈이 하나 담겨 있는데, 곧바로 원숭이들의 불만을 들어주었다는 메시지가 담겨 있다.

같은 일곱 개를 주더라도 원숭이들이 적다고 했을 때 그의 말을 들어주므로 달랬다는 것이다.

우리들은 알게 모르게 틀 속에서 세상을 바라볼 때가 너무 많다.

최인철(1967~) 교수는 『프레임 : 나를 바꾸는 심리학의 지혜』 라는 책에서 여러 가지 실험을 통하여 '우리들의 생활 속에서 틀이 얼마나 영향을 많이 미치는지'에 대해 설명해 놓았다.

어떤 실험에서 사람들에게 '외향적인가'라고 물었을 때보다 '내성적인가' 라고 물었을 때의 대답이 '더 내성적'이라고 나타났다.

또 다른 실험에서는 '이런 상황에서는 어떻게 하겠는가?'를 조사하였다.

"아프리카에 전염병이 퍼졌다. 새로운 치료제를 사용하면 600명 중 200명을 살릴 수 있다. 새로운 치료제를 사용하겠는가?"

"아프리카에 전염병이 퍼졌다. 새로운 치료제를 사용하면 구제율이 33%다. 그러나 67%는 새로운 치료제를 사용해도 살릴 수 없다. 새로운 치료제를 사용하겠는가?"

논리적으로 두 문제 모두 생존율은 3분의 1로 같다.

그러나 600명 중에 200명을 살린다고 하는 첫 번째 제시가 600명 중 400명이 죽는다는 제시의 틀보다 훨씬 좋아 보인다.

인간에게는 보편적으로 이익(利益)을 선호(選好)하고 손해를 회피하고 싶은 손실혐오(Loss Aversion) 성향이 내재되어 있다는데, 위의 실험에서 두 가지의 다른 제시문은 같은 말임에도 죽는다는 것을 기피(忌避)하고자 한 것이다.

이런 것은 조망이론으로 설명하는데, 사람들은 같은 양이라도 이익보다 손해라고 생각할 때 더 민감하게 반응하는 것으로 나타난다.

위에서 본 것과 마찬가지로 200명을 살릴 수 있다고 하는 것에 반해서 두 번째 제시에서는 확률로 표시되어 확실성이 조금 떨어지는 경향도 있다.

일반적으로 불확실성보다는 확실한 것을 더 좋아하게 되므로 긍정적인 첫 번째 문항을 선호한다.

틀 효과는 광고에서 많이 인용한다.

마트나 쇼핑센터에서 손님을 부른 다음 "지금 사시면 돈 벌어 가시는 겁니다."라고 말하면서, 물건을 구입하면 돈을 쓰는 것인데도 마치 돈 버는 일인 것처럼 틀을 바꿔서 제시하는 것이다.

우리들의 대화 속에서도 틀 효과는 많이 사용되고 있다.

너무도 알뜰해서 돈을 잘 안 쓰는 사람을 어떻게 표현하면 더 좋을까?

'짠돌이'라고 하면 별로 기분이 좋지 않겠지만, '절약정신이 투철한 사람'이라고 말하면 말의 의미는 같아도 듣는 사람 입장에서는 후자가 훨씬 더 부드럽게 들릴 것이다.

틀 효과를 가장 잘 묘사해 놓은 이야기가 있다.

길가에서 구걸하는 맹인이 들고 있는 팻말에 '저는 눈이 보이지 않습니다. 제발 저를 도와주세요.'라고 적혀 있었다.

어느 날 길 가던 젊은 여성이 구걸하는 맹인이 들고 있는 팻말 속의 글귀를 지우고 '참 아름다운 날이네요. 하지만 나는 볼 수 없네요.'라고 바꾸고 나니 순식간에 깡통 안에 동전이 가득히 차게 되었다는 이야기다.

결론은 같지만 느낌은 너무도 다른 말이다.

우리말에 '말 한마디로 천 냥 빚을 갚는다'는 말도 있다.

결론은 같지만 '내가 어떤 말투로 말하느냐에 따라 상대방의 공감도가 달라질 수 있다는 것'이 틀 효과가 주는 교훈일 것이다.

파노플리 효과(Panoplie Effect)

'상류층이 되고 싶거나 신분상승을 하고 싶은 마음에 특정 상품을 구매하여 상류층 레벨로 보이기 위한 심리'를 '파노플리 현상'이라고 한다.

나의 주머니 사정을 고려하지 않고 곧 죽어도 아이폰(iPhone)을 쓴다거나, 집은 없어도 차는 고급차를 타고 싶은 '자기 처지에 맞지 않는 명품 추종 심리'를 '파노플리 효과'(Panoplie Effect)라고 부른다.

이는 단순한 심리 효과 같지만 현대 마케팅 브랜드 메커니즘을 이용한 인사이트(insight)가 숨겨져 있는 고도의 판매 전략 중의 하나이다.

사회 지도층 인사들이나 부유층 사람들이 애용하는 제품들을 같이 소비하면 자신도 그들과 같은 레벨(level)로 여겨지거나, 그런 믿음을 갖게 되는 심리적 현상이라 할 수 있으므로, 일종의 과시욕(誇示慾)에 불과하다.

'파노플리'는 프랑스어로 '한 세트(set)'를 말하는데, '그와 어울리는 집합체로 구성한다'는 뜻이며, 유럽에서 '기사계급의 갑옷과 투구 한 세트'를 가리키는 말이었으나 근대 자본주의 시대에 들어오면서 '특정 집단과 연대감을 과시하기 위해 명품 브랜드 제품의 쇼핑 목록'을 의미하는 용어로 사용되고 있다.

'파노플리'는 프랑스 철학자인 장 보드리야르(Jean Baudrillard, 1929~2007)가 '특정 상품을 구입함으로써 특정 계층에 속한다고 생각하며 과시하는 상황'을 가리켜 '파노플리 효과'라는 개념을 제시하면서 최초로 쓰이게 되었다.

다시 말해서 '자신에 대한 사회적 평가를 특정 소비패턴에 의해 인위적으로 만들어 낼 수 있다는 사람들의 심리적 속성이나 착각'을 말한다.

현실 세계에서 이런 사례는 무수히 많다.

최고 메이커 제품의 양복에 명품 승용차, 유명 브랜드 시계, 누가 봐도 쉽게 알 수 있는 명품 구두, 식사는 유명 호텔에서 해야만 체면을 구기지 않는다는 사고방식이다.

현실이 따라주지 못하면 소위 짝퉁(가짜 모조품)이라도 걸쳐서 과시하려는 것이 그들의 특징이다.

미국 사회학자 소스타인 베블런(Thorstein Bunde Veblen, 1857~1929)이 1899년에 저술한 『유한 계급론』에서 '사회 지도층이나 금전적으로 상류층에 속하는 사람들은 대체로 사회적 지위를 과시하려고 한다'고 언급했다.

그래서 '베블런 효과'(Veblen Effect)라는 말이 나왔다.

베블런 효과는 수요와 공급의 일반적 원칙, 가격이 오르면 그에 따라서 수요량도 증가한다는 자유 시장 경제와는 다르다고 말한다.

그 이유를 파노플리 효과에서 찾아볼 수 있다.

베블런은 '지도층 인사들이 고가 제품을 사회적 지위를 대표하는 상징물이라고 여기고 많이 애용하므로, 가격에 관계없이 소비됨에 따라 수요와 공급이 정반대로 움직이는 기현상이 나타난다'고 했다.

일반적인 사치품은 대부분 이런 현상을 동반하기 마련인데, 가격이 오를수록 소비할 수 있는 주체들의 숫자가 줄어들고, 극소수 소비자들은 소비를 통해서 더 높은 사회적 지위와 신분을 자랑하며 특권의식을 즐기고자 한다.

그래서 마케팅 분야에서는 파노플리 효과를 이용하여 효율적인 성과를 거두기 위한 차별화 전략을 세우고, 최고의 배우를 모델로 선정하여 브랜드 가치와 매출을 상승시킨다든지, 집단에 속해 동질감을 느끼고 싶은 심리로 인해 해당 브랜드를 소비하도록 유도하는 것이다.

그러나 소비자층의 이미지에 따라 브랜드의 이미지가 결정된다면, 그로 인해 오히려 소비자가 줄어들 우려도 안고 있다.

최근 들어 10대들의 명품 소비가 증가하면서 일부 몇몇 명품 브랜드의 이미지나 희소가치가 추락하고, 이로 인해 사회적인 문제점도 발생된다.

결국 베블런 재화는 소비에서 얻어지는 만족도가 일반적으로 공감하는 재화의 사용가치보다 과시하고 싶은 욕망이라는 특별한 가치에 의해 좌우되는 사치품이기 때문이다.

우리나라 커피 시장에서 명품 브랜드 스타벅스(Starbuckts)가 성공을 거둘 수 있는 이유도 파노플리 효과와 무관하지 않은데, 단지 커피 맛이 좋거나 가격 경쟁력이 좋아서라기보다 스타벅스의 브랜드 가치를 무시할 수 없을 것이고, 소비자들이 스타벅스에서 커피를 마시는 것과 다른 곳에서 커피를 마시는 것의 차이가 그만큼 크다고 느끼기 때문에 비용을 감수하면서까지 스타벅스를 찾는다는 것이다.

이런 파노플리 효과는 인간의 본성에서 오기 때문에 이런 현상이 이분법적으로 '옳다, 그르다'고 말하는 것에 큰 의미를 부여하지 않는 것이 좋다.

그러나 우리는 정체성(正體性)이 분명해야 한다.

자신의 정체성이 확실하지 않은 것도 싫겠지만, 주위의 모든 사람들이 나를 잘 알고 있다.

당장 눈앞에 보이지 않으면 따라 할 대상이 없으므로 자기의 정체성을 확실히 가질 수 있을 것이다.

플라세보 효과와 노시보 효과

'병의 절반은 본인 스스로가 고친다'는 말이 있다.

'약효가 전혀 없는 약을 특효약이라고 속이고 환자에게 투약하면 환자는 특효약이란 말을 진실이라 믿고 자신의 병이 치료된다는 긍정적인 생각을 갖게 되면 실제로 효과가 나타나서 병이 호전된다'는 이야기다.

환자들은 의사의 말에 믿음을 갖기 때문이다.

제1·2차 세계대전 중 전방 부대의 군 의료원에서 자고 나면 부상병은 계속 늘어나는데 준비해 놓은 약이 떨어져 가고 있었다.

이에 의사들은 고민 끝에 환자들을 안심시키려고 전혀 약효가 없는 가짜 약을 이 병에 특효약이라고 속이고 투약했는데, 그 후 며칠이 지나자 가짜 약을 복용한 환자들이 놀랍게도 병세가 상당히 호전되는 결과가 나타났다.

환자를 속이려고 일부러 투약하기보다는 심리적인 안정을 꾀하고자 투여했던 것이지만 거짓말처럼 호전되는 양상(樣相)을 보인 것이다.

이는 환자들이 '특효약을 먹었으니 당연히 좋아질 것'이라고 믿는 자기 암시로 인한 치료 효과가 나타난 것이다.

이를 위약효과(僞藥效果)라 한다.

서양에서는 플라세보 이펙트(Placebo Effect)라고 하는데, placebo(플라세보)는 '내가 너를 편안하게 해 주겠다'라는 뜻의 라틴어에서 나온 말이다.

자기 암시를 처음으로 체계화시킨 사람은 프랑스의 의사 겸 약리학자인 에밀 쿠에(Emile Coue, 1857~1926)였다.

그는 직접 임상실험을 통해 위약의 효과를 확인하고 1922년 에세이집 『나는 날마다, 모든 면에서, 점점 더 좋아지고 있다』에서 '상상의 힘은 의지보다 강하다'고 주장한다.

미국 ABC 방송사에서 재미있는 실험을 했다.

환자에게 가짜 약을 투여하면서 환자만 모르는 경우와 의사와 환자 모두 가짜 약인지 모르는 두 가지의 경우로 나누어서 실험을 했다.

재미있게도 의사와 환자 모두 모르는 경우의 효과가 더욱 높았는데, 그 이유는 환자의 확신과 의사의 믿음이 더해진 결과라는 것이다.

우리의 삶에서 성공도 마찬가지다.

성공하겠다는 의지만 가지고는 성공에 이르기가 어렵다.

뚜렷한 목표를 세우고 그 목표를 향해 열심히 노력하는 과정에서 성공을 즐겁게 상상하는 사람이 성공할 확률이 높다는 것이다.

이것을 '유인력의 법칙'(Law of Attraction)이라고 부르기도 한다.

'성공은 돈이 많고 저명한 인사가 되는 것보다도 자기가 목적하는 바가 이루어지는 것'이라고 하는 것이 더 타당할 것이다.

두려움을 믿는 사람은 두려움만 머릿속에 가득하고, 밝음을 믿는 사람은 밝은 빛으로 가득 차 있다.

이것은 우리의 생각 에너지가 긍정을 끌어당기는 힘을 발하기 때문이다.

우리나라에서도 민간요법으로 '플라세보 효과'를 많이 사용했다.

어릴 적에 배탈이 났을 때 어머니가 "엄마 손은 약손"이라고 말하시면서 배를 살살 문지르면 신기하게도 복통이 사라지는 경험을 했을 것이다.

놀라운 것은 가벼운 증상의 경우 엄마의 손은 실제로 약손처럼 아팠던 배에 효과를 발휘하여 좋아진다는 것이다.

'엄마 손은 약손 효과'도 바로 '위약효과'라고 볼 수 있다.

약손의 비밀은 엄마 손이 정말로 약손이라고 믿는 아이의 뇌에서 엔도르핀(endorophin;뇌에서 분비되는 진통 작용하는 호르몬)이 분비되기 때문이다.

엄마의 손에서 신비한 물질이 나와서가 아니라 엄마에 대한 아이의 심리적 안정으로 뇌에서 분비되는 물질로 인하여 통증이 사라지도록 만든 것이다.

음악가들은 클래식 음악을 듣거나 연주하면 두통이 사라지기도 하는데, 이것도 플라세보 효과의 일종으로 볼 수 있다.

질병뿐 아니라 인간사에서도 가능성이 무한하다는 것을 보여주는 것은 사실이고, 앞으로 과학적으로 더 많은 연구가 필요할 것이다.

그렇지만 '긍정의 힘이 무한한 에너지를 갖고 있다'는 것은 틀림없다는 분명한 사실이다.

여기에서 말한 플라세보 효과는 위약효과라기보다는 세상을 보는 태도를 바꾸면 모든 것이 부정보다 긍정이 앞서기 때문에 매사에 긍정적으로 대처하게 되므로 긍정적인 측면이 더 발달한다는 것이 학자들의 지론이다.

반면에 노시보 효과(Nocebo Effect)는 '부정적인 암시가 부르는 부정적인 결과'를 말한다.

한 젊은 남자가 의약품 임상 실험에 참여했는데 그 남자는 의료진이 준 약을 항우울제로 생각하고 과다 복용하여 상태가 위독해졌다.

그러나 자기가 인체에 무해한 가짜 약을 복용한 집단에 속해 있었다는 말을 듣자 남자의 건강이 빠른 속도로 회복되는 것을 느꼈다.

사실 이 남자가 복용했던 약은 진짜 항우울제가 맞았다.

플라시보 효과가 '이루어질 것이라는 기대에 찬 긍정적인 효과'라면, 노시보 효과는 '부정적인 암시를 부르는 부정적인 결과'를 의미한다고 볼 수 있다.

플라시보 효과를 '기대 효과'(Expectancy Effect)라고 하는데 이런 기대감이 심리적 현상으로 그치지 않고 실제로 신체적인 변화를 일으킨다는 점에서 뇌에 의해 조절되는 증상에 효과를 나타낼 수 있다는 것을 의미한다.

그러나 그 자체로는 치료제가 될 수 없으므로 지나친 플라시보 효과를 바라고 치료하는 것은 바람직하지 못할 것이다.

플린 효과(Flynn Effect)

'플린 효과'(Flynn Effect)는 '시간이 지날수록 IQ(지능지수)가 지속적으로 상승되는 현상'을 말하는데, 1980년대 초반 뉴질랜드 심리학자인 제임스 플린(James Flynn, 1934~2020)이 IQ의 변동 추세를 조사한 데서 유래되었다.

플린은 미국 신병교육대에 신병으로 입소한 교육생들의 IQ가 10년마다 3점씩 올라간다는 사실을 확인하고, 조사 대상을 다른 14개국으로 확대 선정하여 실시했는데 거의 비슷하게 올라간다는 결과가 나왔다.

플린은 시대별로 IQ의 변화 과정을 조사하여 20세기 초부터 검사 당시까지 지능지수가 꾸준히 증가되었음을 알 수 있었다.

이해하기 쉽게 현재 미국의 성인 IQ를 100으로 보았을 때 1900년대 초반 미국 성인의 평균은 현재 기준으로 보면 50에서 70사이에 머문다는 것이다.

이는 당시 사람들의 IQ가 현재보다 현저히 떨어졌다는 이야기가 아니라, 개념을 범주화하고 추상적인 규칙을 인식하는 능력이 향상되었기 때문에 과거보다 현재의 평균 지수가 높게 측정된다는 것인데, 이전에 비해 정신적 활동을 더 많이 요구하는 현대 사회의 시대상을 반영한다고 볼 수 있다.

과거와는 달리 IQ 검사 중 문제해결 부분에서 실제로 점수가 가장 많이 증가했다.

비언어 점수가 상승해도 언어 지능은 정체된 모습을 보였다.

지능 현상은 연령대에 상관없이 모든 연령대에서 상승곡선을 나타냈다.

단순하게 학습으로 답을 쉽게 얻을 수 있는 것이 아니라, 추상적인 부분에서 점수가 상승한 것으로 나타났다는 것이다.

과거에는 지금보다 단순하게 지식을 습득했으며, 현재는 같은 지식이라 할지라도 대중 매체나 인터넷을 통한 정보를 많이 접하므로 더 발전했을 가능성이 매우 높다.

100여 년 전보다 식량이 풍부해서 영양이 충분하고, 의학의 발달로 상대적으로 질병이 감소하여 평균 수명도 길어지고, 풍요로운 삶도 한몫했을 것이다.

그래서 건강하고 정신적으로 안정이 되어 두뇌에도 긍정적 영향을 미쳐 지능지수가 더 높아진 것도 사실이다.

본래 이 IQ는 프랑스의 심리학자 알프레드 비네(Alfred Binet, 1857~1911)가 취학 연령에 이른 아이들 중에서 정신 지체아를 가려낼 목적으로 처음으로 고안하면서 세상에 이론으로 나오게 되었는데, 그 이후 여러 심리학자들을 거쳐서 '지능 발달을 나타내는 지수'라는 용어로 만들어져 세계 각국에서 IQ로 많이 쓰고 있다.

1939년 뉴욕의 정신병원 의사인 데이비드 웩슬러(David Wechsler, 1896~1981)는 비네 지능검사(Binet-Simon Intelligence Test)가 아동기·청소년기까지는 그 검사만으로도 충분하지만 성인에게는 맞지 않아 성인용을 고안(考案)하여 자신의 이름을 붙인 '웩슬러 지능검사'(Wechsler Scale of Intelligence)를 세상에 내놓았다.

웩슬러의 검사 방식에는 두 가지 특성이 있었다.

첫째는, 지능지수를 계산하는 데 점수 분포를 이용한 표준편차를 IQ에 적용했다.
즉, 100을 기준으로 15의 표준편차를 두어 130이면 상위 2~3%로 매우 높음을 알 수 있다.
아래로 70이면 역시 2~3%로 매우 낮은 지능을 나타낸다고 본 것이다.
둘째는, 비언어적 능력을 포함시켰다.
즉, 동작으로 나타내는 문제인데 짝짓기, 빠진 곳 찾기, 모양 맞추기 등의 소검사가 있었다.

그렇다면 이 IQ가 높으면 진짜 똑똑하고 공부를 잘할까?
결론부터 말하자면 '반드시 그렇지는 않다'는 것이다.

이것은 하워드 가드너(Howard Gardner, 1943~)의 '다중 지능 이론'(Multiple Intelligence Theory)이 등장하면서 증명되었는데, '다중 지능 이론'이란 사람마다 서로 능력이 독립적이며 다른 유형으로 구성되어 있으므로, 상대적 중요성이 같은 여러 하위 능력이 서로 유기적으로 작용하기 때문이라는 것이다.

다른 말로 '다차원 이론'(Multi Dimensional Theory)이라고도 하는데 사람마다 언어지능·대인관계·내적 지능·자연지능 등 각각 장단점을 가졌기 때문에 IQ 하나로 공부를 비롯한 사람의 역량을 단순하게 평가할 수 없다는 것이다.

세계 국가별 IQ순위를 보면 홍콩·싱가포르가 108로 가장 높고, 우리나라가 106으로 2위, 일본이 3위, 대만이 4위, 이탈리아가 102로 5위를 차지했는데, 지도 위치상 동북아시아 쪽이 상위에 속한다.

그렇다면 세계에서 결속력(結束力)이 가장 좋고, 노벨상도 가장 많이 받은 민족인 유태인은 IQ가 어느 정도일까?

유태인만 따로 조사해서 나온 통계는 아니지만 국민의 대다수가 유태인으로 이루어진 이스라엘이 95로 비교적 낮은 수치가 나왔는데, 이 결과만 보더라도 'IQ가 공부를 좌우하지는 않는다'는 것을 알 수 있다.

'플린 효과'를 보면 인류가 세대를 거듭할수록 점점 더 똑똑해진다기보다 적응해야 하는 환경에 따라 지능도 빠른 속도로 변화한다는 것을 알 수 있다.

세상이 점점 발전하고 발달해 가면서 함께 발달하는 지능이 있는 반면, 퇴화(退化)하는 지능도 생기기 마련이다.

언어적 기능의 감퇴와 시각 정보 처리 능력의 향상을 생각한다면 우리 후세들은 컴퓨터나 게임, 앞으로 도래할 4차 산업혁명이 지향하는 새로운 매체에 능해질 것이고, 사고하는 방향이 어제의 것은 점점 퇴화되고 새로운 것에 매진해야 더욱 발전하며, 뒤처지지 않고 적응할 수 있을 것이다.

허위 합의 효과(False-Consensus Effect)

사람들은 어떤 논쟁(論爭)이 벌어지면 자기 말이 옳다고 주장한다.

자기주장의 정당성(正當性)을 입증하고 싶어서 "길을 막고 지나가는 제삼자에게 물어보자. 누구 말이 옳은지."라는 말을 자주 한다.

요즘 젊은이들이 자주 쓰는 표현은 아니지만 예전에는 익숙했던 말이다.

그런데 실제로 길을 막고 아무런 상관도 없는 사람들이 하는 말 가운데 누구의 말이 맞는 말인지 물어본다면, 대답을 할지 의문이다.

1977년 미국 스탠퍼드 대학교 사회심리학 교수인 리 로스(Lee Ross, 1942~2021)는 하나의 실험을 실시하였다.

그는 먼저 피험자들에게 '조이 식당에 밥 먹으러 오세요'라고 적힌 광고판을 몸에 걸고 캠퍼스 안을 돌아다닐 수 있는지 선택하게 했다.

학생들은 조이 식당에서 무엇을 파는지 모르기 때문에 우습게 보일 수 있다.

자신의 수락 여부에 관계없이 얼마나 많은 다른 사람이 수락할 것인지 예측하도록 요청한 결과 광고판을 걸고 돌아다닐 수 있다고 답한 학생들은 다른 사람들도 약 62%는 수락할 것이라고 답한 반면, 하지 않겠다고 한 학생들은 평균 27%만 수락할 것이라고 답했다.

어떤 이유로든 학생들은 다른 사람들도 자신들과 같은 생각을 가졌을 것으로 간주했기 때문이다.

이 실험을 통해 '자신과 의견이 같지 않은 사람들은 비정상적인 사람으로 낙인찍는 경향을 가지고 있음'도 밝혀졌다.

즉, 광고판을 걸고 돌아다닌다고 한 학생들은 거는 것을 거부했던 학생들을 가리켜 '바보 천치'라고 비하하며, '언제나 자신들을 중심으로 세워야 직성이 풀리는 이기주의자들'이라고 평가했다.

1972년 리처드 닉슨(Richard Milhous Nixon, 1913~1994)이 미국 제37대 대통령에 당선되었을 때 『뉴요커』 잡지 영화 평론가인 폴린 케일은 이렇게 불평했다.

"믿을 수 없어. 내 주위에는 그 사람을 찍은 사람이 아무도 없어."

우리는 케일처럼 선거가 끝나고 나서 쉽게 패배를 인정하지 못하는 사람들을 종종 보게 된다.

이런 때도 '허위 합의'에 빠진 경우라고 볼 수 있다.

'남들도 나와 같은 생각을 가졌을 것'이라는 착각에서 비롯된 심리 현상이다.

'허위 합의 편향'(False Consensus Bias)은 상대방 입장에서 생각하는 사고가 부족한 전형적인 심리적 표현이다.

동양철학에서는 이런 것을 군자(君子)와 소인(小人)으로 구분 짓기도 했다.

다른 사람들과 교류하면서도 습관적으로 자기 기준에 따라 타인의 행동을 평가하고 주위의 사물도 평가한다.

자신의 감정이나 의지, 특성을 다른 사물에 비추어서 자신을 상대방의 위치에 두거나 상대의 시각으로 볼 생각은 시도조차 하지 않는다.

다른 사람의 행동을 이해할 수 없다고 단정해 버리기 때문이다.

우리는 자기 생각을 다른 사람에게 강요하면 안 되고, 상대의 시선으로 문제를 보는 방법을 배워야 한다.

세계적인 소통(疏通)의 대가로 알려진 줄리아 길러드(Julia Gillard)의 말을 빌리자면, '다른 사람의 느낌과 자신의 느낌을 똑같이 중요하게 생각할 때 비로소 조화로운 분위기가 형성될 것'이라는 것이다.

상대방의 의견을 객관적으로 보아야 소통이 이루어짐을 말한 것이다.

우리는 때에 따라 타인의 시선에서 문제를 생각할 필요가 있다.

만약 상대방이 자신이 존중 받고 높은 평가를 받고 있다는 느낌이 들면 당신에게 협력하려는 태도를 보일 것이지만, 당신이 자신의 느낌만 강요한다면 다른 사람들은 더 이상 당신과 교류하지 않을 것이다.

동양에도 전국 시대를 살았던 맹자(孟子)가 쓴 『맹자』에 이런 말이 나온다.

"남을 예우해도 답례가 없으면 자기의 공경하는 태도를 돌아보고, 남을 사랑해도 친해지지 않으면 자기의 인자함을 돌아보고, 남을 다스려도 다스려지지 않으면 자기의 지혜를 돌아봐야 한다."

이 말은 '자기중심이 아니라 상대의 시각에서 헤아려서 자기를 살피라'는 삶의 지혜 즉, 역지사지(易地思之)를 말했던 것이다.

많은 사람들이 일상생활에서 다른 사람을 바꾸려고 애쓰며 노력하지만 공염불(空念佛)에 그치는 이유는 자기 생각은 그대로 두기 때문이다.

우리가 어떤 사람의 내면세계를 깊이 살피지 못하면 그 사람의 문제도 해결할 수 없을 것이고, 감정을 이입하지 않고 상대의 관점에서 생각한다는 것은 더욱 어려운 일이기 때문에 상대방을 이해하고, 상대방의 입장에 서서 그 사람이 느끼는 감정을 똑같이 느끼도록 노력해야 할 것이다.

정치인들이나 방송인들의 토론을 보면 서로 자기주장만 내세운다.

상대의 말을 듣기는 하지만 경청(傾聽)하여 이해하려 하지 않는다.

우리는 상대방의 말을 듣고 옳고 그름을 판단하기보다는 상대의 실수나 흠(欠)을 잡아내려고 노력한다.

물론 잘못된 부분을 지적하는 것은 옳은 일이지만, 좋다고 생각되어서 인정하는 부분에 대해서는 격려하기도 하고, 이 부분은 벤치마킹하겠다고 동의하는 부분도 있어야 한다.

토론을 할 때는 입장을 바꿔서 생각하는 역지사지가 반드시 필요하고, 내 말만을 강요하는 아전인수(我田引水)는 절대 승리하지 못할 것이다.

호손 효과(Hawthorne Effect)

'누군가 자신에게 관심을 보이면 자신의 행동을 좋은 방향으로 변화시키려는 현상'을 나타내는 말을 '호손 효과'(Hawthorne Effect)라고 한다.

타인의 시선을 의식하면서 원래 자신의 의도나 타고난 성품과는 다르게 행동하는 현상 즉, 평소와는 다르게 행동하면서 자기가 보는 업무·학업·작업능률·생산성까지 올라가는 현상 등을 포함하여 부르는 말이다.

미국 하버드 대학교 심리 전문가 엘튼 메이요(George Elton Mayo, 1880~1949) 교수팀은 일리노이 주에 있는 호손 웍스(Hawthorne Works) 공장의 근로자를 대상으로 생산성 변화에 대한 실험을 진행했다.

처음에 의도했던 생산성 향상 실험보다는 노동자들이 실험 사실을 알게 되어 나타나는 심리적 효과인 호손 효과가 더욱 유명해진 실험으로 남았다.

피험자들에게 '물질적 보상으로 인해 실제로 생산성이 향상되는가'라는 질문을 시작으로 해서 8년에 가까운 기간 동안 4단계에 거쳐 비교적 길게 이루어진 실험이다.

먼저, 조명의 밝기 정도에 따른 생산성을 조사해 보았다.
대조군과 비교했을 때 생산성은 거의 변화가 없었다.
조명 밝기에 상관없이 두 집단 모두가 생산성이 조금씩 올라간 것으로 나왔다.
말하자면 생산성은 올랐지만 조명 밝기와는 무관하다는 이야기다.

다음에는, 여공들을 6명씩 소집단으로 나누어 먼저 두 명을 선발하여 이들로 하여금 4명을 선택하여 동일한 작업실에서 함께 일하도록 했다.

여기에 감시원 1명을 붙이는 방식으로 진행했다.

실험 중에 휴식시간, 간식제공, 임금지급 방법, 작업 시간 단축 등 여러 가지 조건을 부여하였지만 생산성 향상에 별 뚜렷한 변화는 보이지 않았다.

약 2년 후 21,126명을 일일이 한 사람씩 면접하면서 그들의 불평과 불만을 몇 가지 들어주면서 소통하며 불만이나 감정 등의 요인이 해결되자 생산성이 상승한 것으로 나타났다.

또한 자신이 실험에 선택 받았다는 사실과 자신의 행동이 학술적으로 중요한 결과를 내리라는 것을 알고 있었다.

이처럼 관심을 가지고 자신의 행동을 관찰한다는 상황을 인식함으로 생산성이 향상되었던 것으로 나타났다.

호손 효과는 우리 주변에서 자주 볼 수 있는 현상이다.

평소에 말도 잘 못하던 사람이 여러 사람 앞에서 과제 발표를 완벽하게 해낸다거나 임원들 앞에서 프레젠테이션을 막힘없이 진행하는 모습을 가끔 보이는 것도 '누가 보고 있으면 평소보다 더 잘하고 싶은 욕망' 때문이다.

우리는 '어떤 사람이 중요한 발표를 앞두고 충분하게 준비를 못했지만 막상 발표를 하게 되면 예상했던 것보다 더 훌륭하게 해낼 때' 이 사람을 '무대 체질'이라고 하는데, 그 사람의 내면에 잠재(潛在)되어 있었던 실력이 표출(表出)된 것이라고 볼 수 있다.

스포츠에서도 홈 앤 어웨이(Home and Away) 경기를 많이 한다.

'홈구장에서 축구나 야구 경기를 하게 되면 홈팀 팬들의 엄청난 응원을 받는 것'을 흔히 '홈 버프를 받았다'고 하는데, 홈 팬들의 응원에 힘입어서 심리적으로 선수들의 사기(士氣)가 올라서 원정팀을 상대로 승리하는 것도 호손 효과가 적용된 사례라고 말할 수 있다.

병을 치료하는 의사들도 호손 효과를 이용하기도 한다.

의료현장에서 최신 치료법을 도입했다거나 혹은 자기만의 독특한 비법이 있다고 광고를 하면 실제로 많은 환자들이 기존의 구태의연(舊態依然)한 방법보다는 무엇인가 확실한 효과가 있었다고 느끼는 긍정적인 효과를 심리적으로 동반한다.

그러나 새로운 기술의 도입보다는 의사의 확신과 열정이 환자에게 전달되어 신뢰하기 때문이라고 한다.

그렇다고 비윤리적으로 몰아가서는 안 된다.

신뢰를 바탕으로 하는 인간의 심리 법칙을 선의(善意)로 이용한 것이라고 볼 수 있기 때문이다.

같은 병에 같은 약을 써도 어떤 사람은 잘 듣고, 또 어떤 사람은 아무런 차도(差度)가 없는 경우에도 의사를 신뢰하고 따르면 훨씬 치료가 잘되어서 명의(名醫)가 되기도 한다.

'의사가 환자의 마음을 안정시키고 어떻게 다스리는가'에 따라 무의식적으로 효과가 나타난다.

| 제3부 |

인간의 삶을 이끄는 원리들

- 가면 증후군(Imposter Syndrome)
- 가정 원칙(As If Principle)
- 고슴도치 딜레마(Hedgehog's Dilemma)
- 고정관념(Stereotype)
- 귀인 오류(Attribution Error)
- 모든 것의 가격
- 미루는 습관(Procrastination)
- 밧세바 신드롬(Bathsheba Syndrome)
- 보이지 않는 고릴라(Invisible Gorilla)
- 보이콧(Boycott)
- 브레인스토밍(Brainstorming)
- 사회적 촉진(Social Facilitation)
- 살리에리 증후군(Salieri Syndrome)
- 선택의 역설(Paradox of Choice)
- 슈와르츠의 논단(論斷)
- 스톡데일 패러독스(Stockdale Paradox)
- 신데렐라 콤플렉스
- 아론슨의 금지된 행동 실험
- 암묵적 지식(Tacit Knowledge)
- 야생마 엔딩
- 양털 깎기(Fleecing of the Flock)
- 열정적 증오(Passionate Hatred)
- 요나 콤플렉스(Jonah Complex)

- 이기적 편향(Self-Serving Bias)
- 이카루스 패러독스(Icarus Paradox)
- 인류 지향 원리(Anthropic Principle)
- 자각몽(Lucid Dream)
- 자기 충족 예언
- 자기기만(Self-Deception)
- 자존심(自尊心)과 자존감(自尊感)
- 제로섬 게임(Zero-Sum Game)
- 최후통첩 게임(Ultimatum Game)
- 치킨 게임(Chicken Game)
- 카렐 공식(Karel Formula)
- 카인 콤플렉스(Cain Complex)
- 쾌락의 쳇바퀴(Hedonic Treadmill)
- 쿠바드 증후군(Couvade Syndrome)
- 터널 비전(Tunnel Vision)
- 통제의 환상(Illusion of Control)
- 트로이 목마(Trojan Horse)
- 트롤리 딜레마(Trolley Dilemma)
- 파괴적 혁신(Disruptive Innovation)
- 파랑새 증후군(Blue Bird Syndrome)
- 학습된 무력감(Learned Helplessness)
- 확증 편향(Confirmation Bias)

가면 증후군(Imposter Syndrome)

사회적으로 성공했다고 하는 사람들이 왜 열등감을 많이 느낄까?

이런 사람들은 자신의 능력에 대해 의심을 품고 있으며, '언젠가는 무능함이 탄로 나지 않을까' 걱정하기 때문에 열등감을 가지고 있다고 한다.

이런 심리 상태를 '가면 증후군'(Imposter Syndrome)이라고 한다.

이 말은 1978년 미국의 임상 심리학자 폴린 클랜스(Pauline Rose Clance, 1938~)와 수잔 임스(Suzan Imes, 1944~)에 의해서 명명된 용어이다.

충분한 능력을 소유하고 있고, 실제로 많은 업적을 이루었음에도 자신이 실질적으로 부족하고 언젠가는 자신의 부족함이 탄로 날까봐 걱정하면서 불안해한다는 것이다.

이런 현상은 실제 높은 위치에 올라가 있는 사람들에게서 많이 보이는 현상인데, 특히 남성들보다 성공한 여성들에게서 더 많이 보인다.

이런 현상을 정신 장애로 본다거나, 그런 진단 기준은 없다.

그러나 심리학 분야에서는 계속 연구 대상으로 보고 있으며, 성격 특성에서 기인한 것으로 보는 경향이 지배적이다.

이들은 자신의 성공과 훌륭한 업적이 분명한 데도 행운이 따랐다거나, 타이밍이 절묘하게 맞았다고 말하거나, 주변의 많은 사람들이 자신을 도와주어서 성공을 이루었다고 여기며, 자신을 과소평가하는 경향이 있다.

그렇기 때문에 자신감을 갖지 못하고, 언제 가면이 벗겨져 실체가 드러날까 불안해한다.

이런 것들은 대부분 새로운 도전을 해서 실패할 경우에 받게 될 심리적 충격을 완화하기 위한 방어책의 일환으로 보기도 한다.

이 사람들은 보통 현재보다 더 많은 성취와 인정을 얻기 위해 남들보다 부지런하고 열심히 일하며, 상사나 남들이 원하는 답을 하면서 사기꾼 같은 기분이 든다고 보는 경향이 많다.

거기에 자신의 매력을 활용하여 다른 사람에게 인정이나 필요한 도움을 받아서 성취하지만 막상 원하는 결과를 얻었을 때는 그것이 노력이 아니라 매력에 의해 이루어졌다고 생각한다.

그리고 '자신감을 보이면 타인에게 거절당할 것'이라는 비합리적인 신념 때문에 자신감 보이기를 꺼려한다.

심리학자들에 의하면 일반인 중 70% 정도가 평생에 한 번 정도는 가면 증후군에 걸려본 경험이 있었던 것으로 본다.

할리우드의 여배우 엠마 왓슨(Emma Watson, 1990~) · 나탈리 포트만(Natalie Portman, 1981~) · 코미디언 토미 쿠퍼(Tommy Cooper, 1921~1984) 등의 유명인들도 '많은 성취를 이룰수록 자신이 무능력하게 느껴졌다'고 말하며, 스스로 가면 증후군을 겪었다고 말한 바 있다.

이럴 때 효과적으로 대처하기 위해서 과거의 성공 경험을 글로 써보거나, 성취했던 일들을 다시 한 번 돌아보면 많은 도움이 된다고 말한다.

이를 통해 이전에 이루었던 크고 작은 성공들이 운이나 우연이 아니라 내 노력과 실력을 기반으로 해서 이루어진 것임을 깨닫는 것이 가장 중요하며, 또한 실패한 일이 있다면 향후에 어떻게 개선해 나갈지를 생각하며 숙고해 보는 것도 균형적인 사고를 위한 좋은 전략으로 볼 수 있다.

마음을 열고 다른 사람 즉, 객관적으로 볼 수 있는 사람들에게 피드백 (feedback)을 받거나 조언을 구하는 것이 가면 증후군으로부터 해방되는 데에 가장 효과적이다.

요즘 명성 있는 연예인들이 스스로 목숨을 끊는 일이 가끔 발생하는데, 이런 사람들이 가면 증후군에 시달린 경험이 많다고 한다.

이는 밖으로 노출되는 것에 대한 두려움에서 비롯되는데, 자신에 대한 기대가 높은 사람일수록 실패에 대한 두려움도 크기 때문이다.

실패를 두려워하다 보니 최악의 상황을 생각하게 되고, 극단적인 선택을 하게 되는 경우가 발생하게 되는 것이다.

인간에게 완벽(完璧)이란 없다.

잘 나서 성공했다고 할지라도 그 이면에는 부족한 면이 많다.

가면 뒤로 도망을 치기보다는 오히려 실패를 두려워하지 않고 마주하는 것이 더 큰 성공으로 가는 길일지도 모른다.

무엇보다 나의 단점까지도 사랑하는 사람이 되면 좋을 것이다.

가정 원칙(As If Principle)

우리 인간은 슬프기 때문에 울고, 무섭고 두렵기 때문에 떤다.

이것은 당연하고 일반적인 상식인데, 미국의 심리학자 윌리엄 제임스 (William James, 1842~1910)는 이 말에 이의(異意)를 제기한다.

그는 거꾸로 '울기 때문에 슬프고, 떨기 때문에 두렵고 무섭다'고 말하는 것이 오히려 합리적이라는 것인데, 쉽게 말해서 '감정은 몸에서 기원하는 본능적이지, 정신에서 기원하는 인지적이 아니라'는 주장이다.

이것이 제임스가 주장한 '감정이론'(Theory of Emotion)의 핵심이다.

덴마크의 심리학자인 칼 랑케(Karl Lange, 1834~1900)도 이와 유사한 이론을 독립적으로 발표했는데, 그것을 '제임스 랑케 이론'이라고 부르기도 한다.

제임스는 연장선상에서 "어떤 성격을 원한다면 이미 그런 성격을 가지고 있는 사람처럼 행동하라."고 하는데, 이 말을 달리 말한다면 '감정이 행동을 만드는 것보다는 오히려 행동이 감정을 만든다'는 것을 강조한다.

어느 시대든지 선각자(先覺者)들은 고난에 시달리기 마련이다.

기존의 사고방식(思考方式)의 틀에서 벗어나지 못한 보수적(保守的)인 사람들이 혁신적(革新的)인 이론을 펼치는 선각자들의 주장에 끊임없이 반론(反論)을 제기 하면서 '그 이론이 맞다'는 것을 증명해 보라고 하기 때문인데, 제임스 역시 예외(例外)는 아니었던 것이다.

현대 심리학자들은 '감정이 행동을 만들고, 행동도 감정을 만든다'는 애매한 입장을 취하면서, 감정과 행동 중 어느 것이 먼저라고 단정을 짓기보다는 둘 다 쌍방통로(雙方通路)로 받아들이고 있기 때문에 처음으로 다른 통로를 제시했던 제임스는 일부 심리학자들의 가혹한 비판(批判)을 감내해야만 했다.

영국의 심리학자 리처드 와이즈먼(Richard Wiseman, 1966~)의 말이다.

"제임스는 자신의 가설을 옹호하려 했지만 당시 보수적인 심리학계의 시선으로 보면 그의 이론은 지나치게 급진적인 주장이다. 결국 제임스의 가설은 시대를 너무 앞서간 것이라는 꼬리표를 단 채 창고에 처박히는 신세가 되고 말았다. 그래서 60여 년이 흘렀다."

리처드 와이즈먼의 말에서 '가정 원칙'이 빛을 보지 못한 것처럼 보이지만, 실질적으로 많은 학자들이 인용한 정황(情況)이 여러 곳에서 보인다.

미국의 대표적인 성공학 전도사들이 1930년대부터 많이 인용해 왔다.

'행동이 감정을 만든다는 것'이 성공학 전도사들에게는 제1계명이나 다름없었기 때문에 많이 인용할 수밖에 없지 않았을까?

당시 최고의 성공학 전도사로 손꼽히고, 우리나라에도 잘 알려진 데일 카네기·나폴레온 힐·노먼 빈센트 등은 사실상 제임스를 이론적 사부로 모셨는데, 특히 데일 카네기(Dale Carnegie)는 베스트셀러 『인간관계론』에서 제임스의 말을 이렇게 인용했다.

"행동은 감정에 따라 일어나는 것처럼 보이지만 실제로 행동과 감정은 함께 발생한다. 따라서 직접적으로 의지의 통제 하에 있는 행동을 조절하여 의지의 통제 하에 있지 않은 감정을 간접적으로 조절할 수 있다. 그러므로 유쾌하지 않을 때 저절로 유쾌해지는 최고의 방법은 유쾌한 마음을 먹고 이미 유쾌하다는 듯이 행동하고 말하는 것이다."

이는 제임스의 주장과 상통(相通)하는 부분이다.

나폴레온 힐(Napoleon Hill, 1883~1970)도 1937년에 출간한 『놓치고 싶지 않은 나의 꿈 나의 인생』에서 제임스의 발언을 인용한 후 다음과 같이 말한다.

"바꿔 말해서 우리가 결심한 것만으로는 우리들의 감정을 즉석에서 바꿀 수는 없지만 행동은 바꿀 수 있으며, 행동을 바꾸면 자동적으로 감정이 바뀐다. 행복하려면 행복한 듯이 행동해야 한다. 새로운 사고를 통해 새로운 행동에 이를 수 있듯이 새로운 행동을 통해 새로운 사고에 이를 수 있다. 열정적인 사람이 되어라. 열정적이 되면 열정적으로 행동하게 된다. 미소를 지어라. 자신에게 그리고 세상을 향해, 그러면 당신이 굳이 거기에 정신을 집중하지 않아도 저절로 나타날 내면의 기쁨과 열정을 체험할 것이다."

이처럼 성공학 전도사라는 사람들이 제임스의 이론을 '꿈꾼 대로 이루어진다'는 식으로 극단적으로까지 끌고 가는 바람에 비판의 대상이 되었지만, 없는 것을 있는 것처럼 속여서 사기 친 것으로 보는 사람은 없다.

제임스의 이론을 이어받아 체계화한 사회 심리학자 데릴 벰(Daryl Bem, 1938~)은 일보 전진하여 '행동이 감정과 더불어 믿음까지도 바꾼다'고 주장한다.

벰이 연구하면서 주목한 사건이 1954년 5월 17일 연방 대법원의 브라운 사건 판결이었는데, 대법원은 이 판결에서 그동안의 흑인에 대한 '분리평등' 원칙을 뒤집고, 교육 시설의 분리에 위헌 판결을 내렸다.

이 판결은 10여 년 전인 1942년에 실시된 조사 자료에 의하면 학교통합정책·주거통합정책·대중교통 통합정책에 찬성한 백인들의 비율은 각각 30%, 35%, 44% 수준에 머물렀으나, 1956년에는 그 비율이 49%, 51%, 60%로 크게 증가했음을 보여준다.

그렇다면 이 변화는 무엇을 의미하는가?

이 물음에 흥미를 가지게 된 벰은 원래는 물리학도였으나, 전공을 사회 심리학으로 바꾸어서 더욱 더 연구에 매진(邁進)하게 된다.

그는 전공을 바꾸는 것이 쉽지는 않았지만 1964년 8년 동안 공부하던 물리학을 그만 두고, 미시간 대학에서 사회 심리학 박사학위를 받았으며, 1967년부터 1970년대 초반에 걸쳐 발전시킨 '자기지각이론'(Self-Perception Theory)을 발표했다.

'자기지각이론'은 '타인의 행동을 보고 그 사람을 규정짓는 것처럼 자신의 행동을 보고 자신을 규정하는 것' 즉, '특별한 계획 없이 어떤 행동을 한다면 행위자는 행위를 바탕으로 내적 특성을 추리해 낸 것'을 말한다.

이 이론도 제임스의 가정 원칙에 뿌리를 두고 있다.

결론적으로 제임스 랑케(James Ranke)는 우리에게 '즐거워서 웃는 것이 아니라, 웃기 때문에 즐겁다'(James-Ranke Effect;제임스-랑케 효과)는 메시지를 준다.

고슴도치 딜레마(Hedgehog's Dilemma)

상처를 입더라도 다가갈 것인가, 두렵고 춥더라도 혼자 있을 것인가?

우리는 이럴 때 어떻게 하는 것이 가장 현명한 행동일까?

인간관계에 있어서 '서로 친밀한 관계에 있으면서도, 한편으로는 적당한 거리를 두고 싶어 하는 욕구가 공존하는 모순적인 심리 상태를 '고슴도치 딜레마'(Hedgehog's Dilemma)라고 한다.

고슴도치는 빽빽한 가시를 가지고 있다.

이 가시는 자신을 방어하려는 방어책의 한 수단이다.

매서운 추위가 엄습(掩襲)해 올 때 여러 마리가 함께 있으면서 서로에게 기대고 있으면 가시에 찔리고, 서로 떨어져 있으면 너무 춥기 때문에, 상처를 입지 않는 범위 내에서 적당한 간격을 유지하면서 함께 있어야 한다.

이는 인간의 애착형성(愛着形成)의 어려움을 빗대어 표현한 것으로, 누구와도 가까워질 수 없는 상황을 인간의 마음 상태에 적용시켜 말한 심리학적 용어인데, 인간관계에 있어서 홀로 멀리 떨어져 있거나 너무 가까이 지내면 마음에 상처를 받는 사람의 심리 상태를 말한다.

고슴도치 형 인간은 누구와도 사이좋게 지내지 않고 자기의 삶과 자기 일에만 몰두해서 남들이 보기에는 이기적이라고 할 정도로 자기중심적이며, 늘 자기를 감추고, 상대방과 일정한 거리를 두려고 한다.

'고슴도치 딜레마'는 내성적인 성격과 고립주의를 설명하기 위해서 주로 사용되는데, 실제 고슴도치를 관찰해 보면 바늘이 없는 머리 부분만 맞대고 체온을 나누면서, 공존(共存)하며 수면을 취한다고 한다.

고슴도치 입장에서는 많은 시행착오 후에 얻어낸 결과일 것이다.

이 용어는 독일 철학자 아르투르 쇼펜하우어(Arthur Schopenhauer, 1788~1869)가 6년의 긴 작업 끝에 에세이와 주석들을 모아서 1851년에 출간한 『부록과 추가(Parerga und Paralipomena)』에 수록된 우화 '고슴도치 이야기'에서 차용(借用)한 심리학 용어다.

쇼펜하우어는 이 현상을 통해 '외부로부터 따뜻함을 구하는 사람은 어느 정도 타인에게 상처받을 것을 각오해야 한다'고 말한다.

때로는 가족이나 친구 또는 직장 동료 등 가까이 있는 사람들이 상처를 주는 경우가 많은데, 가까운 사이일수록 적당한 거리를 유지해야 한다.

믿었던 사람에게 상처를 받으면, 상처가 훨씬 더 크기 때문이다.

예의(禮儀)는 서로의 마음에 켜진 촛불이 꺼지지 않을 정도의 거리를 유지하는 것이 좋은 것 같다.

'예의'라는 단어 뒤에는 '지킨다'는 동사가 항상 따라다녀야 완성형이 된다.

우리가 담배를 피우는 친한 친구에게 '담배를 끊으라'고 권하면, 친구는 '끊는다'고 긍정적으로 대답하는데, 그 친구가 실제로 담배를 끊으면 좋은 일이지만, 끊지 못하고 계속 피우면 다시 끊으라고 조언한다.

아무리 친한 사이라도 여러 번 말하면 담배 피우는 친구에게도 잔소리로 들리고, 간섭이 심하다는 생각이 들게 되니까 싫어할 수밖에 없다.

이것도 고슴도치 딜레마에서 오는 심리 현상인데, '친한 관계라도 적당한 거리를 유지하라'는 말이다.

간섭이 심하면 조언이 아닌, 압박으로 작용하기 때문이다.

고슴도치 딜레마를 적극적으로 활용한 사람은 프랑스의 제18대 대통령 샤를 드골(Charles De Gaulle, 1890~1970)이라 할 수 있다.

그가 대통령으로 재임했던 10년 동안 비서실과 사무실, 개인 참모부의 고문과 참모들의 임기는 2년을 넘지 않았다.

전직 군인이었던 드골은 군대처럼 인사이동의 유동성이 주는 긍정적인 측면에 영향을 받아 직원을 한 자리에 오래 배속시키지 않고 적시에 다른 부서로 이동시킴으로써 직원들은 인사이동으로 인한 매너리즘(mannerism)에 빠지지 않았고, 드골은 언제나 다른 사람의 새로운 의견을 듣고 진취적으로 일처리를 할 수 있었으며, 또한 대통령 측근들의 비리(非理)를 미연에 방지하는 효과도 덤으로 얻었다.

반면에 드골과 참모진이 '친밀한 정서적 유대관계를 쌓을 수 없었다'는 아쉬움도 남아 있다.

고슴도치 딜레마는 정신 분석학의 창시자인 지그문트 프로이트(Sigmumd Freud, 1856~1939)의 발견과 채택이 심리학의 영역으로 인정되었다.

프로이트는 『집단 사회와 자아의 분석』에서 이를 인용했으며, 쇼펜하우어와 프로이트는 이런 상황을 사회에서 각각의 인간이 서로에게 어떠한 느낌을 갖는지 설명하기 위해 사용했다.

프로이트의 많은 저서는 친밀함에 초점이 맞춰져 있다.

'어느 정도까지가 적절한 수준의 친밀함인지, 우리의 생존에 필요한 친밀함의 수준은 어느 정도인지'

고슴도치 딜레마는 우리에게 '적당히 서로를 존중하며, 거리를 유지해야 한다'고 말한다.

산의 위대함도 멀리서 어느 정도 거리를 두고 봐야 느낄 수 있다.
직접 안에 들어가 보면 실망하거나 마음이 아플 수도 있다.

풍경도 그렇고 사람의 마음도 그렇고 감동의 마음을 품었던 일도 가까이 가서 직접 보면 멀리서 볼 때와는 전혀 다른 느낌을 받을 수 있다.

그래서 동양에서는 불가근불가원(不可近不可遠)이라는 고사를 많이 인용한다. '너무 가깝지도 말고 그렇다고 너무 멀지도 않게 지내라'는 뜻이다.

그리스의 철학자 디오게네스(Diogenes, B.C.412~B.C.323)는 "사람을 대할 때는 불을 대하듯 하라. 다가갈 때는 타지 않을 정도로, 멀어질 때는 얼지 않을 만큼만"이라고 했다.

우리는 '무조건 사랑에 몸을 던지는 사람'을 '뛰어드는 불나방'이라고 한다. 사랑에 빠지면 그 눈에 콩깍지가 씌어져 오직 사랑하는 사람만 보이기 때문에 이성적으로 판단하지 못한다는 것이다.

영국의 대문호 셰익스피어(William Shakespeare)는 '아비가 누더기를 걸치면 모른 척하지만 아비가 돈주머니를 차고 있으면 모든 자식이 효자'라고 했다.

서양에서는 본래 그랬는지 몰라도 동양의 전통 사상은 그렇지 않았다. 그러나 현 시대에 들어서면서부터는 우리도 이 말을 한 번 되새겨 봐야 한다. 혹시 나는 그렇지 않은가?

고정관념(Stereotype)

'고정관념(固定觀念:Stereotype)은 심리학에서 '잘 변하지 않는 행동이나 생각을 결정하는 확고한 의식이나 관념'을 말하는데, 어떤 집단에 속해 있는 사람들에 대한 단순하고도 지나치게 일반화된 생각들도 여기에 해당한다.

즉, 이미 내 안에 가지고 있는 정보가 잘 변화되지 않는 견해를 말한다.

가르치는 사람 입장에서 '고정관념을 버려야 한다'고 역설하는 이유는 자기가 가르치는 것을 받아들이게 하려면 고정관념을 버려야 하기 때문이다.

물론 내재되어 있는 고정관념이 모두 나쁜 것은 아니고 그 중에 소수는 긍정적으로 작용하는 것도 있다.

심리학자들이 고정관념의 정도를 알아보기 위한 실험을 진행했다.

두 조로 나누어 동일 인물의 사진을 각각 피험자들에게 보여주었다.

A조에게는 '이 사람은 범죄자'라고 했고, B그룹 실험자에게는 '현직 대학교수'라는 정보를 제공했다.

그리고 사진 속 인물에 대해 생김새의 특징을 평가하도록 했다.

A조에 편성된 평가자들은 눈이 움푹 들어간 것이 흉악하고 교활하게 보이며, 턱이 뾰족한 것이 고집불통인 성격을 반영하고 있다는 대답이 대부분이었다.

B조는 이 사람의 눈이 움푹 들어간 것이 깊은 사상이 있는 것처럼 보이며, 턱이 삐죽한 것이 진리를 탐구하는 강건한 정신을 반영한 학자처럼 보인다는 대답이 많았다.

동일 인물을 보고도 자기가 가지고 있는 정보로만 신분에 따라 완전히 다른 평가를 내리는 것, 이것을 고정관념이라고 한다.

일반적인 사람들 눈에 범죄자는 흉악(凶惡)하고 교활(狡猾)하지만, 교수는 온화(穩和)한 느낌을 주고 유식해 보인다는 긍정적인 평가를 한다.

인간은 성장하면서 주위 사람들의 영향을 많이 받는다.

같은 지역에 살면 문화 배경이나 좋아하는 성향에서 유사성이 보이는데, 사람들은 이런 유사한 특징을 종합하고 요약하여 보편적인 인식으로 받아들여 고정관념으로 축적(蓄積)하기 시작한다.

우리나라의 정치도 진보(進步)와 보수(保守)로 나뉘는데, 내가 성장하면서 내 주위에 잘 배우고 많이 아는 사람들이 그 길을 걸으면 무조건 그것이 좋고 옳은 것으로 내재되면서 고정화 된다.

그렇게 내면에 고정이 되면 상대 쪽에서 아무리 좋은 안건이 나오더라도 틀렸다고 생각하며 공격한다.

말로는 객관적으로 본다고 하는데 여기에는 편견(偏見)이 내재되어 있다.

절대로 객관적으로 생각할 수 없을 뿐 아니라, 이미 내 안에 자리 잡고 있는 고정된 편견 때문에 역지사지(易地思之)할 수 없다.

이런 때 고정관념을 타파하려면 '상대가 틀렸다'가 아니라, '나와는 다르구나' 하면서 한 발 물러서면 타협이 가능해진다.

진보든 보수든 나라를 사랑하는 마음은(일부 매국노를 제외하고) 마찬가지다.

사랑하는 방향만 약간 다를 뿐이지 부국강병(富國强兵)을 지향하는 마음은 같지 않은가!

현대 사회에서 특히 정치권에서 고정관념의 부작용이 뚜렷하게 나타난다.

우리가 고정관념을 가지고 타인을 평가한다면 집단에 대한 보편적 인식을 바탕으로 해서 평가하기 때문에 오해가 생길 수 있고, 터무니없는 결과를 불러올 수 있다.

선거에서 내가 투표(投票)하지 않은 사람이 당선되면, 그 사람이 하는 일은 무엇이든지 마음에 들지 않고 불만이 생길 수밖에 없다.

그러면 그 사람이 하는 일에 무관심해지고 더욱 멀어지게 된다.

다민족 국가를 이루고 사는 미국에서 현대에 와서는 흑인에 대한 편견이 조금 완화되기는 했지만 20세기 초반만 하더라도 '흑인'이라고 하면 미신·게으름·싸움을 좋아하는 난폭함·멍청이 등 대부분이 부정적인 단어였다.

2009년 미국의 흑인 대통령 버락 오바마(Barack Obama, 1961~) 재임 시절에 똑같은 조사를 했을 때는 흑인에 관한 편견이 찬란한 이미지로 바뀌어서 백인과 거의 차이가 나지 않는 긍정적 언어로 배치되었다.

이러한 현상에 '오바마 효과'(Obama Effect)라는 이름을 붙이기도 했다.

이 세상에 똑같이 생긴 사람이 없고, 똑같은 생각을 가진 사람이 없다고 한다.

사람마다 자기 나름의 철학(哲學)이 있다.

다각도로 생각하며 배우다 보면 생각이 유연(柔軟)해지고 '집단의 보편성'과 '개체 독립성'을 인식할 수 있으므로 고정관념이라는 함정을 피할 수 있다.

물론 고정관념을 무조건 나쁘다고 할 수만은 없는 부분이 있다.

예를 들어서 인구 조사를 위해 정확한 통계를 필요로 한다면 각 가정에 직접 방문해야 한다.

그런 때는 성 차별이 아니라도 여성 조사자가 방문하면 비교적 부드럽고 안심되며, 상냥한 말투로 모두 성실하게 응답할 것이지만, 건장한 남성이 조사관으로 나오면 여성들만 사는 곳에서는 공격은 하지 않더라도 아무런 이유도 없이 거부감을 가질 수 있다.

이런 경우도 고정관념이기는 하지만 누구든지 이해할 수 있는 사례이다.

책을 많이 접하고 다양한 사람을 만나면 생각이 훨씬 유연해지고, 고정관념을 쉽게 뛰어 넘을 수 있다.

귀인 오류(Attribution Error)

'원인과 결과를 잘못 인식하는 사회 심리현상'을 '귀인 오류'(Attribution Error) 라고 하는데, '어떤 결과에 대한 잘못을 타인의 탓으로 돌리며, 책임을 회피 하기 위해 생기는 오류'를 뜻한다.

"그 사람 내가 그럴 줄 알았어."
어떤 사람이 실수하거나 실패를 했을 때 흔히 내뱉는 말이다.

무슨 일을 함에 있어서 외부 상황이든 자기 잘못이든 특별한 상황으로 인해 실패할 수도 있는데 사람들은 너무도 손쉽게 잘못의 이유를 그 사람 에게 돌리는 경향이 있고, 나 자신의 실패에 대해서는 세상이나 주변 탓을 하면서도 타인의 잘못은 이해하려 들지 않는다.

자기가 생각하고 이루려고 계획한 일이 이루어지면 스스로의 영향력을 부각시키고 자랑스럽게 여기지만, 다른 사람들의 역량(力量)은 과소평가하는 좋지 못한 습성을 일컫는 말이다.
사람들은 자기의 잘못에는 관대(寬大)하기 마련이다.
그러나 다른 사람의 잘못은 더욱 크게 보이는 것이 인간의 눈이다.
내가 치는 화투는 시간을 보내기 위해 장난삼아 오락으로 친 화투이고, 다른 사람이 친 화투는 돈을 따먹기 위한 도박(賭博)으로 보는 것이 '귀인의 오류'를 단적으로 보여주는 예다.

기본적 귀인 오류는 타인의 행동에 대해 귀인하는 경우 그 사람의 성격, 태도, 가치관 등과 같은 그 사람의 내부 상황에서 설명하려는 경향이다.

내가 성공하면 나에게 성공 요인이 있어서이고, 실패하면 외부 요인으로 인해 실패한 것이며, 반대로 남이 성공하면 외부 요인이 작용했거나 운이 좋아서 성공했다고 하고, 실패했을 때에는 실패한 당사자 탓이라고 한다.

이것은 어떤 행동의 성공이나 실패를 객관적으로 평가하기보다는 주관적으로 보기 때문이다.

사람들은 상황의 초점을 누구나 특정인의 특성 탓으로 돌리려는 심리가 작용하여, 상황 탓보다는 사람 탓을 많이 하는 귀인 오류를 자주 범한다.

국어사전에도 없다가 요즘 신조어로 등장한 '내로남불'(내가 하면 로맨스 남이 하면 불륜)이라는 용어도 귀인 오류를 극명하게 나타내는 말이다.

'귀인 오류'라고 하면 일반적으로 '기본적 귀인 오류'를 칭한다.

사람의 행동에는 구조적 여건, 절박한 상황, 집단적 규범, 판단 착오 등 여러 가지 원인이 있을 수 있는데, 이런 원인 요소들을 무시하고 성격이나 동기 등 '행위자의 내적 특성 탓으로만 돌리는 오류'를 가리켜 '기본적 귀인 오류'라고 한다.

'귀인'(歸因)은 '특정한 행동이 발생한 원인을 추론하는 것'을 뜻하는 말인데, 귀인 오류 가운데 너무나 흔히 관찰되는 편향이므로 '기본적'이라는 단서가 붙어 다닌다.

이 오류를 지적한 심리학자 리 로스(Lee Ross, 1942~2021)가 보기에 동양인보다는 개인주의가 더욱 심한 서양인들에게서 많이 보인다고 주장한다.

이 귀인 이론을 체계화한 버나드 와이너(Bernard Weiner, 1935~)는 귀인에는 '상황적 귀인'과 '기질적 귀인'이 있다고 구분해 놓았다.

어떤 사람이 저지른 살인에 대해 불우한 가정환경이나 가난하기 때문에 어쩔 수 없었다고 생각하는 것은 상황적 귀인이고, 성격 자체가 모가 나고 흉악한 것은 기질(氣質) 때문이므로 기질적 귀인이라고 했다.

그런데 대다수의 사람들은 자신에게는 상황적 귀인이라고 하면서 타인에 대해서는 기질적 귀인으로 보는 경향도 많다.
'내 문제는 세상 탓이고, 남의 문제는 사람 탓'이라는 논리이다.

세상 속에서도 내가 선 차로의 빨간불이 길게 느껴지고,
내가 횡단보도를 건널 때도 빨간불이 길게 느껴진다거나,
다른 사람이 음악을 듣고 있으면 소리가 시끄럽게 들리고,
내가 좋아하는 음악이 나오는 것을 시끄럽다고 하면 이해가 안 되거나,
다른 사람이 욕을 하면 "무슨 저런 무식한 사람이 있어?" 하면서도
막상 내가 기분 나빠서 욕하는 것은 당연하게 생각하는 것.

이것은 모두 '내가 행위자냐, 관찰자냐' 하는 입장 차이에 따른 것이다.

그래서 내가 지각하면 '길이 막혀 어쩔 수 없었다'고 그 원인을 세상으로 돌리지만, 부하직원이 지각하면 '늑장을 부리다가 늦었을 것'이라 생각하며 지각을 당사자 내부 문제로 돌린다.
이런 오류가 한 걸음 더 나가면 '내가 하면 우아한 로맨스고 남이 하면 추한 불륜'이라는 이중 잣대가 만들어지고, 우리의 삶을 지배하는 원리가 되어 버린다.

귀인의 오류에 빠지지 않고 세상을 객관적으로 판단하려면 입장 바꾸어 생각하는 역지사지(易地思之)가 필요하다.
항상 타인의 입장에서 생각해 보면 편향(偏向)된 생각보다는 이해하려고 하는 너그러운 마음이 발동하므로 용서가 쉬워진다.

모든 것의 가격(The Price of Everything)

인간이 소유하거나 소유하지 않거나 모든 사물에는 가격(價格)이 존재한다. 그러나 가격은 있어도 가격을 붙이지 않을 때 더욱 빛이 나는 것도 있다.

'모든 것의 가격'(The Price of Everything)이라는 용어는 미국의 경제학자이자 언론인으로 활동하던 에두아르도 포터(Eduardo Porter)가 '뉴욕타임즈'의 수석 기자로 입사한 후 비즈니스나 경제 분야는 물론 사회 · 심리 분야까지 통찰하고 예리하게 분석하여 기사와 칼럼으로 기고하면서 썼던 것을 정리하여 『모든 것의 가격』이라는 책으로 발간하면서 유명해졌다.

포터의 주장에 의하면 개인에게 필수품으로 등장한 휴대폰을 비롯하여 핸드백 · 컴퓨터 · 구두 · 자동차 · 냉장고를 비롯한 가전제품 등 '눈에 보이는 모든 사물에는 가격이 존재한다'는 것이다.

인간들은 좀 더 효율적인 소비를 위해 겉으로 확실하게 드러난 가격을 끊임없이 비교 분석한다.

그러나 눈에 보이지 않는 것 즉, 생명과 신앙 · 행복 · 노동 · 공짜 · 미래까지 존재하고 있으며, 심지어 인간의 삶을 통제하고 있다고 주장한다.

그가 운영하는 웹사이트(http://eduardoporter.com)에 들어가면 마리화나 소지를 불법으로 규정한 법률의 가격은 2010년 기준으로 7,500백만 달러라고 한다.

이 근거는 소지자를 체포한 경찰의 인건비, 재판비용, 수갑 등 그 사건에 소요된 모든 비용을 합산한 금액이라고 했다.

또한 미국환경보건국(EPA)이 미국인 한 명의 목숨에 붙은 가격이 2009년 기준으로 9백 십만 달러라고 발표한 것을 감안한 가격이라고 언급했다.

다른 나라의 통계지만 우리나라에서 이런 기사를 접하게 된다면 우리는 어떤 생각이 들까?

마음속에서는 허무함과 함께 불편한 심기가 나도 모르게 솟구칠 것이다.

물질 만능 사회에서 당연한 논리는 아닌지, 우리의 실제 모습을 보는 것 같기도 하다.

그런데 만약 우리가 선택을 할 때 모든 것에 상대가치를 부여하고 이를 토대로 결정한다면 포터의 주장대로 모든 것에 교환가치 즉, 가격을 붙이는 것이 왜 불편한 일인지 의문이 간다.

실제로 인간은 매일매일 무의식적으로 가격을 매기면서도 노골적으로 돈 이야기하는 것을 싫어하는 것은 한편으로 위선이 아닌가 하는 생각도 든다.

이처럼 모든 보이는 것에 가격을 매길 수 있을지는 몰라도 인간 심리에 있어서는 돈으로 환산할 수 있는 것과 없는 것에 대해서 각각 전혀 다른 가치 기준과 윤리적 가치를 들이댄다.

주위에서 쉽게 접하는 복사용지나 포스트잇, 스카치테이프 같은 간단한 사무용품 등을 개인 용도로 쓴다고 해도 양심의 가책을 받는다거나 옆에서 보는 사람들이 비난하는 일은 거의 없지만, 금고에서 현금을 꺼내 간다면 이것은 명백한 절도(竊盜)에 해당된다.

또한 돈과는 상관없이 활동하면 봉사지만, 돈을 받고 일을 하면 엄연한 고용관계나 거래라고 할 수 있다.

미국의 비영리단체에서 실업자들에게 법적인 자문(諮問)을 해 줄 변호사를 구하는 일이 있었다.

'비영리단체라서 자금이 넉넉하지 못하니 시간당 30불밖에 줄 수 없다'고 공고했는데, 마감 기간이 다 되어도 나서는 변호사가 한 사람도 없었다.

곤경에 처하게 된 단체의 우두머리는 아이디어를 내어 '실업자들의 법률 자문을 도울 봉사자를 구한다'는 문구로 바꾸어서 공고를 냈다.

순수하게 자원봉사자를 구하자 아이러니하게도 지원하고자 하는 변호사들의 문의가 쇄도하는 진풍경이 벌어진 것이다.

이런 행동들은 인간이 '가격'이라는 가치기준(價値基準)으로 거래하는 영역과 그렇지 않은 영역을 나누어서 생각해서 이분법적으로 보여준다.

그 누구도 사람의 목숨이나 종교의 자유, 병역 면제, 사랑과 우정 등에 대해 가격을 매기려 하지 않을 것이며, 이런 것들을 돈으로 환산하여 욕심을 채우려 하는 비윤리적 행동으로 간주해서 비난할 것이다.

심리학자들은 '동일한 상황이라도 이를 돈과 연관시켜 생각하는가, 그렇지 않은가에 따라 행동 양상이 달라진다'는 것을 실험을 통해 입증했다.

미국 미네소타 대학의 캐슬린 보스(Kathleen Vohs)와 그의 동료들은 피험자를 모집하여 단어 카드를 주고 단어를 조합하도록 과제를 주었다.

두 그룹으로 나누어 한 그룹은 돈과 관련된 과제를, 다른 그룹은 중립적인 단어들을 주었다.

이 과제가 끝난 다음 두 그룹 모두에게 엄청나게 난이도가 높은 퍼즐 맞추기 과제를 주면서 어려워서 해결하지 못하겠으면 손을 들어 조교의 도움을 받으라고 말해 두었다.

몇 차례 피험자를 바꿔가며 실험을 진행했지만 결과는 동일했다.

돈과 관련된 문장 맞히기를 하고 난 그룹은 그렇지 않은 그룹보다 시간은 더 오래 걸렸으면서도 도움을 늦게 청하는 것으로 나타났다.

이 실험에서 실제로 보수를 지급하느냐, 하지 않느냐를 떠나 '인지적 편향을 돈과 관련된 쪽으로 유도하는 것만으로도 사람들의 태도를 바꿀 수 있다'는 것이 입증되었다.

돈을 염두에 둔 상태에서는 과제에 더 끈덕지게 매달리며 남의 도움을 받지 않고, 남에게 도움을 주지도 않으려는 공산(公算)이 크다는 것이다.

이런 사람들이 업무의 생산성을 높이는 데 도움이 될지는 몰라도 인간미는 느껴지지 않을 것이다.

근래에는 기업이나 학교에서 직원이나 학생들에게 동기를 부여하는 차원에서 '경제적 가치를 강조하느냐, 아니냐'에 따라 큰 차이를 가져올 수 있다.

최근에는 일부 기업들이 본봉(本俸)을 줄이는 대신에 성과급(成果給)을 대폭 늘려 직원들의 생산성을 높이려 하는데, 이는 서로 아이디어를 모으고 협업을 중시하는 현대적 기업 문화에서 그다지 좋은 방법은 아니라고 한다.

미루는 습관(Procrastination)

"오늘 할 일을 내일로 미루지 말자."

어린 시절부터 귀에 딱지가 앉도록 들어온 익숙한 말이다.

미루는 습관은 인류가 지구상에 등장한 이래 계속 있어 왔다.

원시 사회에서는 수확(收穫)을 미루면 굶어 죽을 수도 있기 때문에 일을 미룰 수 없었지만, 점점 사회가 발달하면서 현대 사회에 들어와서 산업화 사회가 형성되면서 대량생산이 이루어져서 내가 직접 농사를 짓지 않아도 먹고 살 수 있기 때문에 게을러져서 일을 미루는 버릇이 생기기 시작했다.

테크놀로지(Technology) 시대 즉, 과학이 발달하여 과학이론을 실제로 적용하여 자연의 사물을 인간의 실생활에 유용(有用)하도록 가공하는 수단으로 사용하며 살아가는 오늘날에는 미루는 습관이 일반화 되어 버렸다.

제프리 콤(Jeffrey Combs)은 실제로 6만 시간, 6천 명이 동참한 가운데 '미루기 탈출 프로젝트'를 실행해서 국제적으로 인정을 받은 연설가이자 트레이너 작가인데, 그의 저서 『굿바이 미루기』에서는 '하루에 15분씩 가볍게 따라하기만 하면 미루는 습관을 버릴 수 있다'고 말했다.

또한 그는 "나는 일을 미루는 습관을 버리기로 했다. 하지만 계속 미루느라 그 결심을 실천에 옮기지 못하고 있다."고 하면서, 누구나 한 번쯤 겪어 봤을 미루는 습관을 자신도 쉽게 버리지 못하고 있음을 고백한 것이다.

미루는 습관은 자기 계발과 관련된 가장 큰 이슈(issue)라고 본다. 그렇다면 이 미루는 습관은 무엇 때문에 생기는 것일까?

심리학자들의 분석은 세 가지로 요약되는데, 대동소이하다.

첫째는, 회피 심리다.

어떤 일을 처리할 때 마음이 편안하지 못하기 때문에 그 일을 회피하고 싶고, 질질 끌게 된다는 것이다.

둘째는, 우유부단한 성격 때문이다.

예컨대 아내 생일 선물로 무엇을 할까 고민만 하다가 때를 놓치고 마는 경우처럼 맺고 끊는 면이 부족한 사람들의 전형적인 미루기 습관의 폐해이다.

셋째는, 도발적인 심리도 한몫을 한다는 것이다.

일부러 최종 기한에 임박하여 시간에 쫓기면서 일을 처리하는 사람들은 몰입하는 경험을 즐길 수 있다고 주장하지만, 결국 제때에 일을 처리하지 못하고 늦어져서 낭패를 보는 경우가 많다.

누구에게나 있는 미루는 습관을 어떻게 하면 이겨낼 수 있을까?

미국의 심리학자 윌리엄 너스(William Knaus)는 그의 저서 『심리학, 미루는 습관을 바꾸다』에서 '미루려는 감정적 충동을 통제하려면 연습과 훈련이 동반되어야 한다'고 말한다.

그는 "당신이 무엇을 원하는지 질문하라."고 하면서 다음과 같이 말한다.

"미루는 습관을 극복하려면 바로 지금 자신을 파악해야 된다고 한다. 직장은 물론 일상생활에서 미루는 습관이 어떤 이유 때문에 생기고 있는가를 뒤돌아보라. 그 미루기에 앞서서 더 큰 문제의 징후에 불과하지 않은가를 생각해 보라. 당신이 만족하지 못한 무언가에 진짜 이유가 있는 것은 아닐까? 지금 내가 서 있는 곳은 어디인지 내가 바라는 지향점은 어디인지 그 목표점에 도달하기 위해 필요한 일은 무엇인지 스스로에게 질문하라. 그것이 무엇보다도 중요하다."

즉, 내가 원하는 정체성을 분명히 하고, 그 목표점을 보며 이루고자 하면 미루는 습관에서 벗어날 수 있음을 시사한다.

미루는 습관에서 벗어날 좋은 방법이 없을까?

그는 "지금 당장 눈앞에 놓인 일들을 수행하는 것이 유쾌하고 즐겁지 않아도 일단 그것을 미루지 않고 실행했을 때의 혜택이 얼마나 큰지, 그 혜택의 편안함과 즐거움이 오히려 얼마나 큰지를 자꾸 기억하는 것'이라고 말한다.

정신과 의사이자 심리학자인 스콧 펙(Scott Peck, 1936~2005)도 '즐겁지 않은 일 먼저 하기가 인생에서 자신이 원하는 최고의 것을 성취할 수 있는 가장 확실한 방법'이라고 말한다.

미국의 자기 계발 트레이너인 닐 피오레(Neil Fiore, 1941~)는 『나우 : 지금 바로 실행하라』는 책에서 미루지 않고 잘해내는 사람들이 많이 쓰는 표현을 다섯 가지로 정리했다.

첫째, "하지 않으면 안 된다." 대신 선택은 내가 한다.

둘째, "반드시 끝내야 한다." 대신 "언제 시작할까."라고 말하라.

셋째, "이 일은 너무 크고 중요한 일이다." 대신 "하나씩 차근차근 하면 된다."라고 말하라.

넷째, "나는 반드시 완벽해야 한다." 대신 "나는 실수도 할 수 있는 평범한 인간이다."라고 말하라.

다섯째, "나는 쉴 시간이 없다." 대신 "나는 반드시 쉴 것이다."라고 말하라.

미루는 습관을 극복하는 것이 쉬운 일은 아니다.

실제로 우리나라에서도 2013년 한겨레신문에서 미루기에 대한 여러 가지 이야기를 쏟아 낸 적이 있는데, 이 담론(談論)을 이끄는 선두에는 심리학의 유행과 다양하게 출간이 되고 있는 자기 계발 책들이 있다.

그때 한 취업 포털 사이트(Portal Site)와 출판사가 직장인 259명을 대상으로 미루기에 대한 조사를 했다.

조사 결과 '헬스나 요가, 수영 등을 등록은 했지만 실제로 나가지 않는 사람'이 46.3%로 1위를 차지했으며, 그밖에도 '아침에 5분 더 자려다 택시 타고 출근하기', '기안서 작성 미루다가 마감일 놓치기' 등이 있었다.

뿌리는 다르지만, 자신의 존재감(存在感)을 나타내기 위해 일부러 미루려는 사람도 있는데, 요즘에 말하는 '갑'과 '을'의 관계에서 나타나는 현상이다.

이것은 엄연히 '갑'질에 해당한다.

예컨대 공사가 마무리되어 '을'에게 마땅히 지급해야 할 돈을 지급하지 않고 질질 끌면서 자신의 권력을 과시하거나, 자기의 위치를 확인받고 싶어 하는 저질적인 행동을 하는 사람들도 있다.

미루기에 관련된 자기 계발서는 대부분 선의의 심리를 다루고 있지만, 미루기는 권력관계가 개입이 되면 어느 곳에서든 인정투쟁(認定鬪爭)의 주요 수단이 될 수 있다.

그런 미루기는 선의의 미루기와는 결이 다르다.

"피할 수 없으면 즐겨라!"

미루는 습관을 버리려고 애쓰는 우리에게 가장 잘 어울리는 말이 아닐까?

밧세바 신드롬(Bathsheba Syndrome)

'절대 권력은 절대 부패한다'는 말이 있다.

우리 주위에서도 사회적으로 성공했다고 하는 사람들이 윤리적 타락으로 인해서 그동안 힘들게 쌓아올린 명성(名聲)이 하루아침에 무너져서 구속(拘束) 되는 일들을 자주 접하게 된다.

재능이나 지능, 비전 등 미래의 발전 가능성을 겸비한 성공한 지도자들이 절정(絕頂)에 이르렀을 때 갑자기 자멸(自滅)하는 이유는 무엇인가?

이처럼 '권력을 가진 지도층 인사가 몰락하는 것'을 '밧세바 신드롬'(Bathsheba Syndrome)이라고 한다.

밧세바와 다윗은 구약성경 '사무엘하' 편에 나오는 인물이다.

고대 이스라엘 2대 왕이었던 다윗은 청소년 시절 목동으로 일할 때 아버지 이새의 심부름으로 전쟁터에 나간 형들의 도시락을 가져갔는데, 때마침 거인 골리앗과 이스라엘 군이 대치하고 있었다.

그때 블레셋 군대의 거인 골리앗의 위세에 눌려 거병을 하지 못하는 이스라엘 군 대표로 나가 단숨에 물맷돌로 골리앗을 쳐서 기절시킨 뒤 칼로 목을 베어 죽이자 일약 영웅이 된다.

거인 골리앗이 무서워서 엄두도 못 내고 있을 때 그를 죽인 다윗은 미천한 양 치기에서 승승장구(乘勝長驅)하며 최고의 권력을 누리게 된다.

그 후 왕이 되어 기강이 어느 정도 잡혀갈 무렵에 자기는 궁 안에 있으면서 요압을 사령관으로 임명하여 전쟁터에 내보낸다.

어느 날 저녁, 궁에서 밖을 내다보다가 어떤 여인(밧세바)의 목욕하는 모습에 욕정이 발동되어 부하를 시켜 그 여인을 데려와서 동침하고 만다.

며칠 후 이 여인이 임신했다는 사실을 알고 전쟁터에 나가있는 밧세바의 남편 우리아를 불러 임신 사실을 은폐하려 했다.

우리아를 소환해 아내 밧세바와 동침하도록 기회를 제공해도 충성스러운 장군 우리아는 모든 사람이 전쟁터에 나가 있는데 혼자서 편하게 아내와 잘 수 없다고 하여 매번 실패하고 만다.

초조했던 다윗은 사령관 요압 장군에게 '우리아를 어떤 수단과 방법을 써서라도 죽게 만들라'는 편지를 써주며 우리아를 전쟁터로 다시 보냈다.

할 수 없이 요압은 우리아를 최전선에 내보내어 죽게 만들었다.

우리아가 전쟁터에서 죽었다는 소문이 다윗에게 전해지자 밧세바를 정식으로 아내로 맞아들이지만, 하나님의 노여움을 사게 되어서 밧세바가 낳은 자식은 7일 동안 심하게 앓다가 죽고 만다.

하나님에게 저주를 받은 것이다.

그 뒤 다시 그들 사이에서 아들이 태어났는데 그 아들이 유명한 솔로몬이다.

다윗처럼 인간이 권력을 쥐게 되면 윤리적으로 타락한다.

그 이유는, 자신에게 권력이 있으므로 모든 상황을 통제할 수 있다는 오만한 자신감이 생기기 때문인데, 과도한 자신감에 편승(便乘)해 현실 감각이 둔해지고 흐려져서 윤리적 통제를 하지 못하고 함정에 빠져 버린다.

지적 능력이나 모든 면에서 판단할 줄 알지만, 성공으로 인한 자만심과 특권의식에 도취되어 스스로에게 윤리적 기준이 적용되지 않는다는 착각에 빠지기 때문이다.

이 말은 특히 성적인 스캔들(scandal)로 지도층의 추락(墜落)을 설명하는 데 자주 인용된다.

그처럼 한순간에 추락하는 '밧세바 신드롬'이 왜 반복되어 일어나는가?

심리학자들의 분석에 의하면 4가지 요인으로 압축된다.

첫째는, 무소불위의 지도층 권력이다.

둘째는, 자기 역량으로 은폐하거나 해결할 수 있다는 오만한 생각이다.

셋째는, 빠른 정보와 사람에 대한 특권적인 접근이 가능하다고 본다.

넷째는, 개인적 조직이 주는 만족감으로 인해 본연의 목표를 상실하기 때문이다.

서양에서도 밧세바 신드롬 사례는 많이 있지만 우리나라에서도 심심치 않게 보이는데, 특히 지자체장들이나 군 내부에서 많이 발생한다.

보이지 않는 곳에서 서로 합의해 문제를 야기하지 않고 무마되는 경우도 많겠지만, 언론에 노출되어 모든 국민이 다 아는 사건이 자주 나타난다.

그렇다면 상명하복(上命下服) 정신이 투철한 군대와 지방자치단체에서 자주 일어나는 이유는 무엇일까?

권력을 가진 자 모두가 그런 것은 아니지만 자기가 가지고 있는 권력을 행사하여 자신의 특권 남용을 당연시 하고, 유권자들의 선택을 받기 전에는 읍소하며 온갖 역량을 다 바쳐 봉사할 것처럼 겸손하게 접근하다가 막상 당선이 되고 나면 특권적 접근 가능성이 오만함과 거만함으로 가득 찬다.

회의를 주재할 때나 사안을 판단할 때 최고의 자리에 있기 때문에 권력이 통제받지 않고 독점하게 되므로 모든 일을 조종(操縱)할 수 있을 것으로 착각하기 때문이다.

오늘날에는 인터넷과 SNS의 발달로 인해서 비도덕적 행위나 비리 같은 여론들은 빠르게 확산되므로 과거에 비해 사회적 비난의 파급은 무섭다.

전에는 성폭력이나 성추행은 친고죄(親告罪)라 하여 피해자의 고발이 있을 때만 처벌이 가능했지만, 지금은 언론에 노출되면 고발보다 더 무섭다.

지방자치단체장들은 지역에서는 어떤 견제(牽制)도 방어할 수 있다.

지역의원들의 권한은 지방자치단체장들의 권한과 비교했을 때 그 존재가 미미(微微)하기 때문에 확실한 증거를 제시할 수 없다면 견제 자체가 무의미하다고 해도 무방할 것이다.

보이지 않는 고릴라(Invisible Gorilla)

누구든지 한 가지 일에만 집중하다 보면 내가 필요로 하는 것만 보고, 다른 것은 놓치기 마련이라 나무만 유심히 쳐다보다가 숲은 보지 못한 채 그냥 지나쳐버리는 경우가 많다.

이처럼 선택적 집중 때문에 중요한 사실을 놓치게 되는 경우는 우리가 생각하는 것보다 훨씬 많다.

말 그대로 '사람은 자기가 듣고 싶어 하는 것만 듣고, 보고자 하는 것만 보는 경우가 더 많다'는 것이다.

미국의 심리학 교수인 대니얼 사이먼스(Daniel Simons, 1969~)와 크리스토퍼 차브리스(Christopher Chabris, 1966~)는 1999년 하버드대 심리학과에 근무하는 동안 실험을 통해 이런 현상을 입증했다.

그들의 심리 실험은 '보이지 않는 고릴라' 시험이라고 해서 유명세를 탔으며, 최근에는 두 사람의 공저로 『보이지 않는 고릴라』라는 단행본 책으로 발간되어 우리나라에도 출간되었다.

그들은 이 실험에서 6명의 학생들을 두 팀으로 나누어 한 팀은 검은색 T셔츠 다른 한 팀은 흰색 T셔츠를 입혀 두 팀을 섞어서 농구공을 패스하는데, 같은 색 옷을 입은 선수끼리만 패스하게 했다.

그리고 이 장면을 동영상으로 찍어 그 영상을 피험자들에게 보여준 후 검은색 팀은 무시하고 흰색 팀이 몇 번 패스하는지 세어보도록 했다.

영상을 다 보고 난 후에 피험자들에게 묻는다.

"혹시 고릴라를 보셨나요?"

실험에 참가한 절반 이상이 고릴라를 보지 못했다고 답했다.

사실은 중간에 고릴라 의상을 입은 학생이 중앙에 나와 가슴을 두드리며 킹콩 흉내를 내는 장면이 들어 있었다.

이 말을 듣고 다시 같은 동영상을 보자 피험자들은 놀라움을 금치 못했다.

"내가 왜 저 장면을 보지 못했지?"

피험자들이 고릴라를 보지 못한 것은 진행자가 제시해준 흰색 팀의 패스에 집중하느라 다른 데는 별로 신경을 쓰지 않고 오로지 흰색옷의 패스에만 집중했기 때문이다. 인지적 과업을 수행하려면 선택적 집중이 필요하고, 과업 수행 능력을 높이려면 불필요한 것을 배제하는 능력이 우리에게 필요하다.

어떻게 보면 주어진 목표에 충실할 수 있도록 돕는 인지적 기제이며, 오랜 진화를 통해 인간이 갖추게 된 뛰어난 능력이라고 볼 수도 있다.

이러한 능력이 인간에게 많은 착각과 그릇된 판단, 치명적 사고를 불러일으키는 요인이 될 때도 있다.

예를 들어 U턴을 하려고 신호대기 하던 자동차 운전자가 전방의 신호만 보고 있다가 불이 들어오면 바로 뒤따라오는 오토바이를 보지 못하고 사고를 내는 경우가 있다.

영화나 드라마 속에서도 옥에 티처럼 보이지 않는 고릴라(Invisible Gorilla) 현상이 일어나기도 하는데, 내용에 집중해서 시청할 때는 잘 보이지 않다가 가끔 사극 장면에서 뒤 배경에 전봇대가 보이거나, 화면이 바뀌면서 탁자의 찻잔이 사라지는 경우도 이에 해당한다.

우리는 스마트폰을 보면서 다른 사람과 대화하기도 하고, 음악을 들으며 문자를 보내기도 하는데, 인간의 뇌는 두 가지 일을 동시에 수행하게 되면 주의(注意)가 분산되기 마련이다.

인간이 쓸 수 있는 주의의 양에는 일정한 제한이 있다.

두 가지 일을 동시에 실행하다 보면 두 가지 모두 망치는 경우가 많다.

다른 사람과 대화를 하면서 다른 곳으로 문자를 보낼 때에는 듣는 것도 소홀히 하게 되고 문자도 엉망이 된다.

집중이 분산되어 실수를 하게 되는 것이다.

그러나 두 가지 일을 동시에 해도 괜찮은 경우가 있다.

예능 프로를 보며 맥주를 마신다거나, 방해되지 않는 일이거나 집중을 필요로 하지 않는 것에는 상관이 없다.

그러나 집중을 필요로 하는 일은 동시에 하지 않는 것이 좋을 것이다.

보이콧(Boycott)

'보이콧'(Boycott)은 '소비자가 소매점에 대하여 항의하기 위한 소비자 운동 또는 노사 관계를 수립하거나 특정 기업에 대하여 항의하기 위한 수단'을 말하는데, 요즘에는 사회적 · 정치적 이유로 인한 항의(抗議)의 표현방법으로 사용하거나, 특정 개인이나 기업, 조직 및 국가와의 거래(去來)를 중단하는 자발적인 행동까지 광범위하게 지칭하고 있다.

이 용어는 아일랜드 귀족의 재산 관리인이었던 찰스 보이콧(Charles Boycott, 1832~1897)에서 유래되었다.

언 백작의 농장을 관리하는 영지 관리인이던 보이콧은 군 장교 출신으로 지역 노동자들에게 갑질은 물론 악명 높기로 소문난 사람이었다.

1880년경 보이콧의 갑질에 분노한 지역 상인들은 그에게는 물건을 팔지 않았고, 지역 노동자들 역시 그 농장에서는 일하기를 거부했다.

말하자면 보이콧은 '갑질로 인해 지역사회에서 배척을 당한 것'이다.

그 후부터 '보이콧'이란 말은 '정치 · 경제 · 사회 · 노동 분야에서 부당행위나 갑질에 맞서기 위해 집단이 조직적으로 항거하는 거부운동'으로 쓰이게 되었다.

주로 합법적으로 항의하여 경제적 손해를 입히거나 도덕성을 비난하기도 하고, 궁극적으로는 주로 형태를 바꾸려는 데 그 목적을 두고 있다.

소비자의 집단적인 불매 운동이 대표적인 사례로 꼽힌다.

보이콧은 일반적으로 1차와 2차로 구분할 수 있다.

노동조합이나 시민단체 등의 조직적인 회원들과 시민들에게 분쟁 관련 회사의 제품을 불매하는 움직임을 보이는 행위를 1차 보이콧이라고 말하며, 2차 보이콧은 1차 보이콧 대상 회사와 거래 관계에 있는 제3자를 대상으로 거래 중단을 요구하는 행위이다.

노동조합과 회사와의 관계에서도 두 단계로 나뉘는데 즉, 근로자들이 사용자에게 직접적으로 압력을 가하는 경우를 1차라고 하고, 사용자와 거래 관계를 하고 있는 회사들에게 거래 관계를 끊을 것을 요구하고 이에 응하지 않을 때에는 상품 구입이나 노동력의 공급을 중단하겠다고 압력을 가하는 것을 2차 보이콧이라고 한다.

이 같은 경우는 실제로 파업(罷業)을 지원하기 위한 보조 수단으로 쓰이는 경우가 많으며, 미국을 비롯한 선진국에서 많이 볼 수 있다.

그에 반하여 '사용자 보이콧'도 있다.

이는 '근로자의 파업 또는 직장 폐쇄 기간에 해당 근로자들이 해당 사용자 또는 다른 사용자에게 취업하지 못하도록 하는 사용자의 활동'을 말하고, 일반적으로 파업 당한 사업장의 사용자 또는 직장 폐쇄를 단행한 사용자가 행한다.

이러한 보이콧은 직장 폐쇄 등의 보조적 투쟁 수단으로 보이며, 실질적이거나 독립적인 의미는 거의 없다.

'보이콧'은 '일정한 과정에 참여하기를 거부하는 것'을 나타내기도 한다.

예를 들어 어떤 나라의 정책 또는 행동에 대해 반대 의견을 보이는 수단이나 국제회의 모임 등을 보이콧할 수도 있다.

또 다른 한 가지 보이콧은 한 국가의 정책이나 행동에 막대한 영향을 미치거나 항의하기 위해 다른 나라 또는 국제기관에서 보이콧하기도 한다.

예를 들면 미국은 1979년 소련의 아프가니스탄 침공에 대해 대한 항의로 다른 국가들에게 1980년의 모스크바 하계올림픽에 불참하도록 요구했다.

국제기관이 요청한 보이콧의 예로는 1965년 국제연합이 모든 회원국에 그 해 초에 불법적으로 영국 연방으로부터 독립(獨立)을 선언했던 로디지아 공화국(The Republic of Rhodesia)과 경제 관계를 끊을 것을 요청한 일이 있었는데, 이 보이콧은 1979년까지 계속되었다.

그러나 2차 보이콧을 요청할 때는 법률적 근거를 잘 살펴야 한다.

법률 전문가들은 '합법적 보이콧과 상황에 따라 불법이 함께 존재하기 때문에 신중해야 한다'고 조언한다.

브레인스토밍(Brainstorming)

'구성원들이 어떤 주제를 놓고 회의 형식으로 자유 발언을 통해 각자의 아이디어를 제시하도록 하여 찾고자 하는 발상을 찾아내려는 방법'을 말한다.

영국의 역사학자 토머스 칼라일(Thomas Carlyle, 1795~1881)은 "한 사람의 마음에 번뜩인 생각의 불꽃은 다른 사람의 마음에 비슷한 것을 일으킨다."고 했다.

이것은 브레인스토밍의 기본 원리를 말하는 것이다.

'브레인스토밍'(Brainstorming)은 '뇌를 휩쓸어서 아이디어를 창출해낸다'는 뜻으로, 우리가 흔히 말하는 '난상토론'이나 '자유토론'이라고도 할 수 있다.

즉, 머리 좋은 한 사람보다도 보통 사람 여러 명이 모여서 내놓은 많은 아이디어 속에서 우수한 아이디어가 나올 가능성이 높기 때문이다.

일단 아이디어가 제시되면 형편없는 아이디어라도 절대 비판해서는 안 된다.

말도 안 되는 데이터라도 머릿속에 떠오르면 즉시 제시하고, 아이디어가 나오면 우선은 존중하고 그대로 기록했다가 나중에 누가 낸 아이디어인지 모른 채 서로 비판하며 쭉정이와 알곡을 가리는 방식이다.

브레인스토밍의 가장 좋은 회의 방식을 살펴보자.

첫째로, 최고 경영자나 리더가 가장 먼저 의견을 제시하지 않아야 한다.

리더가 먼저 제시하면 리더의 의도대로 나갈 가능성이 높기 때문이다.

두 번째로는, 아이디어를 내는 초기 단계에는 어떤 아이디어든지 절대 비판해서는 안 된다.

의견과 사람을 분리하면 더 좋다.

누가 어떤 아이디어를 냈는지 모르게 해서 아이디어 풀을 만드는 것이 좋다.

좋은 아이디어든 아니든 객관적으로 판단할 수 있으며, 거절하고 싶은 생각이 훨씬 덜 든다.

누가 썼는지 모르도록 글씨를 유치하게 쓰는 방식도 한 가지 방법이다.

벨기에 루뱅 가톨릭대 교수 뤼크 드 브라방데르(Luc de Brabandere, 1948~)는 '성공적인 브레인스토밍을 위해서는 평소 패턴 같은 사고방식에서 완전히 벗어날 것'을 강조한다.

그는 프랑스의 '상파뉴 드 카르텔란'이라는 샴페인 제조회사에 몸담은 적이 있었는데, 샴페인 회사에서 필수적으로 사용해야 할 세 가지 '샴페인·음료수·술'이라는 단어를 임원회의에서 사용하지 않고 회사를 묘사해 보자고 제안했다.

회의에 참석한 임원들은 미처 생각하지 못했던 다양하고 풍부한 단어로 묘사를 했을 뿐만 아니라, 자신들이 근무하는 회사가 단순히 술만 공급하는 회사가 아니며, 샴페인이 각종 파티나 의미 있는 행사에 빠져서는 안 되는 중요한 필수품이라는 것을 새롭게 깨닫는 계기가 된 것이다.

이 훈련을 통해서 인원들이 생각해 낸 또 다른 아이디어는 샴페인 병을 운반하는 나무 상자를 주사위 놀이판 모양으로 바꾸는 것이었는데, 사람들이 파티에서 모이면 여러 가지 게임을 즐긴다는 것에서 착안한 아이디어였다.

그는 '평소의 사고방식에서 벗어나면 서로 양립할 수 없는 모순된 단어를 사용해 보는 것도 도움이 된다'고 말한다.

브레인스토밍을 효과적으로 수행하기 위해서는 4가지 원칙이 요구된다.

첫째, 질보다 양을 강조한다.

아이디어 숫자가 많다보면 그 중에서 기발한 아이이어가 나올 가능성이 높기 때문에 다양하고 많은 아이디어를 모으는 데 집중하라는 것이다.

아이디어가 다양하면 문제 해결 방법도 다양하게 나온다는 전제가 깔려 있기 때문이다.

둘째는, 비판 보류를 든다.
타인의 의견을 비판하자고 들면 너무 많아서 비판하기 시작하면 주눅이 들 수 있기 때문이다.
그래서 다소의 비판할 일도 보류함으로 참가자들이 자유롭게 아이디어를 제시하도록 분위기를 조성해야 한다.

셋째는, 어떠한 허접한 아이디어도 환영한다는 원칙이다.
고정되어 있는 의견이나 편견을 타파하고, 자유롭게 의사를 표출하면서 아이디어를 모으자는 것이다.
과거를 탈피해서 새로운 관점에서 고민하고, 하찮은 아이디어도 편하게 제안할 수 있도록 유도하기 위해서다.

넷째는, 아이디어 결합 방식이다.
제시한 아이디어의 서로 연관성을 조합하거나 파생된 더 나은 아이디어로 발전시키는 데 집중하기 위함이다.
타인의 아이디어를 모방하고 결합하는 과정에서 서로 연쇄반응을 하면서 강화되고 개선될 수 있기 때문이다.
현대인들의 필수품인 스마트폰은 최첨단 기술로 만들어졌지만, 새로운 기술보다는 이미 나와 있는 기능을 접목시키고 결합한 것에 불과하다는 말이 있다.

그러나 아무리 분위기를 조성하여 유도하고 토론 분위기를 화기애애하게 만들었어도, 의견을 제시하는 것은 사람에 따라서 다르다.
이에 대한 보완 대책으로 종이에 아이디어를 쓰면서 누가 썼는지 알아보지 못하도록 유치하게 쓴다거나, 자기 글씨체가 아닌 엉뚱한 글씨체로 써서 제출하는 방법도 많이 활용하는 방법이다.

사회적 촉진(Social Facilitation)

혼자 달릴 때와 다른 사람과 경쟁(競爭)을 하면서 달릴 때, 어느 경우에 더 잘 달릴까?

1897년 미국의 심리학자 노먼 트리플렛(Norman Triplett, 1861~1934)이 사이클 선수를 상대로 실험한 결과 '다른 사람과 경쟁하면서 함께 달릴 때가 훨씬 더 기록이 좋은 것'으로 나타났는데, 사람이 어떤 과업을 수행할 때 주위 사람의 영향을 받는다는 것을 말해준다.

또한 1928년 심리학자 플로이드 올포트(Floyd Allport, 1890~1979)는 사람이 해야 할 일을 홀로 할 때와 그룹에서 여럿이 수행할 때를 비교하면서 후자들이 생산성이 높은 것을 확인했는데, 올포트는 이 실험 결과를 설명하면서 '사회적 촉진'(Social Facilitation)이라는 용어를 새롭게 구사했다.

얼핏 보면 사회적 촉진은 경쟁 때문에 만들어진 것 같이 보이지만 한편으로는 개인 과업 수행을 수동적으로 관찰하도록 설계된 비경쟁적 상황 속에서도 수행은 더 촉진되는 것으로 밝혀졌다.

'내가 하고자 하는 일을 누가 보느냐, 보지 않느냐'의 차이가 하고 있는 일에 영향을 미치는 것'이 대단히 중요하다.

이런 사회적 촉진은 두 가지 유형이 있다.

함께 참여하는 사람이 있을 때 나타나는 '공동 행동 효과'와 옆에서 구경하는 사람이 있을 때 나타나는 '관중 효과'(Audience Effect)다.

집에서는 밥을 잘 먹지 않다가도 유치원이나 학교에서 다른 아이들과 함께 먹으면 잘 먹는 경우가 대표적인 공동 효과이며, 다른 사람들이 하고 있는 일을 지켜보고 있으면 더 잘하는 경우가 '관중 효과'라고 보면 된다.

어린 아이들은 물론이고 성인들도 함께 모여서 스포츠 경기 등을 TV로 시청하면 더 열광하고 많이 떠들고 감동을 받는다.

식사도 혼자 할 때보다 여럿이 함께 하면 훨씬 더 맛있게 느껴진다.

인터넷 강의를 들을 때도 마찬가지라고 한다.

혼자 모니터 앞에서 들을지라도 강의자 앞에 사람들이 모여서 피드백을 해주고 리액션을 해주는 강의가 집중도가 높아진다는 연구 결과도 있다.

가상(假想)의 사람이 있다고 생각하므로 사회적 촉진을 일으키는 셈이다.

이런 현상은 동물들에게도 나타난다고 한다.

개미는 혼자보다도 여럿이 함께 일할 때 훨씬 더 많이 하며, 닭도 혼자 있을 때보다 여럿이 있을 때 모이를 60% 더 먹는 것으로 조사되었다.

그러나 사회적 촉진이 우리에게 긍정적 효과만 주는 것이 아니다.

우리 속담 '하던 짓도 멍석을 깔아주면 못한다'는 말처럼 누가 지켜보고 있으면 떨리거나 부담이 되어서 더 망치는 경우도 있다.

이런 현상을 '사회적 저하' 또는 '사회적 억제 현상'이라고 한다.

여기에서 전문가와 초보자 즉, 프로와 아마추어의 차이가 나타난다.

즉, 자기가 평상시에 늘 하던 일이라서 전문가 수준인 것은 옆에서 보는 사람이 있으면 잘되지만, 아직 익숙하지 못한 것들은 누군가 보고 있다는 의식을 하게 되면 혹시 실수하지 않을까 부담되어 잘 못하는 경우가 있다.

1980년 한 당구장에서 당구를 잘 치는 사람과 아마추어에 가까운 사람을 상대로 실험 대상자들의 당구 실력을 전혀 모르는 4명을 구경꾼으로 투입시켜 실험한 결과, 평상시 두 사람의 게임에서 잘 치는 사람은 정확도가

71%, 잘 못 치는 사람은 36%였으나, 구경꾼이 있을 때 잘 치는 사람은 80%로 상승되었고, 잘 치지 못하는 사람은 26%로 떨어지는 것으로 나타났다.

사람들은 누구든지 타인의 시선(視線)을 의식하기 마련이다.

지금은 옛날보다 훨씬 줄어들기는 했지만, 길거리에서 일어나는 싸움의 상당 부분은 타인의 시선 때문에 일어난다.

모르는 사람끼리 마주친 시선이 조금 오래 머물게 되면 험악한 말투로 변하면서 시비가 붙고, 결국 묻지 마 폭행 사건으로 이어지는 경우도 있다.

이런 행동들이 급속도로 번지는 이유는 현대인들이 혼자 조용한 시간을 갖게 되면 불안감이 생기기 때문이다.

특히 인터넷은 우리 손가락 안에 세상의 모든 것을 선물했지만, 고독이라는 창조와 생성의 공간을 빼앗아 갔다고 해도 과언이 아니다.

말로는 자신만의 시간과 공간을 원한다고 하지만, 정작 혼자 남게 되면 두렵기도 하고, 오랜 시간을 배겨내기가 쉽지만은 않다.

우리는 누군가에 의해 촉진되기도 하고, 내가 누군가를 촉진시키기도 한다.

내가 하는 일 중에서 나는 무엇으로 촉진되며, 또한 누구를 조금이나마 촉진시키고 있는가 생각해보면 좋겠다.

코로나19 펜데믹(pandemic) 사태가 발생하기 전 회사 집체 교육 당시 잠시 쉬어가는 시간에 강사로 초빙된 교수에게 질문한 적이 있다.

"동양 고전을 통해 유익한 일을 말씀하셨는데 오늘 말씀의 핵심을 무엇으로 이해하면 가장 좋겠습니까?"

교수님 대답은 간단했다.

"될 수 있는 대로 많은 사람에게 유익한 일을 하라는 것입니다."

어찌 보면 진부(陳腐)한 대답 같지만 '여러 사람의 유익보다는 나 혼자의 이익을 생각하지는 않았는가'를 뒤돌아보는 계기가 되었다.

살리에리 증후군(Salieri Syndrome)

'나와 가까운 관계이면서 나보다 더 뛰어난 사람 때문에 질투나 시기 등 열등감을 느끼는 것', 말하자면 '2인자 콤플렉스'를 말한다.

이것은 '저 사람이 생존해 있는 한 항상 나는 2인자를 면하지 못한다'고 생각하는 현상이다.

역사적으로 보면 동양에서도 2인자 콤플렉스를 가진 사람들이 많았었다.

서양에서 학술적으로 체계화되어서 나왔으므로 '살리에리 증후군'(Salieri Syndrome)이라고 했지만, 동양에서 먼저 나왔다면 2인자 열등감이라고나 할까?

볼프강 아마데우스 모차르트(Wolfgang Amadeus Mozart, 1756~1791)가 클래식음악의 고장 오스트리아 빈에 진출했을 때 안토니오 살리에리(Antonio Salieri, 1750~1825)는 이미 궁중의 음악가이자 교육자로 명성을 떨치고 있었다.

그들은 라이벌이면서도 서로 좋은 친구가 되었고, 「오펠리아의 회복된 건강을 위하여」 라는 칸타타를 함께 작곡하기도 했으나, 모차르트가 죽고 살리에리가 그를 독살(毒殺)했다는 소문이 퍼지기 시작했는데, 우리에게도 잘 알려진 러시아 작가 푸시킨(Aleksandr Pushkin, 1799~1837)이 쓴 희곡 『모차르트와 살리에리』로 인해 이 소문이 사실처럼 굳어졌다.

1984년에 개봉한 영화 「아마데우스(Amadeus)」에서도 살리에리는 천재 음악가이자 친구인 모차르트에게 극심한 열등감을 느낀다.

그 열등감을 극복하지 못하고 결국은 모차르트를 독살하기에 이른다.

영화가 이런 내용으로 히트를 치면서 '살리에리 증후군'은 '질투를 느끼는 2인자의 고통'을 의미하는 말로 널리 쓰이게 되었다.

일본의 심리학자 다카하시 히데히코(Hidehiko Takahashi) 교수는 젊은 사람들을 대상으로 실험을 했다.

남녀 19명에게 각각 시나리오를 주면서 자신을 주인공으로 하도록 했는데, 시나리오의 등장인물은 주인공 외에 3명이었으며, 이들은 서로가 잘 아는 대학 동창생이라고 설정했다.

시나리오의 내용에서 세 명의 동창생들이 성공할 때는 주인공(피험자)의 불안과 고통이 커졌고, 세 명의 동창생들이 실패하거나 불행에 빠질 때는 주인공의 쾌감(快感)이 높아지는 것을 자기공명영상장치로 측정했다.

이 실험은 '사람들이 다른 사람의 불행에서 기쁨을 얻는 심리가 있다'는 것을 보여주는 실험이었다.

중국에서도 전국 시대 말기에 말이 어눌해 글로 『한비자』라는 책을 쓴 한비(韓非)와 최초로 중국 천하를 통일한 진시황(秦始皇) 시절에 재상을 지낸 이사(李斯)와의 관계에서도 '살리에리 콤플렉스'를 볼 수 있다.

한비와 이사는 제나라 직하학파가 성하던 당시 최고의 학자 순자(荀子)에게서 법가사상을 이수한 최고의 수제자이며, 라이벌 관계에 있었다.
이 무렵 어떤 사람이 한비의 책을 진나라에 퍼뜨렸다.
독서를 좋아했던 진왕은 한비의 책에서 고분 오두 두 편의 문장을 보고 "아! 과인이 이 책을 쓴 사람과 만나서 사귈 수만 있다면 죽어도 한이 없겠다."고 하자, 재상이던 이사가 말했다.
"이것은 한비라는 사람이 지은 책입니다."
진왕은 한비를 빨리 만나보고 싶어서 한나라를 치라고 명령했다.
약소국 한나라는 진왕의 속내를 알아차리고 한비를 즉시 사신으로 보냈다.
진나라에 간 한비는 진왕으로부터 환대는 받았으나 등용되지는 못했다.

언제 등용될지는 모르지만 천재성을 가지고 있던 한비는 잘난 탓에 옛 친구 이사와 진나라의 벼슬아치 요고(妖賈)의 질투 대상이 되어 있었던 것이다.

이사는 한비를 해치려고 헐뜯기 시작했다.
"한비는 한나라의 공자 가운데 한 사람입니다. 지금 왕께서 천하를 통일하려 하시는데, 결국 한비는 한나라를 위해 일하지 결코 진나라를 위해서 일하지 않을 것입니다. 그것이 인간의 마음이니 지금 그를 등용하지 않으려면 차라리 죽여서 뒤탈이 없도록 하는 것이 우리 진나라에 도움이 될 것입니다."
진왕은 그 말이 옳다고 여기고 옥리에게 넘기며 알아서 처리하라고 맡긴다.
기회를 잡은 약삭빠른 이사는 독약을 관리에게 보내서 자결하도록 했다.

한비는 독약임을 알아채고 왕에게 면담 요청을 했으나, 왕의 귀에 들어가지 못하고 결국은 스스로 약을 먹고 죽게 된다.
한비가 죽은 줄도 몰랐던 진왕은 한비의 학식이 너무 아까웠다.
그래서 한비를 살리려고 했으나 이미 죽은 뒤였다.
진왕은 뒤늦게 한비의 죽음을 슬퍼하며 눈물을 흘렸다고 한다.

인간에게는 마음 한구석에 이러한 질투 심리가 자리 잡고 있다고 한다.
이러한 심리를 '샤덴프로이데(Schadenfreude;남의 불행을 보았을 때 기쁨을 느끼는 심리)'라고 하는데 독일어로 '고통과 기쁨'을 의미하는 합성 단어로, 말하자면 '질투' 즉, '상대의 고통이 나에게는 기쁨'이라는 것이다.
물론 모두가 그런 것은 아니다.
불교 용어 '무디타'(Mudita)라는 단어는 '상대가 어떤 일이 잘되고 행복한 것을 보면 기쁨을 느끼며, 나도 행복해지는 것'을 말한다.
샤덴프로이데의 반대되는 말인 셈이다.

상대가 잘되기를 바라고, 상대가 잘되면 나도 함께 행복해지는 '무디타'의 마음이 우리에게도 발동(發動)이 되면 모두가 행복해지지 않을까?

선택의 역설(Paradox of Choice)

우리나라도 이제는 도시나 농촌 할 것 없이 소비자들이 재래시장보다는 대형 마트를 더 선호하는 시대가 되었다.

대형 마트들 중에서 이마트(E-MART)는 트레이더스(TRADERS)라는 새로운 방식을 도입하여 합리적인 가격의 창고형 할인 매장인 '이마트 트레이더스'를 운영하기 시작했는데, 일반 마트보다 대형포장의 물품들을 조금 더 할인된 가격으로 판매함으로써 서구식 분위기를 살리기 위함이다.

과거에는 상품을 다양하게 구비하는 것은 물론이고, 한 가지 상품이라도 다양한 종류를 진열한 것이 모든 상가들의 방식이었다.

다양한 상표는 물론 용량이나 가격 면에서 선택의 폭이 넓게 하기 위해 배려 차원에서 다양하게 구비했던 것이다.

게다가 수시로 할인율이 달라지고, 사은품을 증정하고 1+1행사도 시간에 맞춰서 진행하고, 여러 방법의 이벤트를 진행하므로 합리적이고 알뜰하게 소비하기 위해서 소비자가 매달리지 않고는 행사 혜택을 받지 못했다.

이에 비해서 이마트 트레이더스에는 상품의 종류가 다양하게 구비되지 않아서인지 선택권이 많지 않다.

'이만큼 저렴한 가격이니, 다른 상표나 포장을 구하려면 다른 곳에 가서 알아보시라'는 식으로 보인다.

그럼에도 불구하고 의외로 쇼핑이 점점 더 쉬워지고 시간도 짧아지며, 카트(cart)를 빨리 채울 수 있다.

자유민주주의에서의 선택권(選擇權)은 역사라고 해도 무방하다.
민주주의는 정치 지도자나 정당을 자신의 소신(所信)대로 선택할 수 있는 선택권이 보장되므로, 선택권은 민주주의의 꽃이라고도 할 수 있다.

물론 우리가 상품을 구매함에 있어서도 다양한 곳에서 다양한 것을 놓고 선택할 수 있을 뿐 아니라, 다양하게 쏟아져 나오는 상품들의 존재도 어떤 것이 내 입맛에 잘 맞을 것이라는 것이 우리에게 보장된 것처럼 보인다.
상품뿐만 아니라 삶 속에서도 모든 것이 선택의 기로에 서 있다고 봐도 무리는 아니다.

여행이나 문화, 금융이나 취미 등 여러 분야에서 다양한 종류의 상품을 놓고 비교한 후 선택해야 한다.
이전 세대들이 목숨을 바쳐서 이루어놓은 것들도 있고, 지금도 선택을 위한 요구들은 많이 있다.
그래서 '민주주의의 결론은 나의 선택'이라고 하는 학자도 있다.

그런데 역설적으로 '다양한 선택권의 폭을 줄이는 것이 나쁘지 않다'는 이론이 등장한다.
요즘처럼 인터넷 매체가 발달하면서부터 대형 마트에 진열된 상품들을 보고 그 상품을 사게 되면 뭔가 손해를 본다는 느낌이 들어 돌아와 인터넷으로 검색을 해 보면 비슷하거나 같은 상품이 수 페이지에 걸쳐서 나온다.
스펙도 잘 모르겠고, 사용 후기나 리뷰 기사도 전적으로 믿을 수 없고, '그 가격으로 구입했을 때 혹시 후회하지 않을까' 의심스러운 생각이 들어서 결국 꼭 필요하지 않은 상품은 구매를 미루기 일쑤다.

어떤 때는 과감하게 물건을 샀다고 해도 마음이 편하지 않을 때가 있다. 구매한 물건이 내 수중에 들어와도 혹시 실수하지 않았을까 불안하다.

'내가 요즘 유행하는 정보에 뒤떨어져서 우수한 품질을 저렴한 가격에 놓친 것은 아닐까? 결제 후에도 선택한 물건이 하자가 있거나 유행이 지나지는 않았을까?'

가까운 지인들에게 자랑하고 싶어도 "나는 그거 50% 할인해서 샀는데" 라는 말을 들을까봐 함부로 자랑도 하지 못한다.

미국의 스워스모어 대학교 사회 행동학 교수 배리 슈워츠(Barry Schwartz, 1946~)는 『선택의 패러독스』라는 책에서 '개인적 자유의 선택권이 오히려 사람을 무력하게 만들고 좌절시키는 역설'에 대해 설명한다.
슈워츠가 예로 들은 선택은 반드시 물건에 대한 것만은 아니다.
그는 '우리의 삶은 선택으로 시작해서 선택으로 끝이 난다고 해도 틀린 말이 아니라'고 말한다.

배우자 선택에서부터 친구 또는 나라의 지도자, 심지어 내가 교육받을 선생님도 선택하는 세상에서 산다.
선택했다가 잘못된 선택이라고 생각되면 바꾸는 것도 다반사다.
배우자도 바꾸고, 직업도 바꾸고, 종교까지도 바꾸는 사람이 있는가 하면 어떤 사람은 잘못된 선택으로 기댈 곳조차 없어 방황하는 경우도 발생한다.

동시에 절대적 가치가 사라지다보니 한 번 선택한 것에 대한 헌신(獻身)도 사라져 버린다.
배우자를 선택했다가 조금 마음에 들지 않는다고 바꿔버리는 현실이다 보니 관계가 삐걱거리면 바로 잡으려는 노력보다는 차라리 바꾸는 선택을 선호하는 사회가 되어 버렸다.

그러므로 '선택할 여지가 많다는 것은 그 중에서 하나를 선택함으로써 포기해 버린 나머지 기회에 대한 미련이 그만큼 증폭된다는 것을 의미한다'는 결론이다.

시인 로버트 프로스트(Robert Lee Frost, 1874~1963)는 '가지 않은 길'이라는 시에서 '몸은 하나이니 두 길을 가지 못함을 안타까워하며 결국은 사람들이 가지 않은 길을 선택했더니, 그 선택이 내 모든 것을 바꿔 놓았다'고 했다.

프로스트에게 두 갈래가 아니라 백 갈래의 길이 있었다면, 그도 자신이 선택한 길을 운명으로 수용하기는 결코 쉽지 않았을 것이다.

'선택의 역설'(Paradox of Choice)은 다음 질문에서 극명하게 드러난다.

지금 건강한 사람에게 '만약 당신이 암에 걸렸다면 항암 요법을 선택할 때 본인의 의사가 적극적으로 반영되기를 바라느냐'고 물으면, 절대다수(絶對多數)의 사람들은 자신이 선택 과정에 적극적으로 참여하기를 원한다.

또한 현재 이미 암에 걸려 치료 중인 사람에게 같은 질문을 하게 되면 거꾸로 다수의 환자들이 의사가 대신해서 선택해 주기를 바란다.

인간은 삶과 죽음의 문턱에서 삶이 좀 더 근본에 도달했을 때 선택권은 인간에게 고통을 가중시킬 뿐이다.

슈와르츠의 논단(論斷)

'무슨 일이든지 나쁘다고 생각할 때만 나쁜 일이 된다'는 이야기다.

이는 미국의 경영 심리학자 슈와르츠(Schwartz)가 제기한 것으로, '슈와르츠 논단'이라고 하며, '삶 속에서 행운과 불행을 태연하게 받아들이라'는 교훈이 담겨 있는 이론인데. 동양에서 말한 새옹지마(塞翁之馬)와 비슷하다.

현재 불행했던 것이 나중에는 오히려 좋은 결과를 초래한다는 것을 말한다.

먼저, 슈와르츠가 한 이야기를 살펴보자.

두 마리의 새가 하늘을 날고 있는데 한 마리가 조심성이 없어서 날개가 부러져 날 수가 없어 어쩔 수 없이 부러진 날개를 치료하기 위해 그 자리에 머물렀다.

날개가 성한 새는 자기가 날고 싶은 곳을 맘껏 날아다니며 날개가 부러진 새를 동정하며 안타까워했으나 그 새는 멀지 않은 곳에서 사냥꾼의 눈에 띄어 처참하게 총에 맞아 죽었다.

자신은 날개가 온전해서 운이 좋다고 생각했지만 먼저 죽고 말았다.

그러나 날개가 부러졌던 새는 며칠간 치료 후에 다시 날 수 있었고, 더 오래 살았다는 이야기다.

슈와르츠가 이 이야기를 통해 진정으로 전하고 싶은 뜻은 무엇일까?

'행복이란 불행의 외투를 걸치고 우리의 삶 속에 걸어 들어온다'·'우리가 행복을 얻을 수 있는지, 없는지는 우리가 불행 속에서 행복의 그림자를 볼 수 있느냐에 결정된다'는 것을 말하고 싶었을 것이다.

시간이라는 것은 조금도 멈추지 않고 끊임없이 변화하고 발전하며 흐른다.

그와 마찬가지로 행복과 불행도 영원한 것이 아니라 눈앞의 현재 시간의 축(軸) 위에 한 점으로 묘사한 것에 불과하다는 이야기다.

우리가 불행 속에서 행복을 찾아가는 방법을 배워야만 효과적인 대책을 세우며 불행의 추세를 극복할 수 있고, 앞을 내다보고 정신적으로 행복을 찾는 법을 배울 때 불행 속에 가려진 행복을 찾을 수 있다.

결국은 무한히 뻗어 나가는 변수로 가득 찬 중심선에서 자신이 진정한 행복을 얻었음을 스스로 알게 될 것이다.

같은 이야기로 동양에서 '화와 복은 예측할 수 없다'는 '새옹지마'를 많이 인용하는데, 그 유래를 살펴보기도 하자.

중국의 만리장성 근처 변방에 사는 늙은이가 점을 잘 치기로 유명했다.

그 노인이 국경 근처 변방에 산다고 해서 별명을 새옹(塞翁)이라 불렀다.

어느 날 노인이 기르던 말 한 필이 갑자기 사라졌다.

당시에 말은 요즘의 자가용처럼 소중한 가축이었다.

주변 사람들이 잘 길들여진 귀한 말이 사라졌다고 안타까워하며 위로했다.

그러자 노인은 태연하게 말했다.

"인생살이를 어찌 알겠습니까? 이것이 화가 될지 복이 될지 알 수 없는 일이지요."

며칠 후에 사라졌던 말이 길들여지지 않은 명품 야생마 한 마리를 데리고 들어왔는데, 이웃 주민들이 이번에는 이렇게 말했다.

"이런 호마(胡馬)가 거저 들어왔으니 얼마나 기쁘십니까?"

그러자 노인은 평상시처럼 태연한 어투로 말했다.

"이것이 또 무슨 해가 될지 복이 될지 어찌 알겠습니까?"

몇 달 후에 하나밖에 없는 아들이 그 야생마를 길들이다가 말에서 떨어져서 다리가 부러지는 일이 발생했다.

동네 사람들은 하나밖에 없는 노인의 아들이 치료를 한다고 해도 부러진 다리 때문에 평생 불구로 살 수밖에 없게 된 것을 안타까워하며 매일 같이 노인을 위로했다.

노인은 이번에도 "이것이 오히려 복이 될지 어찌 알겠습니까?" 하면서 태연하게 받아들였다.

몇 년이 흐르자 나라에 전쟁이 일어나서 젊은 장정들은 모조리 강제로 군대에 징발되어갔으나 새옹의 아들은 다리 불구이므로 전쟁에 나갈 수 없었다.

전쟁이 패하는 바람에 징발이 되었던 젊은이들은 모두 죽었지만, 전쟁에 참전하지 못하게 된 새옹의 아들은 목숨을 부지할 수 있었고, 불구의 몸이지만 장가도 가고 천수를 누리며 잘 살았다.

이 세상에는 완전무결(完全無缺)한 것이 없는 것처럼 순수한 행복과 불행도 없다고 한다.

화려한 문장이나 단순한 감정 표출로는 다른 사람에게 깨우침을 줄 수 없고, 그들에게 깊이 생각하게 할 수 없다.

불행한 인생을 경험하지 못한 삶이 완전한 삶이 아니므로 불행은 인생에서 반드시 거쳐야 할 통과의례와도 같은 것인데, 그 불행의 이면에는 행운이 숨겨져 있고, 행복과 불행을 느끼는 유일한 차이점은 그것을 바라보는 시각차이일 뿐이다.

슈와르츠 논단이 우리에게 주고자 하는 교훈은 '삶 속에서 모든 행운과 불행은 태연하게 받아들여야 한다'는 것이다.

나에게 아무리 큰 불행이 다가온다고 해도 평정심을 가지고 받아들이며, '이 또한 머무르지 않고 지나가리라'는 생각을 가져야 한다.

그리고 그것을 인생에 경험으로 생각해서 그 안에 담긴 행복의 요소를 찾아낸다면 그것이 우리에게 행복을 가져다주는 계기가 될 것이다.

우리는 불행 중에서도 행복을 경험할 수 있다.

어떤 사람들은 '왜 나에게만 이렇게 불행이 연속될까' 생각하면서 이 세상을 원망하기도 하지만, 다른 각도에서 바라보면 불행은 여전히 모든 사람들의 삶 속에 있는 경험 중 일부에 불과하고, 행복과 불행은 마음먹기에 달려 있다.

스톡데일 패러독스(Stockdale Paradox)

베트남 전쟁 당시 미군 포로 중 최고의 장교인 제임스 스톡데일(James Stockdale, 1923~2005)이 하노이 포로수용소에서 무려 8년 동안 실제로 겪으면서 관찰한 '극한 상황의 어려움을 이겨내야 살아남을 수 있는 현실 직시에 바탕을 둔 합리적 낙관주의'를 '스톡데일 패러독스'(Stockdale Paradox)라고 한다.

이것은 비현실적이고 현실을 왜곡하는 막연한 낙관주의나 자기기만과는 확실히 구별되는 이론이다.

'패러독스'(Paradox)라는 말은 현실에 기반을 둔 합리주의와 미래지향적인 낙관주의가 공존하는 것이 쉽지 않기 때문에 붙여진 것이다.

스톡데일의 메시지는 '객관적 근거도 없이 막연하게 잘 풀릴 것이라는 낙관주의에 빠지게 되면 일이 잘되지 않는다'는 가르침을 준다.

제임스 스톡데일은 미국 해군 중장으로 베트남 전쟁에 참전했다가 1965년 포로가 되어 모진 압박과 고문을 견뎌내며 1973년 가까스로 풀려난 베트남 전쟁 미군 최고의 장교였다.

그는 풀려난 후 미국의 역사 경제학자 제임스 콜린즈와의 대화에서 "포로생활 중에도 저는 언젠가 그곳을 나갈 수 있을 거라는 믿음을 버리지 않았을 뿐만 아니라, 더 나아가 당시의 상황이 무엇과도 바뀌지지 않을 저의 삶에 소중한 경험이 될 것임을 의심한 적도 없습니다."라고 하였다.

스톡데일은 1965년 9월 9일부터 1973년 2월 12일까지 7년 반이라는 기간 동안 20여 차례 모진 고문과 협박 회유를 견뎌내며 완강하게 저항한 인물이다.

어느 때는 자신이 일반 사병들보다 더 좋은 대우를 받는 고급 장교 포로로 비추기 위해 비디오에 찍히는 것을 피하려고 의자로 자신을 내려치기도 하고, 면도날로 자해하는 행위도 했으며, 부하들의 고립감을 최소화하기 위해서는 서로 소통할 수 있는 정교한 내부 통신 체계를 만들기도 했다.

그처럼 견디기 어려운 상황 속에서도 믿음과 의지를 잃지 않고 현실을 끝까지 직시하며 대비한 결과 살아나올 수 있었으며, 일부 포로들은 곧 나갈 수 있을 것이라는 근거 없는 낙관주의에 사로잡혀 기대했던 특정 날짜가 지나면 상심을 못 이겨 죽고 말았다.

이것은 『죽음의 수용소에서』 날마다 생사의 문턱을 넘나들던 유태인 정신과 의사인 빅터 프랭클(Viktor Frankl)이 오히려 자살을 보류했다고 말한 것과 일맥상통하는 점이 있다.

이런 현상을 두고 『좋은 기업을 넘어 위대한 기업으로』의 저자 짐 콜린스(Jim Collins)가 '스톡데일 패러독스'라는 이름을 붙여 세상에 알려지게 되었다.

우리말로 번역하면 '희망의 역설'이라고 말할 수 있다.

짐 콜린스가 스톡데일과 인터뷰를 하면서 '아무리 어려워도 결국은 성공할거라는 믿음을 잃지 않는다. 그리고 동시에 무엇이든 눈앞에 닥친 현실 속에 가장 냉혹한 사실을 직시한다'는 결론을 내렸다.

스톡데일 패러독스는 스스로 삶을 이끄는 경우이든 다른 사람들의 삶을 이끄는 경우이든 간에 위대함을 창조하는 모든 사람들의 특징이라는 것이다.

제2차 세계대전의 영웅인 영국의 처칠도 그랬고, 제임스 스톡데일 장군, 나치 포로수용소에서 살아남은 정신과 의사 빅터 프랭클 역시도 그 위대함을 지니고 살았었다.

또한 현재 성공한 기업들이나 위대한 회사로 도약한 기업들도 자유세계를 구하는 원대(遠大)함이나 포로수용소에서 살아남은 것과 같은 일을 겪었다고 주장할 수는 없지만, 모두가 비슷한 어려움을 감내(堪耐)한 결과물(結果物)이라 보는 데는 이견이 없다.

그들은 상황이 비참하거나, 자신들의 평범함이 우습게 보일지라도 본인들에게는 상관없는 일이었으며, 단지 살아남는 것을 넘어 위대한 회사로, 위대한 인간으로 설 수 있다는 신념이 흔들리지 않은 공통분모가 있었다는 사실이다.

그러기 위해서는 눈앞에 닥친 현실을 직시(直視)하는 냉정한 규율(規律)을 지녀야만 했다.

명성이 있고, 우리가 부러워 할 만큼 위대한 회사로 도약(跳躍)한 회사의 리더들은 온갖 잡음과 잡동사니들을 잘 걸러내고, 가장 큰 영향을 미치게 될 특정한 것에만 초점을 맞추는 것을 원칙으로 삼았다.

그렇게 할 수 있는 능력은 '스톡데일 패러독스'에서 말한 것처럼 '어느 한 측면이 다른 한 측면을 덮어 가리는 일이 없이 두 측면 모두 두루 잘 살필 줄 아는 지혜를 접목했기 때문'이다.

여기에서 전하는 메시지는 이중 패턴을 잘 이행해서 좋은 결정을 내리고, 더불어 단순하지만 정작 깊은 통찰(洞察)에서 나오는 큰 선택을 해야 할 때 필요한 개념을 발견할 확률이 매우 높다는 것이다.

단순하면서도 통일된 개념을 터득하는 날 인간은 지속적인 전환을 통해 돌파(突破)하는 경지에 가까이 다가서게 된다는 교훈이다.

정직하고 근면하게 노력하면서 현재 상황의 진실을 알고자 할 때는 어떤 결정이 맞는 결정인지 냉정하고 정직하게 직시하지 않으면 훌륭한 결단을 내리기가 쉽지 않다.

진실을 찾고자 한다면 질문과 상대를 존중하는 열린 대화, 그리고 시시각각으로 변하는 정보를 잘 받아들여야 시대에 발맞추어 성공의 지름길을 잘 찾아서 살아갈 수 있다는 것을 암시한다.

신데렐라 콤플렉스(Cinderella Complex)

'미혼 여성이 남성에게 의지해 안정된 삶을 누림으로써 타인에게 부러움의 대상이 되기를 원하는 의존 심리 상태를 '신데렐라 콤플렉스'(Cinderella Complex)라고 하는데, 이는 자신의 능력이나 힘으로 성공할 수 없는 여성이 동화 속 여자 주인공인 신데렐라처럼 보잘것없던 자신의 지위(地位)를 크게 상승(上昇)시켜 줄 남성을 기다리는 심리적 기대를 표현한 말이다.

이런 여성들은 자신만을 사랑해주는 백마 탄 왕자님이 갑자기 짠! 하고 나타나서 자신이 원하는 모든 것을 들어주길 바라고, 또한 신분 상승을 통해 찬란한 행복을 꿈꾸며, 이 남자를 통해서 자기 인생이 보호받기를 기대한다.

이들은 의존성·두려움·열등감 특히 결혼에 대한 경제적·정서적 집착, 자신의 일에 대한 회의감이나 공포심을 동반하는 특징을 가지고 있다.

'신데렐라 콤플렉스'에 빠진 여성들을 보면 대부분 어렸을 때는 부모에게, 성인이 되어서는 애인 또는 남편에게 의존하려는 경향이 강하다고 볼 수 있는데, 꿈과 현실 사이의 괴리감(乖離感)이 클수록 더 두드러지게 나타난다.

이 말은 미국의 여성 심리학자 콜레트 다울링(Colette Dowling, 1938~)이 1982년 자신의 저서에 『신데렐라 콤플렉스』라는 용어를 제목으로 쓰면서 처음 사용되기 시작했다.

그녀가 이 작품을 통해서 여성들이 스스로 자존감을 높이고, 자립하기를 촉구(促求)해서인지 여성들의 의식 개혁을 위한 지침서로 유명해졌다.

그에 앞서 캐나다의 심리학자 겸 의사 피터 르윈(Peter K. Lewin)이 1976년 '신데렐라 증후군'(Cinderella Syndrome)이란 말을 사용했으나, 별로 빛을 보지 못했다.

동화에 나오는 신데렐라는 계모에게 학대받던 여자 아이가 커서 왕자를 만나서 행복하게 살았다는 이야기인데, 프랑스의 동화 작가 샤를 페로 (Charles Perrault, 1628~1703)가 우리나라의 콩쥐 팥쥐 이야기처럼 옛날부터 전해 내려오는 구전이나 민담(民譚)을 모아서 1697년에 책으로 출간한 것이다.

영어로 '신데렐라'(Cinderella)는 '불타고 남은 재를 뒤집어쓰다'라는 뜻으로, 계모에게 핍박을 받으며 항상 부엌에서 까만 재에 시달린다고 해서 붙여진 별명이 이름이 되었다.

착하고 예쁜 신데렐라는 신분상으로는 귀족의 외동딸이었지만 새엄마의 학대와 새엄마가 데리고 온 두 이복 언니들의 심술 때문에 종으로 부리던 하녀만도 못한 혹독한 고난의 세월을 보낸다.

세월이 흘러 신데렐라의 성숙함이 드러날 때 요정의 도움으로 무도회에 나가서 뜻밖에도 왕자님을 만나게 되었는데, 우연이었는지 필연이었는지 무도장에 남겨놓고 떠난 유리구두가 왕자와 다시 연결되는 끈이 된다.

왕자는 구두 주인인 신데렐라를 만나 사랑이 싹트게 되고, 결국 자신의 아내로 삼는다.

왕자는 신데렐라의 외적인 아름다움도 마음에 들었지만, 그보다 더 사랑 했던 것은 그녀의 내면에 깃들어 있는 착한 마음씨였다.

그런 혹독한 환경 속에서도 착한 성품을 잃지 않고 살아온 것이 값으로 매길 수 없을 만큼 귀중한 것이라는 교훈이 담겨 있다.

신데렐라 이야기와 비슷한 이야기는 전 세계적으로 약 100여 종에 달한다고 하는데, 우리나라(콩쥐 팥쥐 이야기)를 비롯해서 중국과 베트남에도 많다.

영국에서는 이 이야기를 기초로 이른바 '신데렐라 법'이 만들어졌는데, 이 법은 자녀들에게 신체적이나 성적인 학대뿐만 아니라, 신데렐라를 구박하는 계모처럼 일부러 아동을 무시하고, 아동의 정서를 저해(沮害)하는 행동을 하는 부모를 처벌하는 법이다.

아이가 가정 폭력을 지켜보도록 하거나 모욕적인 처벌을 하는 것도 금지 대상이며, 학대의 경중(輕重)에 따라 처벌이 달라지겠지만, 최고 10년 징역형까지 가능하다고 한다.

그동안에는 신체적·성적 학대로 건강상에 문제가 발생했을 때만 공권력으로 제재할 수 있었다.

우리나라에서도 이 법과는 조금 다르지만 심야 시간에 청소년의 온라인 게임 이용을 규제하는 '셧다운제'(16세 미만의 청소년에게 심야 시간의 인터넷 게임 제공을 제한하는 제도)를 별칭으로 '신데렐라 법'이라고 말한다.

밤 12시가 되면 인터넷 접속이 차단되기 때문에 신데렐라 동화에 빗대서 신데렐라 법이라고 부르기도 한다.

아론슨의 금지된 행동 실험

　우리 조상들이 필수과목으로 배웠던 『명심보감』「훈자편」에 '연아다 여봉(憐兒多與棒) 증아다여식(憎兒多與食)하라'는 말이 나오는데, 쉽게 풀이하면 '아이를 사랑하거든 매질을 많이 하고, 아이를 미워하려거든 먹을 것을 많이 주어 배부르게 하라'는 뜻이다.

　우리 사회에서도 속담처럼 사용해 왔던 말이지만, 현대 사회에 들어와서 이 말과 배치되는 이론이 등장해서 논란(論難)이 되고 있다.

　21세기에 들어와서 진보 교육감들이 많이 등장하면서 '학생 체벌을 인정할 것인가' 이른바 '체벌을 사랑의 매로 봐야 하느냐'라는 문제를 제기했다.

　1970~1980년대만 하더라도 잘못을 저지르면 선생님께 꾸중을 듣는 데 그치는 것이 아니라 매 맞는 일이 다반사(茶飯事)였고, 잘못을 저질러서 맞는 경우도 있지만, 옆의 동료가 잘못해도 연대책임(連帶責任)이라 하여 다 같이 맞아야 할 때도 있었다.

　그 당시는 기분은 좋지 않았어도 모욕적이라고 생각하지도 않았고, 시간이 지나면 자연스럽게 잊어버리기도 했지만, 가끔은 큰 잘못을 저지른 것도 아닌데 선생님의 감정이 가미되어 흥분이 된 상태에서 학생들을 때릴 때는 부당(不當)하다는 생각을 한 적도 있었다.

그러나 지금은 어떤가?

체벌 논란은 무엇보다도 학생의 인권 침해(人權侵害)를 첫째로 꼽는다.

교육적인 효과와 견주어서 '어느 것이 학생들에게 더 효과가 좋을까'는 누구도 답을 내리지 못한다.

일부 학생들도 그렇고 특히 학부모들이 체벌은 경우에 따라 필요하다고 생각하지만 실제로 체벌의 교육적 효과를 따져 나가면 내세울 만한 이유가 빈약(貧弱)하기 때문이다.

미국의 심리학자인 엘리엇 아론슨(Elliot Aronson, 1932~)은 1960년대 당시 미국 사회에서도 엄격(嚴格)한 훈육(訓育)이 교육의 기본으로 시행되던 시절에 아동을 대상으로 소위 '금지된 행동실험'(Internal Justification)을 시행했다.

이 실험은 아이들을 두 그룹으로 나누어서 여러 가지 장난감을 가지고 놀되, 특정한 장난감에는 손을 대지 못하도록 하는 간단한 실험이었다.

> 먼저 한 그룹에는 '강압적'으로 특정한 장난감에 손을 대면 큰 체벌을 받을 것 이라고 경고했고, 다른 한 그룹 아이들에게는 비교적 '회유적'으로 특정한 장 난감에 손을 대면 다른 장난감을 더 이상 손을 못 대게 하는 상대적으로 약 한 경고였다.
> 물론 두 그룹 모두 벌을 받는 것이 두려워서인지 지정해 놓은 장난감에 손을 대지 않았지만, 두 그룹간의 차이는 몇 주 후에 나타나기 시작했다.
>
> 이번에는 어떤 경고도 없고 특별한 룰도 없이 이전과 똑같은 장난감을 가지고 놀게 했는데, 강압적 아이들 그룹은 3명 중 2명의 비율로 특정한 장난감을 가지고 놀았던 반면, 회유적 그룹 아이들은 3명 중에 1명의 비율만 특정한 장난감을 가지고 놀았다는 것이다.
>
> 여기서 만약에 강한 금지나 체벌을 통한 협박이 효과적이었다면 반대의 결과가 나왔어야 맞다.
> 물론 심한 벌칙으로 금지시켰던 행동들이 그 위협이 사라지고 나면 금방 되살 아난다는 것은 충분히 납득이 가는 이야기다.

성인들도 다른 사람이 보지 않으면 가끔은 신호 위반을 하고, 작은 쓰레기를 버리기도 하는데, 납득이 되지 않는 부분은 '경고만 받았던 아이들이 왜 나중에 가서도 그 행동을 하지 않았을까'이다.

아론슨은 이 아이들이 '금지사항을 내면화했다'는 것을 알게 되었다.
회유적 그룹의 아이들은 '자기들이 벌 받을까봐 무서워서 장난감을 갖고 놀지 않았다고 기억하지 않고, 장난감이 재미없으니까 갖고 놀지 않았다'고 스스로 스토리를 만들어서 기억했다는 것이다.
약한 벌이라도 받기 싫고, 또 그 벌이 두려워서 피한다고 생각하기 싫으니까 나름대로 자기 행동을 합리화 한 것이지만, 이 기억은 시간이 흘러도 남아서 강한 금지를 당했을 때보다 더 오래 지속될 수 있다는 것이다.

이런 현상은 아이들에게서만 입증된 것이 아니라, 최고의 절제를 요구하는 사관학교나 성인으로 접어든 일반 대학생을 대상으로 연구소에서 실시한 실험에서 입증된 결과도 있다.

사람들의 왕래가 빈번한 공공장소와 인적이 드문 벤치에 각각 일부러 돈을 떨어뜨려 놓은 후 몰래 숨어서 지나가는 학생들의 모습을 관찰했다.
먼저 공공장소에서 주운 돈을 가져가는 비율을 비교했을 때는 사관생도들이 훨씬 적었지만, 인적이 드문 곳에서는 반대로 사관생도들이 가져가는 빈도(頻度)가 더 높게 나타났다.

이에 대해 연구자들은 사관생도들처럼 강압적이고 외적인 규제와 주입식 명예심으로 교육된 사람들은 오히려 보이지 않는 곳에서 강압적으로 갖춰진 교육성이 다소 풀어져 그것이 내면화 되지 못하는 모습을 보이는 반면, 일반 대학생들은 어떤 잘못에도 약간의 질타만을 받는 등 비교적 강한 규제가 없음에도 오히려 도덕성을 내면화 하는 경우가 많다는 것을 알아냈다.

즉, '강압적으로 주입된 도덕성보다 자유 안에서 습득한 교육성의 유지력이 더 강하다'는 사실이다.

이러한 내면적 정당화는 부정적 행동을 줄일 뿐만 아니라 긍정적 행동을 강화할 때도 적용된다.
학부모가 아이의 시험 성적이 오를 때 선물로 동기 부여를 해준다면, 그 아이는 선물을 주지 않으면 공부를 하지 않는다.

장기적으로 행동의 변화를 모색(摸索)한다면 부모의 칭찬이나 격려, 너무 화려하지 않은 보상 등을 통해 '아이 자신이 원해서 그 행동을 했다'는 식으로 내면화 할 수 있도록 유도하는 방법이 가장 좋은 방법이지 않을까?

암묵적 지식(Tacit Knowledge)

'암묵적 지식'(Tacit Knowledge)은 지식의 한 종류로, '언어 형식으로 표현될 수 없는 경험과 학습에 의해 몸에 밴 지식'을 말하는데, 이것을 명시적(明示的)으로 알 수 있는 형태를 '명시적 지식' 또는 '형식적 지식'이라고 했다.

학습과 체험을 통해 개인에게 습득되어 있지만 겉으로는 드러나지 않고 내재되어 있으며, 관찰이나 간접적인 방법을 통해 대부분 획득되는 지식이 많다.

헝가리 출신의 영국 철학자인 마이클 폴라니(Michael Polanyi, 1891~1976)가 처음으로 사용했으며, 자전거 타는 방법 배우는 것을 예로 들었다.

사람은 자전거 타는 방법을 한 번 배우고 익히고 나면 세월이 흘러도 타는 요령을 몸이 기억하고 있어서 수년이나 길게는 수십 년을 타지 않았더라도 서툴지만 다시 배울 필요 없이 탈 수 있다.

자전거를 타는 방법이 여러 가지가 있더라도 사람마다 자기의 방식으로 타기 때문에 자신이 타는 방법을 다른 사람에게 설명하는 것이 어려워서 '중심을 잡고 앞으로 나가라'는 뻔하고 평범한 말로 설명할 수밖에 없다.

암묵적 지식을 갖고 있는 사람들은 자기가 갖고 있는 지식을 의식하지 못하고 그것이 다른 사람에게 얼마나 필요한지 깨닫지 못하는 경우가 많다.

이런 암묵적 지식을 전달하기 위해서는 많은 사람들과 접촉하며, 신뢰가 바탕에 깔려 있어야만 가능하다.

다시 자전거 타는 방법을 예로 들자면 '균형을 잡기 위해서는 왼쪽으로 치우치면 왼쪽으로 틀고, 오른쪽으로 넘어지려고 하면 오른쪽으로 핸들을 돌리라'고 말한다.

하지만 이런 형식적 지식 전달은 자전거를 처음 배우는 사람에게는 전혀 도움이 되지 못할 뿐만 아니라, 자전거를 배울 때 이런 지식을 의식하면서 배우는 사람은 거의 없다고 봐도 무방하다.

기원전 600년경 중국에 이와 유사한 이야기가 있었음에도 체계화시켜서 지식으로 발전시키지 못하고 '윤편착륜'(輪扁斲輪)이라는 고사로만 나와 있다.

당시 막강한 권력을 누리던 제나라 환공(桓公)이 대청에서 독서를 하고 있는데, 대청 아래에서 수레바퀴를 깎던 목수 윤편(輪扁)이 환공에게 말을 건넨다. 환공은 생살여탈권(生殺與奪權)을 가지고 있는 최고의 권력자였다.

그런데도 윤편은 하던 일을 멈추고 대담하게 질문하였다.
"임금께서 지금 읽고 계시는 것이 무엇인지 궁금합니다."
환공의 대답 : "옛 성인들의 말씀이지."
윤편의 질문 : "그 성인들이 지금 살아 계십니까?"
환공의 대답 : "이미 돌아가셨지."
윤편은 다시 임금에게 참으로 무례한 질문을 한다.
"그렇다면 현재 읽고 계신 것은 옛 사람들의 찌꺼기이겠습니다?"

환공은 불쾌함을 내비치며 말했다.
"내가 책을 읽고 있는데 감히 수레바퀴 깎는 목수가 어찌 논할 수 있겠는가? 올바른 근거가 있으면 괜찮겠지만 근거가 타당하지 못하면 극형을 면치 못할 것이다."

윤편은 망설임 없이 대답한다.
"저는 제가 하는 일로 설명할 수밖에 없습니다. 수레바퀴를 깎는데 엉성하게 깎으면 헐렁해서 견고하지 못하고, 너무 크게 깎으면 뻑뻑해서 서로 들어맞지 않습니다. 엉성하지도 뻑뻑하지도 않게 할 수 있는 것은 제 손의 감각이 마음에 호응하여 이루어지는 것이지 말로는 설명할 수 없는 것입니다. 거기에 법도는 존재합니다만 그것을 제 아들에게도 가르쳐 줄 수 없어서 아들도 배우고는 싶지만 배울 수 없습니다. 그래서 저는 나이가 70이 되도록 이렇게 수레바퀴를 깎아서 먹고 살 수 있습니다. 옛날 사람들과 그의 전할 수 없는 정신은 함께 죽어 버린 것입니다. 그러니 현재 임금께서 읽고 계신 것이 옛 사람들의 찌꺼기라고 한 것입니다."

윤편은 수레바퀴를 깎는 목수이지만 자신감이 있기 때문에 목숨을 걸고 말을 걸었던 것이다.

지금 자전거를 배워서 타는 것과 윤편과 환공과의 대화를 놓고 본다면 어떤 것이 '암묵적 지식'을 더 잘 이해한 것이겠는가?

서양에서는 암묵적 지식이라는 학설을 만들어서 심리학 용어로 활용하고 있는 상황인데, 동양에서는 2,600년 전에 이미 『장자』의 한편에 나와 있는 '윤편착륜'을 체계화시켜서 학문으로 만들지 못하는 것이 참으로 안타까울 따름이다.

폴라니는 암묵적 지식의 중요성을 강조하면서, '사람들은 말로 표현하는 것보다도 더 많은 암묵적 지식을 보유하고 있으며, 인간 행동의 기초가 되는 지식이 곧 암묵적 지식'이라고 했는데, 오랜 경험을 통해 스스로 체득한 지식이나 노하우가 여기에 속한다.

그 중에서 명시적 지식은 이러한 암묵적 지식의 기반 위에서 공유되는 것이며, 암묵적 지식이 형식을 갖추어 표현된 것이라고 할 수 있다.

암묵적 지식은 일반적으로 처음에는 잘 인식할 수 없지만 적당한 여건만 주어지게 되면 다른 일반 형태의 지식처럼 인식이 가능하도록 전환될 수 있다고 한다.

야생마 엔딩

아프리카 광활한 초원의 야생마(野生馬)는 무엇을 가장 무서워할까?

사람들은 천적인 사자나 호랑이를 가장 무서워 할 것으로 생각하지만, 실제로 야생마가 가장 두려워하는 것은 흡혈 박쥐(Vampire Bat)라고 한다.

동물의 피나 식물의 즙을 주식으로 하는 흡혈 박쥐는 야생마의 다리에 붙으면 야생마가 아무리 화를 내며 쫓으려고 해도 태연하게 양을 채운 뒤 떠나기 때문에 흡혈 박쥐에게 물린 야생마는 결국 죽음을 맞이하게 된다.

동물학자들은 흡혈 박쥐가 야생마에게서 빨아먹은 피의 양은 야생마에게 영향을 주지 못할 정도의 적은 양에 불과하지만, 야생마가 목숨을 잃게 되는 진짜 이유는 '흡혈 박쥐에게 당한 분노 때문'이라는 결론을 내렸다.

다시 말해서 흡혈 박쥐는 야생마를 죽음으로 인도할 뿐이고, 야생마가 흡혈 박쥐의 유인(誘引)에 격하게 반응하는 것이 원인이 되어 죽는 것이다.

심리학자들은 이것에 빗대어 '인간도 사소한 일을 너무 과대평가하여 화를 자주 내거나, 타인의 과실로 인해 내가 손해를 보아 해가 되는 경우'를 '야생마 엔딩'이라고 한다.

영국의 극작가인 셰익스피어(William Shakespeare, 1564~1616)는 "당신의 적(敵) 때문에 불을 지피지 말고, 차라리 당신 자신을 불태워 죽이라."고 했다.

'어떤 일로 인해 화를 내면 그 분노는 타인에게도 영향을 미치지만, 나 자신마저도 불태우게 된다'는 말이다.

한편 의학 심리학자들도 이런 현상을 보고 비슷한 동물 실험을 했다.

비교적 지능이 높은 개를 철창에 가두어 놓고 며칠을 굶긴 후 철창 밖에 개 한 마리를 데려다가 잔뜩 배가 고픈 그 개 앞에서 고기를 먹게 했다.

철창 안의 개는 기아 상태로 인한 병리 반응을 보이기도 전에 조급함이 앞서 질투와 분노의 부정적인 감정을 감추지 못하고, 노이로제 같은 병적인 반응을 먼저 보였다.

사실상 동물에게 있어서 분노(忿怒)는 정상적인 반응이라고 봐야 마땅하다.

인간이나 동물들은 지나친 분노의 감정이 나타나면 혈액이 팔과 다리의 끝부분으로 집중되는데 특히 사람의 근육을 팽팽하게 하고 이성적인 사고 대신 감정적인 사고를 사용하며, 빠른 공격태세에 돌입하게 된다.

분노는 좋지 못한 감정이지만 인류가 자신을 보호하기 위한 수단이고, 궁지(窮地)에 몰렸을 때 살아나기 위한 대항력(對抗力)을 확보하는 데 유익한 쓸모 있는 반응이다.

반면에 선과 악은 항상 함께 하듯이 분노가 가진 폭발력에 상응(相應)하는 우리 몸의 파괴성도 함께 존재하며, 순간적인 과부하로 작동하는 기계처럼 분노가 가져오는 폭발력은 인체 기능에 대한 과도한 손실을 동반하기도 한다.

지나친 분노는 신체에 악영향을 미치며, 특히 심장병을 유발하기도 하고, 여러 가지 병에 노출되어 있으므로 분노를 자주 표출하는 것은 자살행위에 가깝다고 볼 수 있다.

우리 속담에도 '일소일소(一笑一少) 일로일로(一怒一老)'라는 말이 있다.

'한 번 웃으면 한 번 젊어지고, 한 번 분노하면 한 번 늙는다'는 말이다.

한 의학 심리학자는 "인류는 건강할 수 있는 길을 끊임없이 개척해야 하는데 이를 위해서 제일 먼저 관용(寬容)을 배워야 한다."고 했다.

분노가 우리 몸에 해를 입히는 부분 중에 가장 취약한 곳이 심장이다.
분노를 참지 못하고 자주 화를 내게 되면 심장이 동맥경화(動脈硬化)에 걸릴 확률이 성격이 느긋한 사람보다 3배나 높다고 한다.
감정이 복받쳐 격렬하게 화를 내면 혈압이 빠르게 상승하면서 혈소판이 뭉쳐지고 동맥경화에 걸리기 쉽다.
분노는 식욕을 떨어뜨려 소화기 계통에 병을 유발하기도 한다.
특히 혈압이 높은 사람들이 상대적으로 화를 잘 낸다는 통계가 있다.
전문의들은 환자들에게 "만약에 분노를 자제하지 못한다면 장기적으로 고혈압과 심장병이 따라올 것입니다."라고 경고한다.

그렇다면 자신은 물론이고 타인에게까지 악영향을 미치는 분노를 어떻게 하면 미연에 방지할 수 있을까?
여러 가지 방법이 있지만 '얼마나 간절히 받아들이고 실천하느냐'가 문제인데, 스스로 외부 자극에 대한 자신의 인내력(忍耐力)과 객관적 평가 능력을 향상하고, 화가 날 때에는 반복적으로 자신에게 '이것은 화낼 가치가 없는 일'이라고 알려 주는 것이다.
스스로 분노의 감정을 풀면서 차분한 마음으로 가라앉히거나 친한 친구에게 하소연 하듯이 털어놓고 충고와 위로를 얻는 것도 좋은 방법이다.
나의 논리가 확실하게 맞더라도 상대와 지나친 논쟁도 삼가야 한다.

어떤 사람 둘이서 구구단으로 시비가 붙었다.
A라는 사람은 4×6=24라고 하고, B라는 사람은 4×6=26이라고 하여 논쟁이 붙었는데, 서로 자기 말이 옳다고 우격다짐하며 싸우다가 사또에게 판결을 받으러 갔다.

두 사람이 자초지종을 이야기하고 나자 사또는 먼저 B를 불러 말했다.

"네 계산이 틀렸다. 그러니 너를 곤장 다섯 대에 처하노라."

판결을 내린 후에 곤장 다섯 대를 쳐서 보냈다.

그다음 A가 문제였다.

이 사람의 계산과 논리는 맞았기 때문에 칭찬해 줄 것이라 기대했는데, "이 자는 곤장 열 대를 치라!"고 명령을 내리는 것이었다.

A는 너무 억울해서 "사또님! 내 논리가 맞는데 왜 곤장을 맞아야 합니까?" 하며 따지듯이 물었다.

사또는 "너는 싸울 만한 사람과 싸워야지 저렇게 무식한 사람과 싸웠으니, 두 배로 잘못하여 곤장 열대에 처한다."고 하면서 열 대를 때렸다.

이것은 무엇을 의미하는가?

'아무리 명백하게 내 논리가 옳다 하더라도 시비를 너무 가리려고 하지 말라'는 선현(先賢)들의 충고이다.

양털 깎기(Fleecing of the Flock)

'양털 깎기'는 '제대로 자라지 않아 짧은 양털을 깎으면 양이 스트레스를 많이 받을 뿐 아니라 인건비에 비해 성과가 적기 때문에 양털이 풍성하게 자랄 때까지 기다렸다가 깎아서 단번에 자금을 회수하고자 하는 방법으로 버블(거품)경제를 철저한 계산속에 방치하며, 자기들이 의도하는 방향으로 유도하여 일순간에 회수해 가는 고도로 계산된 이윤 추구 방식'이다.

그렇지 않아도 비인도적인 양모 생산을 비판하는 자들이 많은데 양털을 충분히 길러서 깎으면 경제적으로 이득(利得)이 될 뿐 아니라, 비인도적인 동물학대(動物虐待)에 대한 비판을 피해갈 수 있다.

그런데 현실적인 금융 시장에서는 '농장주에게 윤리적인 면죄부를 주기 어렵다'는 이론이 '양털 깎기'(Fleecing of the Flock)로 대변되는 함축적 의미다.

농장주를 거대 금융 세력으로 본다면 양털이 풍성하게 자랄 때까지 먹이는 것은 의도적으로 방조(傍助)된 전형적인 버블 숙성과정이기 때문인데, 그들은 버블이 꺼지는 시점을 철저하게 계산해서 샴페인을 터뜨리며 즐긴다.

금융을 주업으로 하는 세력들은 재벌은 물론이거니와 금융선진국 정부 및 금융 당국, 대규모 투기 집단 등 그 범위는 다양한데, 버블경제의 조성 및 붕괴(崩壞)를 시도하거나 방조한 주체들은 모두 자유롭지 못하다.

즉, 경제가 번영과 쇠퇴를 거듭하는 과정에서 기회를 포착해 정상적인 가격에서 폭락했을 때 헐값으로 가로채는 비인도적 행위를 말한다.

제1차 세계대전이 끝나고 미국 대공황 시절에 거대한 자본으로 미국 화폐 발행권을 통제하게 된 은행들은 경제의 호황과 불황을 조정할 수 있었다.

그 당시의 양털 깎기 행위는 마치 유목민들이 과학적으로 양을 사육해서 안정적으로 생산하는 것 같이 보였으나, 양털 깎기를 하기 위해서는 먼저 금융 재벌들이 싼 이자로 대출을 확대하고, 정부에서는 경기 부양책을 동원하게 하여 대중의 투기(投機)를 조장하면서 방조한다.

그때부터 서서히 버블이 형성되어 점점 커지는데, 금융 재벌들이 최고조에 도달하기를 기다려서 양털 깎기에 착수(着手)하면서 버블 경제에 대한 공포 분위기를 조성하면 금융 당국은 대출 조이기를 압박하기 시작하여 대출상환과 상환하지 못하는 부분에 대해서는 대폭으로 금리 인상을 추진한다.

그렇게 되면 대출 받은 사람들은 압박을 피하기 위해 빌렸던 돈을 갚거나 대출 연장을 해야 하는데 손해를 줄이기 위해 주식을 팔려고 하면 주가는 예상대로 폭락하고 금융 재벌들은 헐값으로 매입에 나선다.

이때 등장한 용어가 양털 깎기의 전형이다.

일반 개미군단은 상처투성이 빈털터리가 되어 털 깎인 양의 신세로 전락하게 되는 것이다.

양털 깎기는 쑹훙빙(宋鴻兵, 1968~)의 저서 『화폐전쟁』에서 처음 언급했는데, 그는 1997년 IMF 외환위기가 대표적인 양털 깎기 사례라고 말했었다.

당시 우리나라도 외환위기 극복 차원에서 뼈를 깎는 고통을 감내하면서 대규모의 구조조정을 단행했는데, 여러 가지 구조조정 방안(方案) 가운데서 인원감축(人員減縮)이 최우선이었기 때문에 직장인들은 직장을 잃고 거리로 내몰리고, 중소기업은 부도 사태가 속출했다.

외국 자본들은 이 틈을 이용해 고기가 물을 만난 듯 궁지에 몰린 국내 자산과 기업들을 실제의 가치보다 훨씬 헐값에 사들였으며, 거리로 내몰린 실직자는 이루 헤아릴 수 없이 많았다.

물론 거대 금융 세력들이 이 모든 것을 배후에서 조종했다고 단언하기는 어렵지만, 그들이 가장 많은 이득을 보았다는 것은 분명한 사실이다.

대부분의 음모론이 그렇듯이 여기서 말한 양털 깎기 역시 단순한 전후 사정과 논리 인과 관계로 묶어 보면 사람을 현혹시키는 주장으로 일관한다.

아주 복잡한 경제 현상 속에서 수천 가지의 가능성을 고려해서 면밀하게 검토해도 그 인과 관계를 찾을 수 없는데, '이것이 음모다, 음모가 아니다' 이렇게 단정 지을 수는 없다.

로스차일드 가문(Rothschild Family)을 비롯한 힘 있는 외국 자본들이 인위적으로 경제 위기를 일으켰다고 하더라도 세계 대공황이나 대침체 같은 세계적인 경제 위기의 여파는 어떻게 진행될지 예측할 수 없으므로 인위적으로 유발한 자신들도 주저앉을 수 있는 리스크(risk)를 안고 있다.

당시 로스차일드 가문도 세계 대공황 때 엄청난 타격을 입었고, 2008년 금융 위기 때도 숏 포지션(short position)을 취한 많은 유대계 헤지 펀드(hedge fund)들은 많은 이득을 취했다고 하지만, 이미 리먼 브라더스(Lehman Brothers Holdings, Inc)를 비롯한 굵직한 기업들이 넘어졌다.

거래 관계에서는 거래 액수가 크든 작든, 지배적 위치에 있는 자본가가 상대에게 일정한 경제적 이익을 제공했다가 어느 시점이 되면 약자가 된 상대방의 밑천까지 털어가는 일은 다반사다.

악덕 사채업자들이 호구(虎口)에게 처음에는 간이라도 빼줄 것처럼 하다가 회수할 시기가 되면 집문서나 땅문서를 가져가 버리는 경우도 마찬가지다.

이런 경우도 양털 깎기의 일환으로 보는데 경제학 용어 치고는 잔인하다.

열정적 증오(Passionate Hatred)

미국의 사회 운동가 겸 베스트셀러 작가인 에릭 호퍼(Eric Hoffer, 1902~1983)는 "열정적인 증오는 공허한 삶에 의미와 목적을 부여할 수 있다.(Passionate hatred can give meaning and purpose to an empty life.)"고 말했다.

그는 『맹신자들』이라는 책을 통해서 다음과 같이 주장한다.

"특정 정치적 신념이나 노선을 내세워 생각이 다른 사람들을 증오하면서도 욕설과 악플로 공격하는 정치적 광신도들의 의식과 행태를 설명할 수 있는 최고의 표현이다."

미국의 많은 지식인들이 잠깐 공산주의로 기울었다가 소련 스탈린주의에 염증을 느끼고 민주주의로 전향하던 시절, 하층의 노동을 하면서 독학으로 지식을 쌓아 사회 비평가로 활동한 호퍼는 1951년에 『맹신자들』이라는 도서를 출간해서 기독교에서 민주주의와 공산주의에 이르기까지 대중들의 신념 문제를 날카롭게 파헤쳤다.

호퍼는 '좌든 우든 그들의 공통점은 현실은 외면한 채 혐오를 앞세우는 것'이라고 하면서, "군중이 대중문화에 매혹되고 빠지는 것은 그것이 제공하는 약속과 교리 때문이 아니다. 개인의 무력한 존재감과 두려움, 공허함을 피할 수 있는 피난처를 제공하기 때문이다."라고 말한다.

그러므로 '아무것도 갖지 못한 사람보다는 많이 갖고 있으면서도 더 많은 것을 갖고 싶어 하는 사람들의 욕구 불만이 더 크다'고 한다.

호퍼는 '이것이다 또는 이것이 아니다가 늘 강력한 동기를 유발한다'고 하는데, 말하자면 긍정보다는 부정의 힘이 훨씬 크다고 본 것이다.

열정적 증오는 그런 부정의 힘이 극대화된 것으로 볼 수 있다.

선거 때만 되면 자신의 출중함이나 상대보다 이로운 점 또는 정책으로 승부하기보다는 네거티브(negative) 공세 위주로 몰고 가는 경향도 바로 이런 이유에서 기인한다는 것이다.

그는 부두노동자 생활을 하면서 어쩌면 밑바닥 인생을 살았다고 할 수 있기 때문에 대중 운동에 대해서 '신에 대한 믿음은 없어도 악마에 대한 믿음 없이는 불가능하다'고 말한다.

어떤 것이든지 '이것은 좋고, 저것은 나쁘다'고 말할 수는 없다.

여기서도 톰 버틀러(Tom Butler)는 이론(異論)을 제기한다.

"현실에 대한 증오는 때로 끔찍한 재앙을 일으키기도 하지만, 더 나은 세상을 꿈꾸며 계획하는 사람들, 자유와 평등의 이상을 위해 유혈 혁명을 마다하지 않는 사람들 덕분에 과거 수많은 전제정치가 타도될 수 있었던 것도 부인할 수 없는 사실이다. 좋든 나쁘든 미래에 대한 인간의 열정이 지금의 세상을 만들어 온 것이다. '맹신자들'은 단순한 이론서가 아니라 인간의 본성에 대한 예리한 식견과 철학을 담은 책이다."

사회 정의를 실현하기 위한 대중 운동에 참여하는 사람들의 입장에서 보면 다소의 불편한 점이 있을 수 있겠지만, 호퍼의 말을 감안하여 쿨(cool)하게 대처한다면 괜찮을 것 같다.

'여러 대중 운동이 공통점이 많다'는 가정(假定)은 모든 대중 운동이 똑같이 이롭다거나 똑같이 해롭다는 이야기가 아니다.

이 책은 일절 시비를 가름하지 않으며, 일절 호오(好惡)를 밝히지 않는다.

그럼에도 불구하고 냉정한 정치학자 입장에서 전면적으로 호퍼의 주장을 수긍(首肯)하기는 어려울 것이다.

이 책이 쓰인 시대적 배경도 중요하다.

그는 부두노동자로 일했지만 독일의 아돌프 히틀러(Adolf Hitler, 1889~1945)와 구소련의 이오시프 스탈린(Iosif Vissarionovich Stalin, 1878~1953)이 세운 희대의 전체주의 정권들이 인류에 미친 가공할 폐해(弊害)와 비극을 목격한 직후에 이 책이 집필되었음을 감안해서 생각해야 한다.

이 시대에도 상상을 초월할 정도로 잔인한 폭력을 일삼는 이슬람 과격파 무장 단체 이른바 IS(Islamic State)에 세계 각국의 젊은이들이 몰려드는 현상을 호퍼의 설명 이외에 무엇으로 설명하며 이해할 수 있겠는가!

우리는 이념이나 노선이 중요하다고 하지만 호퍼가 주목한 열정적 증오의 관점에서 보자면 이념이나 노선은 껍데기 즉, 포장지에 불과하다는 것이다.

어떤 사람이 대의를 위해 헌신하거나 희생하는 것은 자신이 믿는 대의가 훌륭해서가 아니라 자신의 열정적인 집착에서 안도감이 비롯되기 때문이다.

열정적인 증오를 발산하면서 매달린 그 무엇이 그 사람에게 필요할 뿐 대의나 원칙은 부차적인 것이다.

바로 이러한 이유 때문에 그 사람은 특별한 갈등 없이 다른 대의로 옮겨 가는 데 별로 어려움을 느끼지 않는다.

그렇기 때문에 공산주의에서 결속력이 강한 파시즘(Fascism)으로 넘어가는 것이 다른 이념이라도 어렵지 않다는 것이다.

우리는 가끔 극우(極右)나 극좌(極左)를 말한다.

그러나 서로 전향(轉向)하는 사람들을 볼 수 있다.

"저 사람 어떻게 저렇게 달라질 수가 있지?"라고 의아해 하지만 호퍼의 주장에 의하면 그런 것은 자연스러운 현상이라고 보는 것이다.

사람들이 보통 말하는 '극과 극은 통한다'는 것이다.

즉, 양 극단을 묶는 고리가 바로 '열정적 증오'이기 때문이다.

한편으로 목적 없이 표류하는 삶으로 고통 받던 사람에게 증오의 대상은 삶의 활력소나 마찬가지다.

증오가 자신의 공허한 삶에 목적과 의미를 부여해 주니 반갑지 않겠는가?

실제로는 증오의 대상에게 온갖 욕설과 악플을 퍼붓겠지만 말이다.

그럼에도 불구하고 증오(憎惡)의 언어를 구사하는 이들이 자신의 악행을 느끼지 못하는 이유는 그들에게는 나름의 희망과 더불어 자신만의 신념이 있기 때문이다.

호퍼는 "어떤 사람에게서 증오를 빼앗아 버리면 우리는 신념 없는 인간을 보게 된다."고 재치(才致) 넘치게 그 점을 지적했지만, 열정적 증오를 의미하는 표현인 것이다.

호퍼가 말한 열정적 증오는 한마디로 광신(狂信)과 유사하다는 말이다.

요나 콤플렉스(Jonah Complex)

'어떤 일을 추진하면서 실패에 대한 공포감 때문에 자신의 성장 가능성을 스스로 포기하는 상태'를 '요나 콤플렉스'(Jonah Complex)라고 한다.

이는 미국의 심리학자 에이브러햄 매슬로우(Abraham H. Maslow, 1908~1970)가 제기한 이론으로, 구약 성경에 나오는 요나가 자신의 운명에서 도망치려는 특성에 비추어 인간의 회피성향(回避性向)을 요나에 빗대어 설명하고 있다.

매슬로우는 인간의 내부에는 크게 두 가지 유형이 있다고 말한다.

하나는, 비교적 과거 지향적이어서 안정과 방어를 추구하는 성장과 모험을 두려워하고 새로운 도전을 하지 않으려는 소극적인 유형이다.

또 하나는, 자신의 능력을 최대한 발휘하며 자신감을 가지고 적극적으로 외부 세계에 맞서려는 진보적인 유형이다.

인간은 이 두 가지 유형 속에서 딜레마(dilemma)에 빠지기도 하고, 선택 속에서 갈등(葛藤)하는 존재이기 때문에 충분한 능력(能力)을 갖추고 있음에도 발휘하지 못하고, 실패에 대한 두려움 때문에 자신의 능력을 과소평가(過小評價)하여 성장을 회피하는 경향을 보이는데, 이는 '요나 콤플렉스'가 작용하기 때문이다.

매슬로우는 다음과 같이 말한다.

"우리가 가장 완벽한 순간과 조건 아래에서도 변화를 두려워하고 크게 용기를 낸다고 해도 상상하는 데 그치고 만다. 그러면서도 우리는 성공 가능성을 늘 추앙한다."

말하자면 요나 콤플렉스는 '성공했을 때의 두려움과 실패했을 때에 대한 두려움으로 스스로 능력을 과소평가하여 성장을 회피하려는 현상'을 말한다.

구약에 나오는 요나(Jonas)는 니느웨(아시리아의 큰 도시 지역)로 가서 '그 도시가 죄악으로 가득 차 있으니 하나님의 심판을 곧 받을 것이라고 전하라'는 하나님의 명을 받았다.
이는 최고의 권위자이신 하나님으로부터 얻기 어려운 사명(使命)이지만, 최고의 명예이고, 요나 또한 동경(憧憬)했던 일이기도 하다.
그럼에도 막상 사명이 부여되자 요나는 두려움이 앞섰다.
그는 두려운 나머지 스스로 유명무실(有名無實)하다 여기고 '자신이 한 일은 자신의 능력이 아니라 신의 큰 은혜를 입어 이루어진 것일 뿐'이라고 생각했으며, 자신에게 쏟아지는 사람들의 눈길을 신에게 돌리고 싶어 했다.

요나는 사명을 간절히 바랐지만 정작 기회가 오니 겁이 나서 도망하였고, 점점 움츠러들어 매슬로가 말한 요나 콤플렉스에 빠지고 말았는데, 이것은 '우리가 잘할 수 있는 능력을 가졌음에도 스스로에 대한 자신감이 떨어져서 자신의 잠재력을 찾으려고 노력하지 않는 심리'라고 할 수 있다.

요나 콤플렉스는 모순(矛盾)된 부분이 있다.
인간이라면 누구나 자신의 실패를 두려워하기 마련이지만, 역설적으로 자신이 잘하지 못할 가능성(可能性)을 두려워하고, 자기가 잘할 가능성마저도 두려워하는데, 이것이 이해하기 어려운 점이다.
분명한 것은 누구나 성공을 갈망(渴望)하는 동시에 두려워한다는 점이다.

성공의 기회를 잡는다는 것은 그만큼 노력하고 최선을 다하는 것인데, 예측할 수 없는 만큼 실패할 수 있는 리스크를 부담해야 한다.

요나 콤플렉스는 우리의 내면에 있는 스트레스를 균형 있게 표현한다.
사람은 누구나 성공할 수 있는 능력이나 자질을 갖추고 있으며, 기회도 주어지지만, 소수의 사람만이 스트레스를 이겨낼 뿐만 아니라, 자신이 요나 콤플렉스를 인식하여 이겨내고, 천금 같은 기회를 놓치지 않는다.

학자들은 요나 콤플렉스를 극복하는 방법으로 세 가지를 조언한다.
첫째로, 영어를 잘하고 싶은데 시간이 부족하다고 핑계를 댄다.
계획했다가도 흐지부지해 버린다.
그러나 이때 공부 방법을 바꿔서 하루에 15분만 실천한다.
15분은 하루 24시간을 등분하면 100분의 1에 해당하는 짧은 시간이다.
1년 동안 쉬지 않고 매일 15분씩 하게 되면 나도 모르는 사이에 실력이 향상되어 있음을 알 수 있을 것이다.

두 번째는, 뜨거운 열정이 아닌 꾸준함을 유지해야 한다.
매년 1월 초가 되면 헬스장에 방문하는 사람들이 많다.
헬스를 해서 다이어트를 하고자 하는 열정이 솟구쳤기 때문이다.
그러나 3~4월이면 회원 수가 현저하게 줄어든다.
그것은 하고자 하는 욕망은 있으나 꾸준한 의지가 부족해서다.
처음에는 용기가 활활 타오르지만 오래 유지하지 못한다.
항상 오늘 결심한 것처럼 의지를 가지고 해야 한다.

세 번째는, 시스템을 갖추어 정교하게 계획을 세워야 한다.
예를 들어 다이어트를 하고자 한다면 다가오는 6월까지는 적어도 3Kg 감량을 목표로 한 달에 0.5Kg을 감량한다는 계획을 이행해야 한다.

그래야 먹는 것도 조절하게 되고 운동도 하게 된다.

마음다짐만으로는 아무것도 되지 않을 것이고, 실제로 행동으로 옮길 때 작으나마 이루어진다.

대부분의 사람들은 그저 한평생 평범할 수밖에 없고 영원히 극소수만이 성공할 뿐이다.

요나 콤플렉스는 '사람의 진짜 능력을 과소평가하여 두렵게 만듦으로 경계하라'는 교훈이다.

인생의 새로운 국면(局面)을 개척(開拓)하고 싶다면, 반드시 내 안에 있는 요나 콤플렉스를 깨부숴야 하며, 대담한 용기로 자기 자신을 돌파(突破)하고 기회를 잡아야 한다.

당신의 것은 당신 것입니다.

빼앗기거나 양보하지 마십시오.

그리고 포기하지 마십시오.

왜냐하면 당신이 주인이니까.

스티브 잡스(Steven Paul Jobs, 1955~2011)는 '작은 성공들이 모여서 큰 성공을 이룰 수 있다'고 말했다.

누구든지 용기를 가지고 내 자신의 가치가 무엇인지, 얼마나 대단한지 생각해 보아야 한다.

이기적 편향(Self-Serving Bias)

우리 속담에 '잘되면 내 탓이고, 잘못되면 조상 탓을 한다'는 말이 있다.
서양에도 이와 비슷한 말이 있다.
'나는 뛰어난 거고, 너는 단지 운이 좋아서 이루어졌다'고 생각하는 것이다.

호주의 심리학자가 회사에 다니는 임원들을 상대로 자아인식(自我認識)에
대하여 조사했는데, 흥미로운 결과가 나왔다.
90%에 달하는 임원이 '자신의 성과가 다른 임원들보다 높다고 생각한다'고
대답했는데, 그 중에서 86%의 임원들은 '스스로 평균 이상'이라고 응답했고,
1%만이 '평균보다 낮다'고 응답했다.

그 후 이 심리학자는 전체 회사의 평균 임금 수준을 파악해서 임원들이
평가한 '자신의 보수와 능력의 연관성'을 조사해 본 결과 '자신들의 임금이
평균보다 높을 때는 당연히 받아야 하는 것'으로 여겼는데, 말하자면 자기
노력과 뛰어난 성과에 대한 합당한 보상이라는 이미지가 짙게 깔려 있다.
반면 '그들의 임금이 평균보다 현저하게 낮을 때는 자신의 노력에 비해
합당한 대우를 받지 못한다'고 생각했다.

흥미로운 것은 자신이 남들보다 능력이 떨어진다는 현실을 자연스럽게
받아들이는 사람은 거의 없었다.

그들은 하나같이 다른 원인을 생각하며 하늘을 원망하거나, 엉뚱한 핑계를 대며 책임을 회피하려는 경향이 뚜렷하게 보였다.

왜 이런 결과가 나올까?

이 회사 임원들만 잘난 체하기 때문은 아닐까?

심리학자들의 분석에 따르면 인간이라면 누구나 가지고 있는 결점이며, 이러한 현상을 심리학 용어로 '이기적 편향'(Self-Serving Bias)이라고 부른다.

『사회 심리학』을 저술한 심리학자 데이비드 가이 마이어스(David G. Miers, 1942~)는 이기적 편향을 이렇게 정의했다.

"자아와 관련한 정보를 가공할 때 일종의 잠재적 편견이 나올 수 있다. 우리는 자신의 실패를 쉽게 벗어던지면서 성공의 찬사는 달게 받아 들인다."

즉, 모든 행위의 결과를 자기에게 유리한 쪽으로 받아들인다는 것이다.

대부분의 사람들은 자신이 우호적인 사람이라고 생각한다.

이러한 자기 미화의 감정은 자신의 훌륭한 면에 스스로 도취하게 하고, 어둡고 부족한 부분은 간간히 흘려 넘기게 한다.

이기적 편향은 자아와 관련된 정보를 가공할 때 나오는 잠재적 편견이다.

사람들은 항상 좋은 쪽으로 자신을 대하고, 성공하면 내 실력이 뛰어나기 때문이고, 실패하거나 잘못되면 세상 탓·조상 탓·동료 탓을 하게 된다.

보험 조사표에서도 교통사고 운전자들은 항상 사고의 원인을 이렇게 묘사한다.

"어디서 갑자기 튀어나와 치고 도망갔습니다."

"막 교차로에 들어서는 순간 무엇이 갑자기 나타나 시야를 가려 불가피 했습니다."

이처럼 갑자기 나타나 피할 수 없는 상황이어서 교통사고를 낼 수밖에 없었다고 변명을 한다는 것이다.

심지어 배우는 학생들에게서도 이런 현상은 나타난다.

성공과 실패를 묘사할 때 학생이 비교적 좋은 성적을 얻으면 "나 이번 사회시험 A학점 받았어."라고 말하지만 성적이 생각보다 잘 나오지 않았을 경우 "사회 선생님은 점수가 짜서 C학점을 주셨어."라는 말을 늘어놓는다.

배우는 학생들조차도 이기적 편향에 치우쳐 있음을 보여준다.

캐나다의 심리학자들이 결혼 생활 중에 나타나는 이기적 편향을 집중적으로 연구한 적이 있었다.

조사한 결과 91%의 아내들이 직접 식재료를 구매한다고 답했다.

그러나 남편들은 76%만 동의했다.

그 중에서 한 사례를 살펴보면 어느 부부는 매일 저녁 빨랫감을 지저분하게 바구니 바깥으로 내던져 버린다.

다음날 아침 부부 중 한 명이 주워서 바구니에 넣는다.

아내가 남편을 향해 "이번에는 당신이 주울 차례야."라고 하면 남편은 "무슨 근거로? 거의 열 번 중 여덟아홉 번은 내가 주워 넣었는데."라고 대답한다.

그는 아내에게 물었다. "당신은 몇 번이나 주웠다고 생각해?"

아내는 "대충 열 번 중 아홉 번."이라고 답한다.

이 역시 전형적인 이기적 편향을 보여주는 사례라 할 수 있다.

우리는 기억 속에서 자신도 모르게 자기에게 유리한 정보는 부풀려서 말하고 불리한 정보는 말하지 않거나 굳이 말을 한다고 해도 축소해서 아주 작게 표현하려는 경향이 있다.

그래서 학자들은 '이기적 편향'을 '자기 본위적 편견'이라고도 한다.

이기적 편향은 기본적인 '귀인의 오류'로서 어느 한 쪽 영향을 과대평가 혹은 과소평가하는 것을 말한다.

이것은 인간관계에 큰 영향을 미치는 큰 요소 중의 하나다.

그러므로 사람들과의 교류(交流)에서 이런 편견에 치우치지 말고, 실제로 객관적으로 판단해야 서로 화합(和合)할 수 있고 원만한 인간관계를 맺는 데 도움이 될 것이다.

이카루스 패러독스(Icarus Paradox)

'성공했던 상황에 안주하다가 더욱 혁신하지 못하고 실패로 돌아가는 상태를 그리스 신화에 나오는 이카루스를 인용하여 '이카루스의 역설'이라고 하는데, '핵심 경쟁력을 확보한 기업이 그 경쟁력의 덫에 빠져서 전진하지 못하고 결국 실패하게 되는 경우'를 말한다.

그리스 신화에 보면, '이카루스'(Icare)라는 사람이 감옥에서 새의 깃털을 밀랍으로 이어 붙여 날개를 만들어서 탈출하다가 하늘을 너무 높게 나는 바람에 햇빛으로 인해 밀랍이 녹아 추락하여 사망한 이야기가 있다.
이 우화에서 '이카루스 패러독스'(Icarus Paradox)라는 말이 나왔다.

이 이야기는 '기업이나 개인이 성공을 했다고 할지라도 현재에 안주하지 않고 혁신적인 변화를 시도하지 않으면 이카루스 날개처럼 떨어질 수밖에 없다'는 것을 우리에게 깨닫게 해준다.
대표적인 사례로 세계적인 필름업체 코닥(Kodak)을 들 수 있는데, 1882년 미국의 사진 기술자 조지 이스트먼(George Eastman, 1854~1932)이 설립한 코닥은 현대식 필름과 세계 최초의 감광필름(Sensitive Film)을 만들어 필름의 대명사로 불리며 전성기를 맞이했다.
필름하면 코닥이 연상될 정도로 100여 년에 걸쳐 필름시장을 주름잡았다.

그 명성과 기술력을 토대로 세계 최초의 디지털 카메라도 만들었지만, 아날로그 필름시장을 지키기 위해 보급 시기를 최대한 미루었는데, 그 사이 일본에서 디지털 카메라가 싼 가격에 대량으로 출시가 되면서 시장은 급속하게 디지털 카메라로 대체(代替)되기에 이른다.

코닥은 10여 년을 버티다가 2012년 결국 파산신청을 하게 되는데, 한때 생산과 판매 분야에서 세계 최고라는 칭송(稱頌)을 받았던 대기업이 너무도 쉽게 사업을 접게 된 것이다.

현재 코닥은 필름과 카메라 사업부는 싼 가격에 매각(賣却)하였고, 인쇄와 그래픽 커뮤니케이션 분야에 매달려 겨우 파산은 면하고, 업종을 바꿔서 '코닥'이라는 상호는 유지하고 있다.

또 다른 스위스 시계의 사례를 한 번 보자.

스위스 시계는 정확하고 정교(精巧)하기로 정평이 나서, 세계 시계 시장의 40%를 차지하며 사실상 시계 시장을 주도했으나, 1980년대 디지털 제품이 보급됨으로 대량생산으로 무장한 일본과 홍콩의 도전을 받게 되면서, 시계 생산 최고의 국가가 3위로 밀려나게 된다.

이처럼 '최고의 자리에 있을 때 실패를 염두에 두어야 함'을 말하는 것이 '이카루스의 패러독스'인데, 캐나다의 경영 전략학자인 데니 밀러(Danny Miller, 1947~)가 체계적으로 정리하여 1990년에 처음으로 제시한 개념이다.

밀러는 같은 이름의 『이카루스의 패러독스(1990)』라는 저서를 통해서 '기업이 성장 단계에 따라서만 변신해야 되는 것이 아니라, 항상 성공을 경계해야 한다'고 주장하면서, '이미 성공한 기업이 그 틀에 매어 있어 혁신적으로 전진하지 못하는 1등 기업의 역설'을 언급한 것이다.

성공한 기업으로 만든 핵심 경쟁력이 오히려 앞으로 발전하는 데 방해 요인이 되어 결국 실패하는 상황을 초래한다는 것이다.

우리가 흔히 쓰는 고사성어 중에 '온고이지신'(溫故而知新)이란 말이 있다.
이 말은 옛것을 답습(踏襲)하라는 말이 아니다.
'옛것을 익혀 창의적으로 새롭게 대비하라'는 뜻이다.

인간은 기본적으로 욕심이 있기 때문에 높이 날 수 있는 요인이 있으면
높이 날려고 한다.
누구에게나 도전정신(挑戰精神)도 필요하다.
그런 도전정신으로 인해 우리가 이처럼 많은 혜택을 누리며 살고 있다.
그러나 너무 겁을 내어 너무 낮게 날아도 추락할 확률이 크다.

영국의 대문호 프랜시스 베이컨(Francis Bacon, 1561~1626)은 말한다.
　"지금까지 누구도 해낸 적이 없는 성취는 지금까지 누구도 시도한 적이 없는
　방법을 통해서만 가능하다."

누구나 어려운 상황에 처했던 경험이 있을 것이다.
힘들고 어려운 상황을 지혜롭게 잘 겪어내고 미래를 긍정적으로 보면서
재도전을 한다면 그 어려웠던 시기가 밑거름이 되고 근육(筋肉)이 된다.
연(鳶)은 바람이 강할 때 높이 날 수 있는데, 이것을 겸손(謙遜)하게 품어야
오래도록 높이 띄울 수 있다.

인류 지향 원리(Anthropic Principle)

노벨 문학상을 받은 버트런드 러셀(Bertrand Russell, 1872~1970)은 문학에만 전념한 것이 아니라 유명한 수학자이자 철학자였다.

그는 학식이 풍부하고 다방면에 능통(能通)한 등산가와 대화를 나눈 적이 있었는데, 그 등산가는 '세계 최고봉인 히말라야의 몇 개 봉우리를 올랐던 경험을 통해 깨달은 바가 있다'면서 다음과 같이 말했다고 한다.

"산은 인간이 오르기에 딱 알맞도록 만들어졌다. 암벽 등반을 하다보면 다 자란 성인에게 필요한 거리, 딱 그 거리마다 발 디딜 자리가 있고, 움켜쥐고 몸을 지탱할 만한 것들이 있다. 만약 인간의 몸집이 지금의 두 배였다면 지금의 등산 코스는 너무 쉬워서 산을 오르는 재미가 없었을 것이다. 그렇다면 산을 오르는 일이 흥미를 자아내지 못했을 것이다."

이 사람의 말을 통해서 '이 사람이 세상을 보는 눈이 낙관적(樂觀的)이며, 세상을 만든 조물주(造物主)에 대한 감사가 충만한 사람'이라는 것을 알 수 있지만, 대자연에 대한 오만(傲慢)함을 느낄 수도 있을 것 같다.

인간이 세상을 자기중심적으로 보는 것은 어제 오늘의 일이 아니다.

낮과 밤이 있다는 것은 인간에게 휴식을 취해 재충전을 하라는 것이고, 사계절이 있는 것은 다양한 레저를 즐기며 변화에 적응하고 살라는 것이다.

곡식과 가축이 있는 것은 인간에게 먹을 것을 공급하기 위함이요, 들이나 산에 이름 없이 피었다가 지는 꽃들은 사람들의 눈을 즐겁게 하기 위함이다.

그러면서도 조물주는 심술궂게 인간에게 생로병사(生老病死)라는 고통을 주셨고, 아무데서나 서로 협력하지 못하도록 언어를 각각 다르게 만드셨으며, 교만하지 못하도록 가끔 지진과 홍수를 내려 경각심을 일깨우도록 하셨다.

그런데 이런 인간 중심의 생각 본능은 보통 사람들의 심리적 위안이나 불평을 위해 쓰이는 것이 아닌 듯하다.

최고의 지성을 자랑하는 천문학자들도 역시 동일한 논리를 펴고 있다.

'인류 지향 원리'(Anthropic Principle)는 1974년 천문학자인 브랜든 카터(Brandon Carter, 1942~)가 최초로 제시했으며, 존 배로(John Barrow, 1952~2020)나 폴 데이비스(Paul Davies, 1946~)와 같은 천문학자들의 저술을 통해 일반 사람들에게도 널리 알려지게 되었다.

광활한 우주에 인간과 같은 지적 생명체가 살 수 있는 확률은 희박하다.

우리가 살고 있는 지구만 보더라도 태양과 지금보다 가까웠다면 자외선 독성 때문에 인간뿐만 아니라 그 어떤 생명체도 존재할 수 없었을 것이고, 반면에 좀 더 떨어져 있다면 태양 에너지가 충분치 않아서 역시 생명체가 살 수 없다는 것이다.

태양과 지구 사이의 거리는 생명이 살기에 적합한 거리를 유지하도록 정교하게 만들어져 있는데, 학자들은 이처럼 딱 맞는 거리를 '골디록 원리'(Goldilocks Principle)라고 한다.

중력도 역시 생명체가 살아가기에 알맞도록 작용하고 있다고 말한다.

이런 이유로 해서 인류 지향 원리를 주장하는 천문학자들은 물리 법칙의 모든 상수(常數)는 인간이라는 생명체를 탄생시키기 위해 교묘하게 맞춰져 있다고 주장한다.

진화론과의 이데올로기 싸움에서 일진일퇴(一進一退)를 반복하고 있는 미국 개신교를 중심으로 등장한 지적 설계론(Intelligent Design Theory) 역시 같은 논리에서 기인한다.

진화론과 창조론의 주장은 지구의 종말이 온다고 하더라도 한 쪽으로 치우치지 않고 평행선을 달릴 것이다.

그들은 '생물체의 환원 불가능한 복잡성은 도저히 우연에 의한 돌연변이나 자연 선택에 의한 점진적 수정만으로 일어날 수 없다'고 주장한다.

이에 대한 해답은 결국 '생명체 특히 인간이 존재하게 된 것은 인간의 이해 범주를 벗어나는 상위 법칙 즉, 신의 의도적 설계에 의한 것'이라는 주장이 지배적이다.

성경에서처럼 하나님이 천지(天地)를 창조(創造)하신 것이 사실인지 아닌지 과학적으로는 증명할 수 없고, 성경 구절의 글자 그대로를 믿을 수 없을지 몰라도, 많은 물리학자들은 '넓디넓은 우주에 예외 없이 통용되는 물리법칙이 우주를 넘어서는 미지(未知)의 차원(次元)에 의해 정해져 있는지도 모른다'는 다소 의지적인 믿음을 버리지 못한다.

그러나 이런 법칙들이 오로지 인간을 번성시키기 위해 정해졌다고 믿는 것은 전혀 다른 차원이다.

이것은 히말라야 같은 산들이 등반의 즐거움을 위해 창조되었다고 믿는 버트런드 러셀의 지인과 다를 바 없는 오해일 뿐이다.

기후가 변하고 환경이 달라져 가는 이 시대 즉, 내일이 불안정한 현대에 자연이 우리를 위해 창조되었다고 어깨를 으쓱해하기보다는 우연(偶然)인지 필연(必然)인지, 인간이 자연(自然)의 일부분으로 받아들여진 것을 겸손하게 감사해 하는 일이 더 필요하다고 생각한다.

시간과 공간, 자연과 우주는 우리 눈앞에 펼쳐지는 스펙터클(spectacle)한 쇼가 아니라 인류를 너그러이 품에 안아준 우리들의 어머니라고 봐야 한다.

자연이 우리에게 봉사해야 하는 것이 아니라 우리가 자연의 목적에 봉사해야 함을 마음속에 품고 살아야 할 것이다.

자각몽(Lucid Dream)

'잠을 자면서 스스로 꿈이라는 것을 자각하면서 꾸는 꿈'을 말한다.
말하자면 의식이 뚜렷한 꿈이라고 볼 수 있는 것이다.

'자각몽'(Lucid Dream)이라는 용어는 네덜란드 작가 겸 정신과 의사인 프레
데릭 빌렘 반 에덴(Frederik Willem van Eeden, 1860~1932)이 처음 사용했으며,
1913년 '새로운 꿈 세계'를 말하면서 발표했다.

자신만의 세상을 창조하거나 본인이 상상(想像)하는 대로 펼쳐지는 꿈에서
색다른 경험을 해 볼 수 있다는 것이 '자각몽'의 특징이라고 했다.

동양에서도 전국 시대 장자(莊子, B.C.369~B.C.289년경)에 의해 자각몽(自覺夢)과
같은 개념이 호접몽(胡蝶夢)으로 설명된 바 있다.

장자가 꿈에서 나비가 되어 훨훨 날아다니며 재미있게 놀았는데 꿈에서
깨어난 뒤 자신이 나비였던 기억이 너무도 생생해서 '나'라는 개념이 모호
해지는 경험을 했다.

이와 같이 마음만 먹으면 자각몽을 꿀 수 있다는 것이다.

스마트폰이 대중화되면서는 애플리케이션(application)이 등장하기도 하고,
서로가 자각몽을 공유하는 동호회도 많이 있다고 한다.

자각몽을 경험하기 위한 몇 가지 기초적인 방법이 있다.

첫째로, 자각몽을 꾸기 위한 충분한 동기(動機)가 있어야 한다.
동기가 모호하면 집중력이 흐트러져서 꿈을 꾸기가 어렵다.
둘째는, 꿈에서 깨자마자 꿈 일기를 꾸준히 기록해야 한다.
그래야 꿈의 세계를 이해할 수 있다.
셋째로는, 자각몽을 꿀 수 있는 가장 좋은 시간을 체크한다.
자신의 수면 시간을 알면 쉽게 자각몽을 꿀 수 있다는 것이다.

일반적으로 꿈을 꿀 때 우리는 자신이 꿈꾸고 있다는 사실을 의식하지
못하며, 또한 꿈 내용을 내 의지에 따라 변화시킬 수도 없다.
꿈속에서 나는 거품 같은 세계와 마찬가지로 기이(奇異)하고 비논리적이기
때문에 그 속에서 허우적대는 우리는 아무런 힘이 없는 노예처럼 눈앞에서
벌어지는 상황을 그저 겪어낼 수밖에 없는 무력한 존재에 불과하다.

그러나 간혹 그런 무력함을 이기고 규칙을 무시할 때가 한 번씩 있다.
그러다가 '이것은 꿈이야, 나는 무엇이든 내가 원하는 것을 할 수 있어'
라는 깨달음을 얻게 되면 상황을 내가 유리한 방향으로 이끈다.
나의 의지가 100% 관철되지 않을 때는 수차례 반복하기도 한다.
특히 남성들은 꿈속에 있는 재료로 이상형의 여성을 빚어 원하는 배경에
원하는 옷을 입혀놓고 세워 놓았지만, 얼굴을 보려고 아무리 돌려 세워도
흩어지는 안개처럼 얼굴을 보지 못할 때도 있다.

자각몽이 흥미(興味)롭고 신기(神奇)하기는 하지만, 원초적으로 인간의 꿈에
대한 환상(幻想)과 신화들이 아니었다면 별로 관심을 받지 못했을 것이다.
일반적으로 꿈은 신이나 초자연적인 존재가 인간에게 보내는 주된 통로
이며, 예언자들이 미래를 점치고 예언하는 주된 수단으로 삼았다.
현대 의사들의 영원한 스승이자 '의학의 아버지'(Father of Medicine)라 불리는
히포크라테스(Hippocrates)는 치료를 받기 위해 온 환자들을 정갈하고 조용한
사원에 며칠씩 머물게 한 후 예언과 치료적 꿈을 꾸게 했다고 한다.

그러면 의술의 신 아스클레피오스(Asclepius)가 꿈속에 나타나 그에 맞는 치료법을 가르쳐 준다고 믿었기 때문이다.

그 이후에 지크문트 프로이트(Sigmund Freud, 1856~1939)는 인간이 꿈을 통해 무의식에 도달하는 법을 개발했고, 칼 구스타브 융(Carl Gustav Jung, 1875~1961)은 신화와 전설은 바로 인간 정신의 집단적 꿈이 응결된 정수라고 보았다.

그러므로 지혜를 꿈으로부터 얻어 의식세계로 가져올 수 있다면, 또한 꿈의 질료(質料)를 자유롭게 빚어낼 수 있다면 가공(可恐)할 힘이나 깊은 영적 깨달음을 얻게 되리라고 기대하는 것도 무방하다고 보았다.

자각몽을 주장하는 초자연주의자(超自然主義者)들은 깨어 있을 때에 이성을 갖고 꿈 세계를 탐험(探險)함으로써 의식의 새로운 영역, 인간정신의 새로운 가능성을 열 수 있을 것이라고 믿었다.

동양의 불교에서도 꿈에 관한 이야기가 많이 있다.

실제로 8세기에 티베트 불교승들은 '꿈 요가'라고 하여 완전히 깨어 있는 의식 상태에서 꿈을 꾸는 훈련을 행하였다고 한다.

말하자면 꿈을 꾸는 상태에서도 완전히 깨어 있는 훈련인 것이다.

꿈속에서조차도 청명한 의식을 유지하기 위해 애썼던 불교승들은 어떤 깨달음을 얻고자 했을까?

훈련을 통해 자각몽을 얻고자 애쓰는 사람들은 무엇을 추구해서일까?

자각몽을 얻기 위해서 많은 매뉴얼을 읽고 열심히 자기 암시를 건 후에 잠자리에 드는 노력을 하기보다는 바로 우리의 일상적인 삶 속에서 깨어 있음으로 어리석음에서 벗어나는 것이 더 좋지 않을까 생각해 본다.

자기 충족 예언(Self-Fulfilling Prophecy)

우리 속담에 '말이 씨가 된다'는 말이 있다.

보통은 '말이 씨가 되니 나쁜 말을 생각 없이 아무렇게나 하지 말라'는 의미이지만, 어릴 적 할아버지 할머니께서 예쁘게만 보이는 손자 손녀에게 "이놈, 장군감이다. 이놈, 커서 큰일 할 놈이다."라는 식으로 말씀하신 것은 '덕담(德談)이 씨가 되어 소원대로 이루어지라'는 긍정적인 의미이다.

긍정적인 이야기를 자주 하게 되면 자기가 하고 싶은 것이 이루어진다고 강력하게 믿게 되는데, 그 믿음에 의한 피드백을 통해 행동을 변화시켜 직·간접적으로 그 믿음을 실제로 이루어지게 하는 예측(豫測)을 말한다.

이러한 말과 행동들은 단순한 것이 아니라 미래에 대한 예상과 예언을 의미하는데, '나쁜 일이 일어날 것이라고 예상을 하면 나쁜 일이 일어나고, 좋은 일이 일어날 것이라고 믿으면, 실제로 그런 일들이 일어난다고 믿게 된다'는 원칙이다.

미국의 사회학자 로버트 머튼(Robert Merton, 1944)은 그의 저서인 『사회 이론과 사회구조』를 통해서 미래에 관한 기대가 실제 현실로 이루어지는 일들을 말하는 '자기 충족 예언'(Self-Fulfilling Prophecy)에 관하여 언급하였다.

그는 사람들이 실질적인 일보다 상황에 부여된 의미에 근거를 두고 행동 한다고 보았으며, 자기 충족적 예언은 부정적 방향이나 긍정적인 것 모두에 작용할 수 있다고 말한다.

머튼은 부정적인 방향은 결국 상황에 대한 잘못된 판단과 정의를 야기하여 처음의 잘못된 생각을 현실화 시킨다고 하였다.

이는 이미 잘못된 것이라고 낙인을 찍어버리는 현상이라고 볼 수도 있다.

'낙인효과'(Labeling Effect)는 주변의 부정적인 평가나 편견에 노출될 경우 실제로 그 평가나 편견에 일치하는 방식으로 행동하여 결과적으로 기존의 부정적 평가와 일치하는 행동 등의 상황이 발생하는 것을 말한다.

20세기 말 구소련과 미국 사이의 냉전 시대에 제3차 세계대전의 위험이 존재했었다.

'먼저 공격하지는 않지만 상대가 치면 가만히 있을 수 없다'는 생각이다.

그래서 불안함 속에 군비 경쟁에 나설 수밖에 없고, 이는 예상한 대로 전쟁의 일촉즉발(一觸卽發)의 위기까지 몰고 갔다.

종교분쟁이라고 보는 이슬람과 기독교 간의 분쟁도 거대(巨大)한 민족적 · 종교적 분쟁으로 비화(飛火)될 조짐(兆朕)을 보였다.

이처럼 사회 역학에도 자기 충족 예언이 적용됨을 알 수 있다.

일반적으로 정신과 의사들은 불면증으로 인한 심리적 고통에 시달리는 환자에게 "며칠 잠을 못 잔다고 해서 인간은 쉽게 죽지는 않습니다."라고 충고한다.

이 말은 의사가 아니라도 누구나 쉽게 할 수 있는 말이다.

즉, 못자면 못자는 대로 자면 자는 대로 그냥 두라는 말이나 마찬가지다.

잠을 못자면 다음날 무슨 일이 일어날 것처럼 생각하지 말고, 마음속에 자리 잡고 있는 고정관념을 깨부숴버리기를 바라면서 격려하는 차원에서 위로하는 것인데, 이렇게라도 해서 자기 충족 예언의 연결고리를 끊어 예언 대로 되어가는 것을 생각하지 않도록 하기 위함이다.

심리학 측면에서 보면 이슬람과 기독교 간에 항상 서로 불편한 관계를 유지하고 있다.

그러나 어느 한 쪽에서 동포(同胞)라고 생각하고 손을 내민다면 어떨까?

다른 한 쪽도 그 내민 손을 잡을 공산이 크다.

그렇게 되면 전쟁은 피하게 될 것이고 서로 인정하며 공포가 사라질 것이다.

자기 충족 예언이란 언뜻 보기에는 피할 수 없는 운명처럼 보이지만, 그 사슬을 푸는 해법이 당사자가 가지고 있다는 것은 바꿔 말하자면 스스로 풀어야 할 자유의 근거가 되기도 한다.

자기 충족 예언은 특히 믿음이 고착화될 경우에 많이 생긴다.

이와 같이 고정되어 부정적으로 판단하는 경우가 많기 때문에 사회 심리학 분야에서도 중요한 주제로 보고 있다.

예를 들면 '미국의 흑인들은 백인보다 지적 능력이 떨어진다'는 고정관념에 사로 잡혀 있다.

모두 그런 것은 아니지만 이런 고정관념을 가진 흑인들이 학문 영역에서 뒤떨어지는 것은 자명한 사실이다.

고정관념의 위협은 특정한 상황에서보다는 고정관념의 대상에 해당하는 개인의 성격 특성에서 발생하기 때문에 개인의 수행은 부정적 고정관념에 영향을 받을 수밖에 없어 보인다.

사람들은 고정관념의 위협을 경험하면 이미 내재되어 있는 고정관념과 일치하는 행동을 보인다.

즉, 수행 능력이 소극적이기 때문에 저조해질 수밖에 없다.

자기 충족 예언은 과학적으로는 근거가 없다.

그러나 다양한 실험과 연구로 입증된 심리적 효과다.

앞으로 인생의 방향을 바꾸고 싶다면 눈여겨봐야 할 심리학 이론이다.

우선 '긍정적인 효과를 노리려면 된다는 신념을 가져야 하며, 확신에 찬 행동을 하라'는 것이고, '긴가민가가 아니라 승리가 눈앞에 있다는 자신감이 곧 승리로 이어진다'는 이론이다.

자기기만(Self-Deception)

'어떤 사안에 대하여 사실과 다르거나 진실이 아닌 것을 합리화 하면서 정당화 시키려는 심리적 현상'을 '자기기만'(自己欺瞞;Self-Deception)이라고 한다.

심리학자들의 견해에 의하면 자기기만의 문제는 주로 인식론적 오류와 도덕적 불성실의 두 가지 문제로 접근하여 설명한다.

'인식론적 오류'는 '본인이 자기기만에 빠져 있다는 상황을 인식하지 못하는 무지한 상태'를 말하며, '도덕적 불성실의 문제는 자기가 자기기만에 빠져 있다는 사실을 알지만, 바로잡을 생각을 하지 못한다'는 것이다.

그 이유는 몇 가지가 있는데 의지가 약하거나 나태하거나, 아니면 아예 고치고 싶은 생각이 없기 때문이다.

『맹자(孟子)』 「등문공」 하편 중에서 송나라 대부 대영지와의 대화편이다.

대영지(戴盈之)가 맹자에게 말했다.

"수확량의 십분의 일을 세금으로 거두는 세법을 실시하고 국경의 관문과 시장에서 세금을 거두는 것을 폐지하는 것은 금년에는 불가능합니다. 우선 세금을 깎아주고 내년까지 기다린 후에 폐지하는 것이 어떻겠습니까?"

이에 맹자가 대답하였다.

"어떤 사람이 날마다 이웃집 닭을 한 마리씩 훔치는 사람에게 '그것은 군자로서 도리가 아니므로 해서는 안 된다'고 하자, 그 사람은 '훔치는 숫자를 줄여서 한 달에 한 마리씩 훔치다가 내년이 되면 그만 두겠다'고 하는 것과 같습니다. 옳지 못한 것을 알았다면 당장 그만 둬야지 어찌 내년까지 간단 말이오?"

그 당시는 백성들이 세금이 가혹(苛酷)하다고 아우성 치고 있을 때였는데, 대부로 있던 대영지도 세금이 과중하다는 것을 인지는 했지만 쉽게 면제해 주고 싶지 않아서 '올해는 깎아만 주고 내년에는 감면해 주겠다'는 것이다.

대영지는 합리적인 방안이라 생각하고 소신 발언(所信發言)을 했기 때문에 맹자에게 칭찬을 기대했는지도 모른다.

성격이 대쪽 같고 백성을 사랑하는 맹자는 '잘못된 것을 알았다면 내년으로 미루지 말고 당장 실천해야 함'을 닭 도둑을 예로 들어 대영지를 설득했던 것인데, 대영지는 '올해는 흉년으로 힘드니 깎아만 주고 미봉책(彌縫策)으로 1년을 미루었다가 내년에 풍년이 들면 원래대로 십분의 일을 징수할 생각'이었을 것이다.

이것이 자기기만의 전형적인 사례다.

여기서 송의 대부 대영지가 문제의 본질(本質)을 잘 알면서도 이런 의견을 제시했다면 도덕적 불성실에 해당하는 자기기만이다.

그러나 문제의 본질을 잘 모르는 상황에서 이런 의견을 제시했다면 인식론적 오류에 준하는 자기기만으로 보인다.

인식론적이든 도덕적이든 간에 자기기만은 사실이 아닌 것을 사실에 부합하는 방향으로 합리화하려는 경향이 다분하고, 잘못된 것들을 인식하지 못하기 때문에 고치려는 생각이 없다는 것이 문제다.

맹자는 자신뿐 아니라 백성까지도 속이려는 대영지의 속마음을 간파(看破)하고 있었으나 본인은 이렇게 해도 아무 문제없을 것이라고 믿고 있었다.

누구든지 문제의 심각성을 깊이 생각하려고 하지 않고 쉽게 보는 경향성 때문에 오류를 범할 수 있다.

심리학자들은 자기기만에 빠진 사람들에게 세 가지 특징이 있다고 한다.

첫째, 무엇이 잘못되었는지 문제의 핵심을 파악할 줄 모른다.
둘째, 본인이 그 문제의 중심에 있다는 것을 모른다.
셋째, 문제 인식을 못하기 때문에 고치려는 의지가 전혀 없다.

프랑스 철학자 장 폴 사르트르(Jean Paul Sartre)는 그의 저서 『존재와 무』에서 '인간 존재란 무엇인가'에 의문을 품기 시작했다.

이에 대한 대답으로 '자기를 부정하는 인간 존재의 본질적 태도를 잘못된 신념 즉, 잘못된 믿음에서 나온다'고 역설(力說)했다.

잘못된 신념은 인간의 본질적인 자유를 위협하는 불안한 관계에 있다.

그 잘못된 신념의 대상이 바로 자기기만에 빠진 자신이다.

다시 말해서 자기 스스로가 본인을 속이고 있는 역설(逆說)적인 논리다.

객관적으로 봤을 때 잘못된 것이 명백(明白)함에도 불구하고 진실이라고 주관적으로 확신하는 것이 잘못된 신념이다.

자기기만은 거짓과는 다르다.

거짓은 속이는 자와 속는 자의 주체와 객체가 다르다.

자기기만은 속이고 속는 자가 본인 자신이다.

자기기만에 빠진 사람이 자신의 잘못을 알았으면 자기기만이 거짓임을 알아야 한다.

자기 의지에 반(反)하여 자기를 속이고 있기 때문이다.

어떤 일을 사실에 입각하지 않고 편견을 가지고 보면 자기기만에 빠지기 쉽다.

한 번 빠지면 정확하게 판단할 수 있는 능력이 흐려지기 마련이다.

그러므로 자기가 자기를 속이지만 흐려진 판단력으로 인식하지 못한다.

자기기만에 빠진 자들의 프로세스를 보면, 잘못 본 사실이 자기를 배반하고 잘못된 행동으로 이어져서 자기를 정당화 시켜 빠져 들어간다.

그러므로 자기기만에 빠져들지 않기 위해서 냉철(冷徹)하고도 객관적으로 문제인식에 접근하면 자기기만을 방지할 수 있을 것으로 보인다.

자존심(自尊心)과 자존감(自尊感)

댓글에 예민(銳敏)하게 반응하는 사람들이 많다.

특히 사회적으로 널리 알려진 연예인들이 악성 댓글(악플)에 상처를 받아 자살을 시도하거나 그 분노를 참지 못해 극단적인 행위를 직접 감행하는 상황이 가끔 발생한다.

그렇다면 그 이유가 무엇일까?

'사회적으로 명성도 있고 명성만큼 금전적으로 부족하지도 않을 텐데 왜 이런 돌아오지 못할 길을 택할까' 하는 의문이 들기도 한다.

이런 선택을 감행하는 것은 자존감(自尊感)이 낮기 때문이다.

스스로 자기를 존중하는 마음이 부족하기 때문이다.

자기가 자기를 평가하고 보는 눈이 낮으므로 다른 사람의 말에 휘둘려 순간적으로 극단적인 선택을 한다.

인간이 살면서 가장 중요한 것은 스스로의 인지(認知)인데, '타인이 나를 어떻게 보든지 자신이 스스로를 어떻게 생각하느냐' 하는 것이다.

그것이 자존감이고, 스스로 자기를 존중하는 마음이다.

내가 세상에 쓸모 있는 사람인지 아니면 별 볼 일 없는 존재인지 한 번 뒤돌아서 생각해 보자.

이처럼 냉철하게 한 번 돌아볼 때 자존심과 자존감을 구분할 수 있다.

자존감(自尊感;self-esteem)은 내가 나를 보는 관점과 평가다.
자존심(自尊心;self-respect)은 남이 나를 보는 관점과 평가다.
따지고 보면 둘의 차이는 관점(觀點)의 차이다.

말하자면 '자존감'은 '스스로를 인정하는 것'이고, '자존심'은 '남으로부터
인정받기를 원하는 것'인데, 이 둘 사이의 상관관계는 '자존감이 낮을수록
자존심이 쉽게 상한다'는 것이다.
자존감이 낮으면 다른 사람의 말에 예민하게 반응하고, 자존감이 높은
사람은 다른 사람 말에 쉽게 흔들리지 않는다.
그렇다고 나르시시스트(narcissist;자신이 훌륭하다고 여김)가 되어서는 안 된다.
자신에 대한 객관적 평가가 중요하기 때문이다.

요즘 유행하는 분노 조절 장애의 원인도 자존감에서 출발한다.
자존감이 낮고, 자존심이 높은 사람에게서 나타나는 현상이기 때문이다.
그런 사람의 면면을 보면 자기 자신을 우습게 보는 경향이 매우 높다는
공통점이 있다.

그들은 언제 터질지 모르는 시한폭탄(時限爆彈) 같은 기질을 가지고 있다.
자존감이 낮으므로 다른 사람들이 자기를 어떻게 보는지에 극도로 예민
한 반응을 보이고, 그냥 생각 없이 보는 사람에게도 자기보다 약해 보이면
'째려본다고, 자기를 무시하는 눈초리'라고 시비 걸다가 심지어는 살인까지
저지르는 일도 발생하기도 하고, 운전하다가도 그냥 무심코 끼어들었는데
끝까지 쫓아가서 보복(報復)을 한다.
이런 것들이 자존감이 낮은 사람들에게서 나타나는 현상들인데, 사실은
다른 사람에게 화를 낸 것 같지만 자기 자신에게 분노를 표출하고 있는 것
이나 마찬가지다.

자존감은 자기 자신이 얼마나 가치 있는 사람인가에 대한 종합적인 평가다.
자존감을 향상시키기 위한 몇 가지 방법이 있다.

첫째로, 근력(筋力)을 들 수 있다.

몸이 부실하면 자존감이 떨어지기 마련이다.

몸이 비실비실하여 늘 병원을 찾는 환자가 자존감이 높을 수 없다.

스스로 운동을 하고 건강하면 자연스럽게 자존감이 올라간다.

건강한 신체에 건강한 마음이 생기는 것은 당연한 일이다.

둘째는, 유능함을 들 수 있다.

실제로 모든 것에 유능하면 좋겠지만 어느 한 가지라도 다른 사람보다 잘한다고 생각하면 자존감을 가질 수 있다.

할 줄 아는 것이 아무것도 없는 사람이 자존감을 갖기는 어렵다.

셋째로는, 작은 성공들의 축적이다.

작은 일이지만 자기가 해 냈다고 생각하면 자존감이 상승한다.

아침에 일찍 일어나기로 마음먹었으면 이것은 힘들어도 실천하면 된다.

자기 스스로에게 한 약속을 잘 지키는 사람은 남과의 약속도 잘 지킨다.

작은 것부터 실천하다 보면 큰 계획도 실천할 수 있다.

등산을 예로 든다면 가장 넘기 힘든 고개가 7부 8부 능선이 아니고 자기 집 문턱이라는 것을 알아야 한다.

마지막으로, 혼자 있는 훈련이 필요하다.

늘 여러 사람과 함께 있어서 옆에 사람이 없으면 불안해하는 사람이 있다.

사람은 혼자 있을 때 더 성장한다.

어떤 결단을 내릴 때 다른 사람에게 의지하지 않고 혼자 판단하고 행동할 수 있는 마음의 근육이 있어야 한다.

결론적으로 자존감+자존심=100이라고 치면 자존감이 0이면 자존심이 100이고, 자존감이 100이면 자존심이 0이다.

그 해답은 내가 나를 보는 관점이고 타인이 나를 보는 관점이기 때문이다.

내가 나를 별 볼 일 없는 사람이라고 보는데 누가 나를 잘 봐주겠는가?

스스로 자기 자신이 가장 훌륭하다고 자만심(自慢心)을 갖는 나르시시스트가 되면 안 되겠지만, 자신감(自信感)만은 갖고 살아야 한다.

제로섬 게임(Zero-Sum Game)

'누군가 이득을 보면 누군가는 그만큼 손해를 본다'는 게임의 법칙이다.

어떤 게임에 참가했다면 선택을 해야 한다.
이 선택 결과에 따라서 이득과 손실의 총합이 제로가 되는 게임이다.
화투놀이를 할 때도 마찬가지다.
내가 만원을 땄으면 누군가는 만원을 잃어야 한다.
주식 시장에서도 내가 잃으면 누군가 내가 손실된 만큼 이득을 취하게 된다.
이처럼 내가 얻은 만큼 상대가 잃고, 내가 잃은 만큼 상대가 얻는 승자
독식의 게임으로 치열한 대립과 경쟁을 불러일으킨다.

'제로섬 게임'(Zero-Sum Game)이라는 용어는 게임이론에서 출발했지만 정치 ·
경제 · 사회 모든 분야의 경쟁사회에서 패자는 모든 것을 잃고 절대 강자만이
이득을 독식하는 상황에서 예로 설명할 때 자주 사용하는 용어다.
제로섬 게임의 대표적인 예로 주식 시장을 들 수 있는데, 매매계약으로
가격이 결정되므로 누군가 이득을 보면 누군가는 반드시 손해를 보게 되고,
거기에 거래세(去來稅)를 더하니 손해 보는 사람이 더 많다.
따지고 보면 증권회사에서 챙기는 거래세 때문이다.

우리가 가장 쉽게 접근할 수 있는 것이 '가위바위보' 게임이다.

다른 나라는 가위바위보 게임이 없다.

지구상에서 유일하게 우리나라에만 존재하는 게임이다.

이 게임이 제로섬 게임을 설명하는 데 적절한 예가 된다.

제시할 수 있는 방법은 세 가지인데 승패는 확실하다.

만약 무승부가 되면 다시 해서 반드시 그 결과를 보는 것이 가위바위보 게임이다.

우리나라 사람들끼리 경기할 때는 '가위바위보'로 공격과 수비를 정하지만, 다른 나라와 경기를 할 때는 동전의 양면으로 공격과 수비를 가른다.

양쪽의 합이 0이 되는 게임이론은 한 쪽이 얻으면 다른 한 쪽은 반드시 그만큼 잃게 되는 비극적인 경우를 우리는 주변에서 흔히 볼 수 있다.

비즈니스 게임에서 보면 게임의 한 편은 공급자(供給者)가 있고, 또 다른 한 편은 수요자(需要者) 즉, 소비자(消費者)가 있다.

비즈니스 대표적인 수요와 공급의 게임에서 대체적으로 공급자의 승리가 많았는데, 공급자는 대량생산(大量生産)이 가능하지만, 소비자는 소량(小量)으로 소비하기 때문에 소비자는 권리(權利)를 포기하고 공급자가 정해놓은 가격에 살 수밖에 없는 상황이다.

그러나 이제는 인터넷 매체(Internet Media)의 발달로 소비자의 선택 폭이 넓어지면서 비즈니스 환경에 큰 변화가 오고 있다.

기존의 공급 중심의 사회에서 수요 중심의 사회로 점점 옮겨가는 추세다.

예전에는 사고 싶은 물건을 공급자 중심으로 배열해 놓은 곳에서 한정된 제품만을 보고 선택했다면, 요즘은 매장뿐 아니라 인터넷상에서 다양하게 보고 선택할 수 있어서 제로섬에 더 가까워졌다고 볼 수 있다.

이제는 공급자들이 거짓 정보로 유혹하거나 속일 수 없는 세상이 된 것이다.

더구나 이제는 역경매 시스템이 도입되면서 일부에서는 소비자를 위해 공급자가 최선을 다하는 장치로 작용하기도 한다.

'제로섬 게임'이라는 용어는 미국 매사추세츠 공과대학 레스터 서로(Lester Thurow, 1938~) 교수의 저서 『제로섬 사회』가 발간된 이후에 유명해졌다.
그 이후에도 성장과 분배, 자유 무역 등에 대한 경제적인 개념에서 주로 많이 사용되었다.

제로섬 게임에서 파생된 '네거티브 게임'과 '포지티브 게임'이 있다.
네거티브 게임(Negative Game)은 복권이나 도박 등이 해당되는데, '게임의 규칙 자체가 참가비용이 있기 때문에 합이 마이너스가 된다'는 이론이다.
포지티브 게임(Positive Game)은 주식 총액이 올라가는 경우가 해당되는데, 이것도 일시적인 포지티브 게임에 불과하다.

2008년 노벨 경제학상을 수상한 폴 크루그먼(Paul Krugman, 1953~) 교수에 의하면 국가 간 무역이 어느 한 쪽의 희생(犧牲)을 강요하는 제로섬 게임이 아니라, 무역을 통한 서로의 발전이 서로의 이득(利得) 즉, 윈-윈 게임 (Win-Win Game)이 되는 진정한 '포지티브 게임'이라고 말한다.

최후통첩 게임(Ultimatum Game)

　두 사람을 상대로 게임을 하는데, 첫 번째 사람 A에게 10만 원을 주면서 두 번째 사람 B와 이 돈을 나누라고 하는데, B는 A의 제안을 수락할 수도 있고, 반면에 거절할 수 있는 선택권을 가지고 있으며, A는 합리적이지는 못해도 어느 정도 이익과 공정성을 생각하고 분배를 한다.

　'B가 A의 제안을 받아들이면 제안된 금액대로 두 사람이 나누어 가지지만 만약 A의 제안을 거절하면 A와 B 모두 한 푼도 받지 못한다'는 조건이 붙고, 이 게임은 단 한 번밖에 시행되지 않는다.

　당신이 A라면 얼마를 제안하겠는가?

　경제학 측면에서는 '작은 돈일지라도 나에게 이익이 생기면 게임이 이루어진다'고 보는 것이 일반적인 생각이다.

　그러나 실제로 게임을 해 본 결과 A가 B에게 40~50%를 제안했고, B는 제안 금액이 30% 미만일 때는 거부하는 것으로 나타났다.

　물론 제안을 거부할 때는 A와 B 모두 한 푼도 받지 못한다는 조건을 알지만 제안이 공정하지 못해서 이익을 포기하면서도 수락하지 않는다는 결론이다.

　몫의 40~50%에 해당하는 금액을 나누어주는 경향성은 처음 제시한 돈의 액수를 변화시켰을 때도 마찬가지로 나타났다.

　이 게임에 착안해서 A에게 얼마의 돈을 주고 분배를 요청했을 때 B는 거절할 수 없는 독재자 게임을 만들었다.

1982년 독일의 경제학자인 베르너 귀트(Werner Güth, 1944~)가 고안한 것이 4년 후 미국의 심리학자 대니얼 카너먼(Daniel Kahneman, 1934~)과 그의 동료들에 의해 '독재자 게임'(Dictator Game)이라는 용어로 발전하게 되었다.

독재자 게임은 A가 얼마를 제시하든지 B는 거절할 수 없었다.

그래서 상대방 눈치를 볼 필요 없이 혼자서 정하기 때문에 '독재자'라는 명칭이 붙게 된다.

최후통첩 게임에서 합리적인 결정은 자기 몫에 상관없이 두 번째 사람이 제안을 수락하는 것이다.

즉, '인간은 합리적인 선택을 한다'는 경제학의 이론상, 이 게임의 결과는 A가 얼마를 제안하든지 B는 수락을 해야 맞다.

비록 작지만 수락하지 않을 하등의 이유가 없기 때문이다.

그러나 게임의 결과를 앞에서 언급했듯이 '40~50%가 되면 수락하고, 대략 30% 미만이면 거절했다'는 것이다.

캐나다의 심리학자인 조지프 하인리히(Joseph Henrich, 1968~)는 이 게임을 세계 15개 문화권의 민족들에게 시행했는데, 대동소이한 결과가 나타났다.

인도네시아의 한 부족은 무조건 반으로 나누었으며, 야박한 문화권에서는 25%로 나타난 것을 보면, '인간은 단순히 물질의 이익만을 생각하는 것이 아니라, 공정성과 상호이익을 생각하며 행동한다'는 것을 알 수 있다.

제안을 거절한 이유는 거래가 불공정하다고 생각하기 때문이라고 답했다.

게임이 불공정하면 경제적인 이익을 포기하면서도 제안을 거부한다는 것이다.

독재자 게임에서도 A는 혼자서 결정해도 되지만, 28.3%를 두 번째 사람 B에게 나누어 준 것으로 나타났다.

이것은 내가 상대에게 부당하게 당하면 화가 난다는 것을 알기 때문에 상대에게도 가능한 한 부당하게 하지 않으려는 것이다.

이러한 배려는 모든 인간들의 심리에 있어서 그런 것으로 보인다.

이 게임의 결과는 '인간은 합리적이지 않은 결정을 내리긴 하지만 단순하게 경제적인 이익만을 추구하는 것이 아니라 상호간의 이익과 공정성을 염두에 둔다'는 결론으로 귀착(歸着)된다.

그러나 사람들이 불공정하다고 느끼더라도 받아들일 때가 있다.

제안자가 나보다 훨씬 더 뛰어난 능력을 소유하고 있거나, 제안에 대해 여러 명이 경쟁(競爭)할 때, 나에게 전혀 이해관계가 없는 컴퓨터를 통해서 제안되는 세 가지 경우라고 한다.

우리들이 마트나 시장에서 물건을 살 때도 최후통첩 게임이 섞여 있다고 볼 수 있다.

판매자는 생산 원가와 거래를 통해서 얻을 수 있는 마진율을 계산해서 구매자에게 합리적인 가격을 제시하면, 구매자도 판매자가 제시한 가격을 보고 구매할 것인지 말 것인지를 따져 본다.

물론 다른 곳의 가격과 비교해 보기도 한다.

상품의 가격이 공정하다고 판단이 되면 상품을 구매하지만, 상품 가격이 불공정하다고 판단되면 구매하지 않는다.

최후통첩 게임에서 게임을 한 판으로 제안할 때는 낮은 금액을 제시받은 B는 화내는 경우가 많았으나, 다시 같은 사람에게 게임을 진행하면 대부분 만족스럽게 끝나는 경우가 많았다.

대부분의 사람들은 '배고픈 것을 참아도, 배 아픈 것은 못 참는' 기질이 있으며, 인간은 기본적으로 이런 욕심을 가지고 있다.

이 실험은 '불공정은 모두가 싫어하고, 모든 사람은 공정성을 추구하며, 서로에게 배려심이 있다는 것'을 보여주는 심리 실험이라고 생각한다.

시장이 선진화(先進化) 될수록 공정(公正)함과 엄격(嚴格)함이 더 중한 것으로 나타났다.

치킨 게임(Chicken Game)

'치킨 게임(Chicken Game)은 게임 이론에서 제시하는 간단한 형태의 게임이다.

투계장(鬪鷄場)에서 두 마리의 수탉이 싸움을 벌이고 있다.

두 마리의 닭은 싸우는 동안 각각 두 가지 선택권을 가지고 있다.

하나는 죽음을 각오하고 밀고 나가는 것이고, 또 하나는 물러나는 것이다.

만약에 한 쪽이 물러나면 물러나지 않는 쪽이 승리하게 되고, 물러나는 쪽은 체면이 땅에 떨어져서 자존심이 말이 아닐 것이다.

그러나 상대도 물러나면 서로 무승부를 기록하며 이긴 것도, 진 것도 아니다.

만약 두 마리 모두 물러나지 않고 끝까지 공격을 하게 되면, 두 마리 모두 큰 상처를 입게 된다.

따라서 가장 좋은 방법은 상대가 물러나 주는 것인데, 두 마리 모두 상대에게 지는 것은 싫기 때문에 서로 양보하는 것은 딜레마를 부른다.

가장 나쁜 결과는 서로 물러나지 않고 공격해서 만신창이(滿身瘡痍)가 되는 것이다.

냉전 시대에 미국과 소련이 군비 경쟁에서 물러설 수 없는 상황을 초래했고, 이 시대의 기업에서도 이런 게임이 많이 나타났다.

치킨 게임에서 이긴 팀은 패자의 몫까지 차지할 수 있는 큰 장점이 있는 반면, 패자는 겁쟁이로 낙인이 찍히며 재기하기 힘든 상황으로 치닫게 되는 극단적인 게임 방식이다.

이 게임은 1950년대 미국 갱단 사이에서 유행하던 게임에서 유래했다.

좁은 도로에서 자동차가 서로 마주보고 달리다가 운전대를 꺾어 피하는 쪽이 패자다.

두 사람 모두 피하지 않고 끝까지 내달리면 사망하거나 중상을 입을 수 있는, 매우 위험하면서도 가혹한 경쟁 게임이다.

기업에서도 서로 진흙탕 싸움을 하다가 못 견디고 도산하게 되면 남은 기업은 시장을 확보할 수 있어서 좋고, 망해서 쓰러져가는 기업을 헐값에 인수할 수 있는 일석이조(一石二鳥)의 효과를 얻을 수 있다.

그러나 상대적으로 망한 회사에 종사했던 사람들은 어떻게 되겠는가!

2008년 과잉 생산으로 가격이 곤두박질 쳤던 반도체(半導體) 시장이 치킨 게임장이었다.

당시 시장 점유율 10%를 자랑하던 독일의 키몬다(Qimonda Aktiengesellschaft)가 가격 경쟁을 견디지 못하고 파산했고, 뒤를 이어서 점유율 3~4%를 자랑하던 대만의 프로모스(ProMOS)와 파워칩(Powerchip)이 휘청거렸지만, 대한민국의 삼성전자(Samsung Electronics)와 SK하이닉스(SK Hynix)는 이러한 고비를 잘 넘기면서 세계 시장의 점유율을 늘리고, 가격도 상승하여 반사이익을 얻을 수 있었다.

경제학자들은 이런 상황을 보고 '전형적인 치킨 게임장'이라고 말했었다.

치킨 게임에서 승리하고 싶다면 어떻게 해야 할까?

무엇보다도 상대방에게 '나는 절대 꺾지 않겠다!'는 시그널을 강력하게 시사해야 한다.

예를 들어 차량이 돌진할 때 '나는 절대 양보할 마음이 없으니 당신이 꺾어!'라고 하면서 상대방에게 신호를 보낸다는 것이다.

상대 역시 선택권을 가지고 있지만 막상 충돌하기까지는 결심이 쉽지 않다.

게임 이론 전문가인 일본의 가와니시 사토시(川西 諭) 연구에 따르면, 이론적으로 '사람들은 치킨 게임을 여러 번 반복하게 되면, 거의 핸들을 꺾는 쪽을 선택한다'고 한다.

A와 B 두 사람이 서로 치킨 게임을 한다고 했을 때 두 사람이 동시에 핸들을 꺾을 경우를 0이라고 가정해보자.

B가 먼저 꺾는 경우 B는 -5이고, A는 +5라고 놓는다면 거꾸로 A가 꺾을 때는 B가 +5가 된다.

그리고 두 사람 모두 핸들을 꺾지 않고 충돌할 경우는 -20이 되기 때문에 여러 번 반복하면 핸들을 꺾는 쪽을 택한다는 것이다.

치킨 게임이 우리에게 주는 메시지는 '타협이 최상의 선택'이라는 것이다.

최후의 승자가 되기 위해서는 '나는 절대로 포기하지 않고 끝까지 밀고 나가겠다!'는 의지를 강력하게 시사하는 것이 좋다.

처음에는 이것이 상대에게 효과적이라고 생각하지만, 상대도 마찬가지다.

파국(破局)으로 치달으면서 '지더라도 상대를 가만두지 않겠다'는 생각은 서로가 망하는 지름길이기 때문에 치킨 게임이 만들어져서 어쩔 수 없이 해야만 할 경우에는 파국으로 치닫기 전에 서로 타협을 하거나 약한 쪽이 백기를 드는 경우가 많다.

이것이 위험을 대하는 합리적인 방법이라는 것이다.

그런데 경기자들의 합리적인 태도를 전제하더라도, 세상에는 예측하지 못한 위험들이 현실로 다가오면 서로 양보(讓步)가 없을 때는 서로가 파국의 길을 걷게 된다.

현대 사회에서 전쟁을 한다는 것도 치킨 게임의 일종이며, 북한의 벼랑 끝 전술도 치킨 게임의 일종이다.

치킨 게임을 피해서 상생하려면 타협과 소통이 문제다.

소통이 되어 타협이 이루어진다면 치킨 게임을 피할 수 있을 것이다.

카렐 공식(Karel Formula)

'카렐 공식'(Karel Formula)은 우리가 세상을 살아가면서 최악의 상황에 직면하게 되었을 때 '먼저 이성적으로 받아들이고 침착하게 판단하여 일에 집중하면 걱정의 근원이 사라지고 문제가 서서히 풀린다'는 이론이다.

성공학의 대가로 알려진 데일 카네기(Dale Carnegie)가 미국 뉴욕의 엔지니어 윌리 카렐(Willie Carell)이 겪은 일을 『걱정을 멈추고 즐겁게 사는 법』 에서 체계적으로 이론화 시킨 심리학 법칙이다.

윌리 카렐은 뉴욕 버펄로(Buffalo)의 철강회사 엔지니어였는데, 미주리 주 어느 가정집에 가스 청소기를 설치하는 과정에서 '기계는 설치했지만 회사가 보장하는 시간이 미치지 못할 것 같다'는 생각이 들면서 심적으로 초조하고 걱정스러운 마음이 엄습(掩襲)해 왔으나 결국 일이 해결될 수 없음을 깨닫고, 문제의 해결 방안을 여러모로 모색해 보았다.

나에게 제일 나쁜 상황이 무엇일까?

'다른 기계로 교체하고 나를 해고시키는 것'이 최악의 상황이라는 생각이 들면서 '만약 해고되면 나는 어떻게 할까?' 스스로에게 물었다.

'당시는 엔지니어가 부족한 상황이라 기계 수리 엔지니어들의 취업은 그다지 어렵지 않을 것이고, 자신이 해고를 당해도 받아들일 수 있는 수준'임을 깨닫게 되면서, 다른 회사에 취업할 수 있다는 생각이 들었다.

이런 생각이 떠오르자 그는 심리적으로 안도감을 되찾으며 차분해졌다.

그 후 몇 번의 테스트를 거치면서 약 100만 원의 비용을 들여서 설비를 보완하자 문제가 해결되어 회사는 손해가 없었고, 고객도 만족하였으므로 카렐 역시 해고될 위험도 자연스럽게 사라지게 되었다.

카렐의 이러한 경험을 토대(土臺)로 해서 성공학의 대가인 데일 카네기가 이론으로 체계화시켜 내놓은 것이 '카렐 공식'이다.

최악의 상황이 닥쳤다면 먼저 이성적으로 받아들이고, 침착하게 그 일에 집중하여 문제를 해결하려고 노력을 하면, 근원을 찾아서 해결하게 되므로 따라서 걱정도 사라진다는 것이다.

카네기는 간단한 세 가지의 단계만 거치면 누구든지 카렐 공식을 쉽게 사용할 수 있다고 말한다.

첫째, 두려움을 없애고, 이성적으로 전체적인 상황을 면밀히 분석한다. 아울러 실패했을 경우에 제일 나쁜 상황이 무엇인지 찾아낸다.

둘째, 발생가능성이 제일 나쁜 상황을 찾아 그것을 받아들일 수 있어야 한다. 그러면 비록 상황은 돌이킬 수 없어도 빠르게 털어낼 수 있다.

셋째, 받아들임으로 평화롭게 그 일에 시간과 힘을 쏟아 최악의 상황을 개선하여 해결하기 위해 집중할 수 있다. 의지가 있다면 빠르게 어려운 상황을 벗어날 수 있다는 이야기다.

걱정의 단점은 인간의 집중력을 훼방하는 것이다.

우리가 어떤 행동도 취하지 않고 가만히 앉아서 우려하고 걱정만 하면 여러 가지 생각만 떠오르고 더 좋지 않은 상상도 하게 되며, 결정 능력이 상실되어 문제는 조금도 해결되지 않겠지만, 어떤 나쁜 상황에 처했을 때 그것을 이성적으로 받아들이면 발생 가능한 경우의 수를 고려할 수 있으며, 집중해서 그 문제를 해결하기 위한 방안을 모색하게 된다.

더 이상 그 일을 걱정하지 않을 때 비로소 나도 모르는 사이에 문제가 해결된다는 것이다.

심리학에 '사지(四肢) 저장 효과(存肢效應;존지효응)'라는 현상이 있다.

이 효과는 '과거에 집착해서 현실에 적응하지 못하는 현상'을 말한다.

이는 신체 일부가 잘려 나갔음에도 불구하고 마음속으로는 꽤 오랜 시간 동안 그 잘려 나간 부분에 대한 존재감과 지배욕을 느끼며, 신체 일부를 잃어버린 상황을 현실로 받아들이지 못하는 것을 말한다.

현실에서도 어떤 사람들은 현실을 직시하지 못하고 비현실적인 세계에 숨어서 걱정만 하며 많은 스트레스를 받는다.

카렐 공식은 '낡은 것을 붙잡고 과거에 집착하기보다는 과감히 포기하는 것이 아름다운 꿈에서 깨어나 날이 밝아오는 것처럼 우리에게 유익하다'고 말한다.

후회(後悔)에는 두 가지가 있다.

저지르지 못한 후회와 저지르고 난 뒤의 후회다.

저지른 후회는 어떤 후회이든 오래 가지 않는다고 한다.

그러나 저지르지 못한 후회는 그 사건의 상황에 따라 평생 갈 수도 있다.

어떤 남자가 꿈에 그리던 이상형의 여인을 우연히 마주치게 되어 데이트 신청을 했다고 생각해보자.

그 여인이 데이트 신청을 받아들이면 금상첨화(錦上添花)이겠지만, 거절을 했다면 순간적으로 후회하고 창피할 수는 있어도 금세 잊어버릴 것이다.

그러나 데이트 신청 한 번 해 보지 못하고 속으로만 좋아했다면, '만나자고 말이나 해 볼 걸' 하고 평생을 두고두고 후회할 수도 있다.

우리가 난관(難關)에 봉착(逢着)했을 때 그 일이 잘못될까봐 미리 염려하고 걱정하며 마음 졸이지 말고, 이성적으로 판단하여 대처하면서 해결해 가면 모든 일이 잘 풀게 된다는 것을 일깨워주는 이론이 '카렐 공식'이다.

카인 콤플렉스(Cain Complex)

'카인'은 성경 창세기(創世記)에 나오는 인물로 '아담과 하와의 장남'이다.

창세기 4장에 카인(Cain)과 그의 동생 아벨(Abel)의 이야기를 놓고 해석의 방향에 갈등을 일으키는 대목이 있다.

형 카인은 아우 아벨보다 더 많은 사랑과 축복을 받으려고 애쓰는 사람이다. 그래서인지 형제를 질투하고, 경쟁하는 의미로 굳어지게 되었다.

카인은 농사를 짓고 살았으므로 땅의 소산으로 제물을 드렸고, 아벨은 목축업자이므로 당연히 양의 새끼로 제물을 바쳤다.

그런데 여호와께서는 아벨의 제물은 받으시면서 카인의 제물은 거부하신다.

이에 질투심이 생긴 카인은 아벨을 돌로 쳐 죽이고 이를 추궁하는 여호와에게 "내가 내 아우를 지키는 자입니까?" 하면서 오히려 대드는 모습이 나온다.

결국 카인은 추방을 당하지만, 여호와는 이마에 표시를 주시고 '카인을 죽이는 자는 벌을 일곱 배나 받을 것'이라고 약속하신다.

논란은 여기서 발생한다.

즉, '왜 하나님은 땅의 소산인 카인의 제물을 거부하셨을까' 하는 것이다.

그리고 카인을 저주하셨으나, 이마에 표시까지 하면서 보호하려 하셨을까?

그리고 왜 아벨을 제쳐두고 카인의 후손으로 인류를 삼으셨을까?

여기에서 착안하여 여호와와 카인과 아벨의 이야기를 현 시대에 적용하여 '아버지의 사랑과 축복을 차지하려고 애쓰는 형제 자매간의 질투와 경쟁'을 의미하는 표현으로 '카인 콤플렉스(Cain Complex)라는 용어가 생겨나게 된다.

유교사상에도 부모에 대한 효도와 형제 자매간의 우애는 많이 나오는데, 역설적으로 카인과 아벨 사건과 같은 일이 없었다면 잘 나오지 않았을지 모르지만, 그런 일이 너무도 많았기 때문에 그러한 폐단(弊端)을 막기 위한 이데올로기(Ideology)인지도 모른다.

성경에도 카인과 아벨 사건 이외에 쌍둥이 형제 이삭과 야곱이 장자권을 차지하기 위해 속임수까지 쓰면서 경쟁하는 장면이 나온다.

동서양을 막론하고 장자 상속이 존재했음은 여러 문헌에서 찾을 수 있다.

현재에도 상속권을 놓고 암투가 벌어지는 일이 많아서 법으로 정해놓고 1/N로 정했으나 기여도를 내세우며 법정 다툼까지 벌이기도 한다.

심지어는 부모님이 생존해 계시는 동안에도 형제 사이의 반목은 물론, 형수와 시동생, 시누이와 올케, 동서들 간의 다툼이 심각하여 나이 많으신 부모님이 눈물 흘리는 일을 주위에서도 쉽게 볼 수 있다.

집안 행사가 있을 때마다 서로 어색하고, 오히려 낯모르는 사람보다도 더 원수처럼 지내면서 살아야 한다.

이러한 반목과 갈등은 순전히 상속 문제가 그 발단이 된다.

'내 몫을 형이 더 가져가서 내 몫이 적다'는 것이다.

"내가 형보다 더 효도하고 자식 노릇을 더 많이 했는데, 그리고 형보다 내가 못난 것이 무엇이냐?"며 따진다.

부모 입장에서 보면 다 같은 자식이지만, 사람인지라 사랑하는 마음도 조금은 다를 수도 있을 것이다.

그러나 부모님의 사랑을 독차지하고 싶은 자식의 마음으로 생각했을 때 가족들이 모이는 모임에서 자신이 다른 형제나 자매보다 부모님의 관심을 더 받지 못한다거나 외면을 당한다면 분노가 치밀어 오르지 않겠는가!

동족상잔(同族相殘)의 비극(悲劇) 역시 바로 이런 심리에서 표출되는 경우가 가장 많다는 것이다.

한 배 속에서 나왔지만 성격도 다르고 서로 다른 삶을 살아왔기 때문에 인정하고 한 발 물러서면 그보다 더 귀하고 가까운 사람이 없을 것이지만, 양보할 줄 모르고 나의 욕구를 채우려 하다 보니 원수처럼 살 수밖에 없는 사이가 되어 버렸다.

사람들은 '유대교와 기독교, 이슬람교가 같은 하나님을 믿으면서 왜 그렇게 반목하고, 전쟁을 하면서 편할 날이 없이 지내고 있는지' 궁금해 한다.

이것도 서로의 모습이 비슷하여 '내게 돌아올 하나님의 축복을 상대방에게 빼앗기지 않을까' 하는 억울함과 불안한 심리가 팽배해 있기 때문이라고 본다.

이것도 '카인 콤플렉스'의 일종이다.

그렇다면 카인 콤플렉스를 벗어나는 방법은 없는 것일까?

벗어나는 방법은 '나 이외의 다른 사람을 남으로 인정하는 것'이다.

비록 형제지만 나의 연장으로, 나의 분신으로 생각하는 자는 상대와의 질투에서 벗어나지 못한다.

그와 나 사이에 원천적인 다름을 받아들이지 못하기 때문이다.

사회생활에 있어서도 동일한 부서에서 경쟁자로 일하는데, 내가 저 친구보다 못한 점이 없다고 자부함에도 불구하고 상사의 눈에 저 친구가 발탁되었다면 아마도 누구든지 카인 콤플렉스가 활활 타오를 것이다.

그러나 이런 때는 차분히 이성적으로 생각해 봐야 한다.

'내가 그 친구보다 못하는 것이 무엇인가'를 따지는 것보다는 '내가 그와 다른 점이 무엇일까'를 생각해 보아야 한다.

그와 나를 동일선상에서 보기보다는 서로 다름을 인정하고, 그만큼 서로 다른 사랑을 구해보는 것이 카인 콤플렉스를 극복하는 가장 좋은 방법일 것이다.

또 한 가지는 상대방에 대한 경계심을 버리고 함께 어우러지려고 하면 조금씩 불안한 감정들이 없어지고, 한결 편안함을 느낄 수 있을 것이다.

혹시 나에게도 카인 콤플렉스가 있지 않은지 한 번 점검해 볼 일이다.

쾌락의 쳇바퀴(Hedonic Treadmill)

인간은 정말 부자만 행복할까?

우리 인간은 행복한 일이 생기더라도 시간이 흐르면 좋았던 일에 익숙해지고, 또 다른 욕망(慾望)을 갖게 된다.

생활수준이 높아져도 시간이 흐름에 따라 감정이 오래가지 못하고, 그 행복을 오래 유지하지 못한 채 다람쥐 쳇바퀴를 돌듯 더 많은 것을 갖고 싶어 하는 역설을 말한다.

영국의 민간 싱크탱크 신경제재단(NEF)에 따르면 최근 전 세계 151개국을 대상으로 삶의 만족도와 기대 수명, 환경오염 지표 등을 평가해서 국가별 행복지수를 조사했다.

결과는 오히려 가난한 나라가 높게 나왔다.

코스타리카 1위, 베트남 2위, 콜롬비아 3위, 벨리즈, 엘살바도르 순으로 나타났는데, 상위 10개국 대부분 경제력이 취약한 베트남과 중남미 국가와 동남아의 가난한 국가들이다.

물론 이런 조사는 '가중치를 무엇에 두느냐'에 따라 결과는 다르게 나타나지만 행복은 부자 순이 아니다'라는 것은 분명한 것으로 나타났다.

실제로 산업화된 여러 나라에서 지난 50년 동안 부의 수준은 2~3배 높아졌음에도 사람들의 행복 수준과 삶의 만족 수준은 변하지 않고, 오히려 우울증 환자는 더 늘어난 것으로 파악되었다.

학자들에 의하면 대부분 행복지수가 정체되는 시점은 1인당 국민 소득이 2만 달러가 넘어서면서부터라고 말한다.

대표적으로 영국의 경제학자인 리처드 레이어드(Richard Layard, 1934~)는 『행복, 새로운 과학에서 얻는 교훈』에서 '평균 연간 개인 수입이 2만 달러가 넘는 나라에서 그 이상의 수입은 행복과 아무런 관련이 없다'는 이른바 '레이어드 가설'을 제시했다.

그는 "인간의 물질적 욕망에는 만족점(滿足點)이 있다."고 하면서 다음과 같은 이야기를 했다.

"생활수준은 알코올이나 마약과 비슷한 면이 있다. 새로운 행복을 경험하게 되면 그것을 유지하기 위해 더 많이 가져야 한다."

일종의 쳇바퀴를 타는 셈이다.

'쾌락'이란 쳇바퀴를 행복으로 유지하려고 하면 계속 쳇바퀴를 굴려야 한다.

'쾌락의 쳇바퀴'(Hedonic Treadmill)는 심리학자 필립 브릭먼(Philip Brickman)이 발표한 논문 『쾌락 상대주의와 좋은 사회 설계』에서 처음 제시한 개념이다.

한편 미국 하버드 대학 심리학과 교수 대니얼 길버트(Daniel Gilbert, 1957~)는 로또에 당첨된 사람들을 연구해서 로또가 주는 행복은 효과가 평균 3개월 이고, 그 기간이 지나면 예전과 똑같은 크기만큼 행복하거나 불행해지며, 불행하다고 느끼는 사람도 마찬가지로 평균 3개월이 지나면 다시 웃을 수 있다는 사실도 확인했는데, 이것을 '쾌락의 쳇바퀴'라고 하는 것이다.

이스털린(Richard Easterlin, 1926~)은 성인을 대상으로 한 설문조사에서 '상품이 적혀 있는 목록에서 갖고 싶은 것과 현재 가진 것을 선택하라'고 했다.

16년 후 같은 참가자들에게 같은 목록을 주면서 다시 선택하라고 하자 참가자 전원이 전에 선택했던 물건을 현재도 보유하고 있으며, 처음 설문에서 갖고 있는 것으로 선택한 물건을 현재 갖고 싶은 것으로 표시했다.

이 결과는 현대인의 일상이 쾌락의 쳇바퀴에 갇혀 있음을 단적으로 보여주는 케이스라 할 수 있다.

미국의 유명한 저널리스트 그렉 이스터브룩(Gregg Easterbrook, 1953~)은 『진보의 역설』에서 "우리는 더 잘 살게 되었는데도 왜 행복하지 않는가?"라는 질문을 던지면서 이를 '진보의 역설'(Paradox of Progress)이라고 표현했다. 과연 그럴까?

학자들에 따라 의견은 분분하지만, 미국 미시간 대 경제학과 교수 저스틴 울퍼스(Justin Wolfers, 1972~)와 베시 스티븐슨(Betsey Stevenson, 1971~)은 '소득이 늘어나는 만큼 행복감은 커진다'는 반론을 제시했는데, 세계 150개 나라의 데이터를 계량 경제학 기법을 동원해서 엄격하게 조사한 결과 '한 나라 안에서 소득이 많은 사람이 적은 사람들보다 행복한 것으로 나타났으며, 삶에 대한 만족감이 소득에 비례해서 늘어나는 것으로 확인되었다'는 것이다.

미국에서는 한 해 가구 소득이 25만 달러를 넘는 사람은 90%가 매우 행복하다고 응답한 반면, 연소득 3만 달러 미만인 사람은 42%만이 삶에 만족한다고 답했다.
가족과 많은 시간을 보내는 것이 행복감을 느끼는 원인이라고 분석했다.
이는 높은 소득으로 인한 건강 유지와 일을 많이 하지 않아도 풍요롭게 살아갈 수 있다는 데서 나오는 여유라고 본 것인데, 삶에 여유를 갖게 되면 스트레스도 덜 받고 자유롭게 행동할 수 있으므로 운신의 폭이 넓어져서 선순환이 되어 행복의 요인이 되기 때문이다.

재테크 전문가 수지 오먼(Suze Orman, 1951~)의 말이다.
"저는 결코 돈으로 행복을 살 수 있다고 말하지 않습니다. 실제로 그럴 수도 없고요. 그렇지만 저는 돈이 없으면 삶이 비참해진다고는 자신 있게 말하고 싶습니다."

쾌락의 쳇바퀴는 참 허망(虛妄)하다.
그 쳇바퀴에 들어가지도 못하는 사람은 그것도 그림의 떡(畵中之餠)이다.
그렇지만 쾌락의 쳇바퀴 개념이 경제적으로 풍요롭지 못한 사람들에게 마음의 위안은 되지 않을까 싶다.

쿠바드 증후군(Couvade Syndrome)

대한민국에서 육아휴직(育兒休職)을 하는 경우가 예전에 비하면 많이 증가했지만, 육아휴직을 신청하려면 여전히 직장상사의 눈치가 보인다고 한다.

대부분의 회사들은 출산율 저하로 아빠의 육아휴직도 제공한다.

우리나라는 아내가 아이를 출산했거나 갓난아이를 입양한 경우에 육아휴직 신청이 가능한 나라이다.

실제로 2000년 이후로 아빠들의 육아휴직이 점점 늘어나는 추세에 있다.

남성들의 육아휴직이 늘어나는 이유는 심각한 출산율 감소로 국가에서 정책적으로 출산을 권장하기 때문이다.

유럽 선진국에서는 1990년부터 육아휴직을 권장해 오면서 출산 장려와 더불어 남녀 평등고용이라는 일석이조의 효과를 얻었다.

우리나라도 출산율이 떨어지자 선진국의 사례를 벤치마킹하기에 이르렀다.

출산과 육아로 인해 여성의 커리어(career)가 중단되거나 포기하는 일을 막기 위하여 여성의 노동력을 이끌어 내면서 부부가 육아를 분담하게 하기 위해 해결 방안으로 내놓은 정책 중 하나다.

우리나라는 조선 시대를 거치면서 가부장적 문화가 강한 나라였다.

대부분의 아버지들은 자녀 양육이나 교육에 별 관심을 두지 않았으며, 자녀 양육과 교육은 거의 어머니의 몫이었다.

그러나 여성의 사회생활이 활발해지면서 '아내가 임신했을 때 그 남편도 입덧·요통·체중 증가·메스꺼움 같이 임신한 아내와 유사한 현상을 겪는 육체적·심리적 증상'을 '쿠바드 증후군'(Couvade Syndrome)이라고 한다.

우리말로 '환상임신' 혹은 '동정임신'이라고도 부른다.

'쿠바드 증후군'이란 용어를 처음 사용한 사람은 영국의 정신 분석학자인 트리도우언(W. H. Trethowan, 1882~1934)이었다.

쿠바드 증후군은 아버지가 양육에 신경 쓰지 않아도 되는 가부장적 사회에서는 거의 나타나지 않고, 모계사회(母系社會)나 처가살이가 보편적인 사회에서 흔히 나타난다.

그런 현상은 남편이 아내는 물론 처가 혈족 울타리 안에서 아내 배 속에 있는 아이의 아버지가 자신임을 주위 사람들로부터 인정받고 싶은 욕구와 아이의 엄마와 처가 식구들이 양육을 독점하려는 것을 막고자 하는 의도가 극단적으로 나타나는 현상이라고 볼 수 있는 증상이다.

2007년 영국의 아서 브레넌(Arther Brennan) 박사는 임신한 아내를 둔 남성 282명을 대상으로 실험을 했다.

실험 과정에서 몇 가지 특징이 발견되었다.

첫째로, 아내가 임신한지 3개월에 증상이 최고조에 달했다가 점점 약해진다. 그러다 출산할 무렵이 되면 다시 심해지는 현상이 나타났다.

둘째로, 이 증상을 겪는 남성들은 양육과 젖샘을 자극하는 프로락틴 (prolactin)의 수치가 높아지며, 성욕은 현저하게 떨어지는 현상이 나타났다.

셋째로, 복통과 구토, 체중증가는 물론 심리적·신체적 변화까지 나타났다.

이런 증상은 출산할 때까지 계속되었는데, 일부 남성은 아내의 진통이 시작되자 엄청난 진통을 호소하는 경우도 있었다고 했다.

이런 현상이 체계화 되지는 못했지만, 고대로부터 이어져 온 일이었다고 한다.

아메리카 원주민이나 아프리카, 인도, 중국 일부, 파푸아 뉴기니에서 발견되었으며, 지금도 남태평양 일부에서 여전히 행해지는 일이라고 한다.

사실 이 시대의 남성들이 아버지로서 자식들에게 얼마나 존경을 받는가?

국가가 발전하면서 가부장적 사회가 무너지고, 아버지는 오로지 가족을 먹여 살리기 위한 존재가 되었으며, 자식들은 대부분 엄마의 손에서 커왔다.

아버지의 아버지 때는 아버지의 권위가 있었으며, 떠들다가도 아버지가 들어오시면 집안이 조용해지고, 한 집안의 가장으로서 역할을 충분히 해 왔었다.

그런데 요즘은 그런 자식이 어디에 있는가?

40대 아버지의 아들이 초등학교 2학년 때 학교 백일장에서 쓴 동시(童詩)가 이 시대 아버지들의 마음을 아프게 한다.

한때 회자되면서 개그 프로에서 많이 풍자되기도 했었는데, 다시 한 번 찾아서 읽어 보았다.

> 엄마가 있어 좋다. 나를 예뻐해 주어서….
> 냉장고가 있어서 좋다. 나에게 먹을 것을 주어서….
> 강아지가 있어 좋다. 나랑 놀아주어서….
> 그런데 아빠는 왜 있는지 모르겠다.

초등학교 2학년 아홉 살 아이의 작품이지만, 이 시대의 아이를 대변하는 것 같은 느낌이 든다.

이 아이의 아빠는 일찍 출근하고 늦게 퇴근하기 때문에 아이를 돌보고 싶어도 시간적인 여유가 없으니 이런 오해를 받을 수밖에 없고, 이 아이는 어리기도 하지만 아빠를 마주칠 기회가 없으니 아빠를 그리워하는 마음과 더불어 원망이 있지 않았을까?

어린 자녀에게 아빠의 존재가 냉장고와 강아지보다도 후순위로 밀리는 이 시대의 아빠들은 모두 안타까운 생각이 들 것이다.

그러나 몇 년 후면 아빠의 존재를 알게 될 것이라고 본다.

자신이 가정의 울타리 안에서 지금까지 행복하게 살아올 수 있었던 것이 아빠의 헌신적인 노력과 수고 덕분(德分)이었음을…….

터널 비전(Tunnel Vision)

'터널 비전'은 차를 타고 터널 안에 들어갔을 때 시야가 좁아 앞만 보고 달리듯이, '주위는 보지 못하고 앞만 볼 때처럼 시야가 좁은 상태'를 말한다.

사람은 무언가에 깊이 빠져서 몰입상태가 되면 주위를 무시하고, 앞만 보고 달리게 되는데, 이런 몰입상태는 독서나 창의력을 요구할 때는 매우 효과적이기 때문에 많은 학자들이 권장하기도 한다.

몰입상태에 들어가면 그 일에 집중하여 좋은 아이디어도 도출되고, 창의적인 발상이 많이 나오지만, 갈등 상황에서는 좁은 시야로 인해서 몰입이 오히려 자신을 묶는 위험한 일이 될 수 있으므로 조심해야 한다.

텔레비전 토론에서 주제는 같으나 서로 상반된 주장을 할 때가 있다.

A가 B에게 공격적으로 자기주장을 하며 B에게 왜곡하고 있다고 강하게 주장하면 B역시 A를 공격하기 위한 명분을 찾게 된다.

사람이 아무리 완벽하게 자신의 주장을 펼친다고 해도, 공격을 하다보면 실수하기 마련인데, B는 그 실수를 용납하지 않는다.

사람들은 흥분하게 되면 주위는 잘 보이지 않고 주의력과 거기에 맞는 적절한 비유가 생각나기보다는 상대를 무너뜨리려는 욕심이 생길 수 있기 때문에 그때부터는 토론 주제와는 상관없이 상대방을 흠집 내는 데 모든 역량을 쏟게 된다.

그러므로 진행자가 중간에서 정리해 주지 못하면 끝도 없이 발목만 잡게 되고, 시청자들은 짜증을 내거나 채널을 돌릴 것이다.

이런 경우가 대표적인 '터널 비전'(Tunnel Vision)이다.

몰입은 축복일 수 있다.

내가 원하는 일이나 알고 싶어 하는 것에 몰입할 때는 참 긍정의 몰입이다.

과유불급처럼 지나치면 재앙이 되기도 하는데, 스토킹도 몰입의 일종이다.

자신의 잘못된 판단 때문에 상대는 좋아하지도 않는데 끝까지 따라다니며 감시한다면 당하는 입장에서는 얼마나 괴로울까?

그래서 갈등 상황의 몰입은 자해를 부르며 매우 위험한 상황을 불러오게 된다.

몰입의 단점은 균형 감각을 잃는다는 것이다.

터널 비전은 지식인 개인에게는 장단점이 있겠지만, 사회 전반을 다루는 정치인들에게 단점이 더 많다.

이것은 순전히 권력의 속성으로 보는 견해가 지배적이다.

아일랜드의 신경 심리학자 이안 로버트슨(Ian Robertson, 1951~)은 말한다.

"성공하면 사람들이 변한다고 하는데 맞는 것 같다. 권력은 매우 파워풀한 약물이다. 인간의 뇌에는 '보상 네트워크'라는 것이 있다. 뇌에서 좋은 느낌이 들게 하는 부분이다. 권력을 잡게 되면 바로 이 부분이 작동한다."

테스토스테론(testosterone)은 남성호르몬을 분출시키고, 그것이 도파민(dopamine)이라는 신경 전달 물질의 분출을 촉진해서 보상 네트워크를 움직인다.

그래서 사람은 더 과감하고, 모든 일에 긍정적이며, 심한 스트레스까지도 견디게 된다.

그래서 권력(權力)을 '항우울제(抗憂鬱劑: Antidepressant)'라고도 한다.

또한 도파민은 좌뇌 전두엽(前頭葉)을 촉진해서 권력자를 더 스마트하고, 집중력 있고, 전략적으로 만들어 준다.

그러나 지나친 권력은 코카인(cocaine)과 같은 작용을 한다.

말하자면 중독이 될 수도 있다는 이야기다.

너무 많은 권력을 가지게 되면, 비례해서 도파민도 많이 분출된다.

다른 사람의 의견을 공감하지 못하고, 실패에 대한 걱정도 없으며, 터널처럼 시야가 좁아지고, 오직 목표만 표적을 삼아 저돌적으로 밀어 붙인다.

이때 자기애(自己愛)에 빠져 오만하게 된다.

터널 비전은 감정싸움에서도 나타난다.

싸움이 길어지면 균형 감각을 잃게 되고, 자신이 합리적이라고 믿으며, 평상시와는 전혀 다른 사람이 되기 마련이다.

객관적으로 합리적인 판단을 하려면 서로 입장을 바꿔서 생각해 볼 줄 알아야 한다.

균형 감각을 잃게 되면 상대편의 언행은 무조건 악의적으로 해석되며, 시간이 지나도 정신만 피폐해지고 더욱 악화된다.

이른바 분노에서 증오로, 증오에서 숭배로 법칙처럼 이어진다.

처음에는 정당한 분노에서 시작된 싸움이 점점 악화되어 증오로 바뀌고, 결국은 증오의 대상으로 숭배하게 된다.

증오가 몰입상태에 들어가면 주변의 풍경은 안중(眼中)에도 없고, 사소한 작은 것도 그냥 넘어갈 수 없고, 마치 터널처럼 아득하게 작은 구멍만 보일 뿐이다.

이처럼 치열한 싸움이 전개되면 자기성찰은 원천 봉쇄될 수밖에 없다.

이것도 일종의 몰입상태라고 볼 수 있는데, 상대의 허물만 크게 보이고 대부분 자신의 허물은 보이지 않는다.

어떤 목적이 있을 때 창의적인 몰입은 바람직하지만 심각한 갈등상황에서의 몰입은 터널 비전을 불러오므로 매우 위험할 수 있다.

이때는 정체성을 돌아보며 이성을 찾고, 주위를 돌아보면서 멀리 보이는 작은 빛이 아니라 환한 상태에서 두루두루 볼 수 있는 안목(眼目)을 가질 때 터널 비전을 탈피할 수 있을 것으로 보인다.

통제의 환상(Illusion of Control)

사람은 '자신이 객관적인 외부 환경을 통제할 수 있을 것'이라고 생각하는 경향(傾向)이 있다.

외부 환경을 자신이 통제할 수 있을 것이라고 믿는 일종의 착각이다.

자신이 영향력을 행사할 수 없는 상황인데도 자신이 통제력을 행사할 수 있을 것이라고 믿을 때가 있다는 것이다.

즉, '자신이 지금보다 분발하여 열심히만 하면 원하는 대로 일이 풀릴 것이라고 믿는 것'을 '통제의 환상'(Illusion of Control)이라고 한다.

자신의 비논리적인 직감(直感)을 과대평가하거나 직감적으로 비이성적인 판단을 하는데, 이것은 사람의 본능이다.

이것은 운명을 미지의 손에 기대지 않고 스스로 자기의 직감을 더 믿기 때문이다.

통제의 환상이 주는 인류가 현재까지 진화해 온 원동력이라고 보는데, 이러한 본능으로 인해서 스스로 실수를 저지를 때가 많다.

통제의 환상의 부정적 효과를 설명하기 위해서 하버드 대학교 심리학과 앨런 랭어(Ellen Langer, 1947~) 교수가 한 가지 실험을 했다.

피험자들을 두 그룹으로 나누어 A그룹 실험자들에게는 본인에게 복권 번호를 선택하게 하고, B그룹 참가자에게는 선택이 아닌 기계에서 자동으로 나오는 번호를 1달러어치씩을 사도록 했다.

그 후 추첨하는 날 그들에게 '복권을 꼭 사고 싶어 하는 사람이 있는데 그들에게 팔 생각이 있는지'를 묻고, '만약 판다면 1달러짜리를 얼마에 팔겠냐'고 하면서 구체적으로 액수까지 적도록 했다.

그 결과 자동 선택으로 구입한 B그룹 참가자들은 19%가 팔지 않겠다고 하는 데 비해 자신이 선택한 번호를 구매한 A그룹 참가자들은 2배가 많은 39%가 팔지 않겠다고 답했다.
A그룹의 판매 가격은 평균 8.16달러로 자기가 산 가격보다 무려 8배를 불렀고, B그룹 참가자들은 1.96달러밖에 부르지 않았다.
번호를 직접 고른 사람들이 당첨될 확률은 같은 데도 불구하고 당첨에 자신감이 있었고, 자신의 복권에 더 큰 의미를 부여했던 것이다.

객관적으로 보면 우연한 사건이 있으면 대부분 확률과 관계가 있다.
자신이 숫자를 직접 선택했든 기계가 선택했든 당첨될 확률은 같다.
그러나 내가 좋아하는 숫자를 택했으므로 당첨 가능성이 더 높을 것이라는 기대 속에서 환상이 생기는 것이다.
복권이라는 것은 순수한 확률 게임으로 당첨 여부가 갈리기 때문에 스스로 선택을 했든 자동 선택을 하든 특별한 근거가 될 만한 것은 아무것도 없다.
직감을 믿는 것과 확률에 운명을 맡기는 것과의 사이에서 전자를 택하는 사람들이 더 많다는 것이다.

통제의 환상은 개인주의가 강한 사람들에게서 더 많이 나타나는 것으로 알려져 있는데, 이것은 주어진 사건에 대해서 통제력의 근원이 타인이나 외부 조건과의 관련성보다는 자신의 통제력을 과장해서 보기 때문이다.
통제의 환상이 불러오는 부정적인 부분은 자신의 능력에 대한 현실적인 평가를 방해함으로써 잘못된 의사 결정을 부르거나 섣부른 행동을 야기할 가능성이 크다.
로또에 당첨되기 위해 1등이 많이 나왔던 가게를 찾거나 과거에 당첨되었던 번호를 분석하여 복권을 구입하는 것도 통제의 환상이 불러온 폐단이다.

반면에 긍정적인 효과도 나타나는데, 자신이 결정할 수 있는 범위가 크다고 인식될수록 스트레스 수준은 감소하며, 자기가 설정한 목표나 목적에 의욕적으로 오래 매달릴 수 있는 끈기가 생긴다고 한다.

반대로 통제 영역이 적다고 인식되면 스트레스 수준도 증가하면서 용기가 사라져서 쉽게 포기해버리는 경향이 있다.

이 세상에는 '행운'(幸運)이라는 알 수 없는 미지의 영역이 있다.

이런 부분은 누구도 통제할 수 없으며, 신비주의에 가깝다.

통제의 환상이 주는 한 가지 교훈은 '늙은 부모를 아무 일도 하지 말라 하고 모든 일을 다른 사람에게 의지해서 살도록 만든 자식이 진정한 효도일까?'이다.

현명한 자식들이라면 아무 일도 못하게 하는 것이 좋지 못하다는 것을 직감으로 안다.

실제로 랭거가 요양원 거주자들을 상대로 40년 동안 추적 관찰하며 실험해본 결과 '노인들에게 작은 일이라도 책임감을 주면서 일을 하게 했더니, 열심히 일한 노인들이 훨씬 건강하다'는 통계를 얻었다.

노인들에게 책임감과 선택을 증가시켜 작으나마 통제의 기쁨을 누리게 해 주는 것이 건강과 행복에 긍정적인 영향을 미친다는 것을 알게 되었다.

통제의 환상은 자신의 능력에 대한 현실적인 평가를 방해함으로써 잘못된 의사 결정을 초래하거나 섣부른 행동을 조장할 위험이 뒤따르지만, 개인의 정신 건강이나 태도에 긍정적인 영향을 미치기 때문에 상황에 따라 적절히 사용하면 도움이 될 것이다.

철학자 임마누엘 칸트(Immanuel Kant, 1724~1804)는 "무인도에서 혼자 살고 있는 사람은 집 안을 가꾸려고 노력하지 않는다."고 했다.

트로이 목마(Trojan Horse)

'트로이 목마'(Trojan Horse)는 '외부에서 유입된 요인에 의해 내부가 무너지는 치명적인 상황'을 말하는데, '유입되는 것을 상대방이 전혀 눈치를 채지 못하도록 은밀하게 숨어든다'는 의미로, 영어로는 'like a Trojan' 즉, '용감히, 부지런히, 열심히'라는 뜻이다.

트로이 목마 안에 들어간 병사들이 용감하고 부지런히 목숨 걸고 싸운 애국자들이었다는 관점에서 유래된 용어가 '트로이 목마'이지만, 요즘에는 컴퓨터 악성 코드의 대명사로 불리기도 하기 때문에 트로이 전쟁 당시에 트로이 목마 안에 들어갔던 병사들 입장에서는 억울할 것이다.

컴퓨터 사용자의 정보를 빼가는 악성 프로그램인 '트로이 목마'는 목마 속에서 나온 그리스 병사들이 트로이를 멸망시킨 것을 비유해 '프로그램이 상대편 눈치를 채지 못하도록 몰래 숨어든다'는 의미로 붙여진 이름이라서 겉으로 보기에 전혀 해를 끼치지 않을 것처럼 보이지만, 실제로는 바이러스 등의 위험 요소를 포함하고 있는 프로그램인 것이다.

'트로이 목마'는 고대 그리스의 작가 호메로스(Homeros, B.C.800?~750년경)의 저서인 『일리아스』에서 유래한다.

그리스가 트로이를 무너트릴 때 결정적인 역할을 할 트로이 목마가 등장한다.

그리스군은 트로이 성을 10년 동안이나 포위하며 전쟁을 벌였으나 성은 쉽게 함락되지 않았다.

그리스군은 계책을 세워 성을 포기하고 지쳐서 퇴각하는 것처럼 속이고 군사의 일부가 인접한 섬 뒤에 숨어서 거대한 목마를 제작했다.

그리고는 목마 속에 그리스군 정예병 30여 명을 숨겨놓고, 그 거대한 목마를 그대로 놔둔 채 철수하는 위장전술을 편 것이다.

그리스군이 오랜 전쟁으로 지쳐서 그냥 후퇴하는 것으로만 알고 있었다.

트로이군 측에서는 거대한 목마를 전리품으로 생각하여 성 안으로 들여놓고, 큰 보물이나 얻은 것처럼 축제 분위기에 취했다.

잔치를 벌이며 긴장이 풀리고 기분 좋게 각자 집으로 돌아가거나 술에 취해 곯아 떨어져 잠을 자고 있는 한밤중에 목마 안에 숨어 있던 그리스군 오디세우스를 비롯한 정예병들이 빠져나와 성문을 열어 밖에서 대기하던 그리스군을 성 안으로 들어오게 했다.

이에 그리스군이 밀물처럼 몰려와 트로이 성을 단숨에 함락시켜 버린다.

승리에 취해 있던 트로이군은 속수무책으로 당하는 꼴이 되었고, 결국 길었던 트로이 전쟁은 목마를 이용한 속임수로 그리스의 완전한 승리로 막을 내린다.

그러나 오늘날의 트로이 목마는 컴퓨터의 악성 코드 대명사가 되어 버렸다.

악성 코드 중에 마치 유용한 프로그램인 것처럼 위장하여 사용자들로 하여금 거부감 없이 설치를 유도하는 프로그램들을 '트로이 목마'라고 부른다.

그리스의 트로이 목마처럼 '치명적인 피해를 입힐 수 있는 무언가를 그 안에 숨겨 놓았다'는 것이다.

이처럼 악성 코드의 상당수를 차지하고 있는 이 '트로이 목마'는 다양한 방법으로 사용자의 보안에 큰 위협을 가하고 있는 실정이다.

이 트로이 목마는 대개 E-메일이나 인터넷을 통해 다운받는 소프트웨어에서 발견되는데 해당 프로그램만 찾아서 지워버리면 문제는 간단히 해결된다.

컴퓨터 바이러스와의 다른 점이 있다면 '자기 복사 능력이 있느냐, 없느냐'의 차이이다.

그래서 바이러스는 감염이 되고 트로이 목마는 복사 능력이 없기 때문에 해당 프로그램만 삭제하면 해결된다.

트롤리 딜레마(Trolley Dilemma)

'트롤리 딜레마'(Trolley Dilemma)는 미국 하버드 대학 최고의 강의로 꼽히는 마이클 샌델(Michael Sandel, 1953~) 교수가 저술하여 우리나라를 비롯해 세계적으로 베스트셀러가 된 『정의란 무엇인가?』라는 책에 언급되었다.

그는 학생들을 상대로 강연을 할 때 유머러스한 표정과 특유의 제스처를 섞어가며 학생들에게 문제를 제시하며 스스로 답을 찾도록 유도한다.

철학을 가미해가면서 윤리 문제까지 설명하는 모습이 그의 특징이라면 특징이다.

그가 던진 문제이다,

"당신은 현재 전차 기관사이고, 전차는 시속 100Km가 넘는 속도로 질주하고 있다. 그런데 저 앞에서 다섯 명의 인부가 철로에 서 있다. 속도가 빨라 브레이크를 잡아도 멈추지 않는다. 대신에 오른쪽에 비상 철로가 보인다. 그러나 그곳에도 한 명의 인부가 작업 중이다. 당신은 순간적으로 판단하여 선로를 바꿀지를 선택해야 한다."

학생들의 대답은 거리낌 없이 '선로를 바꾼다'가 다수였다.
반론을 제기하는 학생도 없었다.
이어서 다른 상황을 같은 학생들에게 제시했다.

"이번에는 여러분은 폭주하는 전차 위해서 아래를 내다보고 있습니다. 전차는 다섯 명의 인부 쪽으로 전차가 들어옵니다. 그런데 당신 옆에 엄청나게 뚱뚱한 한 사람이 역시 이 광경을 지켜보고 있습니다. 만약 당신이 그 사람을 밀쳐 전차가 들어오는 쪽으로 추락시키면 다섯 명의 인부를 구할 수 있습니다."

학생들은 자못 진지한 표정으로 웃는다.

그들은 모두 딜레마에 봉착했다는 사실에 선뜻 대답을 하지 못한다.

지금 이 글을 읽는 독자라면 어떻게 하는 것이 최적(最適)의 선택이겠는가?

이 두 가지 예를 놓고 도덕적 당위성에 대한 많은 난제들을 논할 수 있겠으나 각자 나름대로 이 딜레마를 한 번 생각해 보자.

하버드 대학의 심리학 교수 조슈아 그린(Joshua Greene, 1974~)은 이 실험을 하면서 이 두 가지 상황을 제시받은 피험자들의 뇌 활동도를 FMRI(기능성 자기공명영상)를 이용해서 비교 분석했다.

결과를 요약해 보면, 첫 번째 상황은 스위치만 조작해 결정을 내릴 때는 전전두엽의 활성이 상승하는 반면, 두 번째 경우처럼 직접 몸을 움직여서 행동하고 살을 부딪치면서 피 냄새 나는 적극적 행동이 필요한 경우에는 정서와 관계된 부위가 상승한다고 한다.

즉, 그들의 주장을 빌리자면 '무엇이 옳고 그르냐는 철학적 숙고와는 별개로 실제 인간에게 닥칠 때에는 이성적 시스템과 정서적 시스템의 갈등 속에서 우세한 쪽을 택한다'는 것이다.

영화 속에서도 사랑하는 사람이 적들에게 인질로 잡혀 있다면 초인적인 능력을 가진 자라도 대부분 무기를 내려놓기 일쑤다.

그런 장면을 영화로나 또는 직접 보는 관객도 당연시 한다.

조슈아 그린은 '윤리의 복잡한 난제를 마치 수학 공식처럼 풀어내려고 하는 것은 인간의 심리를 무시한 탁상공론에 지나지 않는다'고 주장한다.

이성적 판단과 감성적 판단이 적절히 조화를 이룬 결정이 신경 윤리학적 측면에서 좋은 결정이지만 이 또한 확실한 정답은 없다.

대중들의 이익을 대변하는 리더들은 감정에 휘말리지 않는 냉철한 판단을 해야 한다고 강조한다.

옳은 말이지만 어느 한계를 넘어서면 오히려 윤리적이지 못한 결정을 내릴 수도 있다는 것이다.

현대전의 시작이라고 할 수 있는 제1차 세계대전을 거치면서 윤리 의식이 달라졌다고 한다.

이전의 전투는 개개인이 서로 맞붙어서 싸웠지만, 대량 살상무기가 만들어져서 기계가 대신 싸우는 전쟁이 되었기 때문에 후방에서 포탄을 쏘는 병사는 수 백 또는 수 천 명의 적군에게 포탄을 쏠 때도 오로지 상부 명령에만 따를 뿐 감성이나 윤리적 판단은 없다.

이러한 추세는 21세기에 들어오면서 더욱 극단적으로 나타난다.

작전 통제실 장교들 눈에 적(敵)은 모니터 속에서 움직이는 점에 불과하다. 셀 수 없는 육신들이 미사일에 맞아 처참하게 찢겨져도, 모니터에서는 붉은 점이 사라지는 것뿐이다.

이런 현대 전쟁에서는 윤리적 판단을 내릴 때 두뇌의 감정 센터는 전혀 활성화되지 않으며, 따라서 비인격적이고 무자비한 결정도 쉽게 내린다는 것이다.

정보혁명 속에 살고 있는 현대 사회에서는 사람과 사람의 직접 만남이 줄어들고 통신이 발달함에 따라 기계라는 인터페이스를 통해 이루어진다.

코로나19로 인해 정부나 사회단체에서 비대면을 권장하는 시국이라 사람 냄새를 맡지 못하고 오직 통신으로만 대화하는 현 상황이 더욱 안타깝다.

요즘은 화상 회의나 줌(Zoom)으로 대화하는 것이 보통이다.

이런 환경변화 속에서 정서적인 뇌가 판단과 결정에 관여할 기회는 점점 줄어들고 있는 것이 앞으로 걱정스러운 일이다.

통신 시설이 발달하고 비대면이 활성화됨으로 인해 서로 간에 벽이 생기고 인간적인 향기가 사라지면서 해고(解雇) 통지가 문자 메시지로 전해지고, 병원에서 검사받은 암 선고가 이메일로 전해지는 세상이 되었다.

통신이 발달함으로써 생활이 편리해지고 비약적인 발전을 거듭했지만, 인간적인 향기는 점점 메말라가고 있으니, 지금 우리에게도 당장 내일 무슨 소식이 전달될지 두려운 생각마저 드는 시대다.

파괴적 혁신(Disruptive Innovation)

왜 거대한 기업들도 실패하는가?

미국 하버드 대학 경영 대학원 클레이턴 크리스텐슨(Clayton M. Christensen, 1952~2020) 교수는 위대한 기업들도 실패하는 경우가 있음을 보고 질문을 던지면서 『혁신 기업의 딜레마』라는 책을 통해 '파괴적 혁신'(Disruptive Innovation)이라는 답을 내놓았다.

선두기업 자리에 올라 비교적 안정된 기업으로 경영해 온 관행이 바로 그들로 하여금 궁극적으로는 그들의 시장을 빼앗아갈 진보된 새로운 기술 즉, '파괴적 기술'을 개발하는 것을 어렵게 만들었기 때문이라고 했다.

파괴적 기술은 처음에 등장할 때는 거의 주류 소비자들이 관심을 갖는 특징 면에서 낮은 성능을 제공하지만, 일부 새로운 고객들이 중시하는 다른 특성도 지니고 있다.

일반적으로 그런 기술은 더 저렴하고 작고 단순하기 때문에 사용하기가 간단하고 편리하다는 장점이 있어서 신규 시장을 창조한다.

아울러 파괴적 기술의 개발업체들은 풍부한 자금력과 축적된 기술력을 바탕으로 제품의 성능은 물론 단순한 조작을 통해 사용할 수 있게 만들어 궁극적으로는 기존 시장을 지배할 수 있다.

크리스텐슨 교수는 세 가지 혁신의 조화가 균형을 이뤄야 한다고 주장했다.

첫째는, 기존 제품의 품질을 업그레이드 하는 '존속적 혁신'이고, 두 번째는 생산 단가를 줄이는 '효율적 혁신'이고, 세 번째가 '파괴적 혁신'이라고 했다.

파괴적 혁신의 대표적인 예로, 일본에서 소니사가 트렌지스터라디오를 진공관(眞空管)으로 대체한 것을 볼 수 있었다.

파괴적 혁신을 통해 성장은 물론이고 일자리까지 늘어났으니 일석이조의 효과를 얻은 셈이다.

그런데 당시 한국 기업들은 존속적 혁신과 효율적 혁신에 목을 맸지만 파괴적 혁신에는 가까이 가지 못했으며, 해마다 줄어든 인력으로 생산성을 올리려고 했으나 번뜩이는 파괴적 혁신은 없었다.

파괴적 혁신은 단순하고 저렴한 제품 또는 서비스로 시장 밑바닥을 공략해서 기존 시장을 파괴하고 시장을 장악하는 것을 목표로 한다.

실제로 미국에서는 스펙 좋은 경영진과 자금력이 풍부한 대기업들이 더 단순하고 저렴하며 열등한 제품을 생산하는 기업에게 계속 밀리는 사례가 비일비재했다.

이런 신생 기업들이 이른바 파괴적 혁신 기업인데, 이들은 기존의 기업들과는 여러 면에서 판이하게 다른 사업 모델로 시장에 뛰어들어 소비자들에게 각광을 받는 데 성공했다.

그들은 대부분 하위 시장에서 판매되는 제품을 채택하는 경향이 있는데 이런 제품은 대기업이 취급해서는 수익을 내기가 쉽지 않으며, 대기업 고객들의 수요도 없는 편이다.

이처럼 하위 제품으로 고객들에게 가까워진 중소기업들이 시간이 흐름에 따라 성장하면서 대기업들을 기습하는 사례도 가끔 보인다.

일본에 도요타(Toyota)나 혼다(Honda) 같은 자동차 회사들이 대표적 예이며, 1970년대 소형 승용차로 시장 공략에 나섰다.

파괴적인 혁신 기업들은 고객들이 결코 구매할 수 없었던 신제품을 소개하기도 하지만, 기존 기업들은 자신들의 기존 사업 모델과는 너무 방향이 맞지 않다는 이유로 거들떠보지도 않았던 상품들이다.

현대인의 필수품인 PC도 역사적으로 보면 대표적 사례라고 할 수 있다.

크리스텐슨은 다음과 같이 말했다.

"뭔가 점점 파괴적으로 변해가는 곳에 그대로 있다는 것은 마치 물이 빠진 썰물 때 해변에 우뚝 서서 두 팔을 벌리고 '파도야 오지 마라'고 명령하는 것과 같습니다. 그러나 물결은 그것은 전혀 신경 쓰지 않습니다. 그냥 거기 가만히 앉아 있으면 내 상품은 일상 재화가 되고 맙니다."

또한 그는 '다양한 시장에서 모두 좋은 성과를 올리는 대기업들이 획기적인 기술이 등장할 때마다 실패를 겪는 것'을 가리켜 '혁신가의 딜레마'(Innovator's Dilemma)라고 하였다.

혁신적인 차별화된 기술을 시장에 내놓기 위해서는 과거와는 다르게 협력 업체와 고객업체들로 구성된 새로운 네트워크를 구성해야 하는데, 이러한 작업은 가볍고 민첩한 차세대 기업들이 유리하며, 또한 대기업들은 새로운 기술을 재빨리 낚아채서 상업화할 만큼 재빠르지 못한다고 했다.

파괴적 혁신 이론은 동양철학(東洋哲學)에서도 나온다.

『손자병법(孫子兵法)』 「모공편」에 '지피지기 백전불태(知彼知己 百戰不殆)'가 나온다. '피아(彼我)의 실정을 정확하게 판단하여 싸우면 백 번을 싸워도 위태롭지 않다'는 이야기다.

그러나 적의 실정은 모르고 나만 알거나 적의 실정은 파악하였어도 나의 상태를 확실하게 모르면 승부는 반반이지만, 적의 상황도 잘 모르면서 내가 처한 상황까지도 모르면 싸울 때마다 패한다고 하였다.

아직도 우리나라에서는 파괴적 혁신을 시도하는 사람이 거의 없다.

말로는 호랑이 굴에 들어가야 호랑이를 잡는다고 하지만 호랑이 굴에 들어가기를 꺼려하고, 어떻게 보면 진보와 보수가 아닌 중도를 표방한 제3의 세력을 형성하여 당을 만든다고 해도 성공하기가 쉽지 않기 때문이다.

제3의 정치 세력도 파괴적 혁신의 일환이라고 볼 수 있다.

파랑새 증후군(Blue Bird Syndrome)

'파랑새 증후군'(Blue Bird Syndrome)은 '현실에 적응하지 못하고 새로운 이상만을 추구하는 병적인 증세를 말하는데, 정신적으로 성장하지 못하고 정지해 버린 비정상적인 현상이다.

파랑새는 보는 시각에 따라 여러 가지 색깔이 보인다고 한다.

우리 인간들도 생활 속에서 행복의 척도를 어떤 기준으로 봐야 할지 그 실체를 알기란 쉬운 일이 아니다.

가까운 주변에서 행복을 모른 채 먼 미래의 행복이나 환상에 젖어 현재의 삶에는 관심이나 열정을 느끼지 못하고 살아가는 안타까운 증상이다.

이런 비정상적인 성장은 대부분 부모의 과잉보호 아래 정신적으로 성장이 멈춘 사람에게서 가장 많이 나타나는 현상이다.

사회성이 부족하고 환경이나 집단에 자연스럽게 적응하지 못하고 독립성이 확립되지 못한 정신적인 미성숙 심리 상태로 보는 사람들이다.

정신적으로 미성숙하기 때문에 변화에 적응하지 못하고, 현재의 직업에 만족하지 못하는 직장인에게 나타나는 대표적인 사례이기도 하다.

'파랑새 증후군'은 벨기에의 극작가 모리스 메테를링크(Maurice Maeterlinck, 1862~1949)의 희곡 '파랑새'의 주인공에서 유래하였다.

파랑새는 6막 12장으로 만들어진 아동극으로 모스크바 예술극장 등 유명 극장에서 공연되었고, 공연이 성공을 거두자 1909년에는 파리의 파스켈 출판사를 통해 동화 도서로 출간되면서 널리 알려지게 되었으며, 세계적으로 가장 권위 있는 노벨 문학상을 수상하기에 이른다.

이 이야기 속에서 파랑새는 '행복'을 의미한다.
또한 '우리의 행복은 바로 가까이 있다'는 메시지를 던져준다.

어느 날 남매의 꿈에 늙은 요정이 찾아온다.
요정은 아픈 자기 아이의 행복을 위하여 파랑새가 필요하다면서 남매에게 파랑새를 찾아줄 것을 부탁한다.
그리고 요정은 남매에게 다이아몬드가 박힌 모자를 건넨다.

모자를 쓴 아이들의 눈앞에는 신기한 광경이 펼쳐진다.
늙은 요정은 젊고 아름답게 보이며, 주위의 사물들이나 짐승들의 영혼도 보이게 된다.
그렇게 남매는 영혼들과 함께 먼 길을 떠난다.
시간의 안개를 뚫고 이상의 나라에 도착한 남매는 돌아가신 조부모를 만나지만, 정작 찾고자 하는 파랑새는 찾지 못한다.
밤의 궁전도 가보지만 거기에도 역시 파랑새는 없었다.
이어서 숲과 산속의 묘지 그리고 미래의 왕국까지 전전하지만 그 어느 곳에서도 파랑새는 만날 수 없었다.

결국 빈손으로 돌아온 남매는 영혼들과 작별인사를 하고 헤어진다.
이튿날 아침에 잠에서 깨어난 남매는 집 안의 새장에 있던 새가 바로 밤새 꿈에서 찾았던 파랑새라는 것을 깨닫는다.
반가운 마음에 새장의 문을 여는 순간 파랑새는 하늘 높이 훨훨 날아가며 동화는 끝난다.

이 동화극이 우리에게 전하는 메시지는 '행복이란 먼 곳에 있지 않고 바로 내 눈앞에 있지만 내가 보지 못한다는 것'이다.

현실을 외면하고 먼 미래에만 행복을 찾고자 하는 심리적 현상을 보여주는 아동극이었다.

이 동화극을 비유해서 '파랑새 증후군'이 만들어졌다.

현실을 부정하는 요즘 사람들은 미래에 집착하는 경향이 많다.

오늘의 행복보다는 미래의 행복에 집착해서 장황한 계획만 세우고, 정작 가까이 해야 할 일을 하지 않는다.

그러나 막연한 미래에 대한 낙관은 무너질 때가 많다.

시간이 흐를수록 불안감은 더해지고 예민해질 수 있으므로 이제는 멈추어야 한다.

우리 인간은 항상 현재만 살 수 있다.

미래는 실재로는 존재해도 그때 가면 현재가 되는 것이다.

그러니 현재에 충실했을 때 미래가 보장되는 것이다.

그러므로 현실을 인정하고 받아들이면 어떠한 어려움에 처하여도 문제를 해결할 수 있는 능력이 생기고, 극복할 수 있는 역량이 만들어진다고 보는 것이다.

지금 해야 할 목록을 작성하여 디테일한 실천 계획을 세워 실행한다면, 파랑새 증후군은 물론 어떤 어려움도 극복할 수 있을 것이다.

학습된 무력감(Learned Helplessness)

우울증(憂鬱症)이란 비교적 흔한 정신질환으로 '마음의 감기'라고도 불린다. 그러나 우울증은 여성이 남성보다 2배 더 많이 걸리는 것으로 나와 있다. 그렇다면 여성이 우울증에 많이 걸리는 이유는 무엇일까?

미국의 긍정 심리학자 마틴 셀리그먼(Martin Seligman)은 생물학적·유전적 차이나 성 역할의 부담 등은 설득력이 별로 없다고 했다.

실제로 학습된 무력감이나 행동보다는 사색에 잠기는 반추(反芻), 날씬한 몸매 등을 동경하는 현상 등을 이유로 들었다.

셀리그먼은 그 중에서도 학습된 무력감에 비중을 많이 두었다.

> "소년들의 행동은 부모나 선생님들에 의해 칭찬이나 비판을 받지만 대부분 여자 아이들은 무시된 채 그냥 지나칠 때가 많다. 소년들은 자립심과 행동, 소녀들은 수동성과 의타심을 더 많이 교육 받는다. 여성들은 성인이 되어도 아내와 어머니의 역할을 하찮게 보는 문화적 환경 속에 내던져진다. 일을 수행함에 있어서도 여성은 남성보다 성과에 대한 공로를 제대로 인정받기 힘들다. 이런 것들을 극복하고 탁월한 능력을 발휘하여 원하는 위치로 승진 한다고 해도 여성들에게는 그 자리에 어울리지 않는 존재로 비춰지는 일이 다반사다. 이런 일들이 겹치면서 우울증을 불러 오게 된다."

'학습된 무력감'(Learned Helplessness)은 미국의 심리학자 마틴 셀리그먼 (Martin E. P. Seligman, 1942~)과 스티븐 마이어(Stephen C. Meyer, 1958~)가 1967년 24마리의 개를 대상으로 우울증 실험을 하면서 발견된 증상이다.

셀리그먼은 24마리의 개를 A, B, C상자 안에 각각 나눠 넣고 서로 다른 방식으로 전기 충격을 주었다.

A상자에는 개가 코를 이용해 레버를 건드리면 전기 충격을 멈출 수 있도록 했고, B상자는 레버를 끈으로 묶어 개가 어떤 방법으로도 전기 충격을 멈출 수 없도록 했고, C상자에는 아무런 전기 충격을 가하지 않았다.

24시간 뒤 다시 개들이 장애물만 넘으면 전기 충격을 피할 수 있는 상자에 개들을 재배치했다.

실험을 진행한 후 결과를 확인해 보니 상자 A, C에 있던 개들은 장애물을 넘어 전기 충격을 피했으나 B상자에 있던 개는 장애물은 넘지 않고 그대로 앉아서 전기 충격을 받고 있었다.

즉, 상자 B에 있었던 개들은 어떤 시도를 해도 전기 충격을 피할 수 없을 것이라고 무력감을 이미 학습한 것이다.

이처럼 학습된 무력감과 우울증과의 상관관계는 미국의 인지 치료자인 아론 벡(Aaron Beck, 1921~2021)도 주장했다.

셀리그먼은 이 실험을 통해 사람이든 동물이든 통제 불능의 사건을 접했을 때 8명 중 5명은 무력해지고, 2~3명은 무력하게 만들 수 없다고 했다.

그리고 약 10분의 1은 처음부터 무력했으므로, 아무 짓도 하지 않는다.

그렇다면 결코 무력해지지 않는 사람들은 누구일까?

그런 부류에 대해 궁금증을 가졌던 셀리그먼은 그들은 '그런 사건은 일시적으로 통제 가능하며 국소적이고 자신의 잘못이 아니라고 생각하는 사람들'이라는 것을 알아차렸기 때문에 '학습된 낙관주의'에 관심을 갖게 된다.

셀리그먼은 인간은 앞에 닥친 난관을 뚫고, 무력감은 학습될 수 있다는 것을 밝혀냈고, 이어 낙관주의도 학습될 수 있다고 주장했다.

셀리그먼은 학습된 무력감과 설명양식은 상호 밀접한 관계를 형성하고 있다고 주장했다.

설명 양식이란 왜 이러저러한 일들이 일어났는지 스스로에게 설명하는 습관적인 방식을 말하는데, 이것은 학습된 무기력을 크게 좌우하는 역할을 한다.

'낙관적인 설명 양식은 무기력을 없애고 비관적인 설명 양식은 오히려 무기력을 부추긴다.'

삶 속에서 실패나 좌절을 맛보았을 때 과연 얼마나 무기력에 빠져 들지, 아니면 다시 원점에서 재기할지, 자기가 어떤 설명 양식을 선택하는지는 스스로의 몫이다.

여기서 평소의 마음가짐이 가장 중요한데 설명 양식은 세상을 비추는 거울과도 같은 것이다.

학생들이 수학점수가 생각보다 적게 나왔다고 해서 자신의 머리가 좋지 않고, 수학을 못한다고 자포자기(自暴自棄)하는 것도 일종의 학습된 무력감이다.

진인사대천명(盡人事待天命:나의 할 일을 다 한 후에 하늘의 뜻을 기다린다)이란 말이 있다.

타인의 성공이 나의 실패를 의미할 정도로 지나치게 경쟁적인 상황에서 공부하는 학생들은 이기거나, 진다고 해도 모두 무력감에 시달릴 수 있다.

만족감은 자신의 노력에 대한 평가가 아니라, 오직 승리했을 때만 찾아오기 때문이다.

정신과 의사들은 한결같이 '이 시대 학생들은 무력감에 시달리는 학생이 많다'고 걱정한다.

즉, 아무것도 잘할 수 있는 것이 없다고 스스로 판단하고 지레 겁을 먹는다.

사람들은 얼굴이 각각 다르듯이 특성도 모두 다르다.

물론 타인보다 잘하며 좋아하는 일이 분명 있을 것이다.

그러나 아직 그 잘하는 것을 찾지 못했을 따름이다.

특히 학생들에게는 동기 부여 차원에서 두각을 나타내지는 못하더라도 '너는 이 부분 만큼은 탁월하다'고 칭찬하며 격려해줄 때 그 아이의 뇌는 곧바로 반응해서 그 부분을 정말로 잘하는 것으로 받아들일 수 있다.

무기력하다고 탓하기보다는 격려와 칭찬이 훨씬 좋을 것이다.

확증 편향(Confirmation Bias)

'확증 편향(Confirmation Bias)이란 '자신이 이미 알고 있거나 믿고 싶은 정보만을 받아들이고 자기 신념과 일치하지 않는 정보는 무시하는 인지적 편향'을 말한다.

TV토론에서 진보와 보수 논객이 서로 어떤 사안을 놓고 토론할 때 보면 자기가 한 말을 정당화하기 위해서 모든 뉴스와 정보들을 내놓으며 합리화하려고 온갖 힘을 쏟는다.

그 상황을 듣고 보는 사람도 자기와 생각이 일치한 사람의 말은 귀에 잘 융화가 되어 쏙쏙 들어오지만, 그에 반해서 자기에게 불편하거나 반대되는 이야기를 하면 귀에 낯설게 들리거나, 듣기 싫어한다.

그 이유는 신념과 객관적 사실이나 상황에 배치되어 내적인 갈등이 일어나는 경우에 사람들은 기존의 생각을 바꾸거나, 아니면 관념은 그대로 유지한 채 정보는 취사선택하는 경향을 보이기 때문이다.

그러나 확증 편향은 정보 선택뿐만 아니라 정보 해석도 편향적으로 해석하는 경우가 많다.

확증 편향은 수많은 정보들 중에 빨리 판단하고 처리하고 싶은 인지적인 일환으로 볼 수 있으나, 기존의 신념에 부합되는 정보는 취하고, 그렇지 않은 정보는 걸러냄으로써 개인은 신속한 결론을 내릴 수 있다.

또한 새로운 문제를 사실에 근거해 새롭게 이해하기보다는 과거의 문제와 결부시켜 이해하려고 할 때도 나타난다.

확증 편향 현상은 학자들 사이에서도 나타난다.

학자들이 자신의 가설을 반증하는 증거를 찾으면 더 많은 정보를 알아낼 수 있지만 더 많은 정보를 섭렵하지 않고 우선 실적을 올리기 위해 자신의 가설을 확실하게 증명하는 정보만을 찾기에 여념이 없다.

다른 사람들을 가르치거나 강연을 할 때에는 확증 편향은 구시대적 발상이라 버려야 한다고 훈계를 하면서도 자신의 확증 편향은 잘 넘어서지 못하는 것으로 나타났다.

이것 또한 전형적인 내로남불의 극치로 보인다.

학자들뿐만 아니라 법조계에서도 확증 편향에 자유롭지 못한 것 같다.

몇 년 전 법관 50명을 대상으로 설문조사를 했는데 판사들 역시도 확증 편향 현상을 벗어나지 못한 것으로 나타났다.

말하자면 '열린 마음으로 다양한 가능성을 인정하지 않은 채 당사자의 주장을 경청하지 않고 선입관을 갖는 한 판사들도 재판 과정에서 쉽게 확증 편향에 빠질 수 있다'는 것이다.

이러한 결과가 나오자 실제로 서울 동부지법에서는 동료 법관이 재판하는 과정을 방청객처럼 꾸미고 이른바 암행법관 프로그램을 진행했다.

그 후 참석했던 판사들이 모여서 세미나를 열었는데, 사건 당사자의 말을 끊거나 그들에게 발언 기회를 충분히 주지 않는 것이 지적되었다.

이런 것들이 확증 편향의 좋지 않은 사례인데, 스스로 재판관들의 부드러운 표정과 사건 당사자들에게 과도한 조정을 요구하거나, 처리해야 하는 재판 건수가 너무 많으면 소홀히 다루기 쉽다는 의견들이 나왔다.

지역별로 진보와 보수로 나뉘는 것도 확증 편향의 일환으로 볼 수 있다.

내 주위에 나보다 더 잘 배우고 잘 아는 사회지도층 인사가 있다고 하자.

그 사람의 말을 많이 듣고 존경한다면 객관적으로 판단을 하기 보다는 그 사람의 노선을 따라가기가 쉽다.

나중에 성인이 되어 확고한 자기정체성이 만들어지면 지향하는 이상이 확고해지겠지만, 의도된 것이 만들어지기 전에는 한 번 각인이 된 성향은 잘 바뀌지 않는 것이 자기 철학이고 사상이다.

지구상에 약 70억 명이 존재한다면 70억 가지의 철학이 존재한다.

사람마다 개인 철학은 다르다.

상대의 말을 듣고 설득 당하여 철학을 바꿀 수 있는 사람은 정체성이 불분명한 사람이 아니고 정말 위대한 사람인데, 자기의 철학이 바뀌어야 할 이유가 분명해야 한다.

우리는 시사 토론을 자주 접하게 된다.

모든 사람들은 자기의 이념과 자기만의 성향이 뚜렷하다.

정치를 비판하면서 확증 편향에 사로잡히지 않았는지 뒤돌아 봐야 한다.

선거를 치르면 진보와 보수로 나뉘는데 성향이 확실할수록 사람을 보고 투표하지 않고, 당의 색깔을 보고 투표하는 경향이 많다.

이런 사람들이 확증 편향이 더 강한 사람들이다.

정치를 비판하는 사람들은 주로 정치인들만 욕할 뿐 일반 국민은 피해자라는 식으로 말하지만, 대중 역시도 확증 편향에 자유롭지 못하다고 보는 것이 오히려 타당하다.

이 세상에는 음모론이 난무하고 가짜뉴스도 판을 친다.

이런 것도 모두 확증 편향에서 오는 폐단이 아닐까?

지금도 여야 간에 이슈나 정치 사안을 두고 치열하게 싸운다.

그러나 서로 역지사지(易地思之)하면 조금은 물꼬가 트이지 않을까?

선진국으로 갈수록 틀에 매이지 않고 보수와 진보를 넘나드는 국민들이 많다.

그래서 보수 정부와 진보 정부가 서로 번갈아 가면서 정권을 잡는다.